Catherine MacCoun

Der Weg zum Alchimisten

Ein Leitfaden für den
Magier des 21. Jahrhunderts

Aus dem Amerikanischen von Marie-Therese Hartogs
und Ursula Rahn-Huber

GOLDMANN
ARKANA

Die amerikanische Originalausgabe erschien 2008 unter dem Titel »On Becoming an Alchimist. A Guide for the Modern Magician« bei Trumpeter Books, einem Imprint von Shambhala Publications, Inc., Boston, USA.

Verlagsgruppe Random House FSC-DEU-0100
Das für dieses Buch FSC-zertifizierte Papier *Munken Premium Cream*
liefert Arctic Paper Munkedals AB, Schweden.

1. Auflage
Deutsche Erstausgabe
© 2009 der deutschsprachigen Ausgabe
Arkana, München
in der Verlagsgruppe Random House GmbH
© 2008 der Originalausgabe by Catherine MacCoun
Lektorat: Annette Gillich-Beltz
Satz: Fotosatz Reinhard Amann, Aichstetten
Druck und Bindung: CPI – Ebner & Spiegel, Ulm
Printed in Germany
978-3-442-33816-0

www.arkana-verlag.de

Inhalt

TEIL EINS

Grundlagen

1

Auf der Suche nach dem Stein der Weisen

Etwa um das Jahr 1365 erwarb Nicholas Flamel, ein junger Schreiber aus Paris, für zwei Florin ein Buch mit vergoldetem Einband. Zu einer Zeit, in der Bücher zu den Luxusgütern zählten, waren zwei Florin ein lächerlich geringer Preis. Es war etwa so, als würde man eine Gutenbergbibel auf dem Wühltisch eines Kaufhauses ergattern. Flamel vermutete, dass das Buch gestohlen oder versteckt und von jemandem entdeckt worden war, der keine Ahnung vom wahren Wert dieser Kostbarkeit hatte.

Das Buch war von Hand geschrieben, und zwar auf einem sonderbaren Material, das Flamel für abgeschabte Baumrinde hielt. Es war in drei Teile unterteilt, von denen jeder sieben Blätter umfasste, und auf jedem siebten Blatt befanden sich handgemalte Bilder. Auf der ersten Seite wurde der Name des Autors mit »Abraham, der Jude – Fürst, Priester, Levit, Astrologe und Philosoph« angegeben, und anschließend regnete es Flüche auf jeden, der es wagen sollte, weiterzulesen, sofern er nicht selbst Priester oder Schriftgelehrter sei. Wenngleich Flamel wohl kaum zu jener Art von Schriftgelehrten gehörte, die dieser Abraham im Sinn gehabt hatte, beschloss er doch, dass er unter diese Ausnahme fiel, und las weiter.

Er ging davon aus, dass es sich bei dem Buch um eine Art Ratgeber für Hebräer handelte, die Schwierigkeiten hatten, ihre Steuern an das Römische Reich zu bezahlen. Es wurde darin behauptet, dass unedle Metalle mit Hilfe eines »Steins der Weisen«

in Silber und Gold verwandelt werden könnten, und dann wurde beschrieben, wie sich ein solcher herstellen ließe. Der Text war in seinen Formulierungen so geradeheraus wie ein Kochbuch, doch mit einer Ausnahme: Die Hauptzutat wurde nicht genannt. Sie wurde nur vage als *prima materia* (also als »Ursubstanz«) umschrieben. Dies war in etwa so hilfreich, als hätte da gestanden: »Die Hauptzutat ist die Hauptzutat.«

Es gab jedoch einige wunderschöne Illustrationen zur Erhellung des Begriffs *prima materia*. Eine zeigte einen jungen Mann mit geflügelten Füßen, den Flamel für den Gott Hermes bzw. Merkur hielt. Ein alter Mann mit einem Stundenglas auf dem Kopf und einer Sense in der Hand jagte hinter ihm her. Es folgte das Bild einer Blume mit blauem Stängel und roten und weißen Blütenblättern, die auf einem Berggipfel stand und von Drachen und Greifen umringt war. Die nächste Illustration zeigte einen Rosenstrauch, der neben einer hohlen Eiche wuchs. Aus den Wurzeln des Strauchs entsprang ein unterirdischer Bach. Viele Menschen gruben in der Erde, um diesen Bach zu finden, doch ein Mann versuchte, ihn zu wiegen. Der Bilderreigen endete mit einer Szene, in der Soldaten Säuglinge töteten und ihr Blut sammelten. Diese letzte Illustration war die einzige, die Flamel an so etwas wie ein »Verfahren« erinnerte. Er hielt sie für eine Darstellung von Herodes' Kindermord in Bethlehem. Zufällig wusste er von einem Friedhof, der den heiligen Unschuldigen geweiht war, und er begab sich dorthin, um einige der »Hieroglyphen« zu begraben, die er aus dem Buch abgeschrieben hatte.

Aber darüber hinaus war er völlig ratlos. Tagelang brütete er über den Illustrationen, doch er wusste einfach nicht, was er damit anfangen sollte. Seiner jungen Braut Peronelle (die er nach eigenem Bekunden so sehr liebte wie sich selbst) blieb seine wachsende Niedergeschlagenheit nicht verborgen, und schließlich fragte sie ihn, was denn mit ihm los sei. Da zeigte er ihr das Buch. Sie war so fasziniert davon, dass sie anfing, es gemeinsam mit ihm zu studieren. Wenngleich auch sie das Geheimnis nicht lüften konnte, war ihm allein ihre Anteilnahme ein großer Trost.

Mit akribischer Genauigkeit fertigte Flamel Kopien der rätselhaften Illustrationen an und zeigte sie jedem Gelehrten, der ihm unterkam. Die meisten hatten keine Ahnung und rümpften die Nase über diesen »Stein der Weisen«. Einer jedoch, ein Arzt namens Anselm, behauptete, aufs Genaueste mit der Bedeutung der Symbole vertraut zu sein, und bot ihm an, ihm ausführliche Anleitung zu geben. So meinte er beispielsweise, dass sich Quecksilber nur durch die Verkochung mit dem Blut sehr junger Kinder fixieren – sprich: seiner Volatilität berauben – ließe.

Leider klangen Anselms Auslegungen feinsinniger, als sie es in Wirklichkeit waren. So schreibt Flamel: »Über einundzwanzig Jahre hinweg führte mich diese Erklärung in ein Labyrinth von unzähligen falschen Prozeduren, wobei ich selbstredend keinerlei Experimente mit dem Blut von Kindern machte, da ich dies für niederträchtig hielt.«

Nachdem sich Flamel einundzwanzig Jahre lang hatte in die Irre leiten lassen, beschloss er, dass es an der Zeit sei, nach der Quelle des Textes zu suchen. Vielleicht könnte er in Spanien einen jüdischen Priester ausfindig machen, der bereit wäre, ihn in die Geheimnisse der Kabbalah einzuweihen. Mit dem Segen seiner Frau begab er sich auf die traditionelle Pilgerreise zur Kirche des heiligen Jacobus in Compostela. Er fand zwar keinen jüdischen Priester, begegnete aber auf dem Rückweg einem Kaufmann, der ihn mit einem hochgelehrten konvertierten Juden namens »Meister Canches« bekannt machte. Canches erkannte die von Flamel kopierten Illustrationen sofort und interessierte sich brennend dafür, das Original des Buches zu sehen. Flamel bot ihm an, es ihm zu zeigen, sofern ihm dieser im Gegenzug eine Interpretation der Bilder liefere. Canches erklärte sich einverstanden, und so erfuhr Flamel von ihm, was die *prima materia* war. Bevor ihm der Meister jedoch erklären konnte, wie sie herzustellen sei, wurde er krank. Nach siebentägigem heftigem Erbrechen verstarb er. Flamel begrub ihn und kehrte nach Hause zurück.

Nachdem er drei weitere Jahre damit zugebracht hatte, »die Worte der Weisen zu studieren und verschiedene der in ihren Schriften beschriebenen Verfahrensweisen zu prüfen«, gelang es ihm schließlich, die *prima materia* herzustellen. Danach war alles so einfach, dass er »kaum fehlgehen konnte«. Er brauchte bloß die Anweisungen des Buches Wort für Wort zu befolgen. Am 17. Januar 1392 nutzte er den Stein der Weisen, um ein halbes Pfund Quecksilber in reines Silber zu transmutieren. Am 25. April wandte er den Stein der Weisen erneut auf ein halbes Pfund Quecksilber an, diesmal, um es in reines Gold zu verwandeln. Noch drei weitere Male stellten Peronelle und er Gold her. Gemeinsam stifteten sie vierzehn Krankenhäuser und sieben Kirchen, ließen drei Kapellen errichten und sieben Friedhöfe restaurieren.

Materie ist bedeutsam

Beim Lesen dieser Geschichte sind Sie bestimmt zu dem Schluss gekommen, dass es sich hier um eine Allegorie handelt, wo das Ganze doch mit dem Kauf eines Buches zu einem unwahrscheinlich günstigen Preis anfängt und mit der noch unwahrscheinlicheren Verwandlung von Quecksilber in Gold endet. Sie denken, dass alles, was da beschrieben ist, in Wirklichkeit etwas anderes symbolisiert. Wenn Sie bloß die verborgene Bedeutung der verschiedenen Elemente – die geliebte Ehefrau, die ratlosen Gelehrten, die Pilgerreise, der Friedhof, das Blut der Unschuldigen und so weiter – zu deuten wüssten, dann könnten Sie eine Art spirituellen Pfad entdecken, der Sie zu einem Ergebnis führt, das sich metaphorisch als »Gold« bezeichnen ließe. Möglicherweise wissen Sie, dass sich der Psychologe Carl Jung ausführlich mit Texten wie diesem befasst und festgestellt hat, dass viele der darin enthaltenen Bilder in den Träumen seiner Patienten vorkommen. Dies brachte ihn zu dem Schluss, dass solche Bilder Teil des kollektiven Unbewussten seien und es sich bei der Alchimie um eine uralte Form der Tiefenpsychologie handeln müsse.

All dies mag so weit durchaus zutreffen. Liest man die Geschichte als Allegorie, liefert sie Stoff für jahrelange Studien und Meditationen, steckt sie doch voller Symbolik und Beschreibungen von inneren (sprich: psychologischen oder spirituellen) Prozessen. Doch ist sie wirklich *nur* eine Allegorie? Sollen wir wirklich davon ausgehen, dass keines dieser Ereignisse in der äußeren Welt tatsächlich stattgefunden hat?

Nicholas Flamel hat es wirklich gegeben. Er ist 1415 gestorben und wurde in der Kirche Saint-Jacques-la-Boucherie beigesetzt. Als die Kirche im Jahre 1717 abgerissen wurde, ging der Grabstein, in dem sein Name eingraviert war, verloren. Irgendwann tauchte er in der Rue des Arias im Laden eines Lebensmittelhändlers auf, der ihn als Unterlage nutzte, um darauf Kräuter zu hacken. Nach der Inschrift des Grabsteins tat sich ein Schreiber namens Nicholas Flamel durch zahlreiche Spenden für wohltätige Zwecke hervor, darunter Schenkungen an verschiedene Kirchen und Hospitäler in Paris. In jenen Tagen war ein Schreiber in etwa das, was heute ein Datentypist ist – ein schlecht bezahlter Angestellter. Wie konnte es so einem gelingen, zum Philanthropen zu werden?

Zweifellos hat es unzählige Scharlatane und Bauernfänger gegeben, die sich selbst als Alchimisten bezeichnet haben. Im mittelalterlichen Europa kam es vor, dass sich Pseudo-Alchimisten von den Reichen und Gutgläubigen größere Mengen von Gold, Silber und Edelsteinen übergeben ließen, um ihre magischen Kräfte daran zur Entfaltung zu bringen. Ihre einzige Magie aber bestand darin, die Reichtümer und sich selbst zum Verschwinden zu bringen. Es ist gut möglich, dass manche Alchimisten ihre Kenntnisse in Chemie und Metallurgie nutzten, um Legierungen herzustellen, die eine gewisse Ähnlichkeit zu Gold aufwiesen. Im Jahre 1317 erließ Papst Johannes XXII. ein Dekret, in dem er solche Praktiken verbot. Der römische Kaiser Diokletian hatte bereits über zehn Jahrhunderte zuvor das gleiche Gesetz erlassen. Und doch sind aus den Reihen der Alchimisten einige der größten Wissenschaftler der Geschichte hervorgegangen. Isaac Newton war Alchimist. Basilius Valentinus, der Vater der modernen Chemie, ebenso. Und der englische Physiker, Astronom und Mathematiker Roger Bacon. Er war der Erste, der das Prinzip der Empirik formulierte: Das, was wir mit unseren physischen Sinnen wahrnehmen, bestimmt die wissenschaftliche Wahrheit. Bacon war nicht nur Alchimist. Einige seiner Schriften lassen vermuten, dass er den Stein der Weisen hergestellt haben könnte. Erscheint es wirklich plausibel, dass diese selbst erklärten Empiriker für ein Unterfangen, das einzig und allein auf einer Metapher beruht, sowohl ihren wissenschaftlichen Geist als auch ihre wissenschaftlichen *Instrumente und Gerätschaften* bemüht haben sollten? Hätten sie tatsächlich ihre Glaubwürdigkeit für eine Sache aufs Spiel gesetzt, die nur ein Gaunertrick war?

Mein Ziel ist es nicht, Sie zu überzeugen, dass in der Vergangenheit ganz konkret unedle Metalle in Gold verwandelt wurden. Mit den Maßstäben moderner Historiker – geschweige denn Wissenschaftler – ist diese These nicht eindeutig zu beweisen. Es zeichnet sich jedoch ab, dass Alchimie keine reine Metapher ist. Wie Jung sagte, ist sie ein innerer Prozess. Doch moderne Alchimisten, die auch heute noch im Labor stehen und dort ihre Arbeit verrichten, sind überzeugt, dass es sich nicht *ausschließlich* um einen inneren Prozess handelt. Die materiellen Aspekte aus der Betrachtung auszuschließen, heißt aus ihrer Sicht, völlig an der Sache vorbeizugehen. Wer den Stein der Weisen herstellt, durchläuft zwangsläufig eine tiefgreifende innere Wandlung – eine drastische Neuausrichtung von Körper, Seele und Geist. Doch das Motiv für eben diesen inneren Wandlungsprozess ist eine äußere Veränderung: der Umbau des Substanzgefüges der Welt. Ziel des Alchimisten ist es, Magie zu bewirken. Die traditionellen *praktischen* Ziele der alchimistischen Magie – das körperliche und materielle Wohlbefinden zu stärken – sind wörtlich zu verstehen.

Soweit wir zurückblicken können, neigten religiöse Menschen zu der Vorstellung, dass die Welt in Geist und Materie geteilt und der Geist die »bessere Hälfte« sei. Der Himmel war »da oben« und darum höher – sowohl im räumlichen Sinne als auch in der Wertschätzung – als alles, was »hier unten« war. Viele spirituelle Praktiken spiegeln diese Auffassung wider. Sie zielen darauf ab, den Geist im Menschen zu stärken und seine Körperlichkeit in den Hintergrund treten zu lassen. Der Praktizierende soll die materielle Welt, die meistens als gegeben hingenommen wird, entweder transzendieren oder sich harmonischer darin einfügen. Karl Marx' Spruch vom »Opium fürs Volk« basiert auf der Beobachtung, dass eine Spiritualität, die das Materielle ausblendet, den irdischen Status quo weitgehend zementiert.

Für den Alchimisten ist Materie alles andere als verachtenswert. Materie ist für ihn bedeutsam. Er ist nicht bereit, sich der Welt einfach so anzupassen. Er will sie verändern. Er misst die spirituelle Wahrheit daran, ob man etwas mit ihr anfangen kann, und versucht, den inneren Zusammenhängen der Welt auf die Spur zu kommen, um sich aktiv an ihrer Schöpfung zu beteiligen.

Für viele Menschen steht magisches Wirken im Widerspruch zu den Naturgesetzen. Der Magier hüllt sich in ein besonderes Gewand, zündet Kerzen an, sagt Zaubersprüche auf und vollzieht merkwürdige Rituale. Empirisch betrachtet, scheint kein kausaler Zusammenhang zwischen seinen Taten und dem gewünschten Ergebnis zu bestehen: Aus dieser Sicht gibt es keinen Grund, warum das Murmeln bestimmter Worte über einer Kristallkugel seine Großmutter dazu veranlassen sollte, ihm einen Scheck zu schicken, oder seiner Lieblingsmannschaft den Meisterschaftstitel einbringen sollte. Tritt dieses Ergebnis dennoch ein, müssen übernatürliche Kräfte im Spiel gewesen sein. Was auch immer das sein mag.

Die Vorstellung vom Wirken einer übernatürlichen Instanz ist nichts für Alchimisten. Viele ihrer Verfahren klingen wie das, was Köche oder Chemiker gemeinhin tun: kochen, abkühlen, auflösen, trennen, trocknen, fermentieren usw. Ob im wörtlichen Sinne, wie in der Laboratoriumsalchimie, oder eher metaphorisch betrachtet, also »abkühlen« im Sinne von »zur Ruhe kommen«: Es handelt sich immer um Dinge, die ganz normale Menschen ebenfalls tun. Wenn diese Verfahren funktionieren, dann hat dies für den Alchimisten völlig nachvollziehbare, natürliche Gründe.

Stellen wir uns vor, Sie haben sich eben Rotwein auf ein weißes Seidenhemd geschüttet. Hilflos tupfen Sie an dem Fleck herum in der Gewissheit, dass das Kleidungsstück ruiniert ist. In dem Augenblick tritt ihre Gastgeberin auf den Plan und gießt etwas Weißwein auf den Rotweinfleck. Und Abrakadabra: Der Fleck ist weg! »Das ist ja Zauberei«, sagen Sie jetzt womöglich. Sie wollen zwar nicht ernsthaft behaupten, dieser Vorgang stelle die Gesetze der Natur auf den Kopf, sondern vermuten, es steckt irgendetwas dahinter, was nur ein Chemiker erklären könnte. Was es nach Zauberei aussehen lässt, ist, dass die Lösung so unerwartet (einen Weinfleck mit Wein wegzubekommen), und noch dazu so wirksam ist. Die Magie liegt nicht in der Aushebelung der Naturgesetze, sondern darin, sie zu kennen und sie sich auf so spektakuläre Weise zunutze zu machen. Nichts anderes ist die alchimistische Magie. Der Alchimist kann mit ganz gewöhnlichen Handlungen außergewöhnliche Ergebnisse erzielen, weil er die in der Welt wirkenden Kräfte besser versteht als der Durchschnittsmensch.

In Findhorn, einer zugigen Wohnwagenkolonie an der schottischen Küste, wurden wasserballgroße Kohlköpfe in Böden gezogen, die kaum besser als Sand waren. Was da geerntet wurde, erschien so jenseits des Möglichen, dass es Findhorn den Ruf eines magischen Ortes brachte und man den Bewohnern der Siedlung Zauberkräfte zuschrieb. Wenngleich dieses Phänomen noch unwahrscheinlicher erscheinen mag als der Weintrick, war die spektakuläre Gartenausbeute nicht auf übernatürliche Kräfte zurückzuführen. Die Bewohner von Findhorn taten vielmehr, was jeder Gärtner tun würde: Boden verbessern, Triebe hochbinden, wässern usw. Das Ungewöhnliche war die Quelle, aus der sie ihre Anleitungen bezogen. Sie hörten auf die Devas (Naturgeister), die für die jeweilige Pflanzenart zuständig waren. So sagte ihnen beispielsweise die Spinat-Deva, dass Spinatsetzlinge mehr Raum brauchten. Die Tomaten-Deva verlangte, dass der Windschutz so lange an Ort und Stelle bleiben müsse, bis die Pflanzen Früchte angesetzt hatten. Die Erbsen-Deva riet: »Macht euch keine Gedanken über die Schnecken. Sie können uns nichts anhaben.« Gewöhnliche Vorgehensweisen erwiesen sich als ungewöhnlich effizient, weil die Gärtner lernten, den Garten vom Standpunkt der Pflanzen aus zu sehen.

In der Antike und im Mittelalter waren Alchimie und Naturwissenschaften ein und dieselbe Disziplin. Der Konflikt, der schließlich zur Trennung der beiden führte, hatte mehr mit den Untersuchungsmethoden als mit den Ergebnissen zu tun. Um von der modernen Wissenschaft als Tatsache anerkannt zu werden, muss ein Phänomen für jeden Beobachter erkennbar sein. In der Praxis heißt dies, dass es – entweder direkt oder mit Hilfe wissenschaftlicher Instrumente – mit den physischen Sinnen erfasst werden kann. Außerdem müssen die Beobachtungen reproduzierbar sein. Ein Experiment hat nur dann Bestand, wenn es sich zuverlässig mit gleichem Ergebnis auch von anderen Personen durchführen lässt. Darüber hinaus dürfen bei den getroffenen Feststellungen keinerlei persönliche Vorlieben eine Rolle spielen. Um eine Beeinflussung durch mögliches Wunschdenken zu reduzieren, versuchen Wissenschaftler, ihre eigenen Hypothesen zu *widerlegen*.

Diese Regeln basieren auf einem bewundernswerten Maß an intellektueller Rechtschaffenheit und erleichtern die Entlarvung von Vorurteilen, Aberglauben und Dogmen. Ihre Einführung ermöglichte den Naturwissenschaften einen rasanten Fortschritt. Gleichzeitig aber drängten sie die Alchimisten ins Abseits, gehörten zu deren Wissensfeldern doch Meditation, Traumdeutung, Visionen und Gespräche mit nicht-körperlichen Wesen. Wie beeindruckend die Kohlköpfe auch sein mögen, die da heranwachsen, auf die Kohl-Deva zu hören, geht nun einmal nicht als wissenschaftliche Forschungsmethode durch.

Die Wissenschaft und ihre Methoden sind hervorragend geeignet, ein bestimmtes Wissenssegment zu erschließen; will man aber bestimmte andere Dinge erfahren, stehen sie eher im Weg. Nehmen wir folgendes Beispiel: Ein Mann fühlt sich zu einer bestimmten Frau hingezogen und möchte sie näher kennenlernen. Kann er dies erreichen, indem er sie wiegt, ihre Temperatur misst und sie in die Röhre eines Computertomographen schiebt? Natürlich nicht. Mit diesen Untersuchungen könnte er nicht nur das, worauf es ihm eigentlich ankommt, nie herausfinden, sie würden außerdem das Untersuchungsobjekt so sehr verschrecken, dass es seine Anrufe nicht mehr erwidern würde. Was er wirklich wissen will – die intimen Geheimnisse ihres Körpers und ihrer Seele –, kann er nur erfahren, wenn er *aufhört*, objektiv zu sein. Sie wird ihm ihre Geheimnisse nur anvertrauen, wenn er ihr unmissverständlich zeigt, dass sie ihm gefällt. Und je exklusiver sein Wissen von ihr ist – sprich: je weniger dieses Wissen von einem anderen bestätigt werden kann –, desto kostbarer wird es für ihn.

Die Argumentation des Alchimisten würde lauten, dass alle Naturphänomene etwas mit der Frau gemein haben. Manche ihrer Geheimnisse offenbaren sie dem objektiven, wissenschaftlichen, andere hingegen nur dem subjektiven Betrachter. Die Seele von etwas – sei es nun aus dem Reich der Tiere, Pflanzen oder Mineralien – erschließt sich einer anderen Seele nur in der aktiven Beziehung. Und nicht nur das: Manche Seelen haben ein besonderes Talent, die Seelen anderer zu ergründen. Die Bandbreite und Genauigkeit einer Seele in ihrer Funktion als Wahrnehmungsinstrument lässt sich entwickeln und verbessern. Für die Verfahren zur Erweiterung ihrer Fähigkeiten gelten keine geringeren Anforderungen als für die wissenschaftlichen Methoden. Magie ist die praktische Anwendung dessen, was die Seele wahrnimmt. Gleichzeitig ist sie ein Test für die Korrektheit dieser Wahrnehmungen, denn entweder funktioniert die Magie, oder sie funktioniert eben nicht.

Alchimisten wollen die *ganze* Welt sowohl in ihren materiellen als auch ihren nicht-materiellen Aspekten begreifen. Sie sind bereit, die Pfade des wissenschaftlichen Konsenses zu verlassen (und damit das Risiko einzugehen, als Spinner verunglimpft zu werden), um Phänomene zu studieren und Prinzipien anzuwenden, die sie persönlich wahrnehmen können, egal ob andere diese Wahrnehmungen nun teilen oder nicht. Was sie tun, hat nichts mit Aberglauben zu tun. Und auch nichts mit Religiosität. Alchimisten sehen sich nicht veranlasst, den Lesern wissenschaftlicher Fachjournale zu erläutern, woran sie glauben, und ebenso wenig halten sie es für nötig zu glauben, was sie *sich selbst* nicht beweisen können. Was für einen religiösen Menschen ein Credo sein mag, ist für den Alchimisten eine Arbeitshypothese. In Anbetracht einer spirituellen Lehre oder religiösen Vorstellung wird ein Alchimist weniger danach fragen, ob sie wahr ist. Seine Frage lautet: »Funktioniert es?« Eine funktionierende Idee ist eine, die sich mit gutem Ergebnis in die Tat umsetzen lässt.

Es ist charakteristisch für Alchimisten, Naturwissenschaften als spirituelle Disziplin zu betreiben und sich dem Spirituellen mit wissenschaftlicher Akribie und Praxisbezogenheit zu nähern. Für sie sind das Spirituelle und das Materielle zwei verschiedene Aspekte ein und derselben Welt. Dass ein Einblick in das eine gleichzeitig Einblick in das andere gewährt, ist Credo und Arbeitshypothese zugleich. Alchimisten suchen es zu beweisen, *weil* sie daran glauben.

Magie – der schwierigere Weg

Auf den ersten Blick mag Magie als eine einfache Möglichkeit erscheinen, seine Ziele zu erreichen. Dies macht einen Teil ihrer Faszination aus. Wenn man wirklich Blei in Gold verwandeln könnte, müsste man morgens nicht aufstehen und zur Arbeit gehen. Liest man allerdings die Berichte von Alchimisten über ihre Suche nach dem Stein der Weisen, erscheint der »einfache Weg« irrsinnig schwierig. Nicholas Flamel kostete es fast sein gesamtes Erwachsenenleben, um acht Unzen Gold zu produzieren. Sicher hätte er das auch anders hinkriegen können. Er hätte sich bloß einen besseren Job zu suchen brauchen.

Wenn es Ihnen nur um die Frage geht, wie Sie Ihre Steuern ans Römische Reich bezahlen sollen, würde ich Ihnen empfehlen, sich lieber einen Finanzratgeber zu kaufen. Die Alchimie könnte Ihnen zwar dabei helfen, dieses und andere praktische Ziele zu erreichen – und die Beschaffung von finanziellen Mitteln ist in der Tat eine lohnenswerte Aufgabe für die Alchimie –, aber in diesem Falle wäre es ein wenig so, als würden Sie eine Kuh kaufen, bloß weil Sie ein Glas Milch trinken möchten. Selbst das Bewirken eines noch so bescheidenen äußerlich wahrnehmbaren Effekts kann für den Alchimisten mit einer kolossalen inneren Anstrengung verbunden sein, denn für ihn führt die Veränderung des Äußeren stets über die Verwandlung des Inneren.

Alle Magier gehen von der Grundannahme aus, dass Geschehnisse im Inneren Einfluss auf Geschehnisse im Äußeren nehmen – dass das, was im menschlichen Geist vorgeht, Auswirkungen auf die Phänomene der äußeren Welt hat. Entgegen der weit verbreiteten Meinung sind sie sich darin mit den meisten Wissenschaftlern einig, müssen diese doch alle möglichen Maßnahmen ergreifen, um mentale Einflüsse aus ihren Experimenten zu eliminieren. Wird zum Beispiel ein neues Medikament getestet, muss der Placebo-Effekt ausgeschaltet werden, also die Tatsache, dass sich der Zustand eines gewissen Prozentsatzes

von Patienten schon bessert, wenn man ihnen bloß eine Zucker-
pille verabreicht und ihnen sagt, dabei handle es sich um eine
Arznei. Die Trennung materieller Ereignisse von mentalen Er-
eignissen ist ein künstliches Unterfangen, das ausschließlich in
Forschungslabors praktiziert wird. In der realen Welt laufen die
Dinge anders.

Wahrscheinlich setzen auch Sie – wie die meisten Menschen –
Ihre mentalen Kräfte gelegentlich ein, um den Ausgang der Ereignisse zu beeinflussen. Vielleicht ist Ihnen aufgefallen, dass
sich manche Ihrer Wünsche realisieren lassen, wenn Sie mit
Visualisierungen, Affirmationen oder anderen Formen des »positiven Denkens« arbeiten. Wenn das nicht der Fall ist, haben Sie
aber ganz bestimmt gemerkt, dass manche Ihrer Befürchtungen
eingetreten sind, weil Sie sich so viele Gedanken darüber gemacht haben. Vielleicht beten Sie, oder möglicherweise schicken Sie Menschen, die Ihre Hilfe zu brauchen scheinen, »Licht«
oder »gute Energien« oder auch einfach nur freundliche Gedanken. Wenn Sie nicht überzeugt wären, dass das, was in Ihrem
Kopf vorgeht, etwas bewirken kann, würden Sie so etwas wohl
kaum tun. Magier setzen spezielle Techniken der geistigen Konzentration und Gedankenprojektion ein und können auf diese
Weise bemerkenswerte Dinge erreichen. In dem Maße, wie Sie
selbst zum Alchimisten werden, werden auch Sie diese Fähigkeit
entfalten. Aber die Magie der Gedankenprojektion allein ist
noch keine Alchimie.

In der tibetischen Alchimie ist der Stein der Weisen ein magischer Diamant. Ihm wird die Kraft zugeschrieben, Gifte in
Heilmittel zu verwandeln. Nun ist es sicherlich so, dass die magische Grundtechnik der Bewusstseinkontrolle es möglich
macht, Gift zu schlucken, ohne krank zu werden. Es ist wie auf
einem Nagelbrett zu sitzen oder über glühende Kohlen zu laufen: Kunststücke wie diese basieren immer darauf, sich so stark
zu konzentrieren, dass einem der schädliche Einfluss nichts anhaben kann. Aber Schädliches in *Heilkräftiges* zu verwandeln, ist

etwas ganz anderes. Hierzu ist ein tiefes Wissen vom Gift erforderlich – Wissen, das man nicht erlangen kann, ohne persönlich berührt zu werden.

Zwischen Ihnen und allem, was Sie in irgendeiner Weise beeinflussen möchten, besteht eine Beziehung. Wenn sich einer der beiden Beteiligten verändert, verändert sich die Beziehung. Und jede Veränderung in einer Beziehung führt zur Veränderung *beider* Beteiligten. Wenn Sie also etwas verändern möchten, müssen Sie als Allererstes herausfinden, wie Ihre Beziehung zu diesem »Etwas« aussieht. Dann können Sie erkennen, wie Sie es verändern können, indem Sie sich selbst verändern. Das ist die Grundlogik der Alchimie.

Klingt simpel, oder? Und doch ist es sehr viel leichter gesagt als getan, denn die wahre Natur einer Beziehung zu entschlüsseln, das ist alles andere als einfach. Unsere Wahrnehmung ist von unseren Hoffnungen und Ängsten, unseren Meinungen, Vorurteilen, Vorlieben und Abneigungen vernebelt. Oft ist es allein schon der Wunsch, Einfluss auf eine Sache zu nehmen, der unsere Wahrnehmung am meisten trübt. Ich will dies an einem konkreten Beispiel demonstrieren:

Stellen wir uns vor, wir hätten es mit einer Möchtegern-Magierin namens Annie zu tun. Eines Abends geht die junge Frau in eine Bar, in der ein attraktiver Gitarrenspieler auftritt: Carlos. In einer der Pausen kommen die beiden ins Gespräch, und Carlos bittet Annie um ihre Telefonnummer. Annie ist ganz aus dem Häuschen. Tagelang wartet sie ungeduldig auf seinen Anruf, doch das Telefon schweigt. Fünf Tage sind vergangen, als sie in ihrem Frust beschließt, es mit den Mitteln der Magie zu versuchen.

Aber wie soll sie es anfangen? Annies erster Gedanke ist, es mit einer Visualisierung zu probieren. Sie zündet eine Kerze an, schließt die Augen und konzentriert sich mental auf das, was sie sich wünscht: wie das Telefon klingelt, dass Carlos am Apparat ist, seine Stimme, ihre witzigen Bemerkungen, sein Lachen, wie er sie einlädt. Nachdem sie sich dieses Bild in allen Einzelheiten ausgemalt hat, versucht sie, es in seine Richtung zu schicken in der Hoffnung, ihm auf diese Weise den Impuls zum Handeln zu geben.

Ob das so funktionieren wird? Vielleicht. Vielleicht aber auch nicht. Doch selbst wenn es funktioniert, ist es keine Alchimie. Annie versucht, Carlos zu verändern, aber an Annie bleibt alles, wie es ist.

Statt uns mit Carlos zu befassen, schauen wir lieber, wie es um die Beziehung zwischen den beiden bestellt ist. Rein äußerlich betrachtet, ist Annie passiv und wartet darauf, dass Carlos die Initiative ergreift. Insgeheim aber ist Annie die Aktive. Ihr Körper verharrt an Ort und Stelle, während ihm ihre Seele auf den Fersen bleibt. Nun hat so gut wie jeder von uns von seiner Großmutter das Wissen mit auf den Weg bekommen, dass Männer es nicht mögen, bedrängt zu werden. Nachdem die Visualisierung fehlgeschlagen ist, beschließt Annie darum, es mit der altbewährten magischen Methode des »Kalte-Schulter-Zeigens« zu versuchen. Sie schaltet ihr Handy aus, so dass Carlos, sollte er anrufen, auf ihrer Mailbox landen würde.

Auch dieser Schachzug hat nichts mit Alchimie zu tun. Annie hat lediglich ihr äußeres Verhalten, nicht aber ihre innere Haltung verändert. Sie setzt immer noch darauf, das Objekt ihrer Begierde zu manipulieren. Das eigentliche Problem besteht darin, dass sie die wahre Natur ihrer Beziehung zu diesem Objekt nicht verstanden hat. Sie hat bislang nur einen Aspekt durchschaut: die Tatsache, dass sie insgeheim die Aktive ist, die ihm nachstellt. Aber was ist es genau, hinter dem sie da her ist? Wer ist Carlos? Was bedeutet er ihr wirklich?

Annie arbeitet in einem Büro, und ihr Job langweilt sie. Sie empfindet ihr Leben als spießig und langweilig. Carlos zieht sie an, weil er Musiker ist. Sie stellt sich vor, dass er ein unkonventionelles Künstlerleben führt und dass ihr Dasein sehr viel spannender würde, wenn sie mit ihm zusammen wäre. Was unsere

Großmütter den meisten von uns vorenthalten haben, ist die Erkenntnis: Wenn wir uns in jemanden verlieben, den wir kaum kennen, gelten unsere Gefühle in Wirklichkeit einem unerfüllten Potenzial in unserem Inneren. Wir sind verrückt nach dem, was wir insgeheim sein möchten. Mit anderen Worten: Annie hat gar keine Beziehung zu dem realen Carlos. In Wirklichkeit verzehrt sich die spießige Annie nach der unkonventionellen Künstler-Annie. Annie ist hinter *sich selbst* her.

In unserem Beispiel ist Annies frustrierte Sehnsucht nach einem anderen Leben das »Gift«. Die Alchimie fängt damit an, dieses Gift zu kosten, zu schlucken, zu ergründen und die ganze Wucht seiner Wirkung zu spüren. Wenn Annie bereit ist, dies zu tun, wird sich etwas in ihr verändern. Womöglich wird sie ihren langweiligen Job an den Nagel hängen. Vielleicht wird sie auch nach Ausdrucksmöglichkeiten für ihre verschüttete Kreativität suchen, sich auf ein Abenteuer einlassen oder sich interessanteren Freunden zuwenden. Ich weiß nicht genau, was sie tun wird, aber wenn sie die Beziehung richtig gespürt hat, dann wird sie sich ändern: Sie wird dem Menschen ähnlicher werden, den sie in Carlos vermutet.

Wird ihn dies veranlassen, sie anzurufen? Keine Ahnung. Diese Frage ist bedeutungslos geworden. Alchimistische Magie fängt immer mit einem spezifischen Wunsch an, zum Beispiel dem, dass jemand anrufen möge. Kein Wunsch ist zu albern, zu banal oder zu egoistisch, um als »prima materia« zu dienen (es geht schließlich um das Verwandeln von Unedlem in Edles). Aber wenn wir wirklich Alchimie betreiben, ist es gut möglich, dass das Ergebnis völlig anders ausfällt, als wir ursprünglich im Sinne hatten. Alchimistische Verfahren verändern nicht nur den Alchimisten; in dem Prozess wandelt sich oftmals auch der Wunsch, der der eigentliche Anlass für das Ganze war.

Umweltverträgliche Magie

Stellen wir uns einmal vor, es wäre unmöglich, Müll zu entsorgen, und wir müssten einen Weg finden, jede kleine Kleinigkeit wiederzuverwerten, die wir momentan wegwerfen. Am Ende würden wir die Alchimie erfinden! Transmutation heißt, wertloses Zeug in etwas Wertvolles zu verwandeln, aus etwas Schädlichem etwas Nützliches zu machen. Anders formuliert: Sie ist eine Art heilige Ökologie.

Die Wiederverwertung von Substanzen ist in der Natur gang und gäbe. Nehmen wir zum Beispiel den Komposthaufen. Er besteht aus lauter Dingen, die nicht sehr ansehnlich oder wohlriechend sind – Dung, Küchenabfälle, verrottender Grasschnitt –, und noch dazu wimmelt es darin von Käfern und Würmern. Und nun buddeln wir ein kleines Loch und geben eine Handvoll von diesem Zeug zusammen mit einem knollenartigen Etwas hinein, das so aussieht und riecht wie eine kleine Zwiebel. Im Frühling sprießt aus diesem Loch eine Narzisse hervor. Wie ist es möglich, dass diese dunkle, stinkende Pampe sich in etwas so wundervoll Duftendes, Blütenweißes verwandeln konnte? Woher dieser Wohlgeruch? Woher diese Reinheit? Organische Materie wurde wiederverwertet, und Biologen könnten uns die genauen Vorgänge im Einzelnen erläutern. Aber nichts kann uns das Wunder begreiflich machen! Nichts kann uns erklären, wie aus dieser Ausgangssubstanz etwas so Herrliches hervorgehen konnte. Alchimisten würden sagen, dass die Natur nach dem Erhabenen strebt und dies mit Verfahrensweisen erreicht, die der Mensch studieren und reproduzieren kann. Die Logik des Komposthaufens lässt sich mit ebenso großartigen Ergebnissen auf viele menschliche Bestrebungen und Unternehmungen anwenden. Der Magier braucht nur die magischen Tendenzen, die der Natur innewohnen, zu verstärken.

Wir sind uns weitgehend darin einig, welche Vorteile das Recycling von Zeitungen und Küchenabfällen birgt. Aber wie sieht es mit anderen, weniger greifbaren Phänomenen wie negativen Gedanken, Gefühlen, Erlebnissen und Lebenssituationen aus? Warum sollten wir scheinbar so wertlose Befindlichkeiten oder Empfindungen wie Feindseligkeit, Enttäuschung, Depression oder Abhängigkeit der Wiederverwertung zuführen? Wäre es nicht besser, sie uns ein für allemal vom Hals zu schaffen?

Spielen wir ein bisschen »Was-wäre-wenn«. Wir wissen, dass die physischen Dinge, die wir mit dem Abwasser fortspülen oder in den Müll werfen, nicht vom Erdboden verschwinden. Wir halten unser Haus rein, indem wir Gegenstände und Substanzen, die wir nicht mehr brauchen, anderswo hinschicken. Was weiter damit geschieht, ist das Problem anderer. Was, wenn dies auch für die Gedanken und Gefühle zuträfe, derer wir uns entledigen? Was, wenn sich nicht nur unsere Körper eine gemeinsame Atmosphäre teilten, um darin zu atmen, sondern auch unser Geist in einem solchen kollektiven Raum existierte? Wenn wir mit dem Denken »einatmen« und »ausatmen« würden? Wie die Luft in unserer Lunge, wären dann auch die Gedanken nur vorübergehend etwas Privates. Was wir ausatmen, würde irgendwann von anderen wieder eingeatmet werden.

Beim Husten oder Niesen gelangen Krankheitserreger und Bakterien aus unserem Inneren in die gemeinsame Atmosphäre, und aller Wahrscheinlichkeit nach wird sich jemand anderes anstecken. Würde dies auch auf Gedanken zutreffen, könnten sich Feindseligkeit, Angst oder Niedergeschlagenheit ausbreiten wie eine Virusinfektion. Diese Gefühle wegzuschicken, wäre wie zu husten oder zu niesen. Auch würde es so etwas wie »Gedankenverschmutzung« geben. Im Feierabendverkehr würde sich bei Überschreitung der behördlich festgelegten Grenzwerte eine erhöhte Neigung zu Kopfschmerzen und Übelkeit einstellen. Die Massenmedien wären womöglich als Schornsteine zu sehen, die schwefelgelbe Gaswolken von Gier, Angst, Ruhelosigkeit und Nervenkitzel absondern. Wenn im politischen Wahlkampf die Ebene des guten Geschmacks verlassen wird, müsste man sich unter Umständen eine Gasmaske aufsetzen. So wie die physische Atmosphäre durch Wind und Regen erfrischt und durch wohlriechende Aromen verbessert wird, könnten klare neue Ideen die stickige Luft vertreiben. Vertrauensvolle Gedanken hätten womöglich den Geruch frisch umgegrabener Erde, und liebevolle Gedanken würden nach Plätzchen im Ofen riechen. Wenn es kalt ist, können Sie beim Ausatmen den eigenen Atem sehen. Er verteilt sich so schnell, dass Sie schon nach einem kleinen Moment nichts davon zu sich zurückverfolgen können. Dies gilt auch für Gedanken. Die meisten von ihnen verflüchtigen sich schon, während sie uns durch den Kopf gehen. Lassen wir sie los, lösen sie sich vollends auf. Aber wir können auch bewusster ausatmen. Wir pusten ein Streichholz aus; wir blasen in die Glut, um sie zu entfachen, wenn wir im Kamin ein Feuer anzünden. Manchmal hauchen wir auf unsere Brillengläser, um sie vor dem Putzen zu befeuchten; oder wir blasen auf unsere Fingernägel, damit der Lack schneller trocknet. Je nach Erfordernis kann die ausgeatmete Luft Feuer zum Lodern oder zum Erlöschen bringen; sie kann Feuchtigkeit spenden oder entziehen. Wenn wir verstehen, dass Gedanken wie Luft sind, können wir durch das bewusste Lenken unseres Atems alle möglichen nützlichen Wirkungen erzielen. Dies ist das Grundprinzip der Gedankenmagie. Die Technik besteht darin, eine klare Absicht zu formulieren und sie in die richtige Richtung zu »blasen«.

Wind kann schlechte Luft wegwehen, aber sie in gute Luft umwandeln, das kann er nicht. Hierzu brauchen wir Pflanzen. Ihre Atmung ist unserer genau entgegengesetzt: Sie atmen Kohlendioxid ein und Sauerstoff aus. Was für sie wertlos ist, ist für uns lebensnotwendig und umgekehrt. Unser Müll ist ihr Kompost. Für die gedankliche Umwelt sind Alchimisten das, was Pflanzen für die physische Umwelt sind. Sie können »Gefahrenstoffe« des menschlichen Erlebens aufnehmen und sie der Welt in Form von Erbauung, Erfrischung, Schönheit zurückgeben.

Das Immunsystem des Körpers ist so aufgebaut, dass es all das als Fremdkörper abstößt, was seinem genetischen Material unähnlich ist. Doch auf das, was wir essen, reagiert der Körper normalerweise nicht auf diese Weise. Er fährt kein Heer von Antikörpern auf, um die Fremdeinwirkung durch einen Big Mac mit Pommes abzuwehren. Stattdessen wandelt er seine dubiosen Inhaltsstoffe in Energie für seine erschöpften Zellen um. Wenn wir den Stein der Weisen gefunden haben, wandeln wir uns innerlich von einer Art Immunsystem in eine Art Verdauungssystem. Wir lernen das, was wir instinktiv als fremd und unerwünscht abwehren würden, in einem inneren Aufspaltungsprozess zu *verstoffwechseln*.

Wie die Wiederverwertung von echtem Müll arbeitet die alchimistische Transmutation oftmals mit Verfahren, die nicht besonders geheimnisvoll anmuten. Was diese Handlungen magisch macht, ist ihre Motivation, die Geisteshaltung, die ihnen zugrunde liegt. Man wählt etwas, was man instinktiv als Übel beseitigen würde, um sich so lange damit auseinanderzusetzen und damit zu arbeiten, bis etwas Gutes daraus entsteht. Wenn in den meisten negativen Situationen Umwandlung statt Ablehnung zu unserem ersten Impuls geworden ist, befassen wir uns möglicherweise immer noch mit ganz gewöhnlichen Dingen, bloß sind wir kein gewöhnlicher Mensch mehr. Wir haben uns *selbst* verwandelt, wir haben es überwunden, auf Negativität abwehrend zu reagieren – eine Reaktion, die uns wie jedem anderen Menschen in die Wiege gelegt wurde. Wir haben den Stoffwechsel eines Magiers entwickelt.

Diese fundamentale Veränderung im »spirituellen Metabolismus« ist das, was damit gemeint ist, »den Stein der Weisen zu finden«. Haben wir dies erreicht, brauchen wir keine Schritt-für-Schritt-Anleitungen zur Umwandlung von Phänomenen mehr, so wie wir keine spezielle Unterweisung brauchen, die uns sagt, wie wir unser Essen zu verdauen haben. Gewöhnlichen Situationen auf magische Weise zu begegnen, wird uns zur zweiten

Natur. In diesem Buch geht es in erster Linie um das, was Alchimisten als das »Große Werk« bezeichnen – die Herstellung des Steins. Flamel hat vierundzwanzig Jahre gebraucht, dies zu bewerkstelligen. (Da Anselm diesmal seine Finger nicht im Spiel hat, geht es bei Ihnen vielleicht etwas schneller.) Nachdem es ihm gelungen war, war alles andere einfach und ergab sich von selbst.

Der Stein der Weisen ist weder ein Metall noch ein Mineral. Er ist überhaupt kein materieller Gegenstand. Was ist er also? Hier ein Hinweis von Mahatma Gandhi: *Sei die Veränderung, die du in der Welt sehen möchtest.* Mag sein, dass dies im Augenblick für Sie nicht mehr ist als ein Spruch, den man sich aufs Auto klebt. Aber vielleicht stellen Sie eines Tages mit Erstaunen fest, dass man Ihnen damit ein großes Geheimnis völlig gratis mit auf den Weg gegeben hat. Es liegt nicht in irgendeiner Höhle im Himalaya verborgen, wo es von Hohepriestern, Drachen, vestalischen Jungfrauen und blutrünstigen tibetischen Gottheiten gehütet wird. Gandhi hat die Katze aus dem Sack gelassen und das mysteriöseste und machtvollste aller alchimistischen Geheimnisse verraten. In ihm steckt die Macht, ganze Imperien zum Einsturz zu bringen. Nehmen Sie mich beim Wort!

Hermes und die Hermetik

Die vielen esoterischen Traditionen, die in die westliche Alchimie eingeflossen sind, haben ihren gemeinsamen Ursprung in einer Sammlung von Schriften, die die Zerstörung der großen Bibliothek von Alexandria überlebte. Als Hermetica bekannt, wurden diese Texte einem Gelehrten namens Hermes Trismegistos, dem »dreifach großen Hermes«, zugeschrieben. Wahrscheinlich hat es diesen in Wirklichkeit nie gegeben. Es wird vermutet, dass es sich hier um eine künstliche Namensschöpfung handelt, unter deren Dach die Werke unterschiedlicher Autoren, die über mehrere Jahrhunderte hinweg entstanden sind, zusammengefasst wurden.

Die Geschichte wird meist so erzählt, dass die Texte von alten Ägyptern geschrieben und später von den Griechen entdeckt wurden, es gibt aber auch Stimmen, die behaupten, es sei genau andersherum gewesen. Klassische Historiker tun sich schwer damit, Klarheit in diese Zusammenhänge zu bringen, weil sie der Meinung sind, dass der Namensgeber – der griechische Gott Hermes, von den Ägyptern als Thoth verehrt – nur in der Mythologie existiert. Geht man aber davon aus, dass es Hermes, dessen Aufgabe darin bestand, den Menschen Botschaften aus der spirituellen Welt zu übermitteln, tatsächlich gegeben hat, lässt sich viel leichter verstehen, warum nicht nur Griechen und alte Ägypter, sondern auch jüdische Kabbalisten, muslimische Sufis, gnostische Christen, tibetische Buddhisten und chinesische Taoisten immer wieder Variationen ein und derselben Idee hervorbrachten. Die Griechen und/oder Ägypter schrieben ihre alchimistischen Texte deshalb diesem Namen zu, weil sie tatsächlich aus dieser Quelle stammten.

Ein Hermetiker – wörtlich ein mit Hermes Assoziierter – versucht, die profane Welt im Licht der spirituellen Welt zu betrachten. In meinem Wörterbuch wird »Hermetik« als Synonym für Alchimie definiert. Im Mittelalter traf dies zu, und vielleicht wird es eines Tages wieder zutreffen. Heutzutage aber würden sich die meisten Menschen, die sich Hermetiker nennen, nicht gleichzeitig als Alchimisten bezeichnen.

Alchimie ist die praktische Anwendung dessen, was der Hermetiker sich zunächst verstandesmäßig erarbeitet hat. Dass sich mit dem spirituellen Wissen etwas Nützliches anfangen lässt, war für die Hermetiker der Antike und des Mittelalters der eigentliche Grund, dieses Wissen zu erwerben. Während der Renaissance verschob sich dieser pragmatische Ansatz hin zu den Naturwissenschaften, und nach und nach verabschiedete sich die Gilde der Hermetiker von dem Gedanken, dass ihre Studien praktische Früchte tragen würden. Sie hörten auf, Magie zu bewirken. Ja, manche glaubten nicht einmal mehr, dass Magie überhaupt möglich sei.

Die Alchimisten unserer Zeit sind den Hermetikern insofern verbunden, als diese die alchimistische Theorie bewahrt und gefördert haben. Doch diese Theorie hat wenig Wert, wenn sie nicht in der Praxis erprobt wird. Wer sich dem Wissen der spirituellen Welt ohne religiösen Hintergrund oder wissenschaftliche Stringenz nähert, könnte als Hermetiker leicht zum anmaßenden Exzentriker werden. Der praktizierende Magier ist derjenige, der die hermetischen Erkenntnisse der Nagelprobe der Machbarkeit unterzieht.

2

Die Geheimcodes entschlüsseln

Nicholas Flamel war nicht der einzige Alchimist, der über die Frage der *prima materia* stolperte. In seinen Canterbury-Erzählungen macht sich Chaucer darüber lustig, wie sich Alchimisten vergebens mit »Pulvern aller Art, Asche, Dung, Urin und Lehm« abmühten. Viele alchimistische Texte scheinen in diesem Zusammenhang bewusst in Rätseln zu sprechen. Nach der *Sophie Hydrolith* (1619) ist sie »möglicherweise überall und in allem, aber in all ihrer Vollkommenheit nur in einer Sache zu finden«. Und in der *Gloria Mundi* (1526) heißt es:

> »Sie ist allen Menschen, ob jung oder alt, vertraut; sie ist auf dem Land zu finden, im Dorf und in der Stadt, in allen von Gott erschaffenen Dingen; doch alle verachten sie. Reiche und Arme gehen jeden Tag damit um. Sie wird von Dienstmägden auf die Straße geworfen. Kinder spielen damit. Doch keiner schätzt sie, obwohl sie neben der menschlichen Seele das Schönste und Kostbarste auf Erden ist und die Macht hat, Könige und Fürsten zu stürzen. Dessen ungeachtet gilt sie als das Widerwärtigste und Übelste unter den irdischen Dingen.«

Wenn alchimistische Texte keine reinen Allegorien sind, sondern praktische Anleitungen, die geschrieben wurden, um von ihren Lesern tatsächlich umgesetzt zu werden, warum drücken sie sich dann in Rätseln und Symbolen aus? Warum beschreiben sie so ausführlich die Landschaft am Wegesrand, ohne zu zeigen, wie man zur Auffahrt kommt?

Alchimistische Traditionen gibt es in allen großen Weltreligionen. Die, die sie praktizieren, halten sie für den tieferen Sinn einer jeden Religion. Da die Hüter der orthodoxen Lehre selten mit dieser Deutung einverstanden waren, wurden Alchimisten oft verfolgt. Im Christentum mussten jene, die die Kunst praktizierten, stets auf der Hut vor der Inquisition sein, und so verschleierten sie ihre alchimistischen Erkenntnisse in Geschichten, Gedichten und Spielen. Es gab auch direktere Anleitungen, gelegentlich in codierter Form, die bewusste Falschinformationen enthielten, um den zufälligen oder feindlichen Leser in die Irre zu leiten. Die Texte erschlossen sich nur dem, der durch einen anderen Praktizierenden initiiert worden war, so wie Flamel seine Initiation von Canches erhielt.

Initiation bedeutet Einweihung. Im Sufismus, im tantrischen Buddhismus und bei esoterischen christlichen Orden wie den Freimaurern, Rosenkreuzern und Templern gibt es auch heute noch die Praxis der förmlichen Initiation. Wenn sie nach allen Regeln der Kunst durchgeführt wird, führt der Lehrer seinen Schüler dabei durch eine Reihe von Vorbereitungen, Übungen und Prüfungen – ein Prozess, der mitunter viele Jahre dauern kann. Er findet seinen Höhepunkt entweder in einer Zeremonie oder einer spontanen Begegnung, bei der es zu einer Art intuitiver Verbindung zwischen Lehrer und Schüler kommt: Es ist so, als würde der Schüler plötzlich die »Auffassung« des Lehrers teilen – als würde er so wahrnehmen wie er.

Wenn die Lehre auf diese Weise von Person zu Person weitergegeben wird und damit in ihrer Vitalität intakt bleibt, kann die Initiation sehr effizient sein. Doch leider gibt es auch Sekten, in denen die äußere Form alles gilt, die innere Kraft aber verloren gegangen ist. Im schlimmsten Falle können Initiationsorden arrogant, elitär und engherzig sein und dem Schüler allerhand unnötige Hindernisse in den Weg legen. Neulinge werden schikaniert, weil sie eben schon immer schikaniert wurden. Und Hürden werden um ihrer selbst willen geschätzt.

Ich will an dieser Stelle nicht unerwähnt lassen, dass auch viele Alchimisten leeres Geschwätz um seiner selbst willen schätzen. Die Leitfigur der Alchimie ist Hermes, der in der griechischen Mythologie als Gott der Seher, Boten und Reisenden verehrt wird – aber auch als Gott der Diebe, Scharlatane und Betrüger. Selbst eine hochzuverlässige Quelle kann von Zeit zu Zeit der Versuchung erliegen, einen Suchenden in die Irre zu führen. Zur Initiation eines Magiers gehört es zu erkennen, wann man versucht, ihn für dumm zu verkaufen.

Doch mit bewusster Fehlinformation lassen sich die Schwierigkeiten mit der alchimistischen Literatur nicht gänzlich erklären. Es gibt eine Reihe von verwirrenden Schriften, in denen sich der Autor ernsthaft zu Klarheit und umfassender Information bekannt hat. Nehmen wir Artephius, einen Alchimisten aus dem zwölften Jahrhundert, der der Legende zufolge tausend Jahre gelebt haben soll und der sich berufen fühlte, ein Handbuch mit dem Titel *Die Kunst der Lebensverlängerung* zu schreiben. Darin findet sich das folgende Zitat:

»Im Laufe dieser langen Jahre habe ich gesehen, wie Menschen es durch die Unklarheit der Worte der Weisen nicht zu der gleichen Magisterschaft zu bringen vermochten, und so bin ich in diesen letzten Tagen guten Gewissens und durch Mitleid getrieben zu dem Schluss gelangt, in allem Ernst und aller Wahrheit dies hier bekannt zu machen, auf dass den Menschen bezüglich dieses Werks nichts mehr zu wünschen übrig bleibe. Nur eine Sache sei ausgenommen, weil diese nur von einem Meister oder von Gott offenbart werden kann. Und doch kann auch diese aus diesem Buche entnommen werden, so einer nicht verknöchert sei und über ein wenig Erfahrung verfüge.«

Wenn diese »eine Sache«, die Artephius nicht verrät, dem Buch dennoch entnommen werden kann, warum sagt er sie dann nicht gleich? Es ist wohl so wie bei einem Witz: Er ist nicht mehr lustig, wenn man die Pointe erklären muss.

Wie Artephius tat auch Basilius Valentinus sein Bestes, die alchimistischen Geheimnisse auszuplaudern. Er meinte, andere sollten sich in ihrer Arbeit an seinen Laboratoriumsaufzeichnungen orientieren und seine Experimente wiederholen. Dennoch geben seine Schriften selbst ausgebildeten Chemikern Rätsel auf. Bei jedem Verfahren schien er in seinen Anleitungen einen entscheidenden Schritt auszulassen. Dennoch ist, wie der moderne Autor Archibald Cockren bemerkte, der Schlüssel »ausnahmslos in irgendeinem anderen Teil der Ausführungen zu finden, wahrscheinlich in einer der mysteriösen theologischen Abhandlungen, die er zwischen seine praktischen Anleitungen einzuschieben pflegte«. Nicholas Flamel kam zu einer ähnlichen Erkenntnis, nachdem er, wie er schrieb, »die Worte der Weisen gewägt und verschiedene der in ihren Studien vorgeschlagenen Verfahren unter Beweis gestellt« hatte. Sprich: Der Weise oder Philosoph ist derjenige, der die Vorgehensweise vorgibt. In alchimistischen Schriften ergibt sich das Konkrete aus dem Abstrakten und umgekehrt. Aus Verfahren werden metaphysische Grundlagen abgeleitet und aus Grundlagen Verfahren. Weiß man nicht, wie man vorgehen soll, muss man sich mit dem auseinandersetzen, worüber nachzudenken man in den Schriften aufgefordert wird. Weiß man nicht, was man denken soll, muss man sich in die Handlungsanweisungen vertiefen.

Manche Alchimisten verschlüsselten ihre Botschaft, entweder um die Informationen dem Zugriff unerwünschter Leser zu entziehen oder um sich in einer Art Kurzschrift effizienter mit Kollegen auszutauschen. Ist der Schlüssel gefunden, sind beide Codes leicht zu knacken. So wie man eine E-Mail versteht, wenn man weiß, was ASAP, LOL und :-) bedeutet. Bei solchen Verschlüsselungen ist ein Symbol gleichbedeutend mit einer bestimmten Sache, und zwar ausschließlich mit dieser einen Sache. Man braucht nur das Symbol durch den entsprechenden Begriff zu ersetzen (z.B. © durch »Copyright«), und schon hat man die Bedeutung des Ganzen entschlüsselt.

Die alchimistischen Bilder und Diagramme, mit denen wir uns in diesem Buch befassen, sind nicht ganz so simpel. Symbole wie der Hermesstab, der Uroboros und das Rosenkreuz haben viele verschiedene Bedeutungen. Sie werden nicht verwendet, um etwas zu verbergen, sondern um etwas zu offenbaren. Wenn man versucht, sie wie einen Code zu knacken – wenn man also glaubt, der Hermesstab stünde für den Begriff XY, und das wäre alles –, wird man ebenso in die Irre geleitet wie Flamel seinerzeit von Anselm. Alchimistische Symbole stehen für Verfahren. Man muss etwas mit ihnen *tun*, ihnen etwas hinzufügen, bevor sich ihre vielschichtigen Bedeutungsebenen erschließen.

Schauen Sie sich das folgende Symbol an:

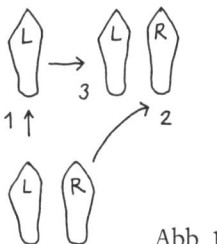

Abb. 1

Das Symbol stellt den Karréeschritt dar. Um ihn zu tanzen, sind drei Dinge erforderlich: Bewegung, Zeit und Beziehung. Die Fußabdrücke zeigen uns, wo jeder Fuß jeweils in Beziehung zu dem anderen zu stehen hat. Die Pfeile geben die Bewegung an (die Richtung, in die es geht), und die Zahlen stehen für die Zeit (wann der Schritt zu tun ist). Werden die Angaben korrekt gedeutet und befolgt, kommt ein langsamer Walzer heraus.

Alchimistische Symbole funktionieren auf die gleiche Weise. Sehen Sie sich das Pentagramm (Abb. 2) und den Davidstern (Abb. 3) an.

Abb. 2   Abb. 3

Angenommen, ich würde sagen, eines dieser Symbole enthielte einen Kreis. Von welchem der beiden wäre da die Rede? Solange wir sie als statische Objekte betrachten, können wir sie einundzwanzig Jahre lang anstarren, ohne der Antwort auf die Spur zu kommen. Aber nehmen wir an, dass es sich hier wie in Abb. 1 um Anleitungen zur Bewegung handelt. Sie könnten dann versuchen, sie nachzutanzen (was keine schlechte Idee wäre), oder Sie nehmen ein Blatt Papier zur Hand und zeichnen jede der beiden Figuren ein paar Mal nach. Sind Sie der Antwort schon nähergekommen? Wenn Sie immer noch nicht weiterwissen, dann malen Sie noch ein paar Kreise dazu.

Vielleicht erinnern Sie sich, wie Sie als Kind gelernt haben, einen fünfzackigen Stern zu malen. Diese Art von Stern wird von Kindern gern gemalt, weil es einfach Spaß macht. Man macht Zacken in fünf verschiedene Richtungen und kehrt zum Ausgangspunkt zurück, ohne auch nur einmal den Stift vom Blatt zu heben. Die Bewegung ist zackig, aber auch kreisförmig. Doch warum macht es Spaß, diese Form zu zeichnen? Das kann man nicht sagen. Es ist einfach so. Es berührt etwas in uns auf positive Weise, das wir nicht benennen können. Als Kind spürten wir dieses Etwas instinktiv und hatten Freude, damit zu spielen.

Nun konzentrieren Sie sich darauf, wie es sich anfühlt, den Stern mit den sechs Zacken zu zeichnen. Sie müssen zwei getrennte Dreiecke malen und aufpassen, das zweite an der richtigen Stelle über dem ersten zu platzieren. Zwar muss man dazu im Prinzip den Stift nur einmal vom Papier abheben, aber es ist gut möglich, dass Sie jeden einzelnen Strich separat ziehen, weil es schwierig ist, ein gleichseitiges Dreieck als Freihandzeichnung hinzubekommen. Man muss bei jeder Linie auf die Länge und den Winkel achten, damit das Ganze nicht krumm und schief wird.

Malen Sie einfach weiter: fünfzackige Sterne und sechszackige Sterne. Versuchen Sie nicht, dabei irgendwelchen tiefschürfenden Gedanken nachzugehen. Achten Sie nur auf die jeweilige mentale Atmosphäre, die den beiden Sternen anzuhaften scheint, die kleine Bewusstseinsverschiebung, die sich beim Wechsel vom einen zum anderen einstellt. Erwarten Sie nicht, dass Ihnen dabei aus heiterem Himmel irgendeine überwältigende Offenbarung zuteil wird. Es geht hier vielmehr um etwas extrem Subtiles, das sich nur schwer in Worte fassen lässt. Darum drückt man es in Symbolen aus.

Ich will Ihnen noch einen weiteren Hinweis zu geometrischen Figuren geben, weil diese in hermetischen Texten eine große Rolle spielen und womöglich auch in Ihren Träumen auftauchen könnten. Stellen Sie sich vor, in unserem Pentagramm würde jede der fünf Zacken für irgendeine Sache stehen. (Machen Sie sich keine Gedanken darüber, was genau das sein könnte. Darauf kommt es im Augenblick nicht an.) Die Linie zwischen zwei Zacken würde in dem Fall eine Beziehung zwischen beiden anzeigen. In einem Pentagramm steht jede der fünf Spitzen in direkter Verbindung zu zwei weiteren. Beim nochmaligen Hinschauen werden Sie feststellen, dass es weitere fünf Punkte gibt, an denen sich diese Verbindungslinien überschneiden. Sie bilden ein Fünfeck innerhalb des Pentagramms. Diese fünf Punkte stehen für fünf zusätzliche »Sachen«, die entstehen, wenn eine Beziehung mit einer zweiten in Berührung kommt. Jeder der Eckpunkte des Fünfecks ist durch Linien mit den beiden benachbarten Eckpunkten verbunden. Versuchen Sie, weitere Linien einzuzeichnen, so dass jeder Punkt des Fünfecks mit allen vier anderen verbunden ist. Und was ist das Ergebnis? Ein weiteres Pentagramm.

Der Lebensbaum der Kabbalah ist eine weitere Figur, die nach diesem Prinzip aufgebaut ist.

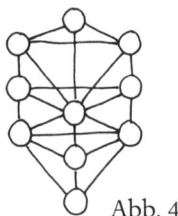

Abb. 4

Die Kreise stehen für Attribute des Göttlichen. Jede der Verbindungslinien steht für die Beziehung zwischen zwei Attributen.

Lassen Sie uns nun den Hermesstab betrachten.

Abb. 5

Stellen Sie sich vor, diese Abbildung wollte Ihnen eine Geschichte erzählen. Um aus einem statischen Bild einen Erzählstrang herauszulesen, brauchen Sie wiederum die Elemente Zeit, Bewegung und Beziehung. Sie müssen einen Schnappschuss in einen Film verwandeln. Im Augenblick winden sich zwei Schlangen um eine Art von Stab. Wo waren sie, bevor sie dort hinaufgeglitten sind? Wie ist der Stab dorthingelangt? In welcher Beziehung stehen die Schlangen zueinander? Bewegen sie sich oder verharren sie in ihrer Position? Wozu dienen die Flügel? Sie haben dieses Symbol sicher auch schon vielfach in medizinischen Zusammenhängen gesehen. Lässt sich eine Beziehung zwischen seiner Geschichte und der Heilung erkennen?

Machen Sie sich keine Gedanken darüber, ob Ihre Antworten »richtig« sind, sprich: ob sich Ihre Deutung des Hermesstabs mit der anderer Alchimisten deckt. Wenn Sie die Übung morgen wiederholen, fällt Ihnen vielleicht etwas ganz anderes dazu ein. Und in einem Monat sehen Sie das Ganze womöglich noch einmal völlig anders. Lassen Sie das Bild so lebendig werden, wie Ihr Geist Sie bewegt, denn letztlich geht es um eines: geistige Beweglichkeit.

Was Sie mit diesen Symbol-Übungen gemacht haben, ist genau das, was Artephius mit »nicht verknöchert sein« meinte. Womöglich haben Sie einfach so über diese beiläufige Bemerkung von ihm hinweggelesen, aber gerade in ihr steckt einer dieser Schlüssel, die vor aller Augen liegen und doch versteckt sind – einer der Schlüssel, der verrät, was »nur von Gott offenbart« und doch auch »aus diesem Buche entnommen« werden kann. Artephius verschleiert nicht um des Verschleierns willen. Es ist sein Bestreben, absolut klar zu sein, doch eben diese Klarheit erfordert unsere Mitwirkung. Wer seine Texte aus der Rolle eines passiven Informationsempfängers heraus liest, wird sie nicht verstehen. Geistige Flexibilität ist gefragt. Alchimistische Symbole, Geschichten und Verfahren sind stets darauf aus, unseren Geist in Bewegung zu bringen. Dies ist der Grund, warum entscheidende Informationen so oft versteckt sind und sich die Antworten, die man sucht, in einiger Entfernung zur Frage befinden. Die Bewegung, die zwischen Frage und Antwort zurückzulegen ist, ist ein wichtiger Teil der Antwort: Sie macht den Unterschied zwischen einfacher Information und Bedeutung aus.

Mit diesem Hintergrundwissen kehren wir noch einmal zur Geschichte des Nicholas Flamel zurück und schauen uns das eine oder andere Element genauer an. Auf der Suche nach Möglichkeiten zur Herstellung der *prima materia* wurde er einundzwanzig Jahre lang aufgehalten. Manche der Dinge, die er ausprobierte, behinderten ihn zusätzlich, andere verhalfen ihm schließlich zum Durchbruch. Versuchen Sie doch einmal, die Verfahren aufzulisten, die ihm weiterhalfen bzw. nicht weiterhalfen. Mal sehen, wo Sie im Licht des bisher Gelernten einen tieferen Sinn in dem Ganzen erkennen. Was die Dinge betrifft, die Sie noch nicht durchschauen – begraben Sie sie fürs Erste auf dem Friedhof der Heiligen Unschuldigen.

Namensgebung als alchimistisches Verfahren

Im Koran versammelt Gott die Engel um sich und gebietet ihnen, sich vor seiner jüngsten Schöpfung, Adam, zu Boden zu werfen. Die Engel antworten (und ich formuliere hier frei): »Das kann nicht dein Ernst sein!« Für sie sieht Adam aus wie ein Tier, das auf den Sockel der Verherrlichung gehoben wird. Sie können nichts an ihm erkennen, das ihnen Respekt abnötigen würde. So fordert Gott die Engel auf, sie mögen ihm die Namen der Tiere nennen, die er bis dahin erschaffen hat. Das aber können die Engel nicht. »Woher sollen wir die Namen kennen, wenn du sie uns nicht gesagt hast?«, protestieren sie. Doch als Gott Adam die gleiche Aufgabe stellt, kommt dieser mit Worten wie Tiger, Nashorn und Qualle daher. Tief beeindruckt werfen sich die Engel nun doch zu Boden. Aus irgendeinem Grund muss die Namensgebung – also die Benennung von Objekten bzw. Phänomenen in der spirituellen Welt etwas ganz Besonderes sein.

Auch in der Schule wird dem viel Bedeutung beigemessen. Wenn die Worte, mit denen wir innere und äußere Phänomene beschreiben, den von unseren Lehrern benutzten Ausdrücken ähnlich sind, werden unsere Aussagen als richtig bezeichnet, und wir bekommen gute Noten. Der soziale Konsens über die

Bedeutung von Worten ist essenziell für eine verständliche Kommunikation. Würden wir das Wort »fünf« in der Bedeutung verwenden, in der andere das Wort »vier« benutzen, würden wir sagen, das Ergebnis von 2 plus 2 ist 5. Dann könnte man argumentieren, dass der Unterschied zwischen unserem Gedanken und dem unseres Mathematiklehrers rein semantischer Natur sei. Wenn wir uns aber mit unserem Lehrer nicht auf die Semantik einigen könnten, würden wir höchstwahrscheinlich durchfallen, weil unser Lehrer keine Möglichkeit hätte, zu verstehen, was wir ihm eigentlich sagen wollen.

Manchmal lernen wir einen Namen, noch *bevor* wir die Sache selbst je zu Gesicht bekommen haben. Dass man ihn uns sagt, weckt in uns den Impuls, nach dem Phänomen Ausschau zu halten. Bringt man Kindern das Wort »fünf« bei, lernen sie, »Fünfhaftigkeit« zu erkennen. Auf diesem Ansatz basieren weite Teile des alchimistischen Denkens. Ziel ist es nicht unbedingt, Gedanken mit äußeren Phänomenen in Einklang zu bringen, die wir bereits wahrnehmen. Es ist eher so, als würde man eine Straße bauen, die uns zu etwas hinführt, das wir zurzeit eben noch *nicht* kennen. Ob die Straße gut ist oder nicht, bemisst sich daran, ob sie uns dort hinführt, wohin wir wollen. Wenn Alchimisten sich zu der Maxime »wie oben, so unten« bekennen, so stellen sie sie nicht als Diskussionsgrundlage in den Raum. Sie beschreiben vielmehr einen geistigen Weg, der sie zu neuen Wahrnehmungen und Einsichten geführt hat.

Als Einstein und die Physik-Theoretiker in seinem Gefolge damit anfingen, die Beziehung zwischen Energie und Materie zu erhellen, stellten manche Wissenschaftler fest, dass ihre Theorien sehr große Ähnlichkeiten mit den metaphysischen Lehren des Buddhismus und Taoismus hatten. Ersetzt man wissenschaftliche Worte wie »Materie« durch buddhistische Begriffe wie »Form«, klingen buddhistische Abhandlungen beinahe so wie die Theorien der modernen Physik. Ausgehend von dieser Beobachtung wurde von irgendjemandem die kühne Idee geäußert, »Energie« sei gleichbedeutend mit »Geist« und »Universum« mit »Gott«.

Der Gedanke stieß auf ein breites Echo, und zwar besonders unter jenen, die sich zur Spiritualität hingezogen fühlten, aber nichts mit der Religion anfangen konnten, in der sie groß geworden waren. Dem Patriarchen des Monotheismus konnten sie nichts abgewinnen. Das Universum aber hatte die wunderbare Eigenschaft, sich nicht in fremde Angelegenheiten einzumischen. Es hat nichts dagegen, wenn man sonntags ausschlafen will. Doch nicht nur das: Eine kleine semantische Verschiebung – »Energie« durch »Geist« ersetzen – macht es möglich, den tiefen Graben zwischen Wissenschaft und Religion zu überbrücken. Die Entdeckungen der Physik-Theoretiker lassen alle möglichen Zusammenhänge von der Vorsehung bis hin zum Gebet auf einmal in neuem Licht erscheinen. Auch die Magie scheint plötzlich eine gewisse Logik zu haben. Wenn Gedanken eine Form von Energie sind, dann muss es möglich sein, durch Lenkung eben dieser Energie bestimmte Dinge zu bewirken.

Die Gleichsetzung von Geist und Energie mag ein gangbarer Weg für all jene sein, die wissenschaftliche und metaphysische Erklärungen unbedingt unter einen Hut bringen wollen. Aber dieses Spiel mit Namen und Bezeichnungen kann dem Alchimisten neue mentale Hindernisse in den Weg legen. Wenn Materie nur eine andere Form von Energie ist, dann muss auch das Gegenteil zutreffen. Für sich betrachtet sind Materie und Energie völlig neutral – vom menschlichen Standpunkt aus sind beide unpersönlich. Demzufolge ist die »Energie« der Zuneigung oder Ablehnung eines anderen nicht persönlich zu nehmen, ebenso wenig wie man einen Blitzschlag persönlich nimmt. Bei dieser Art der Interpretation ginge jedoch sehr viel vom Reichtum des menschlichen Erlebens verloren.

Begreift man den Geist als reine Energie, dann würde das heißen, dass diese Energie – wenn sie sich zum Zeitpunkt des Todes aus dem Körper löst – nichts Menschlicheres besäße als der Saft aus der Steckdose, der unsere Schreibtischlampe zum Leuchten bringt und mit dem wir unsere Spülmaschine betreiben. Wie ließe sich dann der Geist eines Menschen – seine Seele – von dem eines anderen unterscheiden? Nehmen wir an, diese reine Energie würde reinkarnieren, warum würde sie wiederum in die Form eines Menschen und nicht zum Beispiel eines Kometen oder eines Nilpferds schlüpfen? Und wenn diese Energie, die man »Ich« nennt, tatsächlich als Mensch zur Erde zurückkehrt, was hätte man dann mit dieser neuen Person gemeinsam?

Der tibetische Lama Chögyam Trungpa liefert hierzu eine gute Antwort. Auf die Frage, wie die Tibeter einen Lama als Reinkarnation seines Vorgängers erkennen, antwortete er: »Sie haben ein und denselben Stil.« In diesem Kontext ist »Stil« etwas anderes als »Energie«. Stil bezeichnet die Art und Weise, in der Energie diese und nicht jene Form wählt. Man könnte sagen, er sei wie eine Idee oder Absicht. Oder wie eine Persönlichkeit, Eigenheit oder Wesensart. Stil ist die Essenz der Materie. Aus ihm heraus werden Namen geboren, ihm ist es zu verdanken, dass so unterschiedliche Lebensformen wie eine Stechmücke und eine Gottesanbeterin beide »Insekten« genannt werden.

In unserer profanen, nüchternen Wahrnehmung ist der Stil von etwas identisch mit dessen Form. Für gewöhnlich betrachten wir die Stuhlhaftigkeit nicht separat vom Stuhl, die Dalai-Lama-haftigkeit nicht separat vom Dalai Lama und die Kusshaftigkeit nicht separat von dem Kuss, dem wir uns im Augenblick hingeben. Und doch gibt es Momente, in denen wir es sehr wohl für angebracht halten, diese Trennung vorzunehmen. Ein Möbeldesigner, der eine noch nie da gewesene Form von Stuhl entwickeln will, muss zuerst das Besondere der Stuhlhaftigkeit erkennen. Sonst kommt am Ende womöglich ein Schreibtisch oder ein Bett heraus. Wer seine Fertigkeiten im Küssen verbessern will, dem hilft es, die Kusshaftigkeit zu ergründen. Und wer ein Wesen zu erkennen sucht, das sich nicht in physischer Form manifestiert (etwa den Engel oder den Geist eines Verstorbenen), kann ihn einzig an seinem Stil – seiner Wesensart – erkennen.

Für den Alchimisten erweist sich der Begriff »Stil« als ausgesprochen brauchbar, da er sich zur Erweiterung der eigenen Wahrnehmung einsetzen lässt. Geht man von der Hypothese aus, dass es so etwas wie Stil gibt – dass also allen Phänomenen eine Form von Wesen oder Persönlichkeit innewohnt –, kann man sich auf die Suche nach ihm machen. Stil stellt gleichzeitig eine Brücke zwischen sensorischen und extrasensorischen Wahrnehmungen her. Wer letztere schärfen möchte, dessen erster Schritt kann es sein, den Stil einzelner Dinge anhand ihrer physischen Form unterscheiden zu lernen. (Auf Seite 55 finden Sie einige Übungen, die in diesem Zusammenhang hilfreich sein können.)

Das Gesetz der Entsprechungen ist eine Weiterentwicklung des Grundkonzepts vom Stil. Es ist der Versuch, Phänomene anhand von Analogien zu begreifen – eine Art metaphorisches Denken, das wir im Allgemeinen eher mit Künstlern als mit Wissenschaftlern in Verbindung bringen. Der Grundgedanke ist, dass die verschiedensten Dinge im Universum – etwa Planeten, Elemente, Mineralien, Flora und Fauna, Körperorgane usw. – wesenhafte Entsprechungen haben. In figurativen Redewendungen bringen wir dies ständig zum Ausdruck. In Wendungen wie »unschuldig wie ein Gänseblümchen«, »stark wie eine Eiche« oder »königlich wie eine Lilie« stellen wir Analogien zwischen einer Pflanze und einer menschlichen Eigenschaft oder inneren Regung auf. Alchimisten sprechen hier von »Klischees«, weil solchen Redensarten eine Form von universeller Gültigkeit anhaftet. Tatsächlich verkörpern Pflanzen Eigenschaften, die in ähnlicher Weise auch in der menschlichen Seele vorhanden sind. In dem von dem Alchimisten Edward Bach entwickelten System der Blütenmittel erhalten stoische Menschen eine von Eichen gewonnene Arznei, während jenen, die in Selbstmitleid zerfließen, eine Essenz von der Weide empfohlen wird. Die Art und Weise, in der ein Poet eine Pflanze beschreiben würde, wird hier als Basis für medizinische Wirkungen anerkannt.

Stellen wir dies dem Verfahren gegenüber, das Biochemiker zur Entwicklung von Medikamenten verwenden. Ausgehend von der Beobachtung, dass die Bewohner des Regenwalds im Amazonasgebiet eine bestimmte Art von Blättern kauen, wenn sie Blähungen haben, gehen Wissenschaftler her und analysieren den in den Blättern enthaltenen Saft. Sie zerlegen ihn in seine chemischen Bestandteile und gehen daran, die Molekularstrukturen, die förderlich für die Verdauung sind, zu isolieren und später zu synthetisieren. Mit anderen Worten: Sie versuchen, die Beziehung zu *eliminieren* und die Wirksubstanz bzw. die relevante Variable aus dem Kontext herauszulösen, in dem sie ursprünglich zu finden war. Wie die Pflanze aussieht, wo und wie sie wächst und was der Poet über sie zu sagen hätte, sind für den Biochemiker irrelevante Variable. Es ist unbestritten, dass Medikamente, die anhand dieses Verfahrens entwickelt wurden, wirken. Doch die Bewohner des Regenwalds, die von jeher diese Blätter gekaut haben, haben ihre Heilkraft durch Wahrnehmen und nicht Eliminieren von Beziehungen entdeckt.

Eine wichtige Aufgabe von Hermetikern besteht darin, Tabellen zu entwerfen, in denen die Entsprechungen oder Analogien zwischen zwei Gruppen von Dingen hergestellt werden. Die Astrologie ist wohl das vertrauteste Beispiel dieser Denkweise. Planeten entsprechen – weisen also von ihrem Stil bzw. ihrer Wesenheit her Ähnlichkeiten auf – bestimmten Organen des menschlichen Körpers und Eigenschaften des menschlichen Charakters. Aufgrund dieser Analogien kann der Astrologe bestimmte Vorhersagen für einen Menschen treffen, wenn er den Lauf der Planeten betrachtet.

Werden Entsprechungen korrekt erkannt, lässt sich praktisch damit arbeiten. Statt zu versuchen, einem Phänomen, das sich widersetzt, eine Veränderung aufzuzwingen, könnten wir auf ein analoges Phänomen ausweichen, das sich unserem Einfluss eher fügt, und unsere Kräfte dort zur Entfaltung bringen. Nehmen wir zum Beispiel an, zwischen unserer geistigen Verfassung und dem Zustand unseres Kleiderschranks gäbe es eine Entsprechung. Würden wir Dinge aussortieren, die wir nicht mehr brauchen, und das, was übrig bleibt, neu ordnen, könnte unser Kopf klarer werden, so dass wir offener für neue Ideen sind. Nur Sie können entscheiden, ob diese Verknüpfung auch in Ihrem persönlichen Fall vorhanden ist, indem Sie es selbst ausprobieren. Ich biete sie hier bloß als einfaches Beispiel an, um zu zeigen, welches magische Potenzial in Analogien steckt.

Die Suche nach Gleis 9 ¾

J. K. Rowlings Held Harry Potter, der als Waisenkind bei Muggeln (nicht magischen Menschen) aufgewachsen ist, erfährt an seinem elften Geburtstag, dass seine Eltern Magier sind und er in der Zauberschule Hogwarts aufgenommen wurde, in der die besten Zauberer ausgebildet werden. Seine erste Herausforderung besteht darin, den Weg zu diesem Internat zu finden. Der Zug nach Hogwarts fährt vom Londoner Bahnhof King's Cross, Gleis 9 ¾, ab. Aus Muggelsicht gibt es keinen Bahnsteig mit dieser Nummer. Auch Harry kann ihn nicht entdecken. Wie soll er ihn also finden? In der Welt von Harry Potter ist dies das Gegenstück zur *prima materia* – das, was der Magier finden muss, bevor er den nächsten Schritt tun kann.

Wie zu erwarten, befindet sich Gleis 9 ¾ zwischen Gleis 9 und 10. *Dazwischen*. Grammatikalisch betrachtet, ist *zwischen* eine Präposition. Doch schauen wir uns einmal das dazugehörige Substantiv näher an: *das Dazwischen*. Gleis 9 ¾ befindet sich nicht in den drei Dimensionen des Raumes, die mit den physischen Sinnen wahrgenommen werden können. Es existiert in einer anderen Dimension, und diese kann man »das Dazwischen« nennen. Wie »Stil« ist auch »Dazwischen« eines dieser Worte – dieser Namen –, die dazu angetan sind, uns nach etwas Subtilem suchen zu lassen – nach etwas, was wir normalerweise nicht bemerken, obwohl es immer da ist.

Zwei Worte, die man im Zusammenhang mit der Alchimie sehr oft hört, sind *fest* und *volatil*. Fest sein beschreibt den Zustand der Materiehaftigkeit. Volatilität beschreibt den Zustand der Energiehaftigkeit. Durch alchimistische Verfahren kann das Feste ins Volatile und Volatile ins Feste verwandelt werden. Anders ausgedrückt: Die Alchimie findet *zwischen* zwei Zuständen – Materie und Energie – statt. Die Magie liegt weder in der Energie noch in der Materie. Sie vollzieht sich im *Dazwischen*.

Das Dazwischen ist kein Punkt auf halber Strecke. Es ist weder Durchschnitt noch Kompromiss. Solche Abstraktionen sind Hirngespinste. Das Dazwischen hat ein Eigenleben und entsteht aus dem, was zu beiden Seiten von ihm ist. Es zeichnet sich durch eine Qualität der Bezogenheit und des Potenzials aus. Es ist das, was eine zufällige Aneinanderreihung von Klängen zur Musik macht. Zwischen den Noten eines Liedes oder einer Symphonie ist Raum, sind Momente der Stille. Doch diese Stille ist nicht nur die Abwesenheit von Klang. Die Noten ringsum geben der Stille eine ganz eigene Note. Die Pause zwischen einer Phrase und der nächsten fühlt sich so an, als ginge sie schwanger mit etwas.

Stellen wir uns zwei Menschen vor, die so wütend aufeinander sind, dass sie kurz davor stehen, handgreiflich zu werden. Was ist *zwischen* ihnen? Die Energie der Wut? Nicht genau. Zwei Menschen, die sich so zornig gegenüberstehen, können auch zu dem Schluss kommen, dass es besser ist, sich aus dem Weg zu gehen. Können Sie nachvollziehen, dass das, was zwischen den beiden ist, im zweiten Fall trotz unverändertem Grundgefühl etwas anderes ist? Bei wütenden Menschen, die sich streiten, hat das Dazwischen eine Qualität der »Gegeneinandergewandtheit«, während es bei wütenden Menschen, die einander aus dem Weg gehen, den Charakter der »Abgewandtheit« annimmt. Gegeneinandergewandtheit oder Abgewandtheit und nicht Wut beschreiben das latente Potenzial, das das Dazwischen prägt. Solche subtilen Unterschiede wahrzunehmen – und zu wissen, was man damit anfangen kann –, ist ein Schlüssel für die Transmutation einer Situation.

Um ein Magier zu sein, muss man nicht nur Gleis 9 ¾ finden können, sondern auch wissen, wie man in den Zug einsteigt. Harry Potter und seine Freunde nehmen Anlauf und springen in einem Akt des Vertrauens durch eine scheinbar undurchdringliche Steinwand. Im allerletzten Augenblick öffnet sich das Dazwischen, um sie einzulassen. Würde ein Muggel dasselbe versuchen, würde er an der Wand zerschellen. Magiern wohnt etwas inne, das Muggeln fehlt, und dieses Etwas erlaubt es ihnen, das Dazwischen zu betreten. Was ist dieses Etwas?

Am besten fangen wir mit dem an, was es *nicht* ist. Suchen Sie sich irgendeinen Gegenstand aus, der ein Stück von dem Platz entfernt ist, auf dem Sie gerade sitzen. Tun Sie so, als sei es Ihr Ziel, diesen Gegenstand zu bewegen, ohne ihn zu berühren. Sie tun es, indem Sie die Kraft Ihrer Gedanken dorthin lenken. Versetzen Sie sich in den Geisteszustand, von dem Sie sich vorstellen, dass dies möglich wäre.

Lassen Sie sich nicht beirren, wenn Sie es nicht schaffen. Sollte es Ihnen gelingen, wäre das zwar beeindruckend, aber sinnlos. (Gott hat Ihnen Hände gegeben, damit Sie Gegenstände bewegen können.) Bei dieser Übung geht es lediglich darum, ein Gefühl für den Geisteszustand zu bekommen, der mit dieser Art von Unterfangen einhergeht.

Selbst wenn es funktionieren würde, wäre es eine ziemlich muggelmäßige Sache, sich die Welt durch die Bombardierung mit Gedankenenergie gefügig machen zu wollen. Das Problem dabei ist, dass hier versucht wird, das Objekt zu verändern, ohne sich selbst zu wandeln. Natürlich tun wir dies ständig: Wenn wir einen Bleistift in die Hand nehmen, sind wir eindeutig Herr der Lage, und so wie es aussieht, hat der Bleistift nichts dagegen. Was die Handlung profan, also nicht magisch, macht, ist die Abwesenheit einer lebendigen Beziehung – von etwas Spannendem, das im Dazwischen geschieht. Sie können bestenfalls manipulieren. Transmutieren können Sie nicht.

Versuchen wir uns vorzustellen, was notwendig wäre, um Zugang zur Dimension des Dazwischen zu erlangen. Sollten Sie als Mann zur Welt gekommen sein, dürfte Ihnen dies nicht schwer fallen, denn dann haben Sie bestimmt einen Großteil Ihrer Jugend damit zugebracht, wie besessen nach dem Eingang zu einem Dazwischen zu suchen, um ihn durch unablässiges Ausprobieren schließlich auch zu finden. Sind Sie eine Frau, kennen Sie ein Dazwischen aus der Rolle der Torwächterin. In jedem Fall trifft das, was Sie in diesem Zusammenhang erfahren haben, auch auf andere Arten des Dazwischen zu. Welche Vorgehensweisen waren am erfolgreichsten?

Ich bin bei weitem nicht die Erste, die diese etwas gewagte Analogie aufstellt. Das Liebeswerben wird in der mittelalterlichen Alchimie häufig als Metapher verwendet. Die Balladen der Minnesänger über die höfische Liebe lassen sich als verschlüsselte Zugangsbeschreibungen zu Bahnsteig 9 ¾ lesen. Der Verehrer wurde ermahnt, mit unendlicher Geduld, Behutsamkeit und Aufmerksamkeit auf die schwankenden Stimmungen und Launen seiner Angebeteten zu achten. Um ihr Herz zu gewinnen, musste er lernen, sich in sie einzufühlen, seine überschwängliche Männlichkeit zu zügeln und sich auf ihren weiblichen Stil einzulassen. Das zentrale Paradoxon dieser Geschichten ist jenes, dass man, um magische Kräfte zu erlangen, den Impuls des Erzwingens und Eroberns überwinden muss. Um etwas auf alchimistische Weise zu verändern, muss man zulassen, dass *man selbst* davon verändert wird.

Am ersten Abend eines längeren Besuchs in Marrakesch saß ich auf der Dachterrasse eines Restaurants, von der aus man auf eine Kreuzung blickte, die zu dieser Stunde – es war Hauptverkehrszeit – ausgesprochen stark befahren war. In den Straßen wimmelte es nur so von allen erdenklichen Fortbewegungsmitteln: Autos, Lastwagen, städtische Busse, Fahrräder, Pferdekutschen und Eselskarren. Soweit ich sehen konnte, dienten die Fahrbahnmarkierungen und Ampeln rein dekorativen Zwecken. Sie hatten keinerlei ersichtlichen Einfluss auf das Treiben der Verkehrsteilnehmer. Das Ganze wirkte gefährlich und zugleich irrsinnig ineffizient, und doch bewegte sich der Verkehr mit ziemlicher Geschwindigkeit – sehr viel schneller als in der Innenstadt von Chicago, wo einem keine Esel im Weg stehen. Es gab weder Unfälle noch Beinahe-Zusammenstöße noch irgendwelche Streitereien.

Das Verkehrsgeschehen von Marrakesch wurde mir noch rätselhafter, als ich mich als Fußgänger ins Getümmel stürzte. Da es kaum Ampeln gab und die vorhandenen grundsätzlich ignoriert wurden, war das Überqueren einer größeren Straße eine Frage des richtigen Timings. Als Amerikanerin war ich gewohnt, vor dem Verlassen des Bürgersteigs nach links und nach rechts zu schauen, und wenn die Straße frei war, konnte man unbehelligt losgehen. Doch diese Methode funktionierte hier überhaupt nicht. Sobald ich mitten auf der Fahrbahn stand, kam von irgendwo ein Auto oder Fahrrad auf mich zugeschlingert, so dass ich vor lauter Schreck stehen blieb, was unweigerlich ein Quietschen von Bremsen, ein Ausweichmanöver und eine Beinahe-Kollision nach sich zog. Mir fiel auf, dass es anderen Touristen ebenso erging. Verglichen mit den Marokkanern waren wir Ausländer entweder etwas zu schnell unterwegs, so dass wir anderen auf die Fersen traten, oder zu langsam, so dass wir überall im Weg waren. Marokkaner schienen sich nie gegenseitig im Weg zu stehen. Und sie guckten weder links noch rechts, bevor sie eine Straße überquerten. Sie tauchten einfach blind in das Meer der Fahrzeuge ein, die sich irgendwie um sie herumzuschlängeln verstanden.

Mit anderen Worten: Auf den Straßen von Marrakesch gab es ein *Dazwischen*, in dem die Einheimischen ein- und ausgingen, während es Fremden verschlossen blieb. Das Ganze wirkte so, als bräuchte man ein unsichtbares Fahrzeug. Schaffte man es einzusteigen, brachte es einen sicher, zuverlässig und mit der richtigen Geschwindigkeit von einem Ort zum anderen. Aber um einsteigen zu können, musste man es erst einmal wahrnehmen, sich darauf einstimmen, sich damit quasi »synchronisieren«. Am Ende meines sechswöchigen Aufenthalts schlenderte ich unter Missachtung sämtlicher Verkehrsregeln mit der Sorglosigkeit eines Mister Magoo, dieses fast blinden Zeichentrickhelden, durch das Verkehrsgetümmel von Marrakesch. Was hatte sich geändert? Ich!

Gleis 9 ¾ zu finden, funktioniert ungefähr so.

Die Weggefährten finden

Das Wort »Eremit« geht auf die gleiche Sprachwurzel zurück wie der Begriff »Hermetiker«, was zeigt, dass die Hermetik in den Augen der Welt ein einsames Unterfangen ist. Doch in diesem Falle täuscht der Schein. In der Alchimie kann man es nicht sehr weit bringen, wenn man völlig allein arbeitet. Man ist auf Helfer und Freunde angewiesen. Sie denken womöglich gerade, dass Sie noch nie in Ihrem Leben einem Alchimisten begegnet sind. Und doch würde es mich nicht überraschen, in ein paar Jahren von Ihnen zu hören, dass Sie von Praktikern der alten Kunst umringt sind.

Wenn wir Kontakt zu Gleichgesinnten suchen, schauen wir uns oft nach irgendeinem Verein um, dem wir beitreten könnten. Es gibt zwar verschiedene offizielle hermetische Gesellschaften (von denen manche strikt im Verborgenen, andere in aller Öffentlichkeit arbeiten), doch es könnte gut sein, dass Sie von diesen enttäuscht sein würden. Der Geist des Hermes scheint eine ausgesprochene Aversion gegen formale Organisationen zu hegen.

Sobald sich Menschen in seinem Namen zu einer Gemeinschaft zusammenschließen, Regeln erlassen und Beiträge zu kassieren beginnen, macht er sich aus dem Staub.

Seine Art ist es, inoffizielle, unauffällige Netzwerke zu weben, die nichts kosten und doch haltbar und hoch effizient sind. Wenn sich herausstellt, dass Ihr Arzt, Ihr Klempner oder Ihr Nachbar »zufällig« Alchimist ist – und seien Sie nicht überrascht, wenn Sie feststellen sollten, dass dies tatsächlich so ist –, ist es diesem Netzwerk zu verdanken, dass es Sie mit ihnen zusammengeführt hat. Es steckt ebenfalls dahinter, wenn Sie, oftmals durch die abenteuerlichsten Zufälle, über Ideen, Bücher und andere Gegenstände stolpern, die Sie für Ihre magische Arbeit brauchen.

Aktiv nach dem Netzwerk Ausschau zu halten, bringt wenig, denn seine Mitglieder hängen sich nur selten ein Schild an die Tür. Aber keine Angst, es wird Sie finden. Sehr oft sind es nicht inkarnierte Wesen, die aufmerksam auf Sie werden und Ihr Bedürfnis wahrnehmen. Auch viele Ihrer Lehrer und Kollegen werden aller Wahrscheinlichkeit nach körperlos sein. Obwohl sie es sind, zögere ich ein wenig, sie Geistwesen zu nennen, weil dieser Begriff im religiösen Kontext anders besetzt ist und Sie darum in die Irre leiten könnte. Geistwesen sind nicht immer heilig, tugendhaft, erhaben, weise oder an Religion interessiert. Sie sind in jeder Hinsicht so unterschiedlich wie wir Menschen auch. Ihre einzige Gemeinsamkeit besteht darin, dass sie keinen physischen Körper haben. Um ihre Hilfe in Anspruch zu nehmen, müssen Sie lernen, Wesen zu erkennen und mit Wesen zu kommunizieren, die mit den physischen Sinnen nicht wahrzunehmen sind. In den nächsten beiden Kapiteln werde ich auf diese Kontakte sehr detailliert eingehen. An dieser Stelle will ich mich auf einige vorläufige Hinweise beschränken.

Wenn wir in der materiellen Welt einen Raum betreten, können wir sofort sagen, ob sich andere Menschen darin aufhalten. Selbst wenn wir keinerlei Verbindung zu ihnen haben, können wir sehen, dass sie da sind, weil sie Raum einnehmen. Auf die erste, objektive Wahrnehmung folgt unsere Entscheidung, ob wir mit ihnen Kontakt aufnehmen wollen. In der nichtphysischen Welt ist es genau andersherum. Die Kontaktaufnahme geschieht zuerst. Wenn wir keine Verbindung zu einem Wesen haben, können wir es nicht wahrnehmen. Dann existiert es für uns nicht. Darum ist es so wichtig, sich auf das Dazwischen einzustimmen. Bei nicht inkarnierten Wesen manifestiert sich das Dazwischen als Erstes.

Stellen Sie sich vor, Sie würden eines Morgens mit dem Gefühl aufwachen, sich verliebt zu haben, und müssten sich dann auf die Suche machen und schauen, wer um Himmels willen denn ihre Angebetete bzw. ihr Angebeteter sein könnte. Stellen Sie sich vor, Sie hielten auf einmal ein Geschenk in Händen, ohne sich erinnern zu können, es von irgendjemandem bekommen zu haben. Oder Sie würden auf einmal von einer Welle von Sehnsucht überrollt, ohne dass Sie wüssten, wonach Sie sich sehnen. Ungefähr so fühlt es sich an.

Manchmal ist ein Gefühl der Dankbarkeit das erste Anzeichen, mit dem ein freundlich gesonnenes Wesen auf sich aufmerksam macht. Wenn wir durch einen offensichtlichen Zufall auf die eine Sache stoßen, nach der wir die ganze Zeit gesucht haben, fühlt sich das so an, als hätte uns jemand einen Gefallen getan. Wir spüren den Impuls, uns bedanken zu wollen, auch wenn wir nicht wissen, bei wem. Oder wir merken, wie in einem Augenblick der größten Not plötzlich ein Gefühl des Friedens in uns aufsteigt, ohne auch nur einen blassen Schimmer zu haben, woher das kommt. Wenn wir Trost empfinden, muss es einen Tröster geben. Wenn wir Dankbarkeit empfinden, muss es jemanden geben, dem dieser Dank gilt. Was ich hier sage, ist nicht als Argument oder Beweis gedacht. Wer nicht an die Existenz dieser Wesen glaubt, wird sich von solchen Feststellungen nicht überzeugen lassen. Wenn Sie aber daran glauben und nur nicht wissen, wie Sie mit ihnen Kontakt aufnehmen können, dann fangen Sie an, auf solche Gefühle unbekannten Ursprungs zu achten, die Sie manchmal überkommen. Betrachten Sie sie als ein Dazwischen, das die mögliche Anwesenheit eines Wesens signalisiert.

Dass wir Gesellschaft haben, wird sehr häufig auch durch das Auftauchen eines neuen Gedankens angezeigt – einer Idee, die sich von unseren üblichen Gedanken abzuheben scheint. Ich kann Ihnen nicht genau sagen, wie Sie Ihre eigenen Gedanken von denen anderer Wesen unterscheiden können, weil ich die persönliche Ausprägung Ihrer Denkweise nicht kenne. An anderer Stelle hier in diesem Buch finden Sie eine Technik, um diese Ausprägung selbst zu erkennen. Darum nur so viel: Wenn ein Gedanke nicht nach Ihnen klingt, dann stammt er wahrscheinlich auch nicht von Ihnen.

Um Verbindung aufnehmen zu können, bedarf es der gegenseitigen Wahrnehmung. Nicht nur wir müssen das andere Wesen wahrnehmen, es muss uns ebenfalls bemerken. Doch dies ist nicht immer gegeben. Viele glauben, nur weil solche Wesen keinen Körper haben, müssten sie allwissend sein. Nichts ist weiter von der Wahrheit entfernt! So wie bei uns inkarnierten Menschen gibt es auch unter ihnen Kluge und weniger Kluge. Genau wie wir stürzen auch sie sich auf alles, was sie interessiert. Sie klinken sich ebenso wenig in jeden menschlichen Gedanken ein, wie Sie oder ich alle Radiosender gleichzeitig hören können. Die überwiegende Mehrheit unserer geistigen Aktivität ist für sie ein weißes Rauschen. Geistwesen werden in dem Augenblick auf uns aufmerksam, in dem wir über jene Art von Dingen nachdenken, die sie interessieren – und zwar auf eine Weise nachdenken, die auch sie verstehen können. Die Art von Gedanken, die ich in diesem Kapitel beschrieben habe – die geistige Auseinandersetzung mit Symbolen, geometrischen Figuren, Stil und Analogien –, sind für Wesen des hermetischen Netzwerks leicht zu erkennen und gut geeignet, um ihre Aufmerksamkeit auf uns zu lenken.

Vor Jahren stand ich in Korrespondenz mit einem Hermetiker, der geradezu allergisch auf das Wort »spirituell« reagierte.

Er verwies darauf, dass auch Menschen spirituelle Wesen sind und die so genannte »spirituelle Welt« auch diese unsere Welt beinhaltet. Da unser gesamter Briefwechsel um das Thema Spiritualität kreiste (Sie wissen, was ich meine), stellte die Vermeidung des Wortes eine ziemliche Herausforderung dar. Der Begriff »nicht inkarniert« ist nicht nur schwerfällig, sondern klingt auch fast wie eine höfliche Umschreibung von etwas Defizitärem, in etwa so, als würde ich Engel, Devas und die Verstorbenen als »anderweitig begabt« bezeichnen.

So zwangen mich meine Bemühungen, über spirituelle Dinge zu schreiben, ohne das eigentliche Wort zu verwenden, dazu, mich sehr viel präziser und spezifischer auszudrücken. Manchmal wurde ich im Begriffsfeld um »inner« fündig. Ein andermal war »subtil oder feinstofflich« der treffende Ausdruck. Auch »vertikal« ist im hermetischen Kontext eine Alternative, die in manchen Kontexten wunderbar passte. Bei anderen Gelegenheiten ging es in Wirklichkeit um etwas Nichtzeitliches, also um die Welt der nicht linearen Zeit. Und mit jedem neuen Begriff wandelte sich meine Sichtweise. Aus diesem Grund werde ich in den folgenden drei Kapiteln jeweils ein ganz verschiedenes Vokabular verwenden, um die Wie-soll-ich-sie-nennen-Welt aus drei unterschiedlichen Perspektiven darzustellen.

Den Stil wahrnehmen lernen

Sollten Sie immer noch grübeln, was genau »Stil« heißt, werden Ihnen folgende Übungen helfen.

Übung 1
Stellen Sie eine Tabelle mit Entsprechungen zusammen. Wählen Sie dazu zunächst zwei verschiedene Kategorien von Phänomenen aus (Blumen, Nahrungsmittel, Tiere, Farben, Gefühle,

berühmte Persönlichkeiten, geographische Merkmale, Wetter-lagen usw.). Versuchen Sie dann, aus den Phänomenen der ersten und den Phänomenen der zweiten Kategorie Paare zu bilden.

Nehmen wir an, unsere beiden Kategorien wären Teile eines Hauses und Teile des menschlichen Körpers. Was würde im Kör-per einem Ofen entsprechen? Was würde im Haus den Augen entsprechen?

Legen Sie los. Das Spiel hat Suchtpotenzial. Es gibt weder richtige noch falsche Antworten. Und wundern Sie sich nicht, wenn Sie auf irgendetwas stoßen, das magische Möglichkeiten birgt. Analogien zwischen menschlichen Stimmungen, Emotio-nen, Charakterzügen oder physischen Symptomen und nicht menschlichen Phänomenen wie Farben, Wetter, Musik, archi-tektonischen Elementen usw. können ein System der Selbsthei-lung entstehen lassen, das für Sie persönlich funktioniert, auch wenn kein anderer Mensch auf Erden etwas damit anfangen kann.

Übung 2: Avantgarde-Design
Wählen Sie irgendeinen gebräuchlichen, von Menschenhand ge-schaffenen Gegenstand wie einen Löffel, einen Krug oder einen Stuhl. Stellen Sie sich diesen in so vielen verschiedenen Varian-ten wie möglich vor, um ein Gefühl dafür zu bekommen, was ihnen allen gemeinsam ist. Welche Bestandteile eines Stuhles können Sie verändern, ohne dass er zu etwas anderem als einem Stuhl wird? Wie weit können Sie die Veränderung der einzelnen Bestandteile vorantreiben, bevor er aufhört, ein Stuhl zu sein? Versuchen Sie, in Gedanken einen Stuhl zu entwerfen, der ganz anders ist als jeder Stuhl, den Sie je gesehen haben, und der doch unbestreitbar eines ist: ein Stuhl.

Übung 3: Stil im Abstrakten

Fangen Sie diese Übung genau wie die vorige an: Stellen Sie sich in Gedanken möglichst viele Varianten eines Alltagsgegenstandes, wie zum Beispiel eines Stuhls, vor. Dann löschen Sie diese Bilder aus Ihrem Kopf, halten aber mental an der Idee »Stuhl« fest. Wenn keine Bilder mehr da sind, Sie aber immer noch in Worten denken, um »Stuhl« zu definieren oder zu beschreiben, dann schicken Sie auch diese fort. Es geht darum, sich das reine Konzept von »Stuhl« zu vergegenwärtigen, ohne sich an spezifischen Beispielen festzuhalten.

Wort- und bildlose Konzepte sind extrem flüchtig. Wenn es Ihnen tatsächlich gelingen sollte, überhaupt eines zu fassen, wird es Ihnen wahrscheinlich sehr schnell wieder entgleiten. Es eine ganze Minute lang präsent zu halten, wäre schon eine sehr gute Leistung. Wenn es Ihnen gelungen ist, versuchen Sie, zu einem späteren Zeitpunkt noch einmal dorthin zu kommen, ohne spezifische Beispiele von Stühlen zu verwenden. Schauen Sie, wie lange Sie bei dem Konzept bleiben können, bevor es sich verflüchtigt.

Diese Übung kann nicht nur frustrierend, sondern auch ziemlich langweilig sein. Es würde mich sehr wundern, wenn Sie mehr als fünf oder zehn Minuten dabeibleiben könnten. Aber es lohnt sich durchzuhalten, und sei es nur für fünf Minuten am Tag. Noch mehr als mit den beiden ersten Übungen schärfen Sie hiermit ihre extrasensorische Wahrnehmung. Wenn Sie das Buch zu Ende gelesen haben, werden Sie verstehen, warum dies wichtig ist.

Wenn Sie der Arbeit mit dem Stuhl überdrüssig sind, können Sie es auch mit anderen Konzepten versuchen: Blume, Männlichkeit, Insekt, Rahmen, Jugend, Zuhause, Maschine usw.

3

Das Feine vom Groben scheiden

In den beiden vorangegangenen Kapiteln habe ich von Scharlatanen und Witzbolden geschrieben, die in hermetischen Kreisen immer wieder anzutreffen sind. Vielleicht fragen Sie sich inzwischen, ob ich auch zu dieser Gattung gehöre. Ich habe geschrieben, dass Sie bei Ihrer Suche nach dem Stein der Weisen von einem Netzwerk intelligenter Wesen geführt werden, die für den Normalmenschen unsichtbar sind. Ich habe die Zeichen für ihre Anwesenheit ziemlich vage beschrieben, gleichzeitig aber zu verstehen gegeben, dass ich mit diesen Wesen praktisch auf Du und Du bin und über spezifische Kenntnisse verfüge, die ich Ihnen zu gegebener Zeit mitteilen werde. Auf den ersten Blick sieht dies alles verdächtig nach einer äußerst erfolgreichen Masche aus, nach jenem »Witz«, der auf die 1870-er Jahre zurückgeht, und dem schon unzählige Suchende auf den Leim gegangen sind. Jede Menge falscher Gurus verdanken ihm auch heute noch reiche Einkünfte.

Ausgangspunkt war der Spiritismus: In der Zeit nach dem amerikanischen Sezessionskrieg kamen in den Vereinigten Staaten plötzlich Séancen in Mode. Sie schienen den Beweis für ein Leben nach dem Tod zu liefern, was die Hinterbliebenen als tröstlich empfanden, auch wenn die Hauptaktivität der verstorbenen Seelen darin bestand, auf Tische zu klopfen, mit Töpfen und Pfannen zu klappern und gewöhnliche Haushaltsgegenstände in abgedunkelten Räumen herumfliegen zu lassen. Selbst echte Medien fühlten sich berufen, ihre gechannelten Botschaften mit Spezialeffekten auszuschmücken. Eine besonders geschickte Art, sich anzupreisen, bestand darin, andere Medien der Sensationsgier zu bezichtigen und zu demonstrieren, mit welchen Tricks und Showeffekten sie arbeiteten. War es auf diese Weise gelungen, das Vertrauen der Skeptiker zu gewinnen, machte sich der Betreffende daran, »echte« physische Manifestationen der geistigen Welt erscheinen zu lassen. Diese Methode – andere zu entlarven, um das eigene Täuschungsmanöver zu kaschieren – gehört noch heute zum Standard-Instrumentarium eines jeden Bühnenmagiers. Madame Helena Petrovna Blavatsky (meist als »die Blavatsky« oder auch nur als »HPB« bezeichnet) brachte es darin zur Meisterschaft.

Die Karriere der Blavatsky als Okkultistin begann im Jahre 1874, als sie Colonel William Olcott begegnete und es verstand, ihn (auf platonische Weise) für sich einzunehmen. Olcott war Reporter und gerade dabei, eine Serie von Artikeln zum Thema Spiritismus zu verfassen. Vor diesem Zeitpunkt liest sich die Biographie der Blavatsky wie eine verwirrende und oft widersprüchliche Sammlung von bizarren Geschichten, die Historiker bis heute weder bestätigen noch kategorisch als falsch verwerfen konnten. Sie war Tochter eines unbedeutenden russischen Adeligen, flüchtete mit siebzehn Jahren vor ihrem wesentlich älteren Ehemann und begab sich auf eine Abenteuerreise durch die ganze Welt, auf der sie sich mal als Konzertpianistin, mal als Zirkusartistin, mal als spiritistisches Medium und mal als Innenausstatterin durchs Leben schlug. Sie selbst behauptete, in Mexiko unter die Räuber geraten und mit dem Planwagen durch den Wilden Westen gezogen zu sein, vor der griechischen Küste Schiffbruch erlitten, Seite an Seite mit Garibaldi gekämpft und sowohl Säbel- als auch Schusswunden davongetragen zu haben. Ihre spirituellen Erfahrungen sammelte sie in der Begegnung mit Kabbalisten in Ägypten, Voodoo-Zauberern in New Orleans und – was am unwahrscheinlichsten klingt – mit tibetischen Meistern im Himalaya. Obwohl ein Großteil dieser Geschichten sich so anhört, als seien sie rein erfunden, lässt die Extravaganz ihrer gut dokumentierten Erlebnisse nach der Begegnung mit Olcott darauf schließen, dass manche der verwegenen Schilderungen ihrer frühen Jahre doch einen gewissen Wahrheitsgehalt haben könnten. Die Blavatsky hatte ein Händchen dafür, ihre persönliche Mythologie wahr werden zu lassen.

HPB rümpfte die Nase über jene Art von Medialität, die sie selbst praktizierte, und kanzelte sie als trivial und sensationslüstern ab. Die wirkliche Arbeit eines Okkultisten, so meinte sie, sei die Kommunikation mit höheren Wesenheiten und nicht mit Geistern. Solche Kontakte seien viel zu esoterisch, um von dem Fußvolk geschätzt zu werden, das sich auf Séancen einfand. Doch einen Mann mit so offensichtlichem Weitblick wie Olcott zog sie bereitwillig ins Vertrauen – wie auch die breite Leserschaft ihrer umfangreichen Werke *Isis Unveiled* und *The Secret Doctrine**.

Im Mittelpunkt der visionären Welt der Blavatsky steht die Große Weiße Bruderschaft, eine Gruppe von unsterblichen Meistern von flüchtiger Inkarnation, die von einem entlegenen Außenposten irgendwo im Himalaya aus die spirituellen Geschicke der Menschheit lenken. Zu den Mitgliedern gehören unter anderem der Buddha, Maitreya, Manu, Jesus, Platon, Laotse, Konfuzius und der Graf von Saint Germain. Unter der Führung des Herrn der Welt (der ursprünglich von der Venus stammt und sich zurzeit als sechzehnjähriger Junge in der Wüste Gobi manifestiert) stellt sich die Große Weiße Bruderschaft ihren Widersachern, den Herren der Dunklen Seite. Depeschen der Meister an eingeweihte Menschen werden von zwei himmlischen Laufburschen überbracht: Meister Morya und Koot Hoomi – Letzterer ein Wesen, das als Pythagoras inkarniert

---

* Deutsche Übersetzungen: Isis entschleiert, diverse Reprints, z. B. im Ullrich-Verlag; Die Geheimlehre, diverse Reprints, z. B. im Verlag Esoterische Philosophie. (Anm. d. Ü.)

war, bevor es im Körper eines attraktiven Brahmanen zur Erde zurückkehrte, der an der Universität von Leipzig studiert.

Kurz nachdem Olcott Madame Blavatsky kennengelernt hatte, bekam er die ersten Briefe von zwei der Großen Weißen Brüder, Tuitit und Serapis Bey. Sie boten ihm an, ihn zum Kandidaten für eine Initiation zu machen. Olcott fühlte sich geschmeichelt und nahm an, war jedoch etwas verwundert, dass die darauf folgenden Briefe nur wenig an spirituellen Lehren enthielten. An erster Stelle standen vielmehr Hinweise zum Umgang mit HPB. So legten die beiden ihm ans Herz, die Blavatsky bei der Gründung der Theosophischen Gesellschaft zu unterstützen, und später gaben sie ihm den Rat, sich von seiner Frau scheiden zu lassen und HPB nach Indien zu begleiten. Wenngleich ihn die Briefe auf offenbar magische Weise erreichten (manchmal fielen sie ihm aus heiterem Himmel in den Schoß), hegte Olcott dennoch gewisse Zweifel bezüglich deren Herkunft, bis ihm eines Tages einer der Autoren im Fleische gegenübertrat – oder was auch immer es sein mochte, was die Gebrüder Bey als Fleisch bezeichneten. Die Erscheinung trug einen rot-golden gestreiften Turban und einen langen schwarzen Bart. Und ihre Augen waren, wie Olcott später berichtete, »lebendig und glühend mit Seelenfeuer … gütig und durchdringend zugleich … die Augen eines Mentors oder Richters«. Er fiel auf die Knie und neigte sein Haupt, als der Besucher von seiner – also Olcotts – geheimnisvollen und unauflöslichen Verbindung zur Blavatsky und dem Großen Werk zur Rettung der Menschheit sprach, das die beiden zu vollbringen hätten. Doch selbst dies reichte nicht aus, um das leise Stimmchen des Misstrauens völlig zum Verstummen zu bringen, denn Olcott kam auf die Idee, die Blavatsky könnte ihn hypnotisiert haben. Doch als ob er ihm auch diesen letzten Zweifel nehmen wollte, ließ der Meister als Beweis für seine Erscheinung seinen bestickten Turban zurück, als er schließlich entschwand. Damit war ein für allemal Klarheit geschaffen. Kurze Zeit später begab sich das Paar auf die Reise gen Indien.

Fünf Jahre später versuchte Emma Cutter, das ehemalige Dienstmädchen der Blavatsky, die Theosophische Gesellschaft zu erpressen, und drohte zu enthüllen, wie diese und andere Nummern funktioniert hatten. Als die Vertreter der Gesellschaft zögerten, die geforderte Summe zu zahlen, zeigte ihnen Cutter Geheimwände, Öffnungen in der Decke, durch die Briefe geworfen worden waren, und die Puppe, deren Augen so lebendig und glühend mit Seelenfeuer gewesen waren. Die Blavatsky musste daraufhin von ihrem Posten in der Gesellschaft zurücktreten und nach England zurückkehren. Ihre Freundschaft mit Olcott war damit beendet. Auf die stetig wachsende Mitgliederzahl der Theosophischen Gesellschaft, deren Vorsitzender immer noch Olcott war, hatte der Skandal jedoch kaum Auswirkungen. Als es aber Jahrzehnte nach dem Vorfall infolge eines Skandals zu einer Abspaltung kam, bildete sich eine Bewegung, deren Leitmotiv »zurück zu Blavatsky« lautete. Und es war keine Geringere als HPB selbst, die schließlich als Nachfolgerin Olcotts Annie Besant in ihr Amt einsetzte.

Annie Besant war eine bekannte Feministin und politische Aktivistin, eine intelligente, starke, attraktive Frau, zu deren Bewunderern George Bernard Shaw gehörte. Kurz nachdem sie im Jahre 1888 unter den Einfluss der Blavatsky geraten war, erschien auch ihr einer der Meister. Es muss sich dabei jedoch offenbar um eine echte Vision und nicht um eine weitere Nummer aus HPBs Trickkiste gehandelt haben, da Besant nie behauptete, es habe sich um irgendeine Form der physischen Manifestation gehandelt. Wie sie selbst zugab, waren ihre Träume und Visionen vage und impressionistisch. Obgleich sie über alle Qualifikationen verfügte, um die inzwischen weltumspannende Organisation in allen praktischen Belangen zu vertreten, war sie doch wesentlich unsicherer im Hinblick auf ihre Fähigkeiten, auch als Okkultistin in die Fußstapfen der Blavatsky zu treten. Um mit den Meistern Kontakt aufzunehmen und ihre Botschaften zu interpretieren, wandte sie sich an C.W. Leadbeater, einen charismatischen Selbstmystifizierer nach Blavatskyscher Prägung, der in den Genuss lebhafter und komplexer Visionen der Meister kam. Zudem übermittelte ihm Koot Hoomi noch längere verbale Botschaften, die er eifrig mitschrieb. Unter Hoomis Führung verfassten Besant und Leadbeater zahlreiche Bücher über okkulte Forschungen im Bereich der Wissenschaft und Weltgeschichte (bzw. das, was in theosophischen Kreisen als solche durchgeht).

Leadbeater hatte eine Schwäche für kleine Jungen. Wenn er sich in einen verguckte, verführte er ihn nach immer demselben Schema: Er »erkannte« in ihm die Inkarnation eines hochrangigen Wesens, das auf Erden eine wichtige Aufgabe zu erfüllen hatte, und übernahm persönlich seine spirituelle Erziehung. In manchen Fällen kam es sogar so weit, dass er sich zum rechtlichen Vormund des Jungen bestellen ließ. Im Rahmen seiner spirituellen Unterweisung soll Gerüchten zufolge auch Unterricht in Masturbation mit auf dem Stundenplan gestanden haben. Jahrelang stellte Annie Besant sich taub gegenüber solchen Anschuldigungen, bis ihr im Jahr 1906 der harte Beweis in Form eines Briefes in die Hände fiel, den Leadbeater an einen seiner Protegés geschrieben hatte. Besant saß in der Zwickmühle. Jede wichtige Entscheidung im Zusammenhang mit der Gesellschaft basierte auf ihren astralen Begegnungen mit den Meistern, für die Leadbeater ihr als Medium diente, bzw. auf den von ihm gechannelten Briefen von Koot Hoomi. Man war bis dahin davon ausgegangen, dass nur sexuell abstinent lebenden Eingeweihten die Verbindung mit den Meistern gewährt wurde. Doch als Päderast konnte Leadbeater diesem Personenkreis wohl kaum zugerechnet werden. Damit hätte eigentlich Annie Besants spirituelle Autorität innerhalb der Gesellschaft völlig untergraben sein müssen – so würde zumindest ein Mensch denken, auf dem die Bürde des logischen Denkens lastet. Gegenüber diesem Leiden waren die meisten Theosophen jedoch völlig immun, und innerhalb weniger Monate hatten die Besant und die Gesellschaft insgesamt die ganze Affäre vergessen und begraben. Leadbeater überlebte sie, ohne an Einfluss zu verlieren. Im Gegenteil: Schon bald sollte er bedeutendere Aufgaben übernehmen.

Zu seinen außergewöhnlichen Begabungen zählte die Fähigkeit, etwas zu tun, was er als »Lesen in der Akasha-Chronik« bezeichnete. Leadbeater zufolge handelte es sich hierbei um schriftliche Aufzeichnungen von allem, was im gesamten Kosmos je in der Vergangenheit geschehen war und in Zukunft geschehen würde. Er machte sich daran, die Ergebnisse seiner Akasha-Studien in einer weitschweifigen Serie unter dem Titel *Lives of Alcyone* zu veröffentlichen. Darin werden in epischer Breite die vergangenen und künftigen Inkarnationen prominenter Theosophen beschrieben, wobei die Hauptrollen jeweils mit den jugendlichen Lieblingen des Autors besetzt sind. Jeder, der ihm kritisch gegenüberstand oder ihm nicht passte, wurde in die Ecke von Lakaien der Herren der Dunklen Seite gerückt. Wie sich zeigen sollte, lief in der kosmischen Geschichte nicht immer alles nach Plan: Änderungen waren durchaus möglich. George Arundale, einer von Leadbeaters jungen Günstlingen, verlor ziemlich die Fassung, als er erfuhr, dass die ihm zugedachte Rolle als künftiger Buddha des Planeten Merkur einem Jungen namens Raja übertragen worden war.

Ein weiteres Steckenpferd von Leadbeater war Auralesen. Das außergewöhnliche Strahlen eines jungen und, wie manche behaupten, geistig etwas minderbemittelten indischen Knaben namens Krishna ließ in Leadbeater die Erkenntnis reifen, dies sei der Maitreya Bodhisattwa, der künftige »Weltlehrer« und neue Christus. Mit Besants Unterstützung gelang es den Theosophen, den völlig überraschten und verunsicherten Vater des Halbwaisen dazu zu überreden, ihnen die Vormundschaft zu übertragen, um ihn zur Ausbildung nach London schicken zu können. Für Rudolf Steiner – Generalsekretär der deutschen Sektion der Gesellschaft und ein (relativ) nüchterner Kopf – war dies der

Tropfen, der das Fass zum Überlaufen brachte. Er legte sein Amt nieder, gründete die Anthroposophische Gesellschaft, und viele Theosophen aus seiner Sektion folgten ihm.

Besant und Leadbeater aber ließen sich in ihrer Patronage des Neuen Christus nicht beirren. Dem Schoß der Familie entrissen, weit weg von der Heimat, in England aufgrund seiner dunklen Hautfarbe und dem bizarren Götterkult um seine Person gemieden, von der Liebe theosophischer Matronen erstickt, die ihn mal herumkommandierten und ein andermal anbeteten – das Kind, das einmal Krishnamurti werden sollte, war eine herzzerreißend einsame Figur. Was seine spirituelle Begabung anbelangte, hatte Leadbeater jedoch nicht völlig falsch gelegen, und mit der Zeit entpuppte sich Krishna als wesentlich cleverer, als er sich als Kind den Anschein gegeben hatte. Als junger Mann nämlich entzog er sich seinem Schicksal, indem er behauptete, das Gedächtnis verloren zu haben. Zu diesem Zeitpunkt war Guru zu sein das Einzige, was er konnte, und so machte er einen Beruf daraus. Im Zentrum seiner Lehre stand allerdings, sich tunlichst von Gurus fernzuhalten. Und das, so glaube ich, ist die eigentliche Pointe von Madame Blavatskys Witz.

Dem Groben auf den Leim gegangen

Eine Zeile der *Tabula Smaragdina*, der Smaragdtafel des Hermes Trismegistos, rät dem Alchimisten: »Trenne … das Feine vom Groben, sanft und voll Sorgfalt.« Die Geschichte, mit der wir uns soeben befasst haben, ist ein Beispiel für das, was Hermes unter dem »Groben« versteht.

Liest man nur eine kurze Zusammenfassung dieser absurden Ereignisse, die sich ja in Wirklichkeit im Laufe mehrerer Jahrzehnte abspielten, ist die Irreführung für uns leichter zu erkennen als für die Beteiligten selbst. Wenn man erst einmal mit dem kompletten Mobiliar in ein Haus eingezogen ist, neigt man dazu, die Erkenntnis zu verdrängen, dass es aus Karten gebaut ist. Dem außenstehenden Beobachter fällt sofort auf, welch großen Anteil die menschliche Eitelkeit bei den Täuschungen spielte. Wer behauptet, Zutritt zum Bereich hinter den Kulissen des Kosmos zu besitzen und uns einen Passierschein gibt, den werden wir kaum fragen, ob sein eigener Berechtigungsausweis womöglich gefälscht ist. Menschen, die in die Fänge von religiösen Kulten geraten, geben ihre Macht an den spirituellen Lehrer ab, weil sie glauben, dass dieser ihnen im Gegenzug wunderbare neue Kräfte verleiht. Manche Lehrer nutzen diese Schwäche, um sie aufzudecken. Sie spielen so lange mit dem Schüler Katz und Maus, bis dieser das Spiel durchschaut. (Gurdjieff arbeitete nach dieser Methode, ebenso das EST-Training, das sich in den 1970-er Jahren großer Beliebtheit erfreute.) Das System basiert auf dem Paradox, dass man, solange man denkt, den Lehrer zu brauchen, die Lektion noch nicht gelernt hat.

Lassen wir diese gedanklichen Spielereien beiseite und wenden wir uns lieber den Aspekten des Debakels zu, die nicht ganz so offensichtlich sind. Wenn ich Olcott und Besant als absolute Dummköpfe dargestellt habe, so werde ich ihnen damit nicht wirklich gerecht. Sie waren beide intelligente, unternehmungslustige und mutige Zeitgenossen, die in der Welt sehr viel Gutes bewirkt haben. Die Theosophische Gesellschaft hatte einen illustren Kreis schätzenswerter Mitglieder, darunter so klingende Namen wie William Butler Yeats, Thomas Edison und Alfred Russel Wallace, ein Kollege und Mitstreiter von Charles Darwin. In Indien genießt sie auch heute noch einen guten Ruf wegen ihrer Bemühungen, in einer Zeit, in der den Indern die christlichen Lehren mit dem Trichter verabreicht wurden, die hinduistische und buddhistische Tradition zu fördern und zu verbreiten. In kritischen Augenblicken ganz am Anfang ihrer Irrwege unterliefen sowohl Olcott als auch Besant ehrliche Fehler, wie sie jeder von uns genauso hätte machen können. Ihr Fehler war, dass sie es versäumten, das Feine vom Groben zu scheiden.

Das Feine ist das, was durch seine prä-physische Natur nicht über die gewöhnlichen Sinne wahrgenommen werden kann. Nach den Lehren der Alchimie durchläuft alles, was sich auf der physischen Ebene manifestiert (also den Zustand des »Groben« oder »Verdichteten« erreicht hat, wie der Alchimist sagt), erst ein Formierungsstadium auf den feinstofflichen Ebenen. Wer dieses Stadium wahrnehmen kann, ist in der Lage vorauszusagen, was als Nächstes geschieht.

Wenn man Regen vorhersagt, weil man sieht, dass sich am Himmel schwarze Wolken zusammenballen, dann schaut man nicht in die tatsächliche Zukunft. Trotzdem besteht eine hohe Wahrscheinlichkeit, dass die Vorhersage zutrifft. Ein Meteorologe kann noch vor dem Auftauchen von Wolken sagen, dass mit einem Regenguss zu rechnen ist, indem er die Bewegungen der warmen und kalten Luftmassen beobachtet, die Wolken entstehen lassen. Noch bevor in der physischen Welt die allerersten Anzeichen für die Entstehung einer Warm- oder Kaltfront manifest werden, ist da ein feinstoffliches Phänomen: die Idee oder Absicht eines Frontensystems. Ein Meteorologe, der dieses Phänomen erfassen könnte, wäre in der Lage, lange vor seinen Kollegen vorherzusagen, dass es Regen geben wird.

Alchimistische Magie steht nie im Widerspruch zu den Gesetzen der Natur. Stattdessen beobachtet sie das Wirken eben dieser Gesetze zu einem früheren Zeitpunkt, als es mit den physischen Sinnen erfassbar ist. Was immer sich in der physischen Welt manifestiert, beginnt mit einer Idee oder Absicht. Die Materie ist zu dicht, zu schwer, um allein mit der Kraft des Geistes verwandelt zu werden. Ideen und Absichten aber sind sein natürliches Medium. Wenn man ein Phänomen in der Formierungsphase wahrnehmen kann, kann man manchmal die dahinterstehende Absicht und damit das materielle Ergebnis verändern.

Im neunzehnten Jahrhundert wurde das Wort »Wissenschaft« als Synonym für Wahrheit gebraucht. Mary Baker Eddy nannte ihre Lehre »Christian Science«, also »Christliche Wissenschaft«. Und Spiritualisten, Theosophen sowie Anthroposophen bezeichneten ihr Tun als »spirituelle« oder »okkulte« Wissenschaft. Sie versuchten zu vermitteln, dass spirituelle Phänomene ebenso real sind wie materielle. Doch diese so genannten Wissenschaftler des Okkulten neigten selbst dazu, das Reale mit dem Materiellen zu verwechseln. Der moderne Quantenphysiker hat ein weitaus weniger materialistisches Weltbild als das Gros der spirituellen Wissenschaftler des neunzehnten Jahrhunderts.

In Olcotts Augen lieferte der Turban den eindeutigen Beweis, dass ihm einer der Meister gegenübergestanden hatte, weil es sich dabei um einen materiellen Gegenstand handelte. Eigentlich hätte genau dies ihm vor Augen führen müssen, dass man ihn übers Ohr hauen wollte. Es kommt in der Tat vor, dass sich Geistwesen einem Menschen gegenüber manifestieren, doch sie lassen gewiss keine Kleidungsstücke zurück. Ein Geistwesen ist ein feinstoffliches Phänomen, ein Turban hingegen ein grobstoffliches.

Besant unterlief im Prinzip der gleiche Fehler, weil sie den Visionen Leadbeaters mehr vertraute als ihren eigenen. Ihre frühen Begegnungen mit den Meistern beschrieb sie als ein vages inneres Bild, ähnlich wie ich sie im vorigen Kapitel beschrieben habe. Eine leichte Verschiebung im Bewusstsein – ein nicht wirklich greifbares Gefühl – sagt einem, dass man sich »in Gesellschaft« befindet. Man kann nicht wirklich sagen, wer oder was da präsent ist, und man fragt sich, ob man sich das Ganze nicht doch einbildet. Ähnlich wie bei dem Turban, hätte es Besant verdächtig vorkommen müssen, dass die Visionen Leadbeaters so überaus lebendig und spezifisch waren – ganz zu schweigen von dem langen Atem, den seine vermeintlichen himmlischen Besucher zu haben schienen. Feinstoffliche Phänomene sind, wie schon ihr Name sagt, etwas Feines, etwas Subtiles. Es ist traurig, sich vorzustellen, dass Besant ihre womöglich echten feinstofflichen Wahrnehmungen zurückstellte und Leadbeaters Zeichentrick-Kosmologie zum Maß aller Dinge erhob.

Von Geburt an hellsichtig

Wahrscheinlich haben auch Sie im Biologieunterricht gelernt, wie die physische Wahrnehmung funktioniert. Unser zentrales Nervensystem leitet die von den physischen Sinnesorganen erfassten Informationen an unser Gehirn weiter. Wahrnehmung erfolgt erst in dem Augenblick, in dem das Gehirn auf die Impulse der Sinnesorgane reagiert. Wird das Gehirn auf eine bestimmte Weise stimuliert, kann in dem Betreffenden der Eindruck entstehen, dass er sieht, obwohl seine Augen geschlossen sind. Dies geschieht im Traum, aber auch, wenn wir in Erinnerungen schwelgen oder uns irgendwelche Dinge vorstellen.

Auch feinstoffliche Wahrnehmung läuft über das Gehirn, die Impulse stammen jedoch aus einer nichtphysischen Quelle. Hermetiker sprechen hier vom feinstofflichen Körper bzw. dem Ätherleib. Heutzutage benutzt man eher den Begriff des menschlichen Energiefeldes. Seine Wahrnehmungszentren werden manchmal Chakren genannt. Während sich die moderne Wissenschaft noch nicht auf die Existenz eines feinstofflichen Körpers einigen konnte, ist sie in der chinesischen und indischen Medizin von jeher anerkannt, und es werden ihr viele der kognitiven Aktivitäten zugeschrieben, die die westliche Medizin ausschließlich dem Gehirn zuordnet.

Der feinstoffliche Körper ist nichts Materielles – also nichts physisch Greifbares –, aber auch nicht reiner Geist. Er umhüllt und durchdringt den physischen Körper, und es lässt sich mit mehr oder weniger großer Genauigkeit sagen, wo er beginnt und aufhört, obwohl die Übergänge diffus und verschwommen sind. Seine Größe entspricht in etwa dem persönlichen Raum, den man braucht, um sich in der Gegenwart anderer Menschen wohl zu fühlen. Wenn Sie also ein Gespür für die angenehmste Distanz zwischen sich selbst und einem anderen haben, dann können Sie feinstoffliche Körper bereits bis zu einem bestimmten Grad wahrnehmen.

Es ist der feinstoffliche Körper und nicht der Geist, der den Unterschied zwischen einem Lebendigen und einem Toten ausmacht. Unser Geist muss nicht in unserem physischen Körper bzw. in dessen näherer Umgebung sein, um uns am Leben zu erhalten. Es ist in der Tat Unsinn, darüber zu spekulieren, *wo* der Geist ist, weil er sich im Raum überhaupt nicht verorten lässt. Wenn der Geist »weggeht«, bedeutet dies nur, dass er seine Aufmerksamkeit woanders hinlenkt, wie dies oft während des Schlafs geschieht. Der feinstoffliche Körper hingegen hat einen eigenen Platz. Er ist zeit unseres Lebens an unseren physischen Körper gebunden. Geister sind die losgelösten feinstofflichen Körper der Verstorbenen. Wer je die Gegenwart von Geistern – das heißt von feinstofflichen Präsenzen – gespürt hat, kann in der Regel genau sagen, wo sich diese befanden und wie groß sie in etwa waren. Die Begegnung mit dem Geist hingegen fühlt sich so an, als würde sie sich nur im Kopf abspielen. Wenn ein uns nahestehender Mensch verstirbt, dann spürt man mitunter noch eine Zeitlang seine feinstoffliche Präsenz. Hat sich diese erst einmal verabschiedet und begegnet man dem Betreffenden erneut, dann tritt uns sein Geist gegenüber, nicht mehr die feinstoffliche Präsenz.

Wenn Sie die Musik lieben, dann danken Sie Ihrem feinstofflichen Körper. Er steuert die Bewegung, den Rhythmus, die zeitlichen Abläufe und die Beziehungen im physischen Körper und reagiert auf eben diese Aspekte in der Welt um uns herum. Erinnern Sie sich noch an die Übung, in der ich Sie gebeten habe, Fünfecke zu zeichnen? Das Fünfeck ist unter anderem deshalb ein magisches Symbol, weil die Geste des Zeichnens dem feinstofflichen Körper ausgesprochen angenehm ist. Wenn ich Ihnen in diesem Zusammenhang geraten habe, mental mit Texten und Symbolen mitzugehen, um sich auf diese Weise an das Dazwischen heranzutasten, so richteten sich diese Worte mehr an Ihren feinstofflichen Körper als an Ihr Gehirn. Er kennt sich mit solchen Dingen aus, auch wenn unser Kopf nichts damit anzufangen weiß. Er kann das Dazwischen wahrnehmen, weil er selbst ein Dazwischen ist.

Feinstoffliche Wahrnehmungen haben oftmals eine quasi-physische Qualität. Wann immer wir einen Körperteil oder eine körperliche Empfindung heranziehen, um eine Stimmung oder Emotion zu beschreiben, reden wir in der Sprache des feinstofflichen Körpers. Nehmen Sie beispielsweise an, Sie müssten etwas »schweren Herzens« tun. In diesem Falle würden Sie wohl kaum einen Kardiologen aufsuchen. Schließlich haben Sie nicht den Eindruck, etwas wäre mit Ihrem physischen Herzen nicht in Ordnung. Und doch sitzt das Gefühl an etwa der gleichen Stelle – also in der Brust bzw. unmittelbar davor –, und »schwer« ist eine gute Beschreibung dafür, wie es sich anfühlt. Vielleicht laufen Sie sogar mit hängenden Schultern und eingesunkenem Brustkorb herum, weil dieses »Herz« so schwer ist, dass Sie sich kaum aufrecht halten können.

Wenn Sie einen inneren Konflikt auszutragen haben, sagen Sie womöglich: »Mein Kopf sagt …, aber mein Bauch meint …« Versuchen Sie sich eine solche Situation zu vergegenwärtigen. Welches Gefühl schien im Kopf vor sich zu gehen? Oder welche Aktivität? War es wirklich im Kopf oder vielmehr in dessen ungefährer Umgebung? Und woher genau kam die Botschaft aus dem Bauch? Wie würden Sie das Gefühl beschreiben? Wenn Sie sich im Augenblick nicht erinnern, dann versuchen Sie, sich diese Fragen das nächste Mal zu stellen, wenn Sie sich wieder zwischen Vernunft und Intuition hin und her gerissen fühlen. (Der Begriff »hin und her gerissen« ist ein weiteres Beispiel für das, wovon ich hier spreche.)

Feinstoffliche Eindrücke erreichen uns auch in Form von mentalen Bildern, diese sind in der Regel eher vage. Manchmal scheinen sie eine Form zu haben (klecksförmig, schlierig, spitz), eine bestimmte haptische Eigenschaft (rau, seidig, fedrig) oder Konsistenz (dicht, luftig, zäh), eine Farbe oder Temperatur; manchmal kommen mehrere Qualitäten zusammen. Vielleicht spürt man auch Bewegung. Die Kombination von quasi-sensorischen Eigenschaften könnte in unserem Verstand Assoziationen an ein konkreteres Bild wecken, das zu einem Symbol für das Gefühl wird – zum Beispiel: »auf rohen Eiern laufen« oder »ein Dampfkessel kurz vor dem Explodieren« oder auch »ein kleiner Dämon hockt mir auf der Schulter«. Wenn wir träumen, tauchen solche Symbole ganz automatisch auf. Über die Metaphern in unseren Träumen und Tagträumen tritt unser feinstofflicher Körper mit unserem rationalen Verstand in Kontakt. In dieser Sprache teilt er ihm mit, was er weiß.

Doch worin besteht dieses »Wissen« des feinstofflichen Körpers eigentlich? Er ist gut darin, Stimmungen und Emotionen, Eigenschaften und Bedeutungen, Entwicklungen und Zusammenhänge zu erkennen. Verglichen mit unseren physischen Sinnen ist er weniger begabt, wenn es darum geht, harte Fakten zu präsentieren. Er spürt in der Regel, wenn uns jemand anlügt, aber die Wahrheit exakt zu erkennen, ist weniger seine Sache. Er kann uns sagen, wie wir unser Vertrauen verloren haben, aber er weiß nicht, wo unser Schlüsselbund abgeblieben ist. Wenn wir Rechtsanwalt wären, hätte er uns bei der Abschlussprüfung nicht wirklich helfen können, aber bei der Auswahl von Geschworenen könnte er uns wertvolle Dienste leisten. Wären wir Arzt, könnte er uns nicht das Röntgengerät ersetzen, aber er könnte uns sehr wohl raten, wo wir beim Patienten einmal genauer hinschauen sollten. Ein Bauingenieur wird für solche feinstofflichen Informationen wenig Verwendung haben. Künstler oder Therapeuten dagegen wären ohne sie verloren.

Haben Sie sich schon einmal gefragt, warum Hellseher Sitzungen abhalten müssen, um ihren Lebensunterhalt zu verdienen? Man sollte doch meinen, dass sie mit Hilfe ihrer medialen Fähigkeiten nur die richtigen Lottozahlen anzukreuzen bräuchten und danach ein für allemal ausgesorgt hätten. Dies funktioniert nicht, denn die feinstofflichen Sinne können nur durch das Kombinieren qualitativer Eindrücke Rückschlüsse auf Sachinformationen ziehen. So sind sie sehr wohl in der Lage zu erraten, dass ein Klient seit kurzem verwitwet ist, weil sie Traurigkeit, Einsamkeit und eine weiterbestehende Verbindung zur feinstofflichen Präsenz des Verstorbenen spüren. Aber die Sozialversicherungsnummer des Betreffenden können sie nicht wissen, weil dieser weder irgendwelche Eigenschaften noch eine Bedeutung anhaften. Wenn »Mentalisten« (Zauberkünstler, die sich auf der Bühne als Gedankenleser betätigen) ihr Publikum verblüffen, indem sie solche spezifischen Informationen erraten, dann stecken dahinter die sorgsam gehüteten Geheimnisse aus der Trickkiste der Zunft. Sie erlangen ihr Wissen mit Hilfe der *physischen* Sinne. In der Tat ist die Übermittlung allzu vieler konkreter Fakten ein Hinweis darauf, dass ein »Medium« unecht oder ein Okkultist ein Scharlatan ist. Ein echter Hellseher mag in der Lage sein, anhand von Krishnamurtis Aura (also dem Ausdruck seines feinstofflichen Körpers) zu erkennen, dass dieser über besondere spirituelle Begabungen verfügte. Aber genau vorherzusagen, was er in späteren Jahren tun würde, heißt den Bogen zu überspannen. Wie die Geschichte lehrte, hatte keiner es gewusst.

Wenn ich in meinen Ausführungen die Wahrnehmungen der physischen Sinne und des feinstofflichen Körpers gegenüberstelle, könnte der Eindruck entstehen, dass man die beiden klar voneinander getrennt erlebt. Doch dem ist nicht so. Wahrnehmung funktioniert eher wie ein Kontinuum. Nehmen wir zum Beispiel den Gehörsinn. Die Bandbreite der hörbaren Frequenzen unterscheidet sich von Person zu Person ein wenig, ebenso die Fähigkeit, sehr leise Geräusche wahrzunehmen. Ausschlaggebend sind hier einzig und allein die physischen Voraussetzungen, die jeder von uns mitbringt. Manche Menschen sind kaum in der Lage, einzelne Töne zu unterscheiden, andere verfügen über das absolute Gehör, und zwischen beiden ist die ganze Bandbreite der Wahrnehmungsgenauigkeit möglich. Wie es damit beim Einzelnen bestellt ist, spielt eher in den feinstofflichen Bereich hinein, geht es hier doch um die Fähigkeit, feinste Qualitätsnuancierungen zu unterscheiden. Dennoch müssen die Ohren die Tonhöhe korrekt wahrnehmen können. Das Rhythmusgefühl ist noch stärker von der Feinstofflichkeit bestimmt. Zwar geht es in der Regel mit dem Hören zusammen, doch selbst wenn ein Mensch taub ist, kann er immer noch ein gutes Gespür für Rhythmen haben. Rhythmus ist eher eine Sache der feinstofflichen als der physischen Sinne. Noch subtiler ist es, Worte zu »hören«, die keiner ausgesprochen hat, so wie manche Lyriker in Phasen der Inspiration die Zeilen ihrer Werke »hören« oder wie Mohammed den Engel Gabriel »hörte«.

Die Art und Weise, in der wir auf andere Menschen reagieren, ist ein weiteres Beispiel für dieses feinstoffliche Kontinuum. Am allerphysischsten Ende des Spektrums liegt das Erkennen eines Gesichts an seinen charakteristischen Zügen: Das ist Joe. Als Nächstes bemerken wir das Lächeln in seinem Gesicht: Joe ist glücklich. Vielleicht merken wir aber, dass sich Joe ungeachtet seines freundlichen Gesichtsausdrucks irgendwelche Sorgen macht. Woher wissen wir das? Unser feinstofflicher Körper spürt irgendetwas in Joes feinstofflichem Körper, das mit dem physischen Lächeln nicht im Einklang steht. Noch subtiler wäre die Wahrnehmung, Joes Sorgen zu empfinden, wenn er uns gar nicht physisch gegenübersteht, was durchaus passieren könnte, wenn er beispielsweise unser Sohn oder Partner wäre. Sind unsere feinstofflichen Antennen besonders sensibel, könnten wir weitere Eindrücke von Joes Gefühlen nach seinem Tod empfangen. Hier sind wir im Bereich der Menschen angelangt, die am oberen Ende des feinstofflichen Kontinuums als Medien oder Hellseher angesiedelt sind. Sie sind mit dem gleichen Wahrnehmungssensorium ausgestattet wie jeder andere Mensch auch. Sie sind lediglich besser darin, es einzusetzen. Feinstoffliche Wahrnehmung ist erlernbar. Auch Sie können gut darin werden!

Der Mythos der reinen Wahrnehmung

Wenn jeder Mensch über einen feinstofflichen Körper verfügt, warum ist die feinstoffliche Wahrnehmung dann nicht ebenso universell anzutreffen wie das Sehen, Hören oder Schmecken? Unsere Sehfähigkeit ist doch schließlich auch nicht davon abhängig, ob wir an sie glauben oder nicht. Wer hingegen die Existenz des »dritten Auges« in Frage stellt, bei dem kommt jene Art von Wahrnehmungen, die diesem zugeschrieben wird, meist nicht vor. Wenn eine Wahrnehmung vom Glauben abhängt, so argumentieren diese Leute, dann kann sie nicht richtig sein: Was wir wahrnehmen, müsse objektiv *vorhanden* sein, ganz gleich, wie wir darüber denken.

Dieser Objektivitätsbegriff macht die physischen Sinne zu rein passiven Aufzeichnungsgeräten nach der Art einer Videokamera oder eines Kassettenrekorders. Wir gehen davon aus, dass uns das, was wir gern sehen würden bzw. zu sehen hoffen, zu Halluzinationen oder einer Fehldeutung der Realität verleitet. Von Wunsch und Erwartung einmal abgesehen, meinen wir, unsere Augen nehmen wie eine Kamera nur bestimmte Bilder auf, und Bilder können nicht lügen. Mit anderen Worten: Wir setzen wahrnehmende Passivität mit Objektivität gleich. Wenn es nur gelingt, alle anderen kognitiven Aktivitäten auszublenden und unsere Augen auf etwas zu fixieren, halten wir das, was wir sehen, für eine reine und unverfälschte Sinneswahrnehmung.

Bühnenmagier zeigen, wie abwegig dieser Glaube ist, und nutzen ihn zur Belustigung ihres Publikums. Nehmen wir einen sehr einfachen Trick: Der Zauberkünstler ballt seine linke Hand zur Faust und legt oben drauf einen kleinen Schaumstoffball, den er zwischen Daumen und Zeigefinger hält. Diesen Ball stopft er mit dem rechten Zeigefinger in die Faust, hebt diese dann zum Mund und bläst hinein. Dann öffnet er einen Finger nach dem anderen. Und siehe da: Der Ball ist verschwunden.

Und so funktioniert das Ganze: Während der Zauberer den

rechten Zeigefinger in die linke Faust schiebt, holt er den Ball mit dem Mittelfinger in die rechte Handfläche hinüber. Sein Tun bleibt dem Betrachter verborgen, und doch geschieht es vor aller Augen. Würde man das Ganze in einem Film festhalten und in Zeitlupe abspielen, könnte man sehen, wie er den Ball von einer Hand in die andere transferiert. Heißt dies, dass die Hand schneller ist als das Auge? Nein. Es kommt nicht darauf an, was das Auge sieht oder nicht sieht. Vielmehr legt der Zauberkünstler seinen Trick so an, dass der Betrachter das, was er sieht, *nicht im Gedächtnis behält*. Während der Mittelfinger in aller Heimlichkeit agiert, stochert der Zeigefinger unter großem Aufheben in der linken Faust herum. Der Verstand interpretiert diese Bewegung als »Ball hineinstopfen«; und dieser Ball – so »erinnert« er sich, befindet sich in der linken Hand.

Die physische Wahrnehmung bringt eine kleine zeitliche Verzögerung mit sich. Optische Eindrücke erreichen unsere Augen mit Lichtgeschwindigkeit; akustische Signale treffen mit der langsameren Schallgeschwindigkeit bei uns ein. Die Weiterleitung vom Auge oder Ohr zum Gehirn erfolgt so schnell, dass die Verzögerung kaum messbar ist, und doch handelt es sich um eine gewisse – wenn auch verschwindend geringe – Zeitspanne. Was immer wir also mit unseren physischen Sinnen wahrnehmen, gehört bereits der Vergangenheit an. Der erste Anblick von etwas ist zugleich unsere erste Erinnerung daran. Durch Manipulation unserer Erinnerung verändert der Bühnenmagier unsere Wahrnehmung. Selbst wenn man uns den Trick hinterher erklärt, können wir die Bilder des tatsächlichen Geschehens nicht aus unserem Gedächtnis abrufen. Und in der Tat: Wir haben sie *nicht* gesehen, denn was sich da vor unseren Augen abspielte, hat keine Spuren in unserem Gehirn hinterlassen. Woran wir uns stattdessen erinnern, ist unsere eigene Interpretation des Geschehens.

Wir sind uns alle mehr oder weniger darin einig, dass ein ehrlicher Augenzeuge in der Lage ist, den objektiven Sachverhalt eines Ereignisses zu schildern. Befragt man jedoch mehrere Augenzeugen unabhängig voneinander, unterscheiden sich ihre Berichte bisweilen so drastisch, als hätten sie jeweils eine völlig andere Situation erlebt. Findet die Befragung in der Gruppe statt, decken sich die Schilderungen interessanterweise eher. Wahrnehmung wird gesellschaftlich vermittelt: Hinweise, die wir von anderen erhalten, entscheiden maßgeblich mit, ob wir unseren Augen trauen oder nicht.

Wenn wir Kinder beobachten, können wir sehen, wie sie sich bemühen, ihre Wahrnehmung dem allgemeinen Konsens anzupassen. Mit dem siebten Lebensjahr begreifen die meisten den Unterschied zwischen »real« und »eingebildet«, und sie sortieren alles, was sie erleben, mit großem Eifer in eine dieser beiden Schubladen ein. Ein Freund, der für andere unsichtbar ist, ist ein »erfundener Freund«. Ein physischer Schmerz ist real, ein Schmerz im feinstofflichen Körper hingegen »psychosomatisch« (sprich: imaginär). Wenn Erwachsene ebenfalls der Meinung sind, dass eine Wahrnehmung real ist, bringen sie dem Kind einen Namen dafür bei. Womöglich ziehen sie zur näheren Erklärung auch irgendein anderes Phänomen heran, das dem Kind bereits vertraut ist. Da eine solche Interpretationshilfe bei feinstofflichen Wahrnehmungen weitgehend fehlt, wissen Kinder diese nicht zu deuten und hören irgendwann auf, sie zu beachten.

Ich will nicht behaupten, dass Erwachsene die Schuld daran tragen, wenn die feinstoffliche Wahrnehmung im Kindesalter verloren geht, denn dies geschieht auch in solchen Kulturen, in denen Hellsichtigkeit weit verbreitet und als naturgegeben anerkannt ist. Unabhängig von ihrer Erziehung ist bei Kindern über sechs oder sieben Jahren eine eindeutige Bevorzugung der physischen Sinne zu beobachten. In einer Phase, in der wir lernen, in der physischen Welt zu überleben, müssen diese im Vordergrund stehen. Während der Pubertät rührt sich die feinstoffliche Wahrnehmung erneut, was mit dazu beiträgt, dass wir in dieser

Altersphase emotional so unausgeglichen sind. Wir halten uns für verrückt, wenn wir Dinge spüren, die wir nicht benennen können.

Stellen wir uns das Wahrnehmungsvermögen des Gehirns als ein Ablagesystem vor. Neue Informationen kommen jeweils in den Ordner, in dem bereits andere, ähnliche Informationen abgelegt sind, damit wir sie später leichter wiederfinden. Ist nichts Ähnliches vorhanden, verwirft das Gehirn die neuen Informationen eher, als einen neuen Ordner anzulegen. Ist Ihnen je aufgefallen, dass Ihnen immer dann, wenn Sie Ihr Vokabular um ein neues Wort erweitert haben, just dieser Begriff mehrfach in Gesprächen oder Texten begegnet? Ein Terminus, mit dem Sie nichts anzufangen wussten, bevor Sie ihn im Lexikon nachgeschlagen haben, scheint plötzlich absolut gebräuchlich zu sein. In Wirklichkeit war er es schon immer. Sie haben es bloß nie gemerkt. Da Wahrnehmung im Prinzip der Akt des ersten Erinnerns ist, übersehen bzw. überhören wir oft das, was uns nicht geläufig ist. Unser Gehirn weiß einfach nicht, wo es die Information ablegen soll. Es wird immer wieder berichtet, dass Eskimos unzählige verschiedene Begriffe für »Schnee« haben, weil sie diesen sehr viel genauer beobachten als wir. Man könnte es auch anders formulieren: Eskimos sind besser im Beobachten von Schnee, weil sie im Gehirn mehr Ablagemöglichkeiten – mehr Ordner – dafür haben. Dies ist auch einer der Gründe dafür, warum Menschen, die an eine feinstoffliche Welt glauben, eher feinstoffliche Wahrnehmungen haben: Sie haben die Möglichkeit, sie einzuordnen.

Ich habe Ihnen bereits ein paar leere Ordner an die Hand gegeben (»Stil«, »feinstofflicher Körper« und »das Dazwischen«), und es werden noch weitere folgen. Sie werden feststellen, dass ich Ihnen keine klaren Definitionen für solche Begriffe gebe, sondern sie eher inhaltlich einzukreisen versuche. Womöglich haben Sie gewisse Schwierigkeiten, die jeweilige genaue Bedeutung intellektuell zu erfassen. Das mag daran liegen, dass Sie die hier vorgestellten Phänomene bisher noch gar nicht bemerkt haben. Allein das Kennenlernen der Begriffe wird Ihnen helfen, sich für feinstoffliche Wahrnehmungen zu öffnen, die Ihr Gehirn ansonsten vielleicht ausklammern würde. Mag sein, dass Sie auch in einem Jahr noch immer nicht in der Lage sein werden, ein bestimmtes Wort zu definieren. Ihr Ordner aber wird prall mit Erfahrungen gefüllt sein, die mit diesem Begriff umschrieben werden.

Achtung, aufgepasst!

Mentalisten und Pseudo-Medien arbeiten gelegentlich mit dem so genannten *Cold Reading,* der »kalten Deutung«. Sie wenden dabei unter anderem eine Technik an, bei der sie ihrem Gesprächspartner Informationen entlocken, ohne dass dieser merkt, was da eigentlich passiert. So könnte der »Gedankenleser« zum Beispiel vorsichtig nachfragen: »Sie kochen nicht gerne, oder?« Antwortet sein Gegenüber: »Doch, doch, sehr gerne sogar!«, fährt er fort mit: »Ja, stimmt, ich kriege gerade ein Bild von Ihnen, wie Sie in der Küche stehen.« Sagt sein Gegenüber hingegen: »Nein, ich koche überhaupt nicht gerne!«, reagiert er mit: »Genau. Ich habe auch den Eindruck, dass Sie nicht gerade zu den häuslichen Typen zählen.« Mit dieser Methode kann man selbst die abenteuerlichsten Vermutungen so hinbiegen, dass sie auf geradezu frappierende Weise zuzutreffen scheinen. Professionelle Meister der kalten Deutung verlassen sich jedoch nicht auf abenteuerliche Vermutungen. Ihre Spekulationen basieren auf einer akribischen Beobachtung des Gegenübers. Manch einer ist dabei zu der Überzeugung gekommen, dass er tatsächlich über mediale Fähigkeiten verfügt. In der Tat würde es mich sehr überraschen, wenn dieser Trick einmal nicht funktionieren würde. Jeder Mensch verfügt über feinstoffliche Sinne, und diese lassen sich am effizientesten durch genaues Achtgeben aktivieren. Wenn man am physischen Ende des Wahrnehmungskontinuums beginnt und so lange bei der Sache bleibt, bis die hier vorhandenen Möglichkeiten ausgeschöpft sind, übernehmen die feinstofflichen Sinne genau dort, wo der Empfangsbereich der physischen Sensorik endet.

Aufmerksamkeit ist eine Form von Wahrnehmungsselektion. Es handelt sich um eine – in der Regel unbewusste – innere Auswahl dessen, was der Wahrnehmung wert bzw. nicht wert ist. Aufmerksamkeit entdeckt nicht nur Sinnzusammenhänge, sie *schafft* sie auch. Wenn wir uns nach dem Prinzip »Scheide das Feine vom Groben« ausrichten, beschließen wir damit ganz bewusst, wohin wir unsere Aufmerksamkeit richten wollen: Für eine gewisse Zeit lenken wir sie vom Offensichtlichen weg hin zum Unscheinbaren und schwer Fassbaren.

In der Welt des Geistes ist Achtsamkeit das Äquivalent zur physischen Bewegung. Sie bringt uns zu dem Wissen und den Begegnungen, nach denen wir suchen, und steuert uns weg von den Dingen, die wir als schädlich oder nutzlos erkannt haben. Fehlt uns die Fähigkeit, unsere Aufmerksamkeit bewusst zu lenken, geht uns die Zielstrebigkeit verloren: Wir können uns nicht zu der von uns gewünschten Zeit dorthin bewegen, wo wir sein möchten. Wenn wir uns von unserer Aufmerksamkeit hin- und herziehen lassen und immer zu der Sache springen, die sich gerade am lautesten manifestiert, geht dies so weit, dass wir am Ende auf andere geistige Wesen wie Spastiker wirken. Die Aufmerksamkeit zielgerichtet zu lenken, ist darum das Erste – und womöglich das Wichtigste –, was ein angehender Magier lernen muss.

Kommen wir noch einmal auf den Trick mit dem Gummiball zurück. Der Zauberkünstler macht uns glauben, dass er den Ball in der linken Hand hält, indem er unsere Aufmerksamkeit auf diese Seite lenkt. Dies ist aber nur dann möglich, wenn auch seine eigene Aufmerksamkeit dorthin geht. Der Illusionist muss das schwierige Manöver, den Ball in die verdeckte Hand zu bugsieren, so lange üben, bis es ihm in Fleisch und Blut übergegan-

gen ist und seine Muskeln es völlig selbstständig vollziehen können. Ist seine Aufmerksamkeit auch nur einen winzigen Augenblick lang von dem abgelenkt, was die verdeckte Hand tut, funktioniert der Trick nicht mehr. Anders ausgedrückt: Der Magier
muss das, was auf der groben Ebene passiert, ignorieren und
sich auf eine imaginäre Realität konzentrieren, die – wenn alles
gutgeht – kraft seiner eigenen Konzentration überzeugend gemacht wird. Wenn Sie die auf Seite 57 beschriebene Übung mit
dem Stuhl gemacht haben, haben Sie etwas ganz Ähnliches
versucht: Sie haben alle mentalen Bilder eliminiert, die der Begriff »Stuhl« wachruft und sich statt dessen auf die feinstoffliche Realität konzentriert, die erst dann zutage tritt, wenn all
diese Assoziationen zum Verschwinden gebracht wurden.
Ganz schön schwierig, nicht wahr? Was wir mit den physischen
Sinnen wahrnehmen, ist lebendig, interessant und auf beruhi-
gende Weise real. Im Vergleich dazu ist die feinstoffliche Wahrnehmung in etwa so, als würde man Farbe beim Trocknen zu-
sehen.

Moderne Schüler der Alchimie haben ihren geschichtlichen
Vorgängern gegenüber viele Vorteile, denn sie haben leichten
Zugang zu einer überwältigenden Vielfalt von Quellen aller
erdenklichen spirituellen Traditionen dieses Planeten. Und
doch herrscht bei uns ein akuter Mangel an etwas, das die
mittelalterlichen Alchimisten als zu offensichtlich und alltäg-
lich erachteten, um es überhaupt zu erwähnen: frei verfügbare
Aufmerksamkeit. Unsere gesamte Kultur scheint vom Aufmerk-
samkeitsdefizit-Syndrom erfasst zu sein mit gleichzeitiger Hy-
peraktivität. Die meisten von uns leben in einem Umfeld, das sie
mit Reizen überflutet. Unsere Sinne sind nervenaufreibenden,
hartnäckigen und oftmals sinnlosen Anforderungen ausgesetzt.
In dem Maße, wie wir unserer Aufmerksamkeit diese Form der
Sprunghaftigkeit gestatten, lassen wir es zu, dass unsere innere
Welt von anderen erschaffen wird. Wir gestehen ihnen das Recht
zu, für uns zu entscheiden, was für uns bedeutsam ist und was

nicht. Es ist schon merkwürdig, dass wir Menschen aus dem westlichen Kulturkreis, die wir unsere persönliche Willensfreiheit so vehement verteidigen, uns überhaupt nicht wehren, wenn die Freiheit unserer Aufmerksamkeit permanent mit Füßen getreten wird. Würden wir Aufmerksamkeit als eine Art Zahlungsmittel betrachten, würde jeder von uns mehrmals pro Minute beraubt werden.

Unsere Aufmerksamkeit wird manchmal auch von inneren Reizen entführt. Wie viele unserer Gedanken denken wir, weil wir uns ganz bewusst dazu entschlossen haben? Und wenn wir uns tatsächlich mit einem Thema unserer Wahl beschäftigen – wie lange können wir dabeibleiben, ohne uns von einer Assoziationskette ablenken zu lassen? Die meisten unserer Gedanken entstehen ohne unser willentliches Dazutun. Wir machen sie nicht. Sie sind einfach da. Unsere geistige Freiheit beschränkt sich darauf zu entscheiden, welche von ihnen wir weiterverfolgen und welche wir fallen lassen. Unsere Individualität drückt sich darin aus, wohin wir unsere Aufmerksamkeit lenken bzw. nicht lenken. Die verschiedenen Gedanken, die um unsere Aufmerksamkeit buhlen, spielen dabei eine eher zweitrangige Rolle.

Um die Großartigkeit und das Wunder zu ermessen, das wir erleben können, wenn wir der Farbe beim Trocknen zuschauen, müssen wir durch mehr als nur ein bisschen Langeweile hindurch. Genau so nämlich bezeichnen wir das Gefühl, das sich in jenen immer selteneren Momenten einstellt, in denen wir nicht wissen, was wir mit unserer Aufmerksamkeit anfangen sollen. Wer mehr freie Aufmerksamkeit gewinnen will, braucht einfach nur überflüssige Unterhaltung zu streichen. Selbst in einem sehr umtriebigen Leben gibt es Momente, in denen nichts geschieht. Das Kunststück besteht darin, das Nichts nichts sein zu lassen, anstatt zu versuchen, es zu verschönern. Lassen Sie Ihrer Aufmerksamkeit freien Lauf, während Sie langweilige Dinge tun, wie zum Beispiel im Berufsverkehr zur Arbeit zu fahren. Ob Sie irgendwo in einer Warteschleife hängen, Schlange stehen oder beim Zahnarzt im Wartezimmer sitzen, stellen Sie sich auf längere Wartezeiten ein, ohne gleich ein Unterhaltungsprogramm in der Hinterhand zu haben.

Die beste mir bekannte Möglichkeit zur Kontrolle der Aufmerksamkeit bietet die Achtsamkeitsmeditation (siehe dazu das Kapitel »Anleitung zur Meditation« im Anhang). Sie eröffnet einen Raum, in dem sich feinstoffliche Wahrnehmungen entfalten können und uns dahin führen, mit dem Gefühl der Langeweile Freundschaft zu schließen. Gleichzeitig erfahren Sie viel darüber, wie Ihr Geist reagiert. Selbsterkenntnis ist extrem wichtig, wenn Sie anfangen, anderen Wesen der feinstofflichen Welt zu begegnen. Sie ermöglicht es Ihnen, die Grenze zwischen dem Selbst und dem Anderen zu ziehen, wenn keine physischen Körper da sind, die verraten, wer wer und was was ist.

Wahrnehmung und Imagination

Die größte Schwierigkeit, die Anfänger beim Hellsehen haben, ist feinstoffliche Wahrnehmung auch als solche zu erkennen. Man bemerkt sie nicht gleich, weil man erwartet, dass die feinstofflichen Sinne wie die physischen Sinne funktionieren. Solche subtilen Eindrücke sind schwer in Worte zu fassen, so dass Hellseher sie oft mit Hilfe von Analogien aus der physischen Welt umschreiben, die vom Stil her vergleichbar sind. Daher besteht die Gefahr, die eigenen feinstofflichen Wahrnehmungen – wie Annie Besant es tat – zu verwerfen, denn sie erscheinen weniger konkret und lebhaft als die Beschreibungen, die wir von anderen gehört haben.

Die menschliche Aura (der visuelle Ausdruck des feinstofflichen Körpers) ist ein gutes Beispiel hierfür. Üblicherweise wird sie als ein Farbenfeld beschrieben, das den physischen Körper umhüllt. Wenn Sie sich daran orientieren und genau so etwas noch nie gesehen haben, werden Sie wahrscheinlich glauben, eben keine Auras sehen zu können. Vielleicht haben Sie aber eine zuverlässige Intuition im Hinblick auf andere Menschen und können das, was diese spüren, mit deren Worten oder Taten in Zusammenhang bringen. Wenn Sie gut darin sind, »Schwingungen« zu erfassen, dann erhalten Sie in der Tat Informationen über die feinstofflichen Körper anderer, selbst wenn Sie keinen optischen Eindruck von ihnen haben.

Jeder unserer physischen Sinne hat seine feinstoffliche Entsprechung. Die Imagination ist das feinstoffliche Äquivalent des Gesichtssinns – eine innere Erfahrung, die den gleichen Stil wie das Sehen hat. Wahrnehmungen in diesem Bereich werden in der Regel als Bilder beschrieben, die »gesehen« werden. Inspiration ist mit dem Gehörsinn verwandt. Subtile Erfahrungen in diesem Bereich werden als Worte oder Klänge beschrieben, die man »gehört« hat. Darüber hinaus gibt es feinstoffliche Sinne, die dem Geschmacks-, Tast- und Geruchssinn sowie dem Temperaturempfinden entsprechen.

Stellen wir uns vor, drei verschiedene Frauen würden versuchen, einem Patienten heilende Energien zu übertragen, indem sie ihre Hände an der Stelle seines Körpers auflegen, die am meisten Aufmerksamkeit braucht. Die erste sieht in dem geschwächten Bereich womöglich eine bestimmte Farbe. Sie nutzt die Kraft der Imagination, um die Aura visuell zu erfassen, also zu »sehen«. Die zweite denkt vielleicht: »Irgendwas stimmt nicht mit der Leber«. Sie »hört« Worte, die ihr vermitteln, was die Aura »meint«. Dies ist Inspiration. Die dritte spürt einfach, wie es ihre Hände zur rechten Seite des Körpers hinzieht. Dies ist Intuition. Ob die Information nun über Bilder, Worte oder Handlungsimpulse übermittelt wird – das Ziel wird mit allen drei Wahrnehmungsformen erreicht.

Warum aber sehen manche Menschen Farben? Wenn eine hellseherisch begabte Frau eine Aura als »blau« beschreibt, nimmt sie etwas wahr, das den gleichen *Stil* hat wie blau; etwas, das das gleiche Gefühl vermittelt wie blau. Steigen diese Empfindungen in ihr auf, taucht vor ihrem geistigen Auge gleichzeitig die tatsächliche Farbe auf. Wahrscheinlich haben Sie etwas Ähnliches bei der dritten Übung zum Thema Stil erlebt, die auf Seite 57 beschrieben ist. Bei dem Versuch, sich das Konzept der »Stuhlhaftigkeit« zu vergegenwärtigen, sind bestimmt auch Ihnen lauter Bilder von echten Stühlen in den Sinn gekommen, die Sie schon einmal irgendwo gesehen haben. Sie mussten sie nicht bewusst herbeirufen. Ihr Gehirn ist so sehr daran gewöhnt, Konzepte mit Bildern zu verknüpfen, dass Sie Stühle sehen, ob Sie wollen oder nicht.

Nähern wir uns der Meditation noch einmal auf andere Weise: Konzentrieren Sie sich diesmal nicht auf den Stuhl, sondern auf den Vorgang des Sich-Hinsetzens. Spüren Sie, wie sich Ihr Gewicht von den Füßen zum Gesäß verlagert; wie sich erst die Knie beugen und der Rücken dann von der Lehne gestützt wird, so dass er sich entspannen kann. Denken Sie sich also »Stuhl« nicht als Objekt, sondern als einen Vorgang, der dem Akt des Sitzens dienlich ist. Wenn ich mir dieses Bild vor Augen führe, kann ich das Konzept von »Stuhl« gedanklich präsent halten, ohne dass sich mir irgendwelche konkreten Beispiele aufdrängen.

Wenn Sie dies oft genug üben, tauchen die Bilder nicht mehr so automatisch auf. Zwischen dem Denken eines abstrakten Konzepts und dem Sehen eines mentalen Bildes stellt sich mit der Zeit eine kleine zeitliche Verzögerung ein. Lenken Sie Ihre Aufmerksamkeit auf diese »Zwischenzeit«, können Sie die Geburt Ihrer inneren Bilder erleben – jenen flüchtigen Augenblick, in dem das Abstrakte das Konkrete hervorruft. Dann erkennen Sie, dass Sie selbst der Schöpfer dieser Bilder sind.

Zu der gleichen Einsicht können Sie gelangen, wenn Sie Ihren Geist beobachten, während Sie einen Roman lesen. Beschreibt der Autor einen großen, dunkelhaarigen, gut aussehenden Fremden, entsteht ein Bild vor Ihrem geistigen Auge. Dieses deckt sich nicht mit dem, das der Schriftsteller im Sinn hatte. Es setzt sich vielmehr aus Ihnen bereits bekannten Bildern zusammen, die

Sie mit den Worten »groß, dunkelhaarig, gut aussehend« assoziieren. Der Autor mag sich Clark Gable vorstellen, während Sie (also gut, ich) an Adrien Brody denken. Das mentale Bild entsteht aus einem Zusammenspiel der Worte des Autors und den Bildern, die in Ihrem Gehirn abgespeichert sind.

Wie wäre es, einen Roman zu lesen, ohne solche Bilder vor dem geistigen Auge entstehen zu lassen? Würde Ihnen das gefallen? Würde die Geschichte Sie emotional berühren? Würden Sie sich auch in einem Jahr noch daran erinnern? Wären Sie überhaupt in der Lage, der Handlung zu folgen? Die physischen Sinne helfen uns zu verstehen, uns zu erinnern und uns emotional zu engagieren. Reine Abstraktion kann unsere Aufmerksamkeit nicht lange binden. Wenn Ihnen bei der Stuhl-Übung abverlangt würde, sich an jeden Stuhl zu erinnern, den Sie je besessen haben, oder in Gedanken die perfekten Stühle für Ihr Traumhaus zu entwerfen, könnten Sie sich lange Zeit damit beschäftigen. Aber das Konzept der »Stuhlhaftigkeit« – der Stil also – birgt für uns Menschen wenig Interesse. Wenn Sie sich drei Minuten darauf konzentrieren können, dann sind Sie schon gut.

Wenn sensorische Eindrücke fehlen, wie dies in der feinstofflichen Welt der Fall ist, setzen wir unsere Imagination ein, um sie zu simulieren. Wir lassen das Feinstoffliche etwas weniger feinstofflich erscheinen, damit wir uns als physische Wesen darauf konzentrieren, es uns merken und uns emotional davon berühren lassen können. Auf diese Weise baut die Imagination eine Brücke zwischen dem physischen und dem feinstofflichen Körper. Für den Hermetiker ist eine lebendige Vorstellungskraft wertvolles Kapital. Sie macht die feinstoffliche Welt ebenso greifbar wie die physische. Und mit der Zeit stellt sich das Gefühl ein, dass unser spirituelles Leben das eigentlich *reale* Leben ist.

Wir sind es gewohnt, klar zu unterscheiden, ob wir etwas sehen oder uns vorstellen. Aber auch am physischen Sehen ist die Imagination immer beteiligt. Wenn ich mir meine Kleidung anschaue, schicken meine Augen über den Sehnerv Impulse an mein Gehirn, das diese als »Jeans« interpretiert und mir ein mentales Bild präsentiert. Was ich wahrnehme, ist die Aktivität meines Gehirns und nicht die Jeans. Und genauso verhält es sich, wenn ich in der Aura von jemandem die Farbe Blau »sehe« oder mir in meinen Phantasien das Blaue vom Himmel herunterträume. Im Fall der Jeans gelangen die Informationen über die physischen Sinne in mein Gehirn. Bei der Aura erreichen sie es über meine feinstofflichen Sinne. Beim Himmelsblau sind sie ein Produkt der bewussten Imagination. In allen drei Fällen kommt am Ende ein mentales Bild heraus.

Aber, so höre ich Sie einwenden, die Jeans existieren nun einmal *wirklich*. Nun könnte ich in die Rolle der erkenntnistheoretischen Klugschwätzerin schlüpfen und die Gegenfrage stellen: »Woher wollen Sie das wissen?« Schließlich ist das, was wir wahrnehmen, immer nur die Aktivität unseres Gehirns, niemals die Jeans selbst. Aber ich will nicht auf diesem Argument herumreiten, weil ich ehrlich gesagt auch überzeugt bin, dass die Jeans wirklich existieren. (Wenn nicht, will ich mein Geld zurück!) Wir haben das sichere Gefühl, dass etwas real vorhanden ist, wenn wir wissen, dass wir auf der gedanklichen Ebene nichts unternommen haben, um es herbeizuholen. Sobald meine bewusste Imagination endet, verschwindet das Himmelsblau. Die Jeans bleiben.

Und was ist mit der blauen Aura? Mit ihr verhält es sich eher so wie mit dem Himmelsblau als wie mit den Jeans, denn ich kann die Farbe willentlich erscheinen und verschwinden lassen. Dass ich aber ausgerechnet blau sehe, bedeutet, dass mich über meine feinstofflichen Sinne irgendetwas erreicht hat, was dem Stil dieser Farbe eher entspricht als dem von Grün, Gelb oder Schwarz. Übertrage ich eine feinstoffliche Wahrnehmung in eine Form, die der physischen Wahrnehmung ähnlich ist, interpretiere ich sie. Ich kann das Blau kommen und gehen lassen, und ich bin mir darüber im Klaren, dass es meine Interpretation ist. Ich erkenne, welche Rolle ich beim Entstehen dieses Bilds spiele.

Was aber, wenn ich das Blau *nicht* zum Verschwinden bringen kann? Nach den Maßstäben, die für unsere physischen Sinne gelten, müsste das heißen, dass es »wirklich da« ist. Wir wissen, dass wir uns eine physische Wahrnehmung nicht eingebildet haben, weil sie dableibt. In der feinstofflichen Welt aber ist das Gegenteil der Fall. Wenn ich ein mentales Bild gedanklich auflöse, sollte es auch verschwinden. Erscheint das Objekt einer feinstofflichen Wahrnehmung solide, permanent und faktisch wie ein physischer Gegenstand, dann hat der Seher Halluzinationen.

Halluzinationen können auftreten, wenn das körperliche oder geistige Wohlbefinden eines Menschen beeinträchtigt ist. Sie können jedoch auch im Zusammenhang mit einem Phänomen ausgelöst werden, das der Hermetiker als »atavistisches Hellsehen« bezeichnet. Hierbei erlebt das Medium Visionen, die sehr solide und real erscheinen, weil es die mentale Übertragung des Abstrakten ins Bildhafte nicht bewusst erlebt. Die Geschwindigkeit, mit der sich das Ganze abspielt, ist einfach zu hoch. Weil der Betreffende nicht merkt, dass sein Gehirn feinstoffliche Informationen interpretiert, kann er falsche Interpretationen nicht korrigieren. Seine feinstofflichen Wahrnehmungen sind *zu* überzeugend.

Es ist nichts Ungewöhnliches, wenn sich subtile Fähigkeiten anfangs in Form atavistischer Erscheinungen äußern. Vorausgesetzt, es liegen keine pathologischen Ursachen vor, ist das Problem leicht zu beheben. Die Umwandlung von feinstofflichen Eindrücken in mentale Bilder muss entweder verlangsamt oder völlig unterdrückt werden, so dass sie nicht mehr automatisch geschieht. (Traditionell ist Alkohol das Unterdrückungsmittel der Wahl. Achtsamkeitsmeditationen wirken hier jedoch wesentlich zuverlässiger, wenngleich sie weniger Spaß machen.) Es ist in etwa so, als würde man die Augen schließen. Sie funktionieren zwar immer noch, senden aber vorübergehend keine Botschaften mehr ans Gehirn. Danach kann man neu anfangen und lernen, Bilder zielgerichtet entstehen zu lassen.

Was ich hier schreibe, mag etwas befremdlich anmuten, weil viele Menschen glauben, dass feinstoffliche Wahrnehmungen umso solider und faktischer ausfallen, je »übersinnlicher« man begabt ist. Doch die feinstoffliche Welt ist, wie der Name schon sagt, *feinstofflich*. Es gibt nichts darin zu sehen, zu hören oder anzufassen. Diese sensorischen Eigenschaften werden – ob bewusst oder unbewusst – durch unsere Vorstellungskraft hinzugefügt. Bei zielgerichteter Imagination sinkt die Wahrscheinlichkeit, dass wir uns von unseren mentalen Bildern in die Irre führen lassen, denn uns ist klar, dass wir sie uns ausgedacht haben. Wer das Prinzip dieses Konvertierungsprozesses erst einmal verstanden hat, wird sich auch von den mentalen Bildern anderer weniger leicht täuschen lassen.

Ich will dies anhand eines Beispiels aus meinem eigenen Leben illustrieren. Ich habe das Gefühl, immer wenn ich irgendwelchen Hellseherinnen begegne, fangen sie an, mir Vorträge über meine früheren Inkarnationen zu halten. Die erste Schilderung dieser Art war besonders lebhaft. Ihr zufolge sei ich irgendwann im Mittelalter eine Art spirituelle Führerin gewesen, die in die Fänge der Inquisition geraten sei. Ein Ex-Partner aus meinem aktuellen Leben sei damals mein Erzfeind gewesen. Er habe persönlich meine Folterung beaufsichtigt und schließlich meine Enthauptung angeordnet. Eine andere Hellseherin wählte den Wilden Westen im neunzehnten Jahrhundert als Hintergrund für ihre Geschichte. Diesmal war ich eine Heilerin, die von den indianischen Schamanen in die Geheimnisse der Kräuterkunde eingeweiht worden war. Auch hier gab es einen Erzfeind, ein schwarzer Schnurrbart prangte in seinem bösartigen Gesicht. Er verurteilte mich wegen der Ausübung alternativer Heilmethoden. Diesmal wurde ich gehängt. In einer dritten Version spielte sich das Ganze in England im siebzehnten Jahrhundert ab. Wieder war ich Heilerin, wieder starb ich (diesmal wegen Hexerei) am Galgen.

Wenn alle drei Geschichten wahr wären, wäre Märtyrertum meine bevorzugte Art, aus dieser Welt zu scheiden. Es ist ein

Wunder, dass ich mich überhaupt getraut habe, noch einmal zur Erde zurückzukehren! Doch ehrlich gesagt habe ich meine Zweifel, dass auch nur eine dieser Geschichten tatsächlich auf Fakten basiert. Historisch betrachtet sind die ersten beiden nicht plausibel. Die Opfer der Inquisition starben meist auf dem Scheiterhaufen und wurden nicht enthauptet. Soweit ich weiß, galt die Ausübung alternativer Heilmethoden in den Vereinigten Staaten noch nie als Kapitalverbrechen. Interessant sind jedoch die Gemeinsamkeiten aller drei Geschichten: spirituelle Lehre oder Heilkunst, ein Feind, Widerstand von Seiten des etablierten Herrschaftssystems und ein ungerechter Tod durch Verletzung am Hals. Auch der erste Roman, den ich veröffentlicht habe (den meines Wissens keine der Hellseherinnen gelesen hatte), enthält diese Elemente. Die Bilder, die die Wahrnehmung meines feinstofflichen Körpers in der Imagination dreier verschiedener Medien entstehen ließen, waren beim Schreiben auch in meiner eigenen Vorstellung präsent gewesen.

Würde ich die grausigen Geschichten meiner früheren Inkarnationen wörtlich nehmen, müsste ich mich veranlasst sehen, mich in meinem jetzigen Leben möglichst unauffällig zu verhalten. Ich betrachte sie jedoch als eine ausgesprochen phantasievolle Umschreibung der Ängste, die für jeden spürbar sind, der meinen feinstofflichen Körper wahrnehmen kann. Das fünfte Chakra, das sich im Bereich des Halses befindet, ist mit dem Selbstausdruck assoziiert. Die Angst, durch Äußerungen in Schwierigkeiten zu kommen, habe ich in *diesem* Leben während meiner Kindheit erworben. Jedesmal, wenn ich etwas Falsches sage, habe ich schreckliche Schuldgefühle. Diese feinstoffliche Realität war das, worauf die Medien angesprochen haben. Alle drei unterstrichen in ihren Schilderungen, dass ich zu Unrecht bestraft worden war. Betrachte ich ihre Geschichten als symbolische Umschreibungen, kann ich daraus die Botschaft entnehmen, dass meine Schuldgefühle unangebracht sind und ich daran arbeiten sollte, sie zu überwinden.

Madame Blavatskys Kosmologie ist ein weiteres Beispiel für echte feinstoffliche Wahrnehmung, die mit erfundenem Bildwerk ausgeschmückt wird. Die Vorstellung, dass alle großen spirituellen Philosophen von Platon über Jesus bis Laotse gemeinsam irgendwo im Himalaya campieren, ist absurd. Der Mythos hat intelligente Menschen dennoch angesprochen, weil die Blavatsky ihn nicht aus dem luftleeren Raum gegriffen hatte. In beinahe jeder Kultur und religiösen Tradition auf Erden findet er sich in der einen oder anderen Form wieder. Der Grundgedanke ist, dass die großen spirituellen Führer auch nach ihrem Tod Einfluss auf die Menschheit nehmen, und zwar nicht nur über die von ihnen niedergeschriebenen Werke oder die Erinnerung an ihre Taten, sondern durch direkte, unmittelbare Inspiration der Lebenden in Echtzeit. Mit anderen Worten: Wir können sie »in unserem Kopf« antreffen. Viele Menschen, die solche »Begegnungen« hatten, berichten, dass diese Großen im Geiste einander zu kennen scheinen. Begegnet man einem, ist die Wahrscheinlichkeit groß, auch anderen vorgestellt zu werden. Raffael stellte diese innere Realität in seinem berühmten Fresco »Die Schule von Athen« dar. Wenn ich vom »hermetischen Netzwerk« spreche, habe ich etwas in dieser Art im Sinn. Leider nahmen viele Blavatsky-Anhänger ihre Geschichten wörtlich. Einer machte sich sogar zu Fuß auf den Weg, um den Meistern im Himalaya einen Besuch abzustatten. Er fiel seinem Unvermögen, das Feine vom Groben zu scheiden, zum Opfer und erfror. Seine Leiche wurde irgendwann von nepalesischen Sherpas entdeckt.

Die Imaginationen, die wir bewusst hervorrufen oder die spontan aufgrund von feinstofflichen Wahrnehmungen in uns aufsteigen, sind keine Fakten, können aber dennoch wahr sein, so wie auch ein gelungener Roman wahr ist. Gute Schriftsteller wissen, dass sie ihre Geschichten nicht einfach nach Belieben an den Haaren herbeiziehen können. Es gibt »wahre« und »unwahre« Fiktion, und wahr ist nur, was glaubhaft ist und uns bewegt. Nehmen wir beispielsweise das Drehbuch einer romantischen Komödie. Das Grundschema könnte schlichter nicht sein: Ein Mann und eine Frau kommen sich irgendwie in die Quere und durchlaufen eine Reihe von Konflikten und Missverständnissen, bevor sie ganz am Ende der Geschichte merken, dass sie ineinander verliebt sind. In vielen Fällen kommt ein oberflächlicher Nullachtfünfzehn-Film heraus, weil es nicht einfach ist, das Schema auf glaubhafte Weise umzusetzen. Sind die Konflikte überzeugender als das Wirken der romantischen Chemie, drängt sich uns der Verdacht auf, dass die Charaktere gar nicht zueinander passen. In diesem Fall nehmen wir dem Autor das Happy End nicht ab. Stimmt die Chemie zwischen den beiden, aber die Konflikte fühlen sich nicht authentisch an, verzweifeln wir an den Charakteren, weil sie das Offensichtliche nicht sehen. Wie dem auch sei, das Publikum fühlt sich von dieser Art von Geschichte schnell manipuliert. In einer wirklich guten romantischen Komödie aber fühlen sich sowohl die gegenseitige Anziehung als auch die Hindernisse real an. Gespannt verfolgen wir, wie es weitergeht, und wir schütteln uns vor Lachen, weil der Film etwas über die Beziehungen zwischen Mann und Frau anspricht, das sich mit unseren eigenen Erfahrungen deckt. Das Ganze fühlt sich wahr an. Nicht faktisch wahr, sondern von der Bedeutung her.

Unzuverlässige Quellen

Vor einigen Jahren meldeten sich die Bey-Brüder in einem Online-Forum zu Wort. Ihre gechannelten Nachrichten waren in einem pompösen, antiquierten Stil abgefasst und sorgten insofern für Ärger, als sie von keinerlei Relevanz für die hermetischen Themen waren, die gerade diskutiert wurden. Wir schlossen sie darum aus mit der Begründung, dass eine Mitgliedschaft nur inkarnierten Wesen offenstehe. Da es sich bei den Beys um eine Erfindung von Madame Blavatsky handelte, lag der Verdacht nahe, das Channel-Medium wolle sich einen Scherz mit uns erlauben. Ich selbst aber neige eher zu der Annahme, dass es echt war, weil es die Namen der Brüder falsch schrieb (»Bee« statt »Bey«). Dies deutet darauf hin, dass es von ihnen »gehört« und nicht gelesen hatte. Das Channel-Medium hatte also eine echte feinstoffliche Wahrnehmung von Wesen, die ursprünglich nur in der Imagination der HPB existierten.

Dinge wie diese geschehen immer wieder. Erinnern Sie sich noch an das kollektive Unbewusste, von dem in Kapitel 1 die Rede war? Eine andere Bezeichnung dafür ist die »Astralebene«, die Sie sich als eine Art Fundbüro der menschlichen Psyche vorstellen können. Wenn Gedanken, Gefühle und Phantasien von ihren ursprünglichen Besitzern getrennt werden, gelangen sie irgendwann dorthin. Oft geschieht dies, weil sie als Müll aussortiert wurden. Manche Gedanken werden aber auch bewusst auf die Astralebene projiziert – als Werbung, Propaganda oder Kunst. Wie lange und lebhaft ein Gedanke dort verbleibt, hängt von der Konzentration und Imaginationskraft seines Erschaffers ab. Große Künstler, Führungspersönlichkeiten und Magier sind besonders versiert darin, Astralphänomene zu erschaffen. Madame Blavatsky war in dieser Hinsicht genial. Ihre fiktionalen Schöpfungen leben nicht nur in ihren Büchern und in der mündlichen Überlieferung der Theosophie weiter, sondern auch auf der astralen Ebene.

Mit neunzehn »sah« ich während einer Phase der atavistischen Visionen die Akasha-Chronik, die Leadbeater als Quelle gedient hatte. Die Grenze zwischen Träumen und Wachen war in jenen Tagen bei mir ein wenig verschwommen, und so kann ich nicht mit Sicherheit sagen, ob ich schlief oder in Trance war. Es war an einem sonnigen Nachmittag, ich war zu Hause mit meinen Hausaufgaben beschäftigt, als ich mich auf einmal in einem Raum wiederfand, den ich nie zuvor gesehen hatte. Er war völlig leer bis auf eine altmodische Schreibmaschine, in der eine lange Papierrolle eingespannt war. Es schien sonst niemand zugegen zu sein, und doch wurde mir irgendwie zu verstehen gegeben, dass ich in diesem Schriftstück die Geschichte aller vergangenen Inkarnationen – meiner eigenen wie der aller anderen Menschen – finden würde. Ich hatte das Gefühl, dass hier irgendetwas nicht stimmte und ich die Finger davon lassen sollte. Und ehe ich mich versah, saß ich wieder an meinem Schreibtisch bei meinen Hausaufgaben.

Die Papierrolle in der Schreibmaschine war ein Produkt meiner eigenen Imagination. Ich hatte gelesen, dass Jack Kerouac so arbeitete, weil er sehr schnell schrieb und sich nicht dauernd von der Notwendigkeit, ein neues Blatt Papier einzuspannen, unterbrechen lassen wollte. Die Vorstellung dessen, was mit der Schreibmaschine zu Papier gebracht worden war, konnte aber nicht von mir stammen. Ich war damals noch Katholikin, glaubte nicht an Reinkarnation und hatte noch nie von der Akasha-Chronik gehört. Ja, ich war noch nicht einmal neugierig genug, um den Text zu lesen, als sich mir die Gelegenheit dazu bot. Die Wahrnehmung existierte unabhängig von meinen Wünschen und vorgefassten Erwartungen. Sie war wirklich da. Sie war Fakt. Und doch spürte ich damals und weiß heute, dass es sich um einen Schwindel handelte. Ich hatte eine authentische Wahrnehmung von einer Täuschung.

Es ist die Vernunft und nicht die Wahrnehmung, die mir sagt, dass es sich bei der Akasha-Chronik um eine Erfindung handelt. Jedes Schriftstück braucht einen Autor, und jeder Autor hat einen Standpunkt. Jeder, der mich kennt, wird meine Lebensgeschichte anders erzählen. Meine eigenen Erinnerungen ändern sich je nach meinen Stimmungen und dem Publikum, vor dem ich sie ausbreite. Im Laufe der Zeit wandelt sich meine Einschätzung, welche Ereignisse wirklich wichtig waren, und außerdem vergesse ich viel. Ich bin nicht in der Lage, eine vollständige, genaue Zusammenfassung von *gestern* zu geben, geschweige denn von meinem kompletten Leben oder gar all den hypothetischen Leben, die ich geführt haben könnte. Wer in aller Welt sollte also der Autor dieser so genannten Akasha-Chronik sein? Wer wäre in der Lage, nicht nur meine gesamte Geschichte, sondern die eines jeden einzelnen Menschen auf Erden niederzuschreiben? Es müsste Gott sein, denn nur Gott ist allwissend. Überlegen Sie einmal! Liegt es wirklich im Bereich des Wahrscheinlichen, dass Gott ein solches Schriftstück verfassen würde, damit eine abgehobene Neunzehnjährige es sich zu Gemüte führen kann? Oder um es einem Kinderschänder wie C.W. Leadbeater zur Verfügung zu stellen? Die Akasha-Chronik ist ein Betrug. Seien Sie dennoch nicht überrascht, wenn Sie ihr auf der Astralebene begegnen sollten. Wenn Sie danach suchen, werden Sie wahrscheinlich auch Saddams Massenvernichtungswaffen dort finden.

Manche unserer feinstofflichen Wahrnehmungen sind direkt, etwa wenn wir die Gefühle spüren, die von den feinstofflichen Körpern anderer Menschen abstrahlen. Vielleicht »atmen« wir auch Gedankenformen aus dem kollektiven Unbewussten ein, die von ihren ursprünglichen Schöpfern losgelöst wurden und jetzt durch die Astralwelt treiben. Andere werden uns von feinstofflichen Wesen persönlich übermittelt. Man kann jedoch nicht immer mit Gewissheit sagen, ob tatsächlich ein solches Wesen beteiligt ist, weil diese manchmal auch über eine Stimulierung unseres feinstofflichen Körpers in Kommunikation mit uns treten. Unser Gehirn verarbeitet das wie jede andere feinstoffliche Stimulation und formiert einen Gedanken oder ein mentales Bild. Was uns erreicht, ist die Botschaft, nicht der Überbringer der Botschaft.

Medial empfangene Botschaften sind immer nur so zuverlässig wie die Quelle, aus der sie stammen. Manche Boten sind falsch informiert, andere sind ausgemachte Lügner. Selbst diejenigen, die über umfangreiches Wissen verfügen und glaubwürdig sind, können ziemlich parteiisch sein: Was man von ihnen erfährt, ist eindeutig gefärbt. Dies gilt besonders für Geister, die von unerfahrenen Hellsehern am leichtesten wahrgenommen werden können. Da es sich bei ihnen um feinstoffliche Körper handelt, sind sie für die feinstofflichen Sinne ohne weiteres auszumachen. Wenn sie merken, dass sie von uns wahrgenommen werden, entwickeln sie ein ziemliches Faible für uns. So kann es vorkommen, dass völlige Fremde in unserem Kopf regelrechte Halloweenpartys veranstalten.

Geister sind oft mit Problemen behaftet. Viele von ihnen sind unglücklich darüber, von niemandem bemerkt zu werden. Sie fühlen sich ausgeschlossen. Wenn sie noch Jahre nach dem Tod des physischen Körpers auf der irdischen Ebene festhängen, hat das normalerweise damit zu tun, dass sie noch eine Aufgabe zu erledigen haben oder eine alte Bindung nicht loslassen können. Manche versuchen, über die Lebenden weiterzuleben. Andere wollen sich einfach nur nützlich machen. Einem solchen Wesen zu begegnen, kann ein echter Segen sein. (Eine Freundin von mir ist Buchhalterin und wurde von dem Geist eines ehemaligen Finanzbeamten zu einer Steuerprüfung begleitet. Seine Tipps waren hervorragend!) Geister, die nach Aufmerksamkeit suchen, nutzen immer wieder die gleiche Taktik: Wenn ein Mensch sie wahrnimmt, überschütten sie ihn mit medialen Botschaften, weil sie sehr viel Klatsch zu verbreiten haben. Wenn ich bei dem Köder mit der Akasha-Chronik angebissen hätte, wäre ich womöglich von so einem Geist abhängig geworden.

Unter Geistern mit Hang zur Angeberei ist Channeling mittlerweile sehr in Mode gekommen. Wenn Sie merken, dass irgendein Wesen versucht, sich Ihrer Stimme oder Ihres Stifts zu bemächtigen, können Sie mit Sicherheit davon ausgehen, dass es sich um einen Geist handelt. Wesen aus dem hermetischen Netzwerk tun sich nicht über gechannelte Botschaften kund. Sie empfinden es als unhöflich, den Austausch einseitig zu dominieren und einen inkarnierten Menschen als Stenographen zu behandeln. Würde ein Lebender das Gleiche mit uns versuchen, würden wir dies nie zulassen. Channeling-Medien hingegen scheinen sich geehrt zu fühlen, auf diese Weise in Anspruch genommen zu werden. Dies hat mit der irrigen Meinung zu tun, jedes feinstoffliche Wesen müsse ein spiritueller Führer und jeder spirituelle Führer müsse übernatürlich weise sein. Meinen Erfahrungen zufolge neigen viele Menschen zudem wie Madame Blavatsky zu der Auffassung, dass alle guten Geistwesen die gleichen Ziele verfolgen und die Aufgabe der inkarnierten Menschen darin besteht, sich ihnen und ihrem Programm anzuschließen. In Wirklichkeit aber ist die geistige Welt genau wie die unsrige, nur wesentlich vielfältiger. Es gibt unzählige verschiedene Kulturen, Persönlichkeiten und Zielrichtungen. Nur sehr wenig von dem, was ein einzelner feinstofflich Wahrnehmender erfährt, kann als allgemeingültig bezeichnet werden.

Stellen wir uns vor, Außerirdische würden drei Expeditionen zur Erde entsenden. Eine Gruppe landet in der Antarktis, eine im Regenwald des Amazonasbeckens und eine in Amsterdam. Nach der Rückkehr auf ihren Heimatplaneten fühlen sich die Forscher berufen, als Experten für die Erde aufzutreten. Wie sehr sich ihre Schilderungen unterscheiden! Dennoch klingen sie alle ausgesprochen kompetent – und das zu Recht, handelt es sich doch ausnahmslos um Wissen aus erster Hand. Was die Außerirdischen zu berichten haben, entspricht in allen drei Fällen der Wahrheit – *was die jeweils besuchte Region anbelangt*. Und doch wäre es sehr bedauernswert, wenn das Amsterdam-Team einen Dschihad gegen die Amazonas-Gruppe anzetteln oder die Amazonas-Gruppe ein Inquisitionsverfahren zur Verfolgung der Antarktis-Forscher einleiten würde. Das Gleiche gilt für unsere Erfahrungen in der geistigen Welt. Wenn sich das, was Sie erlebt haben, drastisch von den Berichten eines anderen unterscheidet, muss das nicht bedeuten, dass Sie falsch liegen. Wahrscheinlich waren Sie nur in verschiedenen Regionen unterwegs.

Was die physischen Sinne anbelangt, hilft uns der gesellschaftliche Konsens, mit unseren Wahrnehmungen innerhalb der akzeptierten Norm zu bleiben: Die auf diesem Wege aufgenommenen Informationen sind entweder wahr oder werden von so vielen Leuten geglaubt, dass sie als funktionierendes Äquivalent für Wahrheit gelten. Im Hinblick auf feinstoffliche Wahrnehmungen gibt es solche Normen weniger. In einer Welt, in der solche Wahrnehmungen *generell* als exzentrisch verschrien sind, wie sollen wir da wissen, ob eine *einzelne* von ihnen abwegig ist oder nicht? Wie können wir sagen, ob sie aus einer zuverlässigen Quelle stammt?

Es gibt hierfür keine einfachen Antworten. Das eigene Urteilsvermögen zu entwickeln, ist eine lebenslange Aufgabe, und man wird immer wieder Fehler machen. Meine eigenen Reinfälle sind zu peinlich, um sie an dieser Stelle der Nachwelt zu überliefern. Aber ich will Ihnen drei Ratschläge mit auf den Weg geben, ein Ergebnis meiner Wege auf steinigen Pfaden. Ich hoffe, sie werden Ihnen den einen oder anderen Ärger ersparen.

1. *Nutzen Sie Ihre physischen Sinne, um die Fakten zu prüfen.* Wenn Sie nach konkreten Informationen suchen, orientieren Sie sich an der materiellen Welt. Die physischen Sinne sind am besten geeignet, um zu unterscheiden, was faktisch wahr ist oder nicht. Was uns die feinstoffliche Welt lehren kann, ist der *Sinn* der Fakten: ihre Bedeutung, ihre Auswirkungen und die Zusammenhänge untereinander. In der Alltagswelt unterliegen die Geisteswissenschaften nicht den gleichen Zwängen der Beweisführung wie die Naturwissenschaften. Um entsprechende Theorien einzuschätzen, werden ihre logische Folgerichtigkeit, Überzeugungskraft und Nützlichkeit überprüft. Zur Evaluierung feinstofflicher Intuitionen sollten hier die gleichen Kriterien gelten. Wir können sie als zuverlässig betrachten, wenn sie uns helfen, den Sinn in unserem Leben zu erkennen. Medial gewonnene, sachlich erscheinende Informationen sollten so lange mit Skepsis betrachtet werden, bis ihre Richtigkeit mit Hilfe herkömmlicher materieller Überprüfungsmethoden bestätigt wird. Steht eine feinstoffliche Intuition im Widerspruch zu materiellen Fakten, ist sie falsch.

Ein angesehener Hermetiker hat einmal aufgrund seiner hellseherischen Recherchen behauptet, die Jesuiten seien »die treibende Kraft hinter der spanischen Inquisition« gewesen. Dieses Gerücht, das über Jahrhunderte hinweg in der Astralwelt herumgeisterte, lässt sich historisch nicht belegen. Die spanische Inquisition begann im Jahre 1478. Ignatius von Loyola, der Gründer des Jesuitenordens, wurde 1491, also dreizehn Jahre später, geboren. Er selbst und auch manche seiner frühen Anhänger wurden immer wieder von der Inquisition schikaniert und sogar mehrfach in Kerker gesperrt. In diesem Zusammenhang muss sich die mediale Intuition den Erkenntnissen der ordentlichen Historiker beugen.

Es ist wichtig, hier einen Unterschied zu machen zwischen dem, was Forschung und Wissenschaft zwar *noch nicht* bestätigt oder verstanden haben, und dem, was definitiv verworfen wurde. Die Intuitionen, die uns über unsere feinstofflichen Sinne erreichen, sind der wissenschaftlichen Forschung oft einen Schritt voraus. In der Tat sind die meisten wissenschaftlichen Hypothesen auf der Grundlage intuitiver Quantensprünge entstanden. Es gibt in der Geschichte zahlreiche Beispiele dafür, wie Heiler unter Einsatz ihrer feinstofflichen Sinne pflanzliche Heilmittel entdeckt haben. Zwar liefern der moderne Biochemiker und der mittelalterliche Pflanzenkundige unterschiedliche Begründungen dafür, warum diese Mittel wirken, aber neuere Forschungen zeigen, dass die Entdeckungen von damals keinesfalls Humbug waren. Dass eine Intuition auf wissenschaftlichem Wege noch nicht bestätigt wurde, ist kein Grund, sie als unzutreffend abzutun. Hat sie sich aber erst einmal als *falsch* erwiesen, muss sich der Hellseher ebenso wie der Wissenschaftler diesem Urteil beugen.

2. *Suchen Sie sich einen Führer.* Wesen, die wir über unsere feinstofflichen Sinne wahrgenommen haben, stellen sich nur selten namentlich vor. Sie legen eher anonyme Botschaften in unseren feinstofflichen Eingangskorb. Plötzlich taucht in un-

serem Kopf eine Intuition auf, und wir haben keine Ahnung, woher sie gekommen ist. Wenn dies spontan geschieht, ist es völlig in Ordnung. Sucht man aber in einer wichtigen Angelegenheit Rat, legt man schon Wert darauf zu wissen, dass die Quelle auch weise ist und unser Bestes im Sinne hat. Manche Menschen bitten deshalb »das Universum« um Führung. Das ist in etwa so, als würde man beim Super Bowl in der Halbzeit mitten auf dem Spielfeld stehen bleiben und rufen: »Kann mir mal jemand sagen, wie's jetzt weitergeht?« Für Geister und andere astrale Opportunisten ist das ein gefundenes Fressen!

Mit der Zeit werden Sie Beziehungen zu unsichtbaren Freunden und Lehrern aufbauen. Selbst wenn Sie ihnen nie einen Namen geben und sie nur »du« nennen, wissen Sie beide, wer mit »du« gemeint ist. Bis es so weit ist, suchen Sie sich am besten einen Führer, der Ihnen hilft, unerwünschte Aufmerksamkeit abzuwehren. Dieser übernimmt sozusagen die Funktion eines Reiseführers, den man in einem fremden Land engagiert, wo man als Ausländer ständig von Menschen bedrängt wird, die nichts anderes im Sinn haben, als einen übers Ohr zu hauen. Wer katholisch ist, hat es leicht, denn die Kirche verfügt über ein offizielles Korps von Führern: die Heiligen. Sie müssen jedoch nicht Katholik sein, um deren Dienste in Anspruch zu nehmen. Besorgen Sie sich einfach ein Buch über das Leben und Wirken der Heiligen, suchen Sie sich einen aus, der Ihnen gefällt, und rufen Sie seinen bzw. ihren Namen an. In polytheistischen Religionen dient die Verehrung eines bestimmten Gottes dem gleichen Zweck. In vielen der indianischen Traditionen Nordamerikas treten Geistführer in Form von Krafttieren auf. Sie können auch den Erzengel Raphael bitten, Sie mit Ihrem Schutzengel in Kontakt zu bringen, oder Sie wenden sich an Erzengel Michael, damit er Sie vor schädlichen Einflüssen schützen möge. Achten Sie bei der Auswahl eines bestimmten Heiligen, eines Engels oder einer Gottheit jedoch auf jeden Fall darauf, nur solche zu wählen, deren Namen Sie aus seriösen Traditionen kennen (also beispielsweise *nicht* Koot Hoomi). Solche Namen haben sich in den Überlieferungen etabliert, weil sich die Arbeit mit ihnen als wirksam erwiesen hat. Die einzige Ausnahme bildet Ihr persönlicher Schutzengel, der auf jeden Namen hört, den Sie für ihn wählen. Bei der ersten Kontaktaufnahme ist es jedoch am sichersten, Raphael anzurufen. Dieser sorgt dafür, dass Ihr Führer auch wirklich Ihr Engel ist und nicht irgendein Hochstapler aus der geistigen Welt.

3. *Kümmern Sie sich um Ihre eigenen Angelegenheiten.* Wesenheiten, die uns wirklich etwas mitzuteilen haben, fühlen sich zu inkarnierten Menschen hingezogen, die intelligente Fragen stellen und mit den Antworten auch etwas anzufangen wissen. Esoterisches Heilwissen wird jenen zugänglich gemacht, die in heilenden Berufen arbeiten. Wissenschaftliche Hypothesen werden Wissenschaftlern nahe gebracht. Künstlerische Inspiration wird Künstlern angeboten. Einblicke in die kindliche Entwicklung werden Eltern und Lehrern gegeben.

Es ist sehr viel einfacher, Botschaften aufzufangen, die in unser eigenes Fachgebiet fallen, weil wir wissen, wonach wir suchen. Wir besitzen die Ordner zur Ablage der Informationen. Und weil wir uns in unserer Domäne auskennen, fällt es uns leichter, authentische Erkenntnisse von Schaumschlägereien zu unterscheiden. Wir können das Gedankengut, das wir erhalten, ausprobieren und sehen, ob es in der Praxis funktioniert.

Wenn Medien auf die Schiene von Unwahrheit und Aberwitz geraten, liegt dies so gut wie ausnahmslos daran, dass sie nach Informationen über Dinge suchen, die sie eigentlich nichts angehen. Müssen wir wirklich über die Geschichte der Epochen oder die früheren Inkarnationen unseres Nachbarn Bescheid wissen? Für den unwahrscheinlichen Fall, dass man echte Informationen zu solchen Themen erhalten sollte – was würde man damit anfangen? Wie könnte man feststellen, ob sie stimmen der nicht?

Auch in der materiellen Welt stecken wir unsere Nase in alle möglichen Dinge, mit denen wir im Prinzip nichts zu tun haben. Wir müssen nicht über das Privatleben unseres Lieblingsfilmstars informiert sein, und doch ist es schwer, am Zeitungsstand nicht wenigstens einen Blick auf die Überschriften zu werfen. Die Journalisten, die unseren Voyeurismus bedienen, sind bekannt für ihren großzügigen Umgang mit der Wahrheit. Das Gleiche gilt für die Informanten der feinstofflichen Welt. Diejenigen, die unsere Neugier befriedigen, sind meist schlecht informierte Wichtigtuer.

Die zuverlässigsten Informationen erhalten wir von Geistwesen, nicht von Geistern. Um mit ihnen zu kommunizieren, müssen wir uns selbst auf die Ebene unseres Geistes begeben. Im nächsten Kapitel werden wir uns nicht mehr mit den feinstofflichen Sinnen befassen, sondern ergründen, welche Möglichkeiten es gibt, über das abstrakte Denken Kontakt aufzunehmen. Diese beiden Ansätze haben wenig miteinander zu tun. Viele übersinnlich Begabte und Medien verfügen über eine hervorragende feinstoffliche Wahrnehmung, haben aber kaum oder gar keinen Zugang zu den Gedanken von Geistwesen. Umgekehrt gilt das Gleiche. Menschen, die sehr talentiert im abstrakten Denken sind, können sich oft frei in der Welt des Geistes bewegen, selbst wenn ihr feinstoffliches Sensorium brach liegt. Machen Sie sich also keine Gedanken darüber, wie das nächste Kapitel mit diesem zusammenpasst. Sie sollen überhaupt nicht zusammenpassen. Dieses hier richtete sich an Ihren feinstofflichen Körper, das nächste an Ihren Geist.

Wie alle Geistwesen ist auch der menschliche Geist genial. Sein IQ liegt jenseits des messbaren Bereichs. Um das auf dieser Ebene vorhandene Wissenspotenzial erfassen zu können, müssen Sie Ihren Verstand schulen, um überhaupt mitzukommen.

Genau das wollen wir im nächsten Kapitel üben. Lassen Sie sich nicht entmutigen, wenn Sie sich überfordert fühlen. Was Sie lesen, setzt einen Prozess in Gang, der sich überwiegend im Schlaf vollzieht. Wenn Sie das Kapitel in ein paar Monaten noch einmal lesen, wird es Ihnen gar nicht mehr so schwierig erscheinen.

Die Imagination kultivieren

In unseren Tagträumen funktioniert die Imagination gut, weil unsere Phantasien dann von Wünschen beflügelt werden, die sich hier erfüllen. Der Hermetiker aber braucht eine lebhafte Vorstellungskraft, auch wenn keine Emotionen oder Wünsche im Spiel sind. Eine traditionelle Übung zur Kultivierung der Imagination ist die »Erschaffung eines Raumes«. Es geht darum, vor dem geistigen Auge einen frei erfundenen physischen Ort entstehen zu lassen, der alle fünf Sinne anspricht, und an den Sie immer wieder zurückkehren können.

Fangen Sie klein an, mit einem einzelnen Raum, einem bescheidenen Haus oder einem von einer Mauer umgebenen Garten. In dem Maße, wie Ihre Konzentrationsfähigkeit wächst, können Sie immer noch »anbauen« oder »Land hinzukaufen«. Gestalten Sie diesen Ort ganz nach Ihrem Geschmack und mit großer Liebe zum Detail. Wenn Sie Vorhänge an die Fenster hängen, dann vergessen Sie auf keinen Fall die Vorhangstangen. Wenn es Bücherregale gibt, dann achten Sie auf die Titel und Einbände der Bücher. Ein Garten braucht nicht nur Pflanzen, sondern auch Vögel, Insekten und andere Tiere. Da alles frei erfunden ist, können hier ohne weiteres Papageien und Eisbären gleichzeitig leben, solange Sie auch für Futter und geeignete Lebensbedingungen sorgen.

Spielen Sie mit allen Sinnen, um diesen imaginären Platz entstehen zu lassen. Spüren Sie die Temperatur, lauschen Sie auf die Geräusche, nehmen Sie die Düfte, die Struktur der Materialien usw. wahr. Wandern Sie umher und betrachten Sie sich das Ganze aus verschiedenen Blickwinkeln. (Achten Sie darauf, was Ihre Füße beim Gehen spüren.) Schauen Sie sich die Dinge nicht nur von vorne, sondern auch von hinten an.

Kehren Sie jeden Tag für ein paar Minuten an Ihren imaginären Ort zurück. Besuchen Sie ihn zu den verschiedensten Tages- und Jahreszeiten: Kommen Sie im Morgengrauen, mittags, in der Dämmerung, um Mitternacht hierher. Beachten Sie Veränderungen im Hinblick auf die Temperatur, die Geräuschkulisse, die Helligkeit, den Einstrahlwinkel des Lichts usw. Verändern Sie auch selbst gelegentlich das eine oder andere. Räumen Sie den Schnickschnack auf dem Beistelltisch um, stutzen Sie einen Strauch zurecht oder streichen Sie einen Zaun neu an. Nach Ihrer Rückkehr finden Sie Ihren imaginären Raum stets genauso vor, wie Sie ihn verlassen haben.

4

Schwebkraft und Schwerkraft
Unterwegs in der vertikalen Welt

Stellen Sie sich vor, Sie haben sich in der Wildnis verlaufen, es gibt weder Schilder noch irgendjemanden, den Sie nach dem Weg fragen könnten. Sehr wahrscheinlich würden Sie sich zum höchsten Punkt in der Landschaft begeben, um von dort aus das Terrain zu sondieren. Wenn wir in der physischen Welt die Orientierung verloren haben, versuchen wir instinktiv, uns zuerst einen Überblick zu verschaffen.

Dasselbe gilt für unser inneres Erleben. Dante beschreibt dies im Ersten Gesang seiner *Göttlichen Komödie**:

> »Auf halbem Wege dieser Lebensreise
> Fand ich in einem dunklen Walde mich,
> Weil ich verirrt war von dem rechten Gleise.
> Zu sagen, wie er war, ist fürchterlich,
> Der wilde Wald im rauhen, dichten Grunde;
> Gedenk' ich sein, erneut der Schrecken sich.
> Kaum minder bitter ist die Todesstunde,
> Wie ich hineinkam, ist mir kaum bekannt,
> So hatte Schlaf die Sinne mir benommen,

---

* Dante's Göttliche Comödie, übersetzt von Otto Gildemeister, Verlag von Wilhelm Hertz, Berlin (Bessersche Buchhandlung) 1888. (Anm. d. Ü.)

Als ich vom wahren Weg mich abgewandt.
Doch, bald an eines Hügels Fuß gekommen,
Als ich dem Ende jenes Thals genaht,
Das meine Seele hielt von Furcht beklommen,
Blickt' ich empor und sah des Hügels Grat
Schon in den Strahlen des Planeten prangen,
Der andere richtig lenkt auf jeden Pfad.«

Nachdem sich Dante in den Wirrungen seines irdischen Daseins verirrt hat, rührt sich in ihm die Hoffnung, als er seinen Blick nach *oben* richtet. Er erkennt, dass man den »wahren Weg« nur durch Aufstieg in die Vertikalität finden kann.

Genau genommen wissen wir, dass sich die geistige Welt im geographischen Sinne nicht über uns befindet. Im physischen Universum, so wie der moderne Mensch es sieht, ist nichts höher oder niedriger als alles andere. Bestenfalls lassen sich Himmelskörper – von unserem subjektiven Standort als Bewohner des Planeten Erde aus gesehen – als näher oder weiter entfernt beschreiben. Betrachten wir die Erde von einem willkürlich gewählten Punkt an irgendeiner anderen Stelle im Universum, ist sie nichts anderes als irgendein Punkt, der einen anderen Punkt umkreist.

Uns ist völlig klar, dass Gott nicht im Himmel ist. Und doch wenden wir noch heute wie unsere einstigen Vorfahren den Blick nach oben, wenn wir von ihm sprechen. Unsere Sprache ist voll von Ausdrücken, die das Spirituelle mit der Vertikalität in Verbindung bringen. Das sind zum einen nach *oben* weisende Begriffe wie »aufstrebend«, »aufbauend« oder Redewendungen wie »die Seele erheben« oder »mit dem Kopf in den Wolken« sein; zum anderen nach *unten* weisende Formulierungen wie »niedrige Beweggründe«, »in Ungnade fallen« und »die Niederungen des Lebens«. Wenn wir uns ein Urteil bilden, ordnen wir die Dinge instinktiv auf einer gedachten vertikalen Achse ein. Unsere Intuition sagt uns, dass es in der spirituellen Welt etwas gibt, das den *Stil* von »oben« besitzt, auch wenn es sich im wörtlichen, physischen Sinne nicht oben befindet.

Vor einigen Jahren belegte ich bei einem Hermetiker einen Fernlehrgang über das Wahrnehmen der geistigen Welt. Seine Lehrmethode bestand darin, seinen Schülern regelmäßig per E-Mail ein Rätsel zukommen zu lassen. Wenn man bei der Lösung danebenlag, gab er einen Hinweis, woran es liegen könnte, aber ansonsten war man völlig auf sich gestellt. Und bevor man nicht eine für ihn zufriedenstellende Antwort eingereicht hatte, konnte man im Stoff nicht weitergehen.

Das erste Rätsel lautete: »Es gibt eine Tür zur geistigen Welt. Finde die Worte, die sie öffnen.«

Gut zwei Wochen biss ich mir daran die Zähne aus und suchte krampfhaft nach einer Lösung. Natürlich versuchte ich es mit allen erdenklichen Formen der Meditation. Ich brütete über spirituellen Texten. Ich versuchte, so schnell zu schreiben, wie mein Stift es zuließ, in der Hoffnung, mein Unbewusstes auf diese Weise dazu bewegen zu können, die Antwort preiszugeben. Ich unternahm lange Spaziergänge, konnte anschließend aber nicht sagen, wo ich gewesen war oder was ich gesehen hatte, weil meine Gedanken ständig um das Rätsel kreisten, so dass die Außenwelt um mich versank. Nachts schlief ich unruhig, um nur ja keinen Traum zu verpassen, in dem mir womöglich die Antwort gegeben werden könnte. Ich ging nicht mehr ans Telefon, verlor den Appetit und lief tagelang in der gleichen Kleidung herum.

Doch wie so oft, fiel mir die Lösung in dem Augenblick in den Schoß, als ich aufhörte, danach zu suchen. Ein Freund hatte mich zum Essen eingeladen und sehr gut gekocht, und auf einmal merkte ich, was für einen riesigen Hunger ich hatte. Ich aß Unmengen, trank viel und wurde so müde, dass ich einschlief, während er das Geschirr abwusch. Als ich etwa eine halbe Stunde später wieder aufwachte, tanzten die magischen Worte vor meinem geistigen Auge: »Wir halten diese Wahrheiten für ausgemacht, dass alle Menschen gleich erschaffen wurden.«* Aus rein weltlicher Perspektive gibt es nichts, was *weniger* ausgemacht wäre als die Gleichheit aller Menschen. Wenn wir andere anschauen, fällt uns als Allererstes auf, was sie von uns unterscheidet. Nach allen erdenklichen Kriterien – Schönheit, Gesundheit, Intelligenz, körperliche Fitness, Wohlstand, Begabung, moralische Integrität – sind manche ganz offensichtlich besser als andere. Trotzdem haben wir ein Gefühl dafür, was »alle Menschen sind gleich erschaffen« bedeutet, und nichts kann uns davon abbringen, an diese Bedeutung zu *glauben*, wie groß auch immer der Widerspruch zur Realität sein mag. Wenn wir aber den Satz als wahr betrachten – und nicht nur als wahr, sondern als völlig offensichtlich und »ausgemacht« –, verlassen wir damit die weltliche Perspektive. Wir sehen das menschliche Leben so, wie es sich von *oben* darstellt.

Ich hatte immer gedacht, Thomas Jefferson sei Verfasser der amerikanischen Unabhängigkeitserklärung gewesen, bis ich vor kurzem erfahren habe, dass Benjamin Franklin für den magischen Teil verantwortlich war. In Jeffersons erstem Entwurf hatte es geheißen: »We hold these truths for sacred«, zu deutsch »Wir halten diese Wahrheiten für heilig«. Franklin ersetzte das Wort »sacred«, also »heilig«, durch »self-evident«, was soviel wie »ausgemacht« im Sinne von »erwiesen« oder »eindeutig« bedeutet. Er tat dies mit der Begründung, dass »heilig« einen zu starken Religionsbezug habe. »Ausgemacht« erschien ihm säkularer. Der Begriff appelliere an nichts Höheres als den gesunden Menschenverstand. Ich finde jedoch, dass der Text durch diese Korrektur an spiritueller Aussagekraft *gewonnen* hat. Das Heilige ist etwas, das wir sehen, wenn wir nach oben schauen. Wir sind unten, es ist oben, und wenn wir es gewahren, ergreift uns ein Gefühl der

---

* Text nach dem Abdruck in der deutschsprachigen Zeitung *Pennsylvanischer Staatsbote*; in Philadelphia einen Tag nach der Verabschiedung der Unabhängigkeitserklärung erschienen. (Anm. d. Ü.)

Ehrfurcht. Wenn die Wahrheit hingegen »ausgemacht« und nicht »heilig« ist – wenn sie uns also als eine Tatsache erscheint, die anzuerkennen uns der gesunde Menschenverstand diktiert –, dann stehen wir auf einer Ebene mit ihr. Dann sind wir selbst »oben«. Und wir schauen auf das irdische Dasein hinab wie die Engel und nehmen – so wie sie – die Gleichheit aller Menschen wahr. Mit dieser scheinbar so kleinen Korrektur erhob Franklin eine gesamte Nation in die vertikale Dimension.

Wenn Sie verstehen, was mit einer Aussage wie »alle Menschen sind gleich erschaffen« gemeint ist, dann sind Sie bereits mit der vertikalen Welt vertraut. Sie haben sie mit jenem Bereich Ihres Bewusstseins erfasst, den wir als »höher« betrachten – mit dem Bereich, in dem Ihre Ideale, Werte, Inspirationen und Sehnsüchte angesiedelt sind. Wenn Sie zur Bewunderung fähig sind – ganz gleich, wem oder was diese auch gelten möge –, dann kennen Sie das Gefühl der inneren Ausrichtung nach *oben*. Es ist eine Bewegung der Seele und nicht der Physis. Doch obwohl ich gar nicht oft genug betonen kann, dass die geistige Welt kein *Ort* im eigentlichen Sinne ist, werden wir alle – und ich nehme mich da nicht aus – sie uns weiterhin so vorstellen: der Ort, von dem wir herkommen und an den wir nach unserem Tod zurückkehren; der Ort, nach dem wir uns, bis es so weit ist, in Heimweh verzehren. Dieses innere Gefühl eines Ortes ist in unserem Vokabular verwurzelt, weil es so tief in unserer Psyche verwurzelt ist.

Die Vorfahren, die uns diese Redensarten überliefert haben, glaubten nicht mehr und nicht weniger als Sie oder ich daran, dass Gott im Himmel lebt. Wenn es einen Unterschied gibt, liegt er darin, dass man damals eine weitaus plastischere innere Vorstellung von Orten hatte. Gelehrte des Altertums und Mittelalters, für die der Besitz von Büchern ein unerschwinglicher Luxus war, nutzten diese Vorstellungskraft als eine Art Speichermethode gegen das Vergessen. Eine Möglichkeit bestand darin, sich mit Hilfe der Imagination einen »Gedächtnispalast« zu errichten. Für jedes Thema gab es einen eigenen Raum. Darin befanden sich Regale, Schränke, Kommoden usw., in denen die einzelnen Informationen aufbewahrt wurden. Um sich etwas in Erinnerung zu rufen, verfolgte man im Gedächtnispalast den Weg zu exakt der Stelle zurück, an der man das Wissen nach dem letzten Gebrauch abgelegt hatte. Jede Idee hatte dort einen eigenen »Platz«. Viele alchimistische Lehren sind uns von Menschen überliefert worden, die ihre Gedanken in dieser Weise ordneten. Sie wussten, wie sehr eine gute räumliche Metapher sie in ihrer inneren Weiterentwicklung voranbringen bzw. eine schlechte sie darin behindern konnte.

In unserer heutigen Zeit ist die bekannteste räumliche Metapher für die innere Weiterentwicklung »der Weg« – ein aus Asien importierter Begriff, der sich gut mit der westlichen Vorstellung vom Vorwärtskommen deckt. Stellen Sie sich jetzt einmal einen Weg vor und überlegen Sie, was sich damit verbindet. Was liegt an seinem Ende? Können Sie das Ziel von seinem Anfang aus sehen? Wenn nicht, woher wissen Sie, ob Sie überhaupt dorthin wollen? Gibt es einen Weg für alle oder unterschiedliche Wege für verschiedene Menschen? Wenn ein Weg einzigartig und individuell ist, wie ist er dann überhaupt entstanden? (Echte Wege entstehen, wenn sie von den Füßen vieler Menschen ausgetreten werden, die alle das gleiche Ziel haben.)

Stellen Sie sich andere Leute vor, die mit Ihnen auf Ihrem Weg unterwegs sind. Wo befinden sie sich im Verhältnis zu Ihnen? Verläuft der Weg gerade, dann sind manche vor und andere hinter Ihnen, und es ist einfach festzustellen, wie schnell die anderen im Vergleich zu Ihnen vorankommen. Aber angenommen, der Weg verläuft spiralförmig. In diesem Fall kommen Sie immer wieder an der gleichen Stelle vorbei. Gut möglich, dass Sie zurückschauen müssen, um jemanden zu sehen, der in Wirklichkeit schon weiter vorne ist. Zwar sind sowohl die Gerade als auch die Spirale bloß Metaphern, doch es ist wichtig, für welche Sie sich entscheiden.

Ein weiteres oft gebrauchtes räumliches Motiv ist der Kreis. Ein Mandala beispielsweise stellt die geistige Welt aus dem Blickwinkel der Figur in seiner Mitte dar. Die relative Bedeutung der anderen Symbole oder Darstellungen bemisst sich nach ihrer Größe und räumlichen Beziehung zu diesem zentralen Element. Sie könnten sich Ihr eigenes spirituelles Leben wie ein Mandala vorstellen – mit sich selbst im Zentrum. Der Rest wird mit anderen Wesen, bedeutenden Erfahrungen usw. gefüllt.

Von Menschenhand geschaffene Bauwerke können ebenfalls als Metaphern für die geistige Welt genutzt werden. Man kann sie sich als Tempel, Schule oder Stadt vorstellen. In der »inneren Burg« der heiligen Teresa von Avila sind sowohl das Bauwerk und der Kreis als Metaphern enthalten: Die einzelnen Räume sind in konzentrischen Kreisen angeordnet, und man arbeitet sich vom äußersten zum innersten Raum vor.

Das Kreuz – eine vertikale Achse, die von einer horizontalen Achse geschnitten wird – ist eine andere Möglichkeit, den inneren Raum zu beschreiben. Zwar sind die mit dem Bild verknüpften christlichen Assoziationen weder zufällig noch irrelevant, doch in der hermetischen Tradition ebenso wie in der allgemeinen Vorstellung der Menschheit gab es das Zeichen lange vor der Entstehung des Christentums. Solange der Mensch denken kann, hat er die geistige Welt stets in den Begriffen von »oben«, »unten« und »parallel« betrachtet. Es ist ein räumliches Schema, das vielen wichtigen alchimistischen Lehren zugrunde liegt.

Wahrscheinlich haben auch Sie irgendeine – wenn auch womöglich vage – Vorstellung von der geistigen Welt als einer Örtlichkeit. Dieses Bild zu verfeinern und zu entwickeln, ist ausgesprochen hilfreich. Ein Gefühl für unsere »innere Landkarte« unterstützt uns dabei, das Leben des Körpers mit dem Leben des Geistes in Verbindung zu bringen. Es trägt dazu bei, das innere Erleben konkreter und realer erscheinen zu lassen. Und es hilft uns, die Orientierung zu behalten. Wenn ein spirituelles Problem auftaucht, kann uns das Wissen, *wo* es liegt, dabei helfen zu klären, *was* es ist. Es ist so, wie wenn wir mit jemandem nichts anfangen können und ihn erst einmal fragen: »Wo bist du gerade?« oder »Wo kommst du her?«

In diesem Kapitel will ich Sie ermutigen, eine ausgesprochen detaillierte und spezifische Vorstellung von einer kreuzförmigen Welt zu entwickeln – eine »Geographie«, in der jedes innere Ereignis seinen spezifischen Ort hat. Gleichzeitig lernen Sie, sich in dieser inneren Welt zu bewegen und das Vehikel Ihres eigenen Bewusstseins so zu steuern, dass es Sie zuverlässig an das von Ihnen gewünschte Ziel bringt. Vielleicht kommen Sie irgendwann zu dem Schluss, dass Sie diese Vorstellung lieber durch eine andere ersetzen möchten, die Ihrem inneren Erleben besser entspricht. Aber selbst wenn sie nicht hundertprozentig Ihrem Geschmack entsprechen sollte, wird Ihnen die Arbeit damit ein besseres Verständnis für die vielen alchimistischen Lehren geben, die auf der Idee der Vertikalität beruhen. Zunächst will ich Ihnen die Verfahrensweisen vorstellen, die in dem Prinzip »wie oben, so unten« angesprochen werden.

Noch ein Punkt, bevor wir anfangen: Wenn Sie während dieser mentalen Reise an die Grenzen Ihrer Leistungsfähigkeit stoßen, so liegt dies nicht an etwaigen Konstitutionsschwächen. Die Auf-und-Ab-Bewegung ist sowohl körperlich als auch geistig anstrengend. Bisweilen ist der Anstieg steil und die Luft wird dünn. Wenn Sie einen Abschnitt beendet haben, sollten Sie eine Pause einlegen, Ihr Zelt aufschlagen, ein paar Marshmallows über dem Feuer rösten und sich eine Nacht Schlaf gönnen. Wir haben es nicht eilig.

Das Gerade und das Enge

In Chicago, dem Ort, an dem ich lebe, sind die Straßen wie in einem Gitter angeordnet. Die Madison Street liegt im Zentrum der Nord-Süd-Achse. Lautet eine Anschrift 2100 North, weiß man, dass dies einundzwanzig Blocks nördlich der Madison

Street liegt. Hermetiker verwenden ein ähnliches Schema, um sich in der Vertikalität zu orientieren. Stellen Sie sich eine horizontale Linie vor: Dies wäre die Madison Street. Sie repräsentiert das normale Wachbewusstsein. Ausflüge von hier aus führen uns in Bereiche über oder unter dieser Basislinie. Um sicher zu reisen, müssen Sie wissen, in welche Richtung Sie unterwegs sind, denn unterhalb der Horizontalebene gelten andere »Straßenregeln« als darüber. Und was unten passiert, unterscheidet sich deutlich von dem, was oben passiert.

In einem Kreuz wird die horizontale Dimension durch eine Linie dargestellt, subjektiv erleben wir sie aber eher als Ebene. Unser Kopf bietet viel Raum für geistige Exkurse und unzählige Punkte, auf die wir unsere Aufmerksamkeit richten können. Unsere Gedanken können vorauseilen oder rückwärtsspringen, von einer Seite zur anderen pendeln oder im Kreis wandern. Halten Sie einen Moment inne und stellen Sie sich vor, Ihre gedankliche Aktivität wird in Form von Gekritzel auf einem Blatt Papier aufgezeichnet. Oder Sie befinden sich in einem Supermarkt und ihre Bewegungen durch die Gänge hinterlassen auf dem Boden eine sichtbare Spur. Nehmen wir an, Sie wären mit Ihren Gedanken voll auf Ihren Einkauf konzentriert – in diesem Fall würde die verwackelte Linie auf dem Boden ziemlich genau die Abfolge Ihrer Gedanken wiedergeben. Dies ist es, was ich meine, wenn ich einen inneren Raum als eine Art Ebene beschreibe.

Die vertikale Dimension ist anders. Sie ist tatsächlich eine Linie im geometrischen Sinn. Sie können sich auch eine sehr enge Röhre vorstellen, an deren unterem Ende sich eine Öffnung befindet, in die Sie gerade eben hineinpassen. Sobald Sie sich in der Röhre befinden, können Sie sich nicht mehr zu Seite bewegen, ein Vorwärtskommen ist nur nach oben oder unten möglich. Durch die Öffnung können Sie über die unter Ihnen liegende horizontale Ebene blicken, und je höher Sie hinaufkommen, desto besser ist Ihr Überblick. Aber die Vertikale selbst

können Sie nicht aus einer erweiterten Perspektive heraus betrachten, weil Sie im Inneren der Röhre eingezwängt sind. Und
auch vom Boden aus können Sie von der Vertikalen nicht mehr
sehen als den engen Eingang.

Die Vertikale führt von der horizontalen Ebene aus sowohl
nach oben als auch nach unten. Wenn Sie sich in der unteren
Vertikalität befinden und nach oben schauen, fällt Ihr Blick auf
die Unterseite der Horizontalen. Liegt die Lichtquelle oberhalb
dieses ganzen Szenarios (und nehmen wir an, dies sei zumindest
vorerst der Fall), wirft die Horizontale einen tiefen Schatten auf
alles, was darunter liegt. Es ist also sehr dunkel dort unten. Je
tiefer Sie in die untere Vertikalität hinabsteigen, desto weniger
können Sie von der Horizontalen sehen.

Lassen Sie mich nun ein anderes Bild entwerfen, das Ihnen
verdeutlicht, was die Vertikalität *nicht* ist. Stellen Sie sich vor, Sie
befinden sich in einer Raumkapsel. Unter Ihnen liegt der Planet
Erde. Reisen Sie so weit ins All hinaus, bis die Erde nur noch einer unter Milliarden von Punkten im Nachthimmel ist. Können
Sie aus dieser Perspektive irgendeine nützliche Information über
den Sinn Ihres Lebens gewinnen? Wahrscheinlich nicht. Die Tatsache, dass Sie Weite erleben, heißt nicht, dass sich auch Ihr
Bewusstsein erweitert hätte. Im Gegenteil: Allein vom Anblick
dieser Unendlichkeit ist es bestimmt derart eingeschüchtert,
dass ihm die eigenen Probleme auf einmal lächerlich trivial vorkommen. Wenn wir unseren Heimatplaneten von irgendeiner
entlegenen Galaxie aus sehen, sind alle Menschen gleich winzig
und scheinen von ihrem Schöpfer nicht viel mit auf den Weg bekommen zu haben. Die Weite des Universums zu betrachten, ist
eine interessante Variante des *horizontalen* Bewusstseins. Unsere
Gedanken bewegen sich nach außen, nicht nach oben. Wenn wir
uns wirklich nach oben bewegen, fühlen wir uns nicht klein.

Manche nehmen die vertikale Welt als eine Serie von »inneren Ebenen« wahr, die in der Höhe übereinander »gestapelt«
sind. Auf jeder Ebene ist es offensichtlich möglich, sich wie auf

der Horizontalen seitwärts zu bewegen. Jede einzelne Ebene würde in diesem Fall einen Panoramablick über die jeweils darunterliegende Ebene bieten. In der graphischen Darstellung sähe das in etwa so aus:

Dieses Bild von den »inneren Ebenen« kann nützlich sein, um sich aus unserem horizontalen Verständnis heraus die Vertikale vorzustellen, weil es unserem horizontalen Bewusstsein entspricht. So könnten wir beispielsweise unsere Erinnerungen an frühere Ereignisse organisieren, indem wir sie den verschiedenen Ebenen zuordnen. Zur Navigation in der Vertikalität ist ein solches Modell jedoch ebenso wenig geeignet, wie uns ein Globus dabei helfen könnte, im Restaurant den Weg zur Toilette zu finden. Wenn Sie das Gefühl haben, sich tatsächlich *auf* einer spirituellen Ebene zu befinden, bewegen Sie sich definitionsgemäß nicht in der Vertikalen. Wenn Sie aber tatsächlich in der Vertikalen unterwegs sind, werden Sie merken, dass die Erfahrung nicht mit einem Gefühl von Ebenen einhergeht.

In unserer Vorstellung von Ebenen neigen die Dinge dazu, an Ort und Stelle zu verharren. Wir können sie ignorieren oder uns von ihnen entfernen. Sie aber bleiben stets da, wo sie sind. Natürlich ist es möglich, in Gedanken eine geistige Welt nach diesem Schema zu entwerfen – eine Vorstellung, die in der Tat weit verbreitet ist. Aber sie zu erleben, ist unmöglich, weil in der Vertikalität eben nichts an Ort und Stelle bleibt. Es ist so, als gäbe es keine peripherische Sicht. Wenn man nicht voll auf eine Sache fokussiert ist, kann man sie nicht wahrnehmen, man könnte meinen, sie sei dann komplett verschwunden. Das Bewusstsein verengt sich auf einen einzigen Punkt. Das Ganze ist ziemlich dunkel und beengt, aber auf angenehme Weise, so als würde man mit geschlossenen Augen küssen. Stellen Sie sich eine Welt vor, in der sich der Mensch, den Sie gerade küssen, in dem Augenblick in Luft auflösen würde, wenn Sie sich nicht voll auf den Kuss konzentrieren. So fühlt sich die Erfahrung der Vertikalität an.

Wir verwenden oft das Wort »einsehen« als Synonym für »verstehen«, weil der Gesichtssinn derjenige unter unseren physischen Sinnen ist, der uns die klarsten und objektivsten Informationen liefert. Und wir stellen uns das spirituelle Sehen ähnlich vor wie das physische Sehen, nur eben besser. In Wirklichkeit aber fühlt es sich eher an, als würden wir blind werden. Wer sich vertikal bewegt, gerät in das, was manche Mystiker die »Wolke des Unwissens« nennen. Wenn wir jemanden küssen, können wir ihn nicht mehr sehen. Und wir können nie mehr als einen Menschen küssen.

Freunde höherenorts

In meinen bisherigen Beschreibungen klingt das vertikale Bewusstsein ungefähr so spannend, als würde man im Lift stecken bleiben. Stellen wir uns aber vor, einer wie Jesus, Konfuzius oder Einstein befindet sich mit uns in diesem Aufzug, und solange die Fahrt dauert, haben wir diesen großartigen Geist ganz für uns allein. In der oberen Vertikalität wird das Denken zu einem Vier-Augen-Gespräch mit einem anderen bewussten Wesen. Wir lernen die höhere Welt kennen, indem wir uns mit ihren Bewohnern unterhalten.

Dabei werden wir am ehesten den Wesen begegnen, mit denen wir irgendwelche Gemeinsamkeiten haben. Christen treffen solche, die ihrer Vorstellung von Heiligen und Engeln entsprechen. Polytheisten kommen mit Gottheiten zusammen. Anhänger des Ahnenkults werden Ahnen begegnen. Wer überhaupt nicht an die Existenz nicht-inkarnierter Wesen glaubt, wird gar nicht in Kontakt mit irgendwelchen Persönlichkeiten kommen, sondern die obere Vertikalität als ein Reich voller Ideen und Ideale erleben.

Unser Einstiegspunkt in die obere Vertikalität befindet sich unmittelbar oberhalb des Orts, an dem wir uns auf der horizontalen Ebene gerade aufhalten. Er ist damit nicht nur für uns als Person, sondern auch für den Moment des Zutritts einzigartig. Wenn wir auch in einem bestimmten Augenblick nie in mehreren Aufzugskabinen gleichzeitig sein können, können wir die Bandbreite unseres vertikalen Erlebens erweitern, indem wir uns im Laufe der Zeit mehrere Einstiegspunkte schaffen. Jedes neue Interesse bzw. jede Erfahrung auf der horizontalen Ebene ist ein potenzieller neuer Aufzug. Wenn wir uns beispielsweise den Studien des Taoismus widmen, eröffnen wir uns einen entsprechenden Zugang zur Vertikalität, über den wir in Kontakt mit dem Geist chinesischer Weiser kommen können. Wenngleich die einzelne Erfahrung nie aus der Enge heraustritt, fühlt sich die vertikale Welt so doch zunehmend weiter an, weil wir sie über mehrere nebeneinander liegende Eingänge betreten können. Es ist in etwa vergleichbar mit unseren sozialen Kontakten auf Erden. Meistens wenden wir uns an jeden unserer Freunde einzeln per Telefon, E-Mail oder SMS. Haben wir aber einen großen Bekanntenkreis und manche der Leute kennen sich auch untereinander, fühlen wir uns als Teil eines Netzwerks, obwohl der Austausch meist mit einem Menschen allein stattfindet.

Die obere und untere Vertikalität deckt sich nicht exakt mit der christlichen Vorstellung von Himmel und Hölle. Ein Wesen ist nicht zwangsläufig gut, weil wir ihm im oberen Bereich begegnen, oder böse, weil der Kontakt im unteren Bereich stattfindet. Oben und unten ist in diesem Fall weniger ein Werturteil als eine Bezeichnung für das Gewicht, wobei hier natürlich nicht von Gewicht im physischen Sinne, sondern von einer geistigen Entsprechung des gleichen *Stils* die Rede ist. Wesenheiten, die sich über uns aufhalten, sind leichter als wir selbst. Darum werden sie in Bildern so oft mit Flügeln dargestellt.

Natürlich haben wir keinerlei objektive Möglichkeit, das Gewicht eines anderen Wesens zu bestimmen. Man beurteilt seine Schwere einfach danach, wo es sich im Verhältnis zu uns selbst befindet. Ein Wesen ist dann leicht, wenn unser Bewusstsein leichter als im gewöhnlichen horizontalen Leben werden muss, damit wir ihm begegnen können. Und es ist schwer, wenn wir es treffen, sobald unser Bewusstsein schwer geworden ist. Die Aufwärts- und Abwärtsbewegung erfolgt über die Veränderung unseres vertikalen Gewichts. Alchimisten sprechen in diesem Zusammenhang vom Wirken der Schwebkraft (leichter werden) bzw. Schwerkraft (schwerer werden). Wie im horizontalen Leben fällt es den meisten Menschen leichter, Gewicht zu- als abzunehmen. Dies mag der Grund dafür sein, warum die obere Vertikalität ein höheres Ansehen genießt: Um dorthin zu gelangen, bedarf es einer größeren bewusstseinsmäßigen Anstrengung.

Auch Geistwesen können ihr Gewicht verändern. Sie verfügen wie der Mensch über einen individuellen vertikalen Bewegungsspielraum. Wenn Sie einem Engel begegnen – einem Wesen, das normalerweise leichter ist als Sie selbst –, kann dies daran liegen, dass Sie hoch hinaufgestiegen sind oder der Engel weit hinabgestiegen ist. Oder Sie haben sich durch Ihre Aufwärts- und seine Abwärtsbewegung so weit aneinander angenähert, dass Sie sich auf einem Niveau treffen. Manche vertikale Wesen verfügen über einen so großen Bewegungsspielraum, dass sie sich sowohl oberhalb als auch unterhalb der horizontalen Ebene manifestieren können. (Sie gehören auch dazu!)

Viele der Wesen, denen Sie in der oberen Vertikalität begegnen, sind Menschen. Mit ihnen ist die Kontaktaufnahme am leichtesten, weil sie uns in psychologischer Hinsicht ähneln und wir nicht sehr hoch hinaufsteigen müssen, um sie zu treffen. Manche sind sogar zurzeit inkarniert.

Schauen wir doch einmal, welche Art von Gesprächen uns als überwältigende, bewusstseinserweiternde Erlebnisse in Erinnerung bleibt. Nach außen hin wirken solche Begegnungen wie ein völlig normales Zusammentreffen in der horizontalen Welt, denn wir sitzen mit unserem Gegenüber in ein und demselben physischen Raum zusammen. Aber irgendwann hebt die Unterhaltung ab. Obwohl weiterhin hörbare Worte ausgetauscht werden, kommt es uns fast so vor, als bräuchten wir sie nicht mehr, denn zwischen uns besteht ein innerer Einklang, der uns der Notwendigkeit enthebt, unsere Sätze zu Ende bringen zu müssen. Der andere versteht uns auch so. Wir haben das Gefühl, uns gemeinsam auf einem geistigen Höhenflug zu befinden. Hier wirkt die Schwebkraft. Etwas Ähnliches können wir erleben, wenn wir das Werk unseres Lieblingsautors lesen, uns den Vortrag eines brillanten Redners anhören, auf das Spiel eines großartigen Musikers lauschen oder uns dem Genuss irgendeiner anderen Darbietung hingeben. Ob wir den Künstler persönlich kennen oder nicht – wir fühlen uns im geistigen Einklang mit ihm. Mit ihm mitzugehen, ist erregend und erhebend. Unser Bewusstsein hat sich spürbar erweitert. Wenn so etwas passiert, haben wir einen inkarnierten Menschen in der Vertikalität erlebt.

Manch andere Menschen, denen wir hier begegnen, sind derzeit nicht inkarniert. So ist es möglich, dem Geist von verstorbenen Freunden oder Verwandten zu begegnen, aber auch von Leuten, die Sie während ihrer irdischen Existenz nie persönlich gekannt haben. Beim Lesen von Texten unseres Lieblingsautors kann es zu einem geistigen Austausch kommen, der in der Gegenwart stattzufinden scheint und nicht nur mit dem geschriebenen Wort zu tun hat. Es ist, als würde uns auf telepathischem Wege etwas zwischen den Zeilen mitgeteilt. Da sich Geistwesen zu den Menschen hingezogen fühlen, mit denen sie etwas gemeinsam haben, mag es kaum verwundern, wenn verstorbene Autoren die Nähe ihrer Anhänger suchen.

Ich wurde im christlichen Glauben erzogen, und so neige ich dazu, »Engel« als Sammelbegriff für alle Wesen zu verwenden, die man in der oberen Vertikalität antrifft, doch wenn Ihnen dieses Wort nicht gefällt, können Sie auch von »leichteren Wesen« sprechen. In den monotheistischen Traditionen (Judaismus, Christentum und Islam) werden Engel als höhere Wesen definiert, die niemals auf Erden inkarniert waren. Sie wurden von Anfang an nicht als Menschen, sondern als etwas anderes erschaffen. In anderen Traditionen glaubt man, Engel gehören zu einer alten Menschheitsrasse, sie haben vor langer Zeit aufgehört zu inkarnieren und wohnen jetzt in einem höheren Reich, von wo aus sie als Lehrer und Führer fungieren. Bei den Gottheiten des Polytheismus handelt es sich ebenfalls um leichtere Wesen.

Was auch immer ihr Ursprung sein mag – Engel haben entweder vergessen oder nie erlebt, wie sich eine physische Existenz anfühlt. Da sie leichter sind als der menschliche Geist, halten sie sich in höheren Regionen auf. Kontakte mit ihnen sind von feinstofflicher und flüchtiger Qualität. Ein Hermetiker, den ich kenne, beschreibt sie als »schüchtern«. Die leichteren unter ihnen neigen zu einer gewissen Unbefangenheit im Umgang mit den praktischen Aspekten des menschlichen Daseins. Sollten Sie je das Alte Testament gelesen haben, sind Sie mit den Ratschlägen von Engeln vertraut. »Gehe hin, verkaufe deine Herde, lasse deine Felder zurück und brich noch heute nach Ägypten auf.« Zögerlichkeit ist noch nie ihre Sache gewesen.

Dennoch haben wir gewisse Gemeinsamkeiten mit den leichteren Wesen, und genau das erlaubt es uns, mit ihnen in Verbindung zu treten. Die höheren Bereiche unseres Bewusstseins ähneln den niederen Bereichen des ihren. Die Größe dieser Überlappung hängt davon ab, wie weit der einzelne Mensch nach »oben« und das leichtere Wesen nach »unten« gehen kann.

Der Aufstieg

Der Versuch, das Phänomen der Schwebkraft in eine präzise Definition zu fassen, würde diese über Gebühr beschweren, und aus diesem Grund will ich mich darauf beschränken, Ihnen die grobe Richtung zu weisen. So wie Teig durch Zusatz eines Treibmittels zum Aufgehen gebracht wird, gibt die Schwebkraft der Seele Auftrieb. In Momenten, in denen wir unter ihrem Einfluss stehen, wird unser Verstand eher der leichteren Wesen ähneln, so dass wir nicht nur deren Gedanken müheloser erfassen, sondern auch auf eine Art und Weise mit ihnen in Kommunikation treten können, die *sie* besser verstehen. Es ist quasi so, als würden wir eine gemeinsame Sprache pflegen.

Solange der Mensch denken kann, neigten die Suchenden auf dem spirituellen Pfad zu der Annahme, dass der Körper uns so schwer macht. Deshalb sind asketische Übungen wie das Fasten sehr beliebt. Wenn man sich von Sprossen, Keimlingen und Kräutertee ernährt, auf Alkohol, Koffein und andere Genussmittel verzichtet und bestimmte Atemübungen praktiziert, kann man in einen schwebenden Zustand der Abgehobenheit und Leichtigkeit geraten, der sich irgendwie heilig anfühlt. Es wird immer wieder berichtet, wie Menschen mit dieser Methode sogar die Levitation gelingt. Obgleich ich sicherlich sehr beeindruckt wäre, wenn ich so etwas mit eigenen Augen zu sehen bekäme, hat es nichts mit dem zu tun, was Alchimisten unter »leichter werden« verstehen. Die Veränderung der Körperempfindung geschieht weder hier noch dort, weil das Wirken der Schwebkraft physisch nicht spürbar ist.

Die Bedürfnisse und Begierden des Körpers sind per se nicht das, was uns schwer macht. Das Problem liegt in unserem *Denken*, das unter normalen Umständen an die Physis gebunden ist. Wir sind an die Vorstellung gewöhnt, mit unserem Gehirn zu denken. Gedanken fühlen sich so an, als kämen sie aus dem Kopf, und Neurologen konnten den Zusammenhang verschiedener Hirnaktivitäten mit verschiedenen Arten von Gedanken nachweisen. Wenn Gehirnfunktionen beeinträchtigt sind – also beispielsweise bei Alzheimer oder Hirnblutungen –, ist auch die Denkfähigkeit beeinträchtigt. Doch ginge das Denken *ausschließlich* vom Gehirn aus, wäre ein Bewusstsein nach dem Tode ebenso unmöglich wie die Existenz von bewussten Wesensformen ohne Gehirn. Ist unser Verstand wirklich nur Gehirn, muss der Tod dessen absolutes Ende bedeuten.

Die Tatsache, dass während des Denkens neurologische Aktivität zu beobachten und zu messen ist, beweist nicht, dass die Gedanken im Gehirn ihren *Ursprung* haben. Die Gehirnaktivität ist vielmehr eine *Reaktion* auf Gedanken, so wie unsere Magenaktivität eine Reaktion auf Nahrungszufuhr ist. Die physische Verdauung ist ein Prozess, bei dem das Fremde ins Vertraute verwandelt wird. Unser Körper sortiert die ihm zugeführte Nahrung, spaltet sie in ihre diversen Bestandteile auf, entscheidet, was er aufnehmen und was er ausscheiden will und was sich in Energie umwandeln lässt. Es ist möglich, dass wir uns durch eine Umstellung unserer Ernährungsgewohnheiten verändern, aber ganz gleich, was wir essen – insgesamt bleiben wir doch der gleiche Mensch, weil unser Körper stets das Vertraute bevorzugt.

Das Gehirn geht mit Gedanken so ähnlich um, indem es sie in vertraute Bestandteile zerlegt. Neue Informationen spaltet es so auf, dass Analogien zu Vertrautem erkennbar werden, die dann wiederum assimiliert werden können. Was nicht assimilierbar ist, wird aussortiert. Dies ist der Grund, warum es in unseren mentalen Aktivitäten so viele Wiederholungsschleifen gibt – eine Hitparade der »Golden Oldies«. Was wir hier erleben, ist die Verdauungsaktivität unseres Gehirns, nicht das Denken selbst, sondern das Nachspiel des Denkens. Obwohl wir uns nicht sonderlich dafür interessieren, was mit dem Essen passiert, nachdem wir es verzehrt haben, übt die Verdauungsaktivität des Gehirns aus irgendeinem Grund eine ziemliche Faszination auf uns aus.

Und wir haben Recht, sie so zu bestaunen. Der menschliche Organismus ist für sich betrachtet ein alchimistisches Gefäß, in dem das Spirituelle (reine Vorstellung) ins Physische (Bilder, Worte und Taten) verwandelt wird. Ich werde an anderer Stelle eingehend beschreiben, was genau daran so phantastisch ist. Zunächst aber will ich mich der Kehrseite der Medaille zuwenden. Der Hang des Körpers zum Vertrauten wurzelt in der Materie. Da er selbst der dinglichen Welt angehört, neigt er dazu, Gedanken zu Dingen zu machen. Bleibt er sich überlassen, verwandelt er das Quecksilber der Gedanken in etwas eher Bleiernes. Denken wird zu einer schwerfälligen Angelegenheit, bei der die immer gleiche, alte, solide Materie entlang der immer gleichen alten Gleise gelenkt wird. Dies ist die Schwere, die die Schwebkraft überwinden muss. Unter ihrem Einfluss können wir Gedanken erleben, wenn sie noch absolut frisch und nicht durch die Verdauungsaktivität des Gehirns zersetzt sind.

Ist es Ihnen auch schon einmal passiert, dass Sie nach einem Wort suchen, das Sie bei anderer Gelegenheit schon benutzt haben, in dem Augenblick will es Ihnen aber bei bestem Willen nicht einfallen? Der Fachbegriff hierfür lautet Aphasie. Handelt es sich bei dem gesuchten Ausdruck um einen Gegenstand, könnte es sein, dass Sie das Objekt als Bild vor Augen haben. Sie können sich zwar nicht an die Worte »Karaffe« oder »Federkiel« erinnern, können sich aber sehr wohl vorstellen, wie eine Karaffe oder ein Federkiel aussehen. Nehmen wir aber einmal an, das Wort würde etwas Abstrakteres bezeichnen, also nicht für ein »Ding« stehen. Sagen wir, Ihnen sei ein Ausdruck wie »eklatant« oder »drollig« entfallen. Sie »hören« das Wort nicht und »sehen« auch kein passendes Bild, und doch schwirrt etwas am Rande Ihres Bewusstseins herum, das sich nur mit dem Begriff »eklatant« oder »drollig« treffend beschreiben lässt. Was ist dieses Etwas?

Wenn uns inmitten einer Unterhaltung ein Anfall von Aphasie ereilt, sagen wir womöglich entschuldigend: »Irgendetwas stimmt heute nicht in meinem Kopf.« Genau das ist es! Unser Gehirn versagt uns die Verwandlung dieses mysteriösen Etwas, dieser reinen *Bedeutung*, in einen Laut, den wir mit Mund und Kehle formen können. Unsere grauen Zellen funktionieren nicht richtig, und trotzdem denken wir. In solchen Momenten erleben wir, wie sich ein soeben frisch entstandener Gedanke anfühlt.

Abgesehen von solchen gelegentlichen Anflügen von Gedächtnisschwäche stellt sich der Klang eines Wortes im Normalfall meist ziemlich gleichzeitig mit seiner Bedeutung ein. Wenn wir ein Wort denken, »subvokalisieren« wir es, das heißt, wir sprechen innerlich mit, indem wir mit kleinen Kehlkopfbewegungen die Laute andeuten, als wollten wir uns darauf vorbereiten, sie laut auszusprechen. Darum bewegen sich unsere stillen verbalen Gedanken nur unwesentlich schneller als unsere gesprochene Sprache. Dies erschwert die Kommunikation mit leichteren Wesen, da ihre Gedanken in sehr viel größerer Geschwindigkeit ablaufen. Versetzen wir uns noch einmal in die Situation eines bewusstseinserweiternden Gesprächs, so wie ich es weiter oben beschrieben habe. Wir hören auf, unsere Sätze zu Ende zu bringen, weil so viele Gedanken gleichzeitig auf uns einströmen. Und wir *brauchen* sie nicht weiterzusprechen, weil unser Gegenüber geistig so schnell ist, dass es – bis wir zum Punkt kommen würden – den Gedankengang schon längst erfasst hat. Die atemberaubende Geschwindigkeit eines solchen Austauschs ist für Engel ein völlig normales Tempo.

Wenn wir (zumindest für kurze Momente) die Gewohnheit hinter uns lassen können, in unserem Kopf Selbstgespräche zu führen, beschleunigt das unsere Gedanken. Ich spreche hier nicht von jener Art von Schnelligkeit, wie sie sich im hektischen Hin- und Herspringen von einem Gedanken zum anderen äußert und uns die Meditation bisweilen erschwert. Was ich hier meine, ist das subjektive Gefühl der Geschwindigkeit, das sich aus der relativen *Langsamkeit* des Gehirns gegenüber dem Tempo der

Gedanken ergibt. Im Gehirn stellt sich das Gefühl der rasanten Bewegung ein, weil es einfach nicht mitkommt. Es ist so, als würde ein Schwarm mit lauter kleinen Fischen an uns vorbeiziehen, und wir wollten versuchen, jeden einzelnen gleichzeitig zu fassen zu kriegen. Und wenn wir noch so pfeilschnell hin- und herschießen, wir können keinen einzigen, geschweige denn alle, erwischen. Aber stellen wir uns vor, wir würden die Idee aufgeben, sie unbedingt fangen zu wollen, und uns stattdessen dem Schwarm anschließen und mit ihm ziehen. Wenn wir komplett von Fischen umringt wären und in der gleichen Geschwindigkeit wie sie dahintreiben würden, käme es uns so vor, als würden wir uns überhaupt nicht bewegen. Wenn der menschliche Geist sich der Engelgeschwindigkeit annähert, ist sein subjektives Erleben Ruhe. Dieses Gefühl des innerlichen Stillwerdens ist ein Zeichen dafür, dass uns der Aufstieg in die Vertikalität gelungen ist.

Was Mensch und Engel in geistiger Hinsicht gemeinsam haben, ist das Wort hinter dem Wort, jenes flüchtige Etwas, das wir in Momenten der Aphasie zu greifen versuchen. Da es von einem leichteren Wesen zu uns kommt, ist sein Bedeutungsgehalt hoch verdichtet. Man könnte ein ganzes Buch schreiben und hätte immer noch nicht alles ausgedrückt, was in einem einzigen Wort enthalten ist. Es ist, als träte jeder mögliche Begriffsinhalt und Sinnbezug gleichzeitig in Erscheinung. Das Wort eines leichteren Wesens kommt nicht als ein einzelner Fisch, sondern als ganzer Schwarm daher, und wir schwimmen mitten darin.

Betrachten wir einmal all die verschiedenen Bedeutungen des Wortes »leicht«. Manchmal beschreibt es das physische, ein andermal das mentale oder emotionale Gewicht (etwa in Begriffskombinationen wie »leichte Lektüre« oder »leichten Herzens«). Außerdem kann es für Geringfügigkeit (ein »leichter Fehler«) und Zartheit (eine »leichte Berührung«) stehen, aber auch für Unbeschwertheit (mit »leichtem Mut«) und Mühelosigkeit (eine

125

»leichte Aufgabe«). Etymologisch ist der Begriff zudem mit »licht« verwandt, was wiederum offen und weit (die »lichte Höhe« eines Raumes) heißt, aber auch als Bezeichnung für physische Helligkeit (»Lichtquelle«) oder spirituelle Erhellung (das »Licht des Geistes«, das »göttliche Licht«) dient. Wenn es in einer menschlichen Sprache für ein einzelnes Wort mehr als eine Definition gibt, dann liegt dies oft daran, dass die unterschiedlichen Bedeutungen im Denken der Angehörigen dieser Sprachgruppe auf irgendeine verborgene Weise miteinander zusammenhängen. Das Wort »*levity*«, mit dem die Schwebkraft im Englischen bezeichnet wird, verbinden Alchimisten aus dem angelsächsischen Sprachraum nicht nur mit Gewicht, sondern auch mit Licht, Leichtigkeit, Verspieltheit und Humor. Im Gegensatz hierzu stehen Schwere, Dunkelheit und Ernsthaftigkeit. Wenn nun ein leichteres Wesen einem englischsprachigen Menschen gegenüber von »*levity*« spricht, dann werden alle diese Bedeutungen – inklusive aller Querverbindungen – gleichzeitig kommuniziert. In der Sprache der Engel hat jedes Wortspiel einen tieferen Sinn.

In der menschlichen Sprache hängt Bedeutung nicht nur von den Worten selbst, sondern auch von deren Reihenfolge ab. »Hund beißt Mann« ist etwas ganz anderes als »Mann beißt Hund«. Der sequenzielle Satzaufbau hat mit unserer linearen Erfahrung von Zeit und Kausalität zu tun: Erst die Ursache und dann die Wirkung. Aber in der Vertikalität ist Zeit nichts Lineares oder Sequenzielles. Aus der Perspektive eines leichteren Wesens treten alle Worte gleichzeitig in Erscheinung. Sind sie für uns wie Perlen auf einer Schnur aneinandergereiht, nehmen Sie sie eher als eine Art Collage wahr.

Leichtere Wesen könnten auch Schwierigkeiten damit haben, unsere Unterscheidung zwischen Substantiven und Verben nachzuvollziehen. Wo wir ein solides Objekt – ein Ding – sehen, erkennen sie einen *Prozess*. Wir wissen aus der Quantenphysik, dass Objekte auf der subatomaren Ebene alles andere als fest sind. Doch man mag uns dies noch so oft erklären, in unserer Wahrnehmung ist und bleibt es ein *Ding*. Und sollten wir doch noch einen kleinen Restzweifel haben, ob ein Ziegelstein wirklich fest ist, wird der spätestens in dem Augenblick zerstreut, in dem uns das Teil auf den Fuß fällt. Die Quantenphysik führt ein extremes Maß an Feinstofflichkeit in unser Verständnis der physischen Welt ein. Und genau hier halten sich die leichteren Wesen für gewöhnlich auf. So stellt sich die Welt für sie dar. In die Grammatik übertragen, ist ihr Erleben komplett an Verben orientiert. Für einen Engel bin ich nicht Catherine. Ich catherine. (Dies nur ein Beispiel für einen Witz, wie Engel ihn machen.)

Für uns Menschen sind mentale Bilder – selbst wenn sie komplett auf Einbildung beruhen – ausnahmslos Variationen von Dingen, die wir schon einmal mit eigenen Augen gesehen haben. Leichtere Wesen kommunizieren manchmal in mentalen Bildern, aber weil sie weder Augen noch irgendwelche physischen Objekte zum Anschauen haben, unterscheidet sich ihre Auffassung des Bildhaften von der unseren. Da sie noch nie einen Baum zu Gesicht bekommen haben, können sie uns keine fotorealistische Darstellung davon zukommen lassen. Sie nehmen einen Prozess wahr – ein Baum-en – und senden uns eine Art Diagramm dieses Prozesses. Wie die Symbole, mit denen wir uns in Kapitel 2 befasst haben, ist darin zu sehen, wie sich die Gedanken des Engels bewegen, während er beim Baum-en zuschaut, so dass wir uns mit unserem Gedankenfluss darauf einschwingen können.

Wahrscheinlich fallen Ihnen zu dem, was ich hier schreibe, jede Menge Ausnahmen ein, denn die religiöse Literatur ist voll von Technicolor-Visionen und grammatisch einwandfreien Engelsbotschaften. Dies hat mit einem Übersetzungsprozess zu tun, den ich im nächsten Abschnitt erläutern werde. Im Augenblick versuche ich lediglich, Ihnen ein Gefühl dafür zu geben, wie sich die von leichteren Wesen ausgehende Kommunikation in ihrer Rohform darstellt. Sie werden festgestellt haben, dass das, was ich hier beschreibe, zwar von Ihrer üblichen Denkweise abweicht, aber nicht so radikal anders ist, als dass Sie es sich überhaupt nicht vorstellen könnten. Ich kann dieses Geschehen deshalb in Worte fassen, weil ich es zu verschiedenen Gelegenheiten selbst erleben durfte. Und Sie verstehen meine Ausführungen, weil auch Sie schon einschlägige Erfahrungen gemacht haben. Ich rede hier von dem Bereich, in dem sich die Gedankenwelten von leichteren Wesen und Menschen überschneiden. Was jenseits dieses Überlappungsbereichs liegt, kann ich weder wissen noch beschreiben.

Die Landung

Die Kraft, die uns aus der Vertikalität zurückholt, heißt Schwerkraft – im Englischen »*gravity*« genannt. Wie »*levity*« (die Schwebkraft) hat auch »*gravity*« in der englischen Sprache viele Bedeutungen. Sie bezeichnet zum einen die Anziehung durch das Energiefeld der Erde, die uns Gewicht verleiht und uns am Boden hält. Darüber hinaus steht der Begriff für Ernsthaftigkeit und Schwierigkeit (»*the gravity of the situation*« heißt zum Beispiel »der Ernst der Lage«) und wird im Zusammenhang mit folgenschweren Ereignissen gebraucht. Wenn jemand schwer krank ist, spricht man von »*gravely ill*«. »*Grave*« ist außerdem der englische Begriff für Grab, also für einen Ort unter der Erdoberfläche, an dem die Toten begraben werden. Wenn wir Worte für immer und ewig bewahren wollen, dann »gravieren« wir sie ein. Im angelsächsischen Sprachraum gehen für den Alchimisten all diese Bedeutungen mit dem Wort »*gravity*« einher. Aus der oberen Vertikalität abzusteigen heißt, wieder ins Gravitationsfeld der Erde einzutauchen, schwerer zu werden, sich ernsthaft mit möglichen Folgen auseinanderzusetzen, Worte auf Dauer festzuschreiben und sich der Gefahr des Todes auszusetzen.

Aufzusteigen ist keineswegs den Alchimisten vorbehalten. In den meisten Religionen gilt dies als ausgesprochen erstrebenswert, und wer dazu fähig ist, genießt hohes Ansehen. In jeder Tradition finden sich Mystiker, die ausgezeichnete Anleitungen dazu geben, wie es gelingt. Worüber sie jedoch sehr viel weniger zu sagen haben, ist, wie man wieder landet. Denn die Rückkehr auf die horizontale Ebene ist etwas Unvermeidliches, wozu es keiner besonderen Fertigkeiten bedarf. Was sich nach oben bewegt, muss auch wieder herunterkommen. Aber den Berichten zufolge vollzieht sich diese Landung meist dergestalt, dass der Mystiker mit verdutztem Lächeln zu Boden plumpst und das, was er erlebt hat, als unaussprechlich beschreibt. Selbst bei einer außergewöhnlich sprachgewandten Person wie Juliana von Norwich ist der Bericht nicht viel aussagekräftiger als: »Alles wird gut und alles wird gut und jedes noch so kleine Ding wird gut.«

Das mag alles ganz nett sein, aber ich persönlich würde gerne wissen, *auf welche Weise* genau sich *was* zum Guten wenden wird. Der Wunsch, das in der Vertikalität Erlebte mit dem horizontalen Verstand begreifen zu wollen, macht den Unterschied zwischen Mystik (reine Erfahrung) und Gnosis (höheres Wissen) aus. Die Fähigkeit, aus der Vertikalität mit nachvollziehbaren Informationen zurückzukehren, zeichnet den Weisen oder Seher aus. Manch einem ist selbst das nicht genug. Statt sich mit dem Wissen zu begnügen, was sich wie zum Guten wenden wird, möchte er aktiv an der Verwirklichung dieser Verheißung mitwirken. Er will vertikale Einsicht als Informationsquelle für sein horizontales Handeln nutzen. Dies ist der Ansatz des Magiers.

Wenn wir uns für den Weg des Sehers oder Magiers entschieden haben, dann reicht es nicht aus, aus dem Himmel zu fallen und vom Unaussprechlichen zu faseln. Dann müssen wir aus der Vertikalität handfeste Ergebnisse mitbringen. In ihrer reinen Form ist die vertikale Erfahrung jedoch zu vergänglich, um die Rückreise zu überstehen. Um sie mitnehmen zu können, müssen wir sie in einen stabileren Zustand überführen. An dieser

Stelle kommt wieder das physische Gehirn ins Spiel, das die Abstraktionen des Geistes in Worte und / oder sinnhafte Bilder verwandelt. Der zerebralen Verdauungsaktivität, die das Wirken der Schwebkraft so sehr erschwert, fällt bei der Landung eine Hauptrolle zu. Ohne sie können wir unsere vertikalen Erfahrungen im Rückblick weder in Erinnerung behalten noch verstehen.

Das Ergebnis der Verdauung ist ein Souvenir. Es wird uns womöglich in der Form eines Wortes zuteil, vielleicht auch als Bild oder Symbol, als Geschichte, Traum oder Vision. Viele verwechseln das Souvenir mit der vertikalen Erfahrung selbst, weil es das Erste ist, was uns ins Bewusstsein kommt. Wir haben – oder hatten eben – einen Traum, können uns aber nicht an die feinstofflichere Erfahrung erinnern, die diesen ausgelöst hat. Anders formuliert: Wenn wir merken, dass wir gegessen haben, hat die Verdauung schon eingesetzt. Unser Bewusstsein registriert die Aufspaltungsaktivität des Gehirns, aber nicht, was unser Geist zuvor gekostet hat.

Nun könnte man meinen, dass die Unterscheidung, die ich hier treffe, gar nicht so wichtig ist. Schließlich können sich die Souvenirs sehen lassen: Künstlerische Inspiration, kreative Problemlösungen, bewegende Worte, wunderschöne Bilder und erbauende Geschichten – dies sind die Früchte eines Aufspaltungsprozesses, dessen Effizienz nicht im Geringsten darunter leidet, dass er sich unbewusst vollzieht.

Die Verdauung ist jedoch in zweierlei Hinsicht problematisch. Zum einen verändert sie die Qualität der Erfahrung an sich. Die Verdauung neigt dazu, alles Neue auszusortieren und nur das Bekannte zurückzubehalten. So kommt es am Ende eher zu neuen Variationen alter Gedanken als zu überraschend neuen Enthüllungen. Zum anderen findet der mentale Verdauungsakt immer in der Vergangenheit statt. Man erfährt die Dinge nie, *während* sie passieren. Wir befinden uns also in einem Dilemma: Wenn wir nicht verdauen, können wir uns an in der Vertikalität gewonnene Einsichten weder erinnern, noch können wir sie in Worte fassen oder anwenden. Wenn wir verdauen, verfälschen wir die Einsichten womöglich bis zur Unkenntlichkeit.

Dies ist der Grund, warum es Mystikern so oft die Sprache verschlägt. Die Kluft zwischen dem, was der vertikale Verstand erfassen und der horizontale Verstand ausdrücken kann, kommt einem bisweilen unüberwindbar vor. Dem Mystiker erscheint jegliches von oben mitgebrachte Souvenir billig und vulgär. Als Gegenstück begegnen wir am anderen Ende der Skala dem Fundamentalisten, der seine Souvenirsammlung als bequemen Ersatz für das anstrengende Reisen in der Vertikalität betrachtet. Wenn wir so einem Menschen zuhören, liegt uns der Satz auf der Zunge: »Nimm doch alles etwas leichter!« Und damit treffen wir den Nagel auf den Kopf. Er ist felsenfest in der Horizontalität verankert. Was in seinen Worten wirkt, ist Schwerkraft und nicht Schwebkraft. Was er sagt, ist *zu* konkret und nüchtern. Was als Rhapsodie begann, verfestigt sich zur Regel.

Eine Möglichkeit, dem Dilemma zu entrinnen, liegt darin, das Gehirn so zu schulen, dass es sich auf eine höhere Abstraktionsebene einlassen kann und lernt, mehr wie ein Geistwesen zu denken. Wenn unser Gehirn in der Lage ist, eine reine Idee zu erkennen, muss diese Vorstellung nicht in Bilder oder Worte umgewandelt werden, damit wir sie in Erinnerung behalten können. Hierdurch werden Verzerrungen vermieden. Mystiker arbeiten auf einem sehr hohen Abstraktionsniveau, weil sie sich an Erfahrungen zu erinnern vermögen, ohne diese in Worte oder Bilder zu übertragen bzw. übertragen zu können.

Eine andere Möglichkeit ist die, an unserer Fähigkeit zu feilen, neue Souvenirs zu erschaffen und bereits vorhandene zu verbessern. Benjamin Franklin tat dies, als er Jeffersons ersten Entwurf der amerikanischen Unabhängigkeitserklärung redigierte. Er nutzte Jeffersons Souvenir, um die vertikale Erfahrung, die diesem zugrunde lag, zu wiederholen, und wählte anschließend Worte, die das Erlebte besser beschrieben.

Menschen, die wir als »begabt« oder »inspiriert« bezeichnen, haben eine besondere Fähigkeit, spontan Souvenirs zu erschaffen. Nehmen wir zum Beispiel Martin Luther King. Er hatte eine Rede für den Marsch auf Washington geschrieben, aber er hielt sich nicht an seine ursprünglichen Formulierungen. Als er am Rednerpult stand, sprudelten ihm stattdessen die unsterblichen Worte seiner »Ich hatte einen Traum«-Rede über die Lippen. Bei einem Menschen, der zu so etwas fähig ist, arbeitet das Sprachzentrum des Gehirns exakt im Einklang mit dem Geist. Das Souvenir und die vertikale Erfahrung, an die es erinnert, entstehen gleichzeitig.

Zwar vollzieht sich die Umwandlung von vertikalem Erleben in zerebrale Souvenirs in aller Regel im Unbewussten, doch mit entsprechendem Training können wir uns dahingehend programmieren, den Prozess bewusst wahrzunehmen. Dies geschieht auf dem Wege der »Rückwärtserinnerung«. Wir fangen mit dem an, was an letzter Stelle der vertikalen Erfahrung steht und was im horizontalen Gedächtnis als erste Erinnerung gespeichert ist: mit dem Souvenir. Betrachten wir dieses als unterste Sprosse einer Erinnerungsleiter, die wir beim Abstieg (unbewusst) haben entstehen lassen. Von dort aus können wir uns Schritt für Schritt nach oben vorarbeiten und uns erinnern, was *vor* unserer ersten Erinnerung geschah. Wenn wir dies üben, können wir uns irgendwann nach Belieben auf- und abwärts bewegen und sehr schnell zwischen dem vertikalen und horizontalen Bewusstsein hin- und herpendeln. Rein technisch betrachtet, hat Martin Luther King genau das gemacht, als er damals seine Rede hielt. Manche Menschen sind Naturbegabungen. Aber allen anderen sei versichert, dass auch sie es lernen können. Am geeignetsten ist hierzu der Weg über das Erinnern von Träumen. Detaillierte Anleitungen hierzu finden Sie im Kapitel »Nachtschule« im Anhang.

Bisher habe ich die Wirkungen der Schweb- und Schwerkraft im Zusammenhang mit Einzelerfahrungen beschrieben. Doch auch die umfassenderen Rhythmen unseres inneren Erlebens unterliegen diesen Kräften. Wer an sich selbst arbeitet, durchläuft fast immer eine Phase, in der er sich verstärkt nach oben wendet. Wenn dies der Fall ist, *fühlen* wir uns spirituell – wir denken spirituelle Gedanken und beschäftigen uns mit Dingen, die uns spirituell *vorkommen*. Geschieht dies in einer ausgewogenen Form, wechseln sich solche Zeiten mit Phasen des verstärkten Erdbezugs ab. Dann kehrt unsere Aufmerksamkeit zu alltäglichen, praktischen Fragen zurück. Wir fühlen uns innerlich wieder schwerer. Womöglich empfinden wir dies als Verlust oder Rückschritt gegenüber dem, was wir nach unserem Dafürhalten eigentlich glauben oder fühlen müssten, aber dies ist keineswegs der Fall. Teresa von Avila gilt als Meisterin der Schwebkraft, doch die ihr zugeschriebenen Erfahrungen von mystischer Ekstase fanden nur in zwei Phasen statt, die jeweils wenige Monate dauerten. Ihren eigenen Berichten zufolge hatte sie sich in ihren frühen Jahren (zum Teil *nach* der ersten Erleuchtungsperiode) ausgiebig der Frivolität hingegeben. Erst sehr viel später widmete sie sich der Lehre und unternahm verschiedene Reisen, um ihren Orden zu reformieren und neue Klöster zu gründen. In einem sinnvollen Leben sind die Phasen der Schwerkraft sehr viel häufiger und von längerer Dauer als die der Schwebkraft.

Die Sprache der Engel sprechen

Übung 1
Bei der ersten Übung handelt es sich um eine Abwandlung der Wahrnehmungsübung zum Stil. Fangen Sie mit einem abstrakten Begriff wie *Schönheit* an. Sofort tauchen vor Ihrem geistigen Auge Bilder von Dingen auf, die Sie als schön empfinden. Lassen Sie diese ein paar Minuten lang einfach fließen, bevor Sie dann

jedes einzelne dieser mentalen Bilder aus Ihrem Kopf verbannen. Schicken Sie auch das Wort »Schönheit« fort. Versuchen Sie, das Konzept in Abwesenheit aller Worte oder Bilder präsent zu halten – so als hätten Sie gerade einen Anfall von Aphasie. Probieren Sie das Gleiche auch mit anderen Begriffen: Freiheit, Macht, Wahrheit, Großzügigkeit, Gerechtigkeit und Harmonie. (Ja, diese Übung ist genauso schwer, wie sie klingt. Sie soll Ihr Gehirn auf ein wesentlich höheres Abstraktionsniveau heben als gewohnt.)

Übung 2
Analysiert man die Bedeutung inspirierender Worte, zieht man sie dadurch oft nach unten. Versuchen Sie stattdessen, sie mit folgender Technik wieder nach oben zu ihrer Quelle zu tragen:

Meditieren Sie über ein Lieblingszitat, ein Sprichwort oder eine Zeile aus einem Gedicht. Nachdem Sie den gewählten Satz mehrfach komplett ausgesprochen haben, streichen Sie die Worte, die nach Ihrem Gefühl am wenigsten wichtig sind. Dabei sollte vom ursprünglichen Sinngehalt nichts verloren gehen. Meditieren Sie eine oder zwei Minuten über den gekürzten Text. Nehmen Sie nun weitere Worte weg und meditieren Sie wieder über das Ergebnis. Setzen Sie die Übung so lange fort, bis nur noch ein einziges Wort übrig bleibt. Schließlich streichen Sie auch dieses und bewahren sich das, was von dem Gedanken ohne Worte in Ihnen präsent bleibt. Nehmen wir folgendes Beispiel:

Selig sind die Bescheidenen, denn sie werden die Welt erben.
Selig die Bescheidenen, sie werden Welt erben.
Selig Bescheidenen, Welt erben.
Selig Bescheidenen, erben.
Selig Bescheidenen.
Selig.
…

Übung 3
Verben sind besser als Substantive dazu geeignet auszudrücken, wie ein leichteres Wesen wahrnimmt. Gelingt es Ihnen, einen verständlichen Absatz zu schreiben, ohne ein einziges Substantiv zu verwenden? Wohl kaum. Aber hier ist eine lustige Übung, mit der Sie Ihr Denken verborientierter machen können. Stellen Sie sich vor, in Ihrem Sprachschatz gäbe es nur ein einziges Substantiv: »Dingsbums«. Und nun greifen Sie wahllos einen Absatz aus einer Zeitung oder Zeitschrift heraus und schreiben Sie ihn so um, dass alle »Dingsbumse« durch eine entsprechende Tätigkeitsbeschreibung so erläutert werden, dass man sie voneinander unterscheiden kann. Nehmen wir folgendes Beispiel:

»Präsident Bush propagiert Krieg gegen den Terror.«

»Kommandierender Dingsbums propagiert mit kämpfen und töten verbundenes Dingsbums gegen angstmachendes Dingsbums.«

Übung 4
Im Radio habe ich einmal ein Interview mit einem Mann gehört, der vorschlug, das Verb »sein« aus unserem Sprachschatz zu streichen. Er war der Ansicht, »sein« in all seinen Formen würde zu nichts anderem dienen, als ein Substantiv in einen Satz zu geleiten, und es würde keine Tätigkeit beschreiben. Damit habe es die Bezeichnung »Verb« nicht verdient. Warum uns das nicht egal sein sollte? Nun, so argumentierte er weiter, wenn unseren Sätzen die Bewegung abgeht, steht auch unser Denken still. Wenn wir mit Hilfe des Wortes »sein« bestimmte Begriffe prägen, glauben wir irgendwann einmal, dass das, wofür wir sie benutzen, ein für alle Mal so bleibt, wie es zum Zeitpunkt der Begriffsprägung war. (So besteht zum Beispiel ein Unterschied zwischen »Er ist ein Dieb« und »Er stiehlt«). Während des Interviews drückte sich der Mann über zehn Minuten lang auf gut

verständliche Weise aus, ohne auch nur ein einziges Mal das Wort »sein« in egal welcher Form zu verwenden. Er war in der Tat ausgesprochen beredt. (Pardon, ich wollte sagen: Er wusste sich gut auszudrücken.) Hätte er nicht deutlich darauf hingewiesen, welcher Regel er sich in seinen Ausführungen unterwarf, wäre es keinem je aufgefallen.

Versuchen Sie einen längeren Text, den Sie geschrieben haben (etwa einen Brief oder Tagebucheintrag) so umzuschreiben, dass das Verb »sein« darin nicht mehr vorkommt.

Südlich der Grenze

In Shakespeares *Hamlet* geht es um ein alchimistisches Grundproblem: Wie können wir unser Handeln in der Horizontalität aufgrund von Intuitionen aus der Vertikalität gestalten? Hamlet wird von einem feinstofflichen Wesen in Gestalt des Geistes seines Vaters gedrängt, den Mord an seinem Vater zu rächen und den Onkel zu töten, der ihn vergiftet hat und inzwischen mit Hamlets Mutter verheiratet ist. Handelt es sich bei dem Geist um ein autonomes Wesen oder lediglich um eine Projektion Hamlets? Da der Geist ihn zum Mord auffordert, ist dies keine müßige metaphysische Frage. Würde Hamlet ein Verbrechen sühnen, das einzig ein Produkt seiner Phantasie ist, wäre das ein katastrophaler Irrtum.

Neben der Frage, ob er seiner feinstofflichen Wahrnehmung trauen kann, gibt es noch ein anderes, weiter reichendes Problem. Wäre Hamlet tatsächlich dabei gewesen, als der Onkel seinen Vater vergiftete, hätte er nicht gezögert zu handeln. Seinen Onkel umzubringen, wäre eine impulsive – also vom Instinkt getriebene – Reaktion gewesen. So aber wird von ihm verlangt, ohne Impulse zu handeln, also Gewalt auszuüben, ohne gewalttätige Gefühle zu verspüren. Wie soll er sein Blut ohne spontane Provokation von außen in Wallung bringen? Wie vollbringt man einen instinktgesteuerten Akt allein aus Prinzip?

Das Problem ist universeller, als es sich zunächst anhört. Was Hamlet zu schaffen macht, ist die fundamentale Getrenntheit von Absicht und Wille. Was gemeinhin als »Wille« bezeichnet wird, ist in Wirklichkeit eine Denkweise: unsere bewusste Absicht. Was wir »Willenskraft« nennen, ist unser Bemühen, diese Absicht in uns zu verankern, uns selbst zu zwingen, in Übereinstimmung mit unserem Denken zu handeln. Unser *eigentlicher* Wille hingegen ist das, was unsere von »Willenskraft« getriebenen Anstrengungen unterläuft. Wenn Sie je einen in der Silvesternacht gefassten guten Vorsatz fürs neue Jahr gebrochen haben, wissen Sie, wovon ich rede. Unser Problem ist nicht, dass unser Wille zu schwach wäre, sondern vielmehr, dass seine Stärke in eine Richtung geht, die im Widerspruch zu unserer bewussten Absicht steht.

Der Wille ist die rätselhafteste Funktion unseres Körpers. Er bringt unsere Lunge zum Ein- und Ausatmen, ob wir nun zu Atmen beabsichtigen oder nicht. Er lässt unser Blut zirkulieren, ohne vorher nach unserer Meinung zu fragen. Unsere Absicht, uns fortzubewegen, gibt lediglich grünes Licht für eine ganze Reihe motorischer Abläufe, die unsere bewusste Anteilnahme nicht erfordern. Wenn wir zu gehen beschließen, geschieht das Einen-Fuß-vor-den-anderen-Setzen weitgehend automatisch. Sehen wir uns mit einer Situation konfrontiert, die unser Körper als bedrohlich erlebt, stellen wir uns mittels eines Adrenalinstoßes auf Flucht oder Kampf ein, auch wenn wir uns vom Kopf her sagen, dass es nichts gibt, wovor wir uns fürchten müssten.

Im Alltag verwenden wir oft die Worte »Instinkt« und »Intuition« synonym, weil beide sich auf Handlungsmotive beziehen, die sich unserem rationalen Einfluss entziehen. Beim Lesen dieses Buches aber möchte ich Sie bitten, diese beiden Begriffe nicht zu verwechseln. Intuition hat mit Impulsen zu tun, die von oben kommen, während Instinkt auf Impulsen von unten basiert. Damit Instinkt und Intuition Seite an Seite stehen können, bedarf es der Verwandlung sowohl des Geistes als auch des Körpers. Dies ist es, was Alchimisten mit dem Großen Werk zu vollbringen versuchen.

Tiere erscheinen uns bisweilen als ausgesprochen elegant, weil sie eins mit ihren Instinkten sind. Eine Katze, die sich an einen Vogel anschleicht, wirkt nicht so, als würde sie in inneren Konflikten stecken. So wie es aussieht, wägt sie vor dem Sprung weder das Für und Wider ab, noch macht sie sich Gedanken über die moralischen Implikationen ihres Tuns. Von Selbstvorwürfen hat sie noch nie etwas gehört. Aber diese Harmonie geht zu Lasten der Freiheit, denn die Katze ist unfähig, alternative Optionen abzuwägen. Sie ist nicht in der Lage, Absichten zu entwickeln, die im Widerspruch zu ihrem instinktiven Willen stehen. Jagen ist das Einzige, was ihr beim Anblick von Vögeln einfällt. Sie kommt nicht auf die Idee, sie zu malen, ihr Gezwitscher zu imitieren, ihr Migrationsverhalten zu untersuchen oder sie mit wildem Reis zu füllen und mit einer Preiselbeer-Orangen-Glasur zu überziehen. Unsere eigenen biologischen Instinkte hingegen müssen mit all den vielen kreativen Möglichkeiten konkurrieren, die uns in jeder Situation in den Sinn kommen. Wir sind es gewohnt, das, was uns im Blut liegt, dem Streben nach dem Guten, Wahren, Schönen zu unterwerfen. Dabei kommt es immer wieder vor, dass uns diese rätselhaften Instinkte dann doch irgendwann einholen.

Im Oben liegt das Reich der bewussten Absicht. Von dort beziehen wir unsere kreativen und moralischen Intuitionen und die besten Ideen für unser künftiges Handeln. Der Haken an der Sache ist, dass wir uns – um mithilfe der Schwebkraft Zugang zu diesen Intuitionen zu bekommen – vorübergehend aus der Physis lösen müssen. Wenn wir uns mit erhabenen Ideen und Idealen befassen, bleibt unsere instinktive Seite außen vor. Wir machen uns keine großen Gedanken darüber, welche Folgen die Umsetzung einer Inspiration für uns womöglich hätte. Im Extremfall können wir uns sogar vorstellen, für ein Ideal zu sterben.

Wenn wir immer aus einem höheren Bewusstsein heraus handeln könnten, wären wir allesamt große Genies, Helden und Heilige. Aber allein die Absicht erzeugt noch keine Taten. Die Handlung ist vom Willen getrieben, und die Willenskraft wohnt im Unten. Indem wir in die obere Vertikalität aufsteigen und auf kontrollierte, achtsame Weise wieder zur horizontalen Ebene zurückkehren, können wir sinnvolle Ideen herabholen und zu einem Quell der Inspiration für andere werden lassen. Dann können wir uns zum überaus fähigen Seher entwickeln. Aber um zum Magier zu werden, müssen wir noch tiefer hinabsteigen – ins Reich des unbewussten Willens.

Während die etablierten Religionen sehr viel über das Aufsteigen zu sagen haben, scheinen sie alles daranzusetzen, uns am Absteigen zu hindern. Sie lehren uns, jede nach unten führende Bewegung käme einer Verschlechterung gleich und sei eine Strafe für Sünde oder Irrtum.

Der männliche Aspekt des Göttlichen, der im Oben residiert, dominiert seit langem die monotheistische Spiritualität, während der im Unten anzutreffende weibliche Aspekt weitgehend unterdrückt wird. Das Misstrauen gegenüber der Magie – und die Unfähigkeit, sie zu betreiben – ist die Konsequenz davon. Doch wenn wir wollen, dass im oberen Stockwerk alle Geräte funktionieren, müssen wir erst in den Keller gehen, um den Strom freizuschalten.

Ich habe Ihnen viele Hinweise gegeben, wie das Aufsteigen funktioniert. Wie Sie in die Tiefe hinabsteigen können, dazu gibt es sehr viel weniger zu sagen, denn es gibt hier keine »Methode« oder »Verfahrensweise«. Wir fallen einfach. Es geschieht zufällig. Die untere Vertikalität ist das Reich des Unabsichtlichen. Und das Unabsichtliche lässt sich nicht beabsichtigen.

Wann immer wir das Gefühl haben, die Kontrolle zu verlieren, zieht es uns nach unten. Auch alles, was uns ein Gefühl der

Ohnmacht gibt, befördert uns dorthin: Krankheit, Depression, Trauer, Sucht, Scham, Wut, Sorge, das prämenstruelle Syndrom. Vertikal gesprochen, ist Hilflosigkeit gleichbedeutend mit Schwere. Aufzugeben beschleunigt den Abstieg und ist ein Quäntchen weniger schmerzhaft, aber die Schwerkraft befördert uns in jedem Fall nach unten, ob wir uns ihr anvertrauen oder nicht. Wir mögen noch so sehr dagegen ankämpfen, am Ende müssen wir uns unsere Ohnmacht eingestehen. Und in dem Augenblick, in dem wir uns ergeben, merken wir, dass wir an einem erstaunlich angenehmen Ort gelandet sind. Wohlmeinende Wesen sammeln die Einzelteile zusammen, in die wir uns zersplittert haben, und setzen sie auf neue und bessere Weise zusammen. Sie heilen uns. Und sie reparieren ganz speziell unseren Willen. Diesen können wir nicht allein in Ordnung bringen, weil unser Bewusstsein keinen Zugang zu den Bereichen hat, in dem der Defekt liegt. Wenn wir aufsteigen, tun wir dies als Schüler. Wenn wir absteigen, sind wir Patienten.

So wie es für den Abstieg selbst keiner Anleitung oder Methode bedarf, brauchen wir auch für die Rückkehr zur horizontalen Ebene keine Technik. Jeder bewusste Versuch, die Schwebkraft zum Einsatz zu bringen, ist zum Scheitern verurteilt. (Wenn wir uns mit Absicht leicht machen können, sind wir nicht unten.) Manche beschreiben das Ganze als eine Art Rückfederung: ein Zurückprallen nach dem Aufschlagen auf dem Boden. Man könnte es auch als eine natürliche Folge der Erleichterung betrachten, die wir empfinden, sobald wir uns unten der Last entledigen konnten, die uns hinabgezogen hat. Andere haben das Gefühl, in liebevollen Armen wieder nach oben getragen zu werden. Vielleicht haben auch Sie eine vage Erinnerung an ein solches Erlebnis. Vielleicht sind Sie eines Abends in einem Zustand der extremen Betrübtheit zu Bett gegangen, nur um am nächsten Morgen mit einem sonderbar friedlichen Gefühl aufzuwachen. Und Ihr Körper fühlt sich so wunderbar schläfrig schwer an, dass Sie sich am liebsten gar nicht bewegen würden.

So herrlich träge fühlt sich der Wille unmittelbar nach einer solchen Heilung an.

Ist es nicht merkwürdig, dass ausgerechnet der Ort, an dem dies geschieht, den Namen Hölle trägt? Die negative Vorstellung, die wir in diesem Zusammenhang haben, ist von der Panik geprägt, die uns im freien Fall überkommt. Die Reise hinunter kann in der Tat ausgesprochen unangenehm sein, denn solange wir unten sind, können wir uns offenbar nie an unsere früheren sanften Landungen und die anschließende sichere Heimkehr erinnern.

Ebenso wie die obere Vertikalität ist auch das untere Reich bevölkert. Die hier anzutreffenden Wesen sind – und das trifft auch auf uns als Besucher zu – schwerer als Menschen auf der horizontalen Ebene. Wenn ich hier von »schwerer« spreche, dann in dem Sinne, dass sie sich unfreier vorkommen; dass sie das Gefühl haben, in ihrem Handlungsspielraum eingeschränkter zu sein. Bewegt sich ein Mensch – ob er nun gerade inkarniert oder verstorben ist – nach unten, so hängt er in irgendeiner Weise fest und kann seine Möglichkeiten nicht erkennen oder nutzen. Dieses Festhängen ist ein vorübergehender Zustand. Sobald es sich löst, ist der Leidende erleichtert und bewegt sich wieder nach oben. Es gibt dort unten auch Dauerbewohner: Tierseelen oder Elementale, die von Natur aus eingeschränkt in ihren Möglichkeiten sind. In gewisser Weise ist es negativ, ein Geschöpf als »schwer« zu bezeichnen. Doch »schwer« heißt nicht »böse«. Anders als die heute üblichen Fegefeuer-Predigten uns glauben machen wollen, ist die untere Vertikalität kein Ort der Bestrafung. Wer hier auf Dauer wohnt, tut dies, weil es seiner Natur entspricht, so wie wir uns auf der horizontalen Ebene aufhalten. Besucher kommen in die unteren Reiche, um geheilt zu werden.

Unter den meisten spirituellen Traditionen herrscht große Einigkeit im Hinblick auf die Wesen der oberen Vertikalität. Juden, Christen und Muslime zum Beispiel beschreiben nicht nur

Engel auf die gleiche Weise, sondern nennen manche von ihnen wie etwa Gabriel sogar beim selben Namen. Die Griechen erkannten im römischen Gott Merkur und dem ägyptischen Gott Thoth sofort ihren Hermes wieder, weil seine Persönlichkeit einzigartig und unverwechselbar ist. Man scheint sich aber nicht darauf einigen zu können, wie die Wesen der unteren Welten zu nennen oder einzuordnen sind. Selbst innerhalb der Glaubensrichtungen bekommt man unzählige verschiedene Versionen darüber zu hören, wer oder was dort unten anzutreffen sei. Beschreibungen von Kontakten mit schwereren Wesen finden sich fast nur in Romanen, und selbst jene, die angeblich auf Tatsachen beruhen sollen, klingen oft nach ziemlichen Phantastereien.

Wir können andere Wesen nur in dem Maße erkennen, wie wir etwas mit ihnen gemeinsam haben, denn wir nehmen sie nur in dem Bereich wahr, in dem sich ihr Bewusstsein mit dem unseren überlappt. Manche der schwereren Wesen sind so anders als wir Menschen, dass nur sehr wenige von uns ihnen je begegnen werden. Was der Geist eines Felsens denkt, ist uns so fremd, dass die meisten es noch nicht einmal als Gedanken anerkennen können. Bei anderen schweren Wesen betrifft die Überlappung mit dem menschlichen Bewusstsein nur jene Aspekte, die die meisten von uns als gruselig oder abstoßend empfinden. Keiner von uns wird sich darum reißen, sich in die Perspektive einer Made in verrottendem Fleisch hineinzuversetzen oder die Welt aus der Sicht eines Krebsgeschwürs zu betrachten. Wenn das Bewusstsein schwererer Wesen, die in unserem Körper leben, in das unsere eingreift – wie es manchmal vorkommen kann, wenn wir schlafen oder krank sind –, erleben wir dies in der Regel als Albtraum, und wenn wir aufwachen, sind wir erleichtert.

Andere schwere Wesen sind schwierig zu erkennen, weil wir *so viel* mit ihnen gemeinsam haben. Wenn wir im Unten sind, halten wir sie für einen Teil von uns selbst: unsere eigenen Stimmungen und Emotionen. In schamanischen Kulturen werden Krankheiten und andere Störungen dem Einfluss von »Dämonen« oder »Entitäten« zugeschrieben. Der moderne Mensch im westlichen Kulturkreis neigt hingegen eher dazu, innere Beeinträchtigungen als problematischen Aspekt seiner eigenen Persönlichkeit oder als nebulösen Bereich seines »Unbewussten« zu betrachten. Auf Anraten eines Psychotherapeuten versucht er dann, den störenden Teil zu integrieren oder anzunehmen. Viele Patienten widersetzen sich diesem Rat zunächst. Sie würden Gefühle bzw. Impulse, die mit ihrer bewussten Vorstellung von sich selbst so wenig gemeinsam haben, lieber verdrängen. Es ist dieser Eindruck der Andersartigkeit, der die Anhänger des schamanischen Weltbilds dazu bringt, hier von eigenständigen Wesen zu sprechen.

Genau genommen deuten diese beiden scheinbar so widersprüchlichen Interpretationen auf ein und dieselbe innere Realität. Um ein Geistwesen als solches und nichts anderes zu erkennen, müssen wir in der Lage sein, auch uns selbst als Geistwesen anzunehmen. Sind wir uns unserer eigenen Autonomie bewusst, können wir auch die Autonomie eines anderen sehen und uns sicher sein, dass wir sie uns nicht nur einbilden. Diese Selbsterkenntnis ist eine unserer höheren Fähigkeiten. Während wir uns in der unteren Vertikalität aufhalten, verlieren wir den Zugang dazu. Das klare Selbstempfinden verlässt uns, und weil es uns fehlt, können wir nicht genau erkennen, wo die Grenze zwischen uns und dem anderen oder auch zwischen diesem und jenem anderen verläuft.

Die schwereren Wesen, die der Mensch als Dämon wahrnimmt, befinden sich in dem gleichen Dilemma, nur noch viel ausgeprägter. Sie wissen nicht, was »Ich« heißt, und können darum nicht zu einem Menschen sagen: »Ich bin nicht du.« Diese Wesen sind nicht wir, und doch sind sie auch nicht völlig von uns getrennt. Sie stehen in einer parasitären Beziehung zum menschlichen Bewusstsein. Ihr eigenes Bewusstsein wirkt wie ein Stückchen von der menschlichen Psyche, das sich vom Rest abgelöst hat und nun unkontrolliert Amok läuft. Oft beschränkt sich ihr komplettes inneres Repertoire auf eine Emotion, einen Wunsch oder eine fixe Idee. Und um dies zum Ausdruck zu bringen, müssen sie sich in die Psyche eines Menschen einklinken. Der menschliche Wirt, der es, ohne es zu merken, übernimmt, fühlt sich von einer Emotion oder einem Gefühl mitgerissen oder »besessen«, das für menschliche Maßstäbe unangemessen, wenn nicht sogar völlig irrsinnig ist. Dies geschieht oft, wenn wir unten sind. Es fällt uns nicht leicht, die Grenze zwischen uns und unserem kleinen Parasiten zu erkennen. Er fühlt sich wie *wir* an, und wir haben den Eindruck, die Kontrolle verloren zu haben.

Aus Sicht dieser schwereren Wesen ist ein absteigender Mensch wie ein Engel. Während die Verbindung mit ihnen unser Bewusstsein nach unten zieht, hebt sie das ihre an. Sie erweitert ihre Perspektive und Möglichkeiten, so wie der Kontakt mit einem leichteren Wesen unser Spektrum erweitert. Da läuft alles schief in unserem Leben, und unsere Haare wollen auch nicht recht sitzen, und doch stürmen ganze Scharen von schwereren Wesen auf uns ein und feiern uns als ihren Retter. Wir mögen noch so alkoholisiert sein, die Wesen der Trunkenheit sehen in uns einen Propheten. Woran immer wir leiden, wir ziehen Wesen an, die ein Stück von uns abhaben wollen. Aus unserer Perspektive fühlt sich das so an, als würde das, was unseren Absturz verursacht hat, sich in dem Maße verstärken, wie diese schwereren Wesen sich an uns gütlich tun. Wir und unsere Probleme werden schwerer, und unser Fall beschleunigt sich. Bis wir schließlich am Boden ankommen und geheilt werden – und mit uns die Wesen, die sich an uns angehängt haben. Entweder wir machen sie uns zu eigen und integrieren sie, indem wir sie lehren, in harmonischem Einklang mit einer intakten menschlichen Persönlichkeit zu leben; oder wir überwinden das schwere Gefühl, das uns so attraktiv für sie gemacht hat, und sie suchen sich einen anderen Aufenthaltsort.

Einige gute Hinweise zu den Wesen der unteren Welten finden wir in J. R. R. Tolkiens Trilogie *Der Herr der Ringe* sowie in C. S. Lewis' Roman *Die Chroniken von Narnia*. Wenn wir sicher zurückkehren wollen, sollten wir uns wie ein Kind oder wie ein Hobbit* verhalten. Wie wilde Tiere versuchen auch niedere Wesen, uns Angst einzujagen, wenn sie selbst Angst haben. Die menschliche Arroganz verunsichert sie zutiefst, denn sie schauen zu uns auf und merken nicht, dass wir mit unserer Großtuerei nur unsere eigene Unsicherheit überdecken. Nähern wir uns ihnen mit Sanftmut und Bescheidenheit, lassen sie sich oft bereitwillig zähmen.

Eigentlich sind viele dieser Wesen auf geradezu rührende Weise bemüht, uns zu Diensten zu sein. Ihre Hilfsbereitschaft wird umso offensichtlicher, wenn wir sehen, was mit Menschen passiert, denen es gelingt, sie komplett aus ihrem Leben zu verbannen. Asketen wie die Wüstenväter wollten nichts mit den unteren Reichen zu tun haben und führten ein extrem reines Leben, um sich von ihnen fernzuhalten. Anfangs entstanden dadurch große innere Konflikte, denn je mehr Verzicht der Asket übte, desto insistierender wurden die niederen Wesen. Tag und Nacht plagten sie ihn mit Versuchungen. Kaum hatte der Heilige aber gelernt, ihnen zu widerstehen und die Wesen überredet, sich zurückzuziehen, trat ein noch größeres Problem zutage. Sein Innenleben wurde extrem öde, farblos und kalt – eine Welt der reinen Abstraktion, in der es weder Schmerz noch Freude gab. Der Genuss, den uns unsere Sinne und Emotionen schenken, braucht die Mitwirkung der niederen Wesen. Aus der oberen Welt können wir zwar eine großartige Idee für ein Kunstwerk beziehen, aber um es so zu erschaffen, dass es andere zutiefst bewegt, müssen wir auch in die Tiefe hinabsteigen. Im Unten finden wir die Gefühle, die Farben, den Saft.

---

* Hobbits sind friedfertige, charakterstarke, aber auch etwas unbedarfte menschenähnliche Wesen aus Tolkiens fiktiver Welt. (Anm. d. Ü.)

In der alchimistischen Arbeit wird die Abwärtsbewegung der Seele von etwas ausgelöst, das während ihrer Aufwärtsbewegung geschehen ist. Fassen wir in der oberen Vertikalität eine klare, bewusste Absicht, schließen wir damit gewissermaßen einen Pakt: Wir formulieren das Ziel, dass unser Wille in Einklang mit eben dieser Absicht transformiert werden möge. Schon bald danach könnte es zu Ereignissen kommen, die jenseits unserer Kontrolle liegen. Da diese uns nach unten ziehen, können wir zunächst überhaupt nicht erkennen, was sie mit unserer Absicht zu tun haben. Ja, sie scheinen uns oft eher von unserem Ziel wegzuführen, als uns ihm näherzubringen.

Lassen Sie mich dies anhand eines Beispiels verdeutlichen. Mit dem Satz, dass alle Menschen gleich erschaffen seien, drückten die Gründerväter ihre bewusste Absicht aus. Wie wohl jeder von uns weiß, hielten sowohl der Verfasser als auch viele der Unterzeichner der amerikanischen Unabhängigkeitserklärung Sklaven. Während sich die bewusste Absicht für gleiche Rechte einsetzte, war der nationale Wille einem eher darwinistischen Motto verschrieben, das da lautete: »Manche Menschen sind stärker und überlebensfähiger als andere, und ich will einer von ihnen sein.« Die Erklärung der höheren Absicht löste eine Abwärtsbewegung aus, die im Laufe der Zeit dazu führte, den nationalen Willen auf ihren Kurs zu bringen. Als nämlich die Gründerväter ihre Unterschrift unter die amerikanische Unabhängigkeitserklärung setzten, unterzeichneten sie damit gleichzeitig die Mobilmachung für den Sezessionskrieg.

Wenn wir uns mit dem Großen Werk befassen, werde ich noch näher auf dieses Thema eingehen, denn in diesem Zusammenhang kommt es stark auf die Koordination von Auf- und Abwärtsbewegung an. Zunächst aber will ich erklären, was mit der Abwärtsbewegung *nicht* gemeint ist, weil Missverständnisse in diesem Zusammenhang üble Folgen haben können.

Einige dubiose Abstiegsmethoden

Stellen wir uns die vertikale Welt als einen Baum vor: Seine Äste strecken sich dem Licht entgegen, und seine Wurzeln reichen tief in die Erde hinab. Der Satz »wie oben, so unten« besagt nur, dass die Wurzeln und Äste in einer Wechselbeziehung zueinander stehen, und nicht, dass sie identisch wären. Nehmen wir an, wir würden den Baum ausgraben und umgekehrt wieder einpflanzen. Licht und Luft würden die Wurzeln austrocknen, und in der Erde würden die Blätter ersticken und verfaulen. Ein Baum kann nur leben, wenn er richtig herum eingepflanzt ist. Dies ist ein Grundprinzip der geistigen Bewegung. Eine Magie, die es aus Unwissenheit missachtet (dies ist bei weitem der häufigste Fall), ist in der Regel wirkungslos. Wird das Gesetz aber aus einer falschen Haltung heraus gebrochen, ist das Ganze nicht nur ineffektiv, sondern zudem im Ergebnis pervers.

Womöglich ist Ihnen bekannt, dass die Nazis in okkulten Kreisen Unterstützung für ihre Sache suchten. In diesem Zusammenhang wurden in der Tat diverse Experimente von einer Gruppe von Okkultisten durchgeführt, die sich Ariosophen nannten. Die wichtigste Erkenntnis daraus ist: Sie funktionierten nicht. Ein Magier, der etwas von seiner Arbeit versteht, braucht weder Waffen noch Gaskammern, um seine Ziele zu erreichen. Wer auf brutale Gewalt zurückgreift, gesteht damit praktisch seine Unfähigkeit als Magier ein.

Die Ariosophen erkannten, dass die Quelle des menschlichen Willens in der unteren Vertikalität zu finden ist. Gleichzeitig waren sie stark beeinflusst von den heroischen Archetypen, die sich in der oberen Vertikalität manifestieren. Ausgehend von einer verdrehten Version der oben beschriebenen Logik, versuchten sie, Kräfte von unten nach oben zu bringen und mit den Archetypen zu verschmelzen, um etwas hervorzubringen, das sie als »Triumph des Willens« bezeichneten. Dies bedeutete, den Baum auf den Kopf zu stellen, denn zu triumphieren heißt aufzusteigen, während der Wille im Unten angesiedelt ist. Anders ausgedrückt: Sie versuchten, die Welt im Kopfstand zu erobern.

Die Verbindung von Wille und Archetyp ist an und für sich eine gute Idee. Der Fehler der Ariosophen lag in der Methode. Ziel der alchimistischen Magie ist es, das Ideal mit dem Instinktiven in Einklang zu bringen – also *zu harmonisieren* und nicht *zu verschmelzen*. Harmonisierung bedeutet die Kultivierung eines lebendigen *Dazwischen*. Erreicht wird sie durch die vertikale Bewegung der menschlichen Seele: Sie steigt auf, um dem Ideal zu begegnen, und steigt ab, um den Willen im Einklang damit zu transformieren. Die Vitalität einer Persönlichkeit findet Ausdruck in der Bandbreite und Anmut ihrer Bewegung. Ihre geistige Gesundheit bemisst sich an ihrer Fähigkeit, das Oben vom Unten zu unterscheiden und in beiden Bereichen nach den dort jeweils geltenden Gesetzmäßigkeiten zu agieren.

Der nach unten führende Abschnitt der Reise wird von Gefühlen der Hilflosigkeit begleitet, die uns mit der Verletzlichkeit der menschlichen Existenz in Berührung bringen. Hier wird der Mensch demütiger und mitfühlender – ein spiritueller Ansatz, dem der Möchtegern-*Übermensch* ganz und gar nichts abgewinnen kann. Statt in die Tiefe hinabzusteigen, versuchten die Ariosophen darum, die instinktiven Kräfte des Willens an die Oberfläche zu ziehen. Doch außerhalb ihres angestammten Elements zeigen diese sich von ihrer animalisch-stupiden Seite.

Der Versuch, auf magischem Wege ein Ideal, das seine Schwebkraft verloren hatte, mit einem Willen zu verschmelzen, der keine Schwerkraft mehr besaß, scheiterte zwar, doch es gelang den Ariosophen, eine ausgesprochen zerstörerische Mythologie in die Welt zu setzen. Ob absichtlich oder unabsichtlich, kann ich nicht beurteilen, aber in seiner Trilogie *Der Herr der Ringe* braute Tolkien hierfür das passende Gegenmittel. Durch die Verwandlung eines schädlichen in einen heilenden Mythos erwies er der Menschheit einen großen spirituellen Dienst. Wie in den Mythen der Nazis geht es auch in seiner Geschichte um eine Suche nach dem Heil, doch hier soll nichts aus der Tiefe zurück ans Licht geholt werden. Im Gegenteil: Es geht darum, etwas *loszuwerden*; etwas nach unten zurückzugeben, was zu Unrecht nach oben gebracht worden war. Dies ist eine Grundregel der seelischen Abwärtsbewegung: Wir müssen mit leeren Händen zurückkehren.

Sehr zu meiner Verzweiflung bin ich in so gut wie jedem okkulten Text, den ich gelesen habe, im Zusammenhang mit der Abwärtsbewegung immer auf ein und dieselbe Aussage gestoßen. Sie lautet in etwa wie folgt: »Von den verschiedenen anderen Zugangsmethoden zu den unteren Reichen – Blutopfer, ritueller Einsatz von Sex, Drogen und Ähnliches – muss nichts weiter gesagt werden, da diese Praktiken in den Bereich des schwarzen Weges fallen.«

»Muss nichts weiter gesagt werden« – ausgerechnet da, wo es anfängt, interessant zu werden! Ich kann gut verstehen, dass man mit Blutopfern nichts zu tun haben will, aber der rituelle Einsatz von Sex und Drogen klingt doch ziemlich vielversprechend, nicht wahr? Warum sollte man den Abstieg dem schmerzlichen Zufall überlassen, wenn man bloß eine Orgie zu veranstalten braucht, um zum selbst gewählten Zeitpunkt in die Tiefe zu gelangen? Jeder einigermaßen intelligente Leser braucht da schon ein paar mehr Informationen, um eine so attraktive Möglichkeit in den Wind zu schlagen.

Rituelle Praktiken, die die Seele durch den Abbau von Hemmungen in die Tiefe ziehen (Sex und Drogen sind hier nur zwei von vielen Möglichkeiten, mit denen sich das erreichen lässt), wurden von ernst zu nehmenden Magiern mit offensichtlichem Erfolg angewandt. In manchen Formen des Schamanismus spielen diese Methoden eine vorrangige Rolle. Dass ihre Anwendung für den angehenden Magier aus dem westlichen Kulturkreis problematisch ist, hat nichts mit moralischen Vorbehalten gegenüber ausgefallenen Sexpraktiken und Drogenkonsum zu tun, denn man kann diese Aktivitäten in der Horizontalen (verzeihen Sie den Scherz) verrichten, ohne spirituell Schaden zu nehmen. Das Problem liegt vielmehr in einer Besonderheit unseres modernen Denkens: Wir sind uns unserer Bewusstheit fürchterlich bewusst. Wir können nicht nur denken und über unser Denken nachdenken, sondern uns auch darüber Gedanken machen, was wir von unserem Denken denken.

Stellen wir uns vor, wir würden die Beherrschung verlieren. Auf der ersten Bewusstheitsebene spüren wir unseren Zorn. Auf der zweiten beobachten wir, wie wir die Beherrschung verlieren, und kritisieren uns womöglich dafür. Bei den meisten Menschen hat dieser innere Beobachter wiederum einen eigenen Beobachter. Dieser hat sowohl Ebene Nummer eins als auch die Selbstkritik-Ebene Nummer zwei im Blick und denkt: »Ich sollte nicht so streng mit mir sein.« Wenn Sie sich selbst in dieser Beschreibung wiederfinden, ist bei Ihnen noch eine weitere Ebene aktiv – eine, die in der Lage ist, auch Ebene Nummer drei im Auge zu behalten. Und hier scheinen wir einen Punkt zu erreichen, wo uns die Bewusstheit der Bewusstheit nicht mehr weiterbringt. Mit all dem zusätzlichen Federschmuck ähnelt unser Denken zunehmend einem fluguntauglichen Vogel. Wir fühlen uns in unserem Inneren hoffnungslos verstrickt und sehnen uns in ein reales oder mythisches Primitivzeitalter zurück, in dem die menschliche Psyche weniger komplex erschien.

Es stimmt wahrscheinlich, dass der menschliche Geist früher simpler war. Im Altertum galt das Aufführen von Schauspielen als religiöses Ritual, das gleichzeitig eine Art Psychotherapie darstellte. Dies funktionierte, weil die Zuschauer sich mit dem Geschehen auf der Bühne identifizierten. Sie gingen so mit, als würde das Ganze wirklich geschehen – und zwar ihnen persönlich. Wenn die Handlung dann ihren Höhepunkt erreichte, erlebten sie eine Katharsis. Sich eine Tragödie anzusehen, hieß, im spirituellen Sinne in die Tiefe hinabzusteigen und sich von dem Dramatiker in die untere Vertikalität führen zu lassen.

Betrachten wir dagegen die Werke von Shakespeare und seinen Zeitgenossen, hat sich im Hinblick auf die Psyche des Publikums etwas verändert. Immer wieder erinnert Shakespeare uns daran, dass wir Zuschauer eines Schauspiels sind. Er lässt uns sogar wissen, dass unser eigenes Leben so gestaltet werden könne, dass es einer Bühnenproduktion gleiche. Wenn wir uns aber bewusst sind, dass ein Spiel nur ein Spiel ist, identifizieren wir uns nicht mehr voll damit. Ein Teil unseres Geistes sieht zu, wie der andere Teil die Handlung auf der Bühne verfolgt. Wir wissen, dass wir nicht König Lear sind, und auch, dass der Schauspieler, der diese Rolle spielt, kein echter König ist.

In den Werken von D. H. Lawrence tritt noch eine weitere Ebene des Selbst-Bewusstseins zutage. Mellors, der Wildhüter aus dem Roman *Lady Chatterley's Lover*, ist als eine Art Wilder von edlem Gemüt gedacht, doch statt das böse F-Wort tatsächlich auszusprechen, ergeht er sich in seitenlangen Ergüssen darüber, warum man dieses Wort unbedingt gebrauchen sollte. In der Wirklichkeit würde ein Wilder edlen Gemüts (falls es so etwas überhaupt gibt) wohl kaum vor einem Spiegel stehen und seine edle Wildheit bewundern. Statt in die Tiefe gezogen zu werden, schauen wir zu, wie Lawrence seinen Charakteren dabei zuschaut, wie sie so tun, als würden sie das machen, was sie sich unter einem Abstieg vorstellen.

Wenn wir uns unserer Bewusstheit bewusst sind, stellt sich bei dem vorsätzlichen Versuch, Hemmungen abzulegen, genau das Gegenteil ein: Am Ende schauen wir uns selbst dabei zu, wie wir vorgeben, hemmungslos zu sein. Übertragen wir dies beispielsweise auf rituelle Sexualmagie, kommt etwas dabei heraus, das zugleich exhibitionistisch und voyeuristisch ist. Wir versuchen, aus einer dem Oben angehörigen Geisteshaltung (sprich: einem Zustand der Selbstbewusstheit) heraus ins Unten hinabzusteigen. Es ist so, als wollten wir mit aufgeblendeten Scheinwerfern in einen dunklen Raum fahren. Zu viel Licht an einem Ort, an dem Dunkelheit herrschen sollte, erzeugt Scham. Im besten Falle reagieren wir verlegen und fühlen uns peinlich berührt. Es könnte aber auch sein, dass uns unsere Scham zurückgespiegelt wird und uns etwas widerfährt, das uns die untere Vertikalität als einen Ort der Verderbtheit erleben lässt. Lassen wir uns auf diese Art von Verzerrung ein, würden wir uns damit in der Tat auf moralisches Glatteis begeben.

Wie also legen wir all diese Ebenen der Selbstbewusstheit ab, um wirklich in die Tiefe zu gelangen? Es ist ganz einfach: Wir brauchen bloß auf einer Bananenschale auszurutschen! Die Kontrolle bewusst verlieren zu wollen, ist ein Widerspruch in sich. Wer es dennoch versucht, kann nicht mit hundertprozentigem Ernst bei der Sache sein. Wenn uns der Zufall nach unten reißt, steigen wir als die wahren Unschuldigen ab, die wir immer sein wollten. Wir brauchen es uns nicht extra vorzunehmen. Auf Unwägbarkeiten und Leiden des gewöhnlichen Alltags ist Verlass; sie schicken uns schon hinunter, auch wenn wir uns dagegen wehren. Und wenn Sie in letzter Zeit nichts hinabgezogen haben sollte, dann ist für Sie im Augenblick eben kein Aufenthalt dort nötig.

Das Gepäck-Depot

Das Erwachen der Hellsichtigkeit eröffnet uns eine riesige neue Welt von Möglichkeiten, in die Irre zu gehen. Waren wir bis dahin nur falschen Informationen von faulen Journalisten, betrügerischen Werbeleuten und Diskussionsforen im Internet ausgesetzt, haben wir auf einmal Zugang zu einer ganzen Heerschar von unsichtbaren Wesen, die darauf brennen, unseren Bedarf an Fehlinformationen zu befriedigen. Dass solche Gestalten existieren, habe ich bereits an anderer Stelle angedeutet. Jetzt ist es an der Zeit, sie auf unserer inneren Landkarte zu verorten.

In der christlichen Hermetik nennt man den Ort, an dem wir spirituell in die Irre geleitet werden, das »Reich der Täuschungen« oder die »Kette der Lügen«. Auf dieses trügerische Terrain geraten wir, wenn das Wechselspiel von Schweb- und Schwerkraft ins Schlingern gerät und zur Quelle von allen möglichen fehlgeleiteten, dysfunktionalen oder schlichtweg dummen Vorstellungen wird, die sich als spirituelle Wahrheiten zu verkaufen suchen. Wenn Leute heute von »Astralebene« reden, sprechen sie meistens von eben diesem Ort. Meister der vertikalen Reise berichten, dass ein Kurzaufenthalt in dieser Region unvermeidbar ist, da sie zwischen unserem horizontalen Bewusstsein und den erbaulicheren Gegenden der oberen Vertikalität liegt. Wenn wir nach oben wollen, müssen wir durch diesen Bereich hindurch. Und bis wir gelernt haben, die Trugbilder zu durchschauen, werden wir hier immer wieder aufgehalten.

Ich hatte mir diese Region immer als eine Art Wolkendecke vorgestellt – und dass man wie ein Flugzeug nach dem Start durch die Wolken stößt, bevor man den klaren Himmel erreicht. Dies hat sich jedoch als ein Irrglaube aus dem Reich der falschen Vorstellungen erwiesen, der mich immer wieder in die verschiedensten Sackgassen geführt hat. Was ich auf mühsamen Wegen erkannt habe: Das Reich der Täuschungen ist *nicht* oben. Zu glauben, es befinde sich oben, ist in der Tat die fundamentale Täuschung, aus der alle anderen Täuschungen hervorgehen. Wenn wir meinen aufzusteigen, obwohl wir uns in Wirklichkeit nach außen hin bewegen, bringt das unseren gesamten Orientierungssinn durcheinander. Wir sind nicht mehr in der Lage, zwischen innen und außen oder vorwärts und rückwärts zu unterscheiden.

Warum so viele Leute glauben, diese Region sei oben, hat damit zu tun, dass sie in der Regel bei ihrem *Versuch,* nach oben zu kommen, dorthin gelangen. Ihre Experimente mit der Schwebkraft führen sie an einen Ort, der so ganz anders ist als die bewusste Alltagsrealität und der sich genau mit ihren Vorstellungen von der geistigen Welt deckt. Da ist es nur natürlich, wenn sie meinen, dass sie an ihrem Ziel angekommen sind.

Dass sich diese Region eher wie eine Ebene und nicht wie eine Röhre oder Aufzugskabine anfühlt, ist der erste Hinweis darauf, dass wir uns verirrt haben. In der echten Vertikalität führt eine Verlagerung der Aufmerksamkeit zu einer Veränderung des Vertikalgewichts, wodurch wir uns entweder direkt nach oben bewegen oder auf die Horizontale zurückfallen. Oben zu bleiben, erfordert eine Konzentration, die sich nur sehr schwer länger als ein paar Minuten konsequent aufrechterhalten lässt. Im Vergleich dazu fühlen sich Astralreisen geradezu spielerisch an. Hier haben wir das Gefühl, nach Belieben umherstreifen zu können, weil Bewegung zu den Seiten hin möglich ist – unsere Aufmerksamkeit wandert von Wesen zu Wesen, von Gedanken zu Gedanken. Womöglich entsteht für uns der Eindruck, die Region sei ausgesprochen belebt, weil so viele verschiedene Wesen um unsere Aufmerksamkeit buhlen. Das Ganze fühlt sich ein bisschen so an wie ein Chatroom im Internet. In der Tat ist »virtuelle Realität« ein anderer treffender Name für das Reich der Täuschungen.

Sie haben sicher auch schon gemerkt, dass die Leute im Internet gelegentlich jeden Sinn für das rechte Maß verlieren. Sie verlieben sich in Menschen, denen sie noch nie von Angesicht zu Angesicht begegnet sind, ziehen in heftige kriegerische Auseinandersetzungen usw. Der esoterische Begriff für dieses Phänomen lautet »Astralität«, und sie geht mit der Art von innerer Bewegung einher, die uns ins Reich der Täuschungen führt.

Aus sich selbst heraus ist der Körper zu keiner Falschheit fähig. In dem Maße, wie wir mit unserem physischen Erleben in Kontakt bleiben, sind wir geerdet im gesunden Menschenverstand, denn der Körper neigt nicht zu verrückten Extremen. Nehmen wir zum Beispiel die Sexualität. Entspringt unsere Leidenschaft den Bedürfnissen der Physis, legt sich unsere sexuelle Erregung in dem Augenblick, in dem der Körper Befriedigung erfährt. Ist die erotische Lust hingegen vom Physischen abgekoppelt und verwandelt sich in eine *mentale* Begierde, kann sie unersättlich und obsessiv werden. Das Gleiche gilt für unseren Überlebensinstinkt. Die Angst, die sich im Angesicht einer physischen Bedrohung einstellt, legt sich, kaum dass die Gefahr vorüber ist. Interpretieren wir aber eine Idee oder persönliche Herabsetzung als Bedrohung, kann der Zustand des inneren Aufruhrs tagelang anhalten.

Astralität hat mit genau dieser Neigung unserer Impulse und Gefühle zu tun, ein Eigenleben zu entwickeln, sobald sie sich aus ihren körperlichen Ursprüngen herauslösen. Sie ist sehr leicht mit der Schwebkraft zu verwechseln, weil beide mit einer vorübergehenden Trennung von Körper und Geist einhergehen. In diesem Sinne fühlt sich Astralität »leicht« an. Der Unterschied liegt darin, dass das Bewusstsein in der Astralbewegung durch die eigenen Körperkräfte aus der Physis geschleudert wird, während wir unter dem Einfluss der Schwebkraft durch die Anziehung des Geistes nach oben gezogen werden. In unserem Erleben ist der Unterschied äußerst subtil und für den Anfänger kaum wahrnehmbar. Und nicht nur das: Wir neigen dazu, uns für jeden Schritt, den wir beim Entfalten von Schwebkraft nach oben tun, drei Schritte nach außen in die Astralität zu bewegen. Für jeden, der aufzusteigen lernt, sind astrale Umwege darum unvermeidbar.

Führen wir uns noch einmal vor Augen, dass der Einstiegspunkt in die obere Vertikalität extrem eng ist. Wir müssen – spirituell gesprochen – ziemlich schlank sein, um uns durch den Eingang hindurchzwängen zu können. Unser Bewusstsein muss sich auf einen einzelnen Punkt verengen und seine Hoffnungen und Ängste, Sympathien und Antipathien, Vorstellungen und Sorgen zurücklassen. Dies ist es, was Jesus mit seinen Worten meinte, es sei leichter für ein Kamel, durch ein Nadelöhr zu gehen, als für einen Reichen, ins Himmelreich zu kommen. Wir können unseren inneren Ballast nicht als Gepäck mit auf die Reise nehmen. In der Astralebene hingegen gibt es jede Menge Platz. Da können wir einen ganzen Möbeltransporter voller Krempel mitnehmen. Wenn wir also versuchen, nach oben aufzusteigen, es aber nicht schaffen, weil wir zu »schwer« sind, werden wir uns stattdessen sehr wahrscheinlich nach außen bewegen.

Gepäck ist an und für sich kein Hindernis bei der Aufwärtsbewegung. Das Problem ist, es zu *verleugnen*. Ist uns bewusst, welchen Ballast wir in welchen Mengen mit uns herumschleppen, können wir ihn an der Pforte abgeben, bevor wir uns an den Aufstieg machen. Fehlt uns aber dieses Bewusstsein, dann kommt es uns nicht in den Sinn, ihn zurückzulassen. Und prompt landen wir im Reich der Täuschungen, das ich von nun an »Gepäck-Depot« nennen werde. Es ist jener Ort der Verleugnung, an dem unser unbewusster seelischer Ballast deponiert ist. Zu allem Übel sind die Koffer, die wir ohne es zu wissen mit uns herumtragen, auch noch mit Aufklebern übersät, die jedem Außenstehenden verraten, wo genau wir herkommen. Damit werden wir zur leichten Beute für die Trickbetrüger, die sich im Gepäck-Depot herumtreiben.

Nehmen wir zum Beispiel die Ariosophen. Der Ballast, den sie unbewusst mit sich herumschleppten, waren die quälende Niederlage Deutschlands im Ersten Weltkrieg und die beschämenden Bedingungen des Versailler Vertrags. Hätten sie sich ihrem Schmerz gestellt, hätte sie das nach unten an den Ort der Heilung getragen. Sie aber versuchten stattdessen, ihre unglückliche Lage zu »spiritualisieren« und sie auf den Schwingen grandioser Ideale zu transzendieren. Da sie weder leicht genug für den Aufstieg noch schwer genug für den Abstieg bis ganz hinunter in die Tiefe waren, endeten sie im Gepäck-Depot. Eine der übelsten Maschen aus der Trickkiste von Betrügern ist es, ihr Opfer bei seinem insgeheimen Wunsch nach Überlegenheit zu packen. Die Ariosophen waren hierfür die perfekte Beute.

Über viele Jahre hinweg habe ich mich an einem hermetischen Diskussionsforum im Internet beteiligt. Eines der brillantesten Mitglieder dieses Kreises war ein Mann, den ich hier Hank nennen will. Er war hochgebildet und ein begnadeter Autor und hätte gut und gerne Professor an einer Universität werden können. Stattdessen aber hatte er sich aus Gründen, die sich mir nicht erschlossen, zu einem Dasein am Rande der Gesellschaft entschieden. Wenn er nicht gerade arbeitslos war, schlug er sich mit einer Reihe von Aushilfsjobs – als Fließbandarbeiter, Nachtwächter oder Pfleger im Altersheim – durchs Leben. Bei keiner dieser Tätigkeiten war sein brillanter Intellekt gefordert und wurde dementsprechend auch von niemandem gewürdigt. Der natürliche Wunsch des Menschen, im Rampenlicht zu stehen und bewundert zu werden, war sein »verleugnetes Gepäck«.

Eines Tages kündigte uns Hank sehr zu unser aller Überraschung seine Kandidatur für das Amt des US-Präsidenten an. Er sei die Inkarnation des nächsten Buddha, und es sei sein Schicksal, das amerikanische Volk in ein neues spirituelles Zeitalter zu führen. Als ein anderes Mitglied der Gruppe ihn geradeheraus fragte, was in Hanks glanzloser Karriere ihn für eine solche Aufgabe qualifizieren würde, antwortete er, gerade dass er niedere Arbeiten verrichtet habe, sei der Beweis für seine erhabene Identität. Im spirituellen Weltbild Hankscher Prägung war Fließbandarbeit eben die Beschäftigung, der sich Bodhisattvas widmeten, bis ihr großer Moment gekommen war und das Schicksal sie zu Höherem berief.

Was diese Episode für uns andere so peinlich machte, war die Tatsache, dass wir uns mit Hanks Phantastereien identifizieren konnten. Wenngleich die meisten von uns klug genug waren, solche Hirngespinste nicht öffentlich breitzutreten, muss man doch sehr lange suchen, um einen Hermetiker zu finden, der nicht irgendwann einmal Vorspiegelungen seiner eigenen spirituellen Größe auf den Leim gegangen wäre. Nur sehr wenige Menschen haben vertikal zu reisen gelernt, ohne wenigstens einmal in diese Falle geraten zu sein.

Wenn es ein Motiv für die Suche nach spiritueller Erkenntnis gibt, dann ist es dies: herauszufinden, was der Sinn des Lebens ist und welches unsere wahre Rolle darin ist. Wir wollen wissen,

dass unser Leben eine Bedeutung hat. In echten vertikalen Erfahrungen wird uns unsere Wichtigkeit bestätigt, denn leichtere
Wesen zeigen großes Interesse an uns und unserer persönlichen
Entwicklung. Wir müssen nichts Besonderes tun, um von ihnen
beachtet zu werden. Das menschliche Leben fasziniert sie, sie
betrachten es als überaus wichtig, und sie fühlen sich geehrt,
wenn sie um Rat gefragt werden. Wie die Verfasser der amerikanischen Unabhängigkeitserklärung kehren auch wir mit einem
tieferen Respekt gegenüber der Menschheit im Allgemeinen aus
der Vertikalität zurück. Demgegenüber können uns Ausflüge
ins Gepäck-Depot den Eindruck vermitteln, dass wir anderen
überlegen seien und unsere Wichtigkeit aus irgendeiner besonderen Mission oder schicksalhaften Aufgabe bezögen. Manchmal sind solche Hirngespinste – wie in Hanks Fall – einfach nur
lächerlich. Aber sie können auch gefährlich sein. Wir hoffen und
beten, dass die Sicherheitskräfte an den Flughäfen diejenigen
herausfischen, die meinen, im Auftrag Gottes unterwegs zu
sein.

Wie faule Geschäfte in der realen Welt hören sich auch spirituelle Bauernfängereien zu gut an, um wahr zu sein. Uns wird
vorgegaukelt, dass wir sehr viel besser oder wichtiger seien, als
wir immer gedacht haben. Sind wir zu irgendeinem Zeitpunkt
auf unserem Weg in Versuchung, solchen spirituellen Schmei-
cheleien zu glauben, ist das ein Zeichen dafür, dass wir mit uns
nicht zufrieden sind. Dieses Gefühl der eigenen Unzulänglich-
keit ist nichts, wofür wir uns schämen müssten. Jeder wahre
Suchende empfindet es von Zeit zu Zeit auf schmerzliche Weise.
Wir müssen es nur ganz klar etikettieren, dann lassen uns die
Trickbetrüger in Ruhe.

Solange Gedanken und Gefühle mit dem Körper verbunden
sind, können wir leicht unterscheiden, welche zu uns gehören
und welche von anderen kommen. Wir wissen, dass eine Emotion die unsere ist, weil wir ihre physiologischen Begleiterschei-
nungen spüren: die Schwere des Herzens bei Traurigkeit, das

Zusammenziehen des Magens bei Angst, das Erröten in Momenten der Scham. Werden diese Energien jedoch aus dem Körper heraus nach außen projiziert, begegnen sie uns womöglich in Form von Phänomenen wieder, die wir als etwas Externes wahrnehmen. Aspekte unserer eigenen Persönlichkeit können uns als offensichtlich autonome Wesen gegenübertreten, zum Beispiel, wenn wir wütend sind und daraufhin einen Albtraum haben, in dem wir angegriffen werden. Oder wenn wir von Gott enttäuscht sind und die donnernde Stimme eines Gottes hören, der mit der Menschheit hadert. Astrale Manifestationen wie diese neigen dazu, uns in unseren geheimsten Hoffnungen und Ängsten zu bestätigen, so dass diese mit noch mehr Kraft nach außen projiziert werden.

Was wir im Gepäck-Depot finden, deckt sich sehr mit unseren Vorstellungen von der spirituellen Welt, weil wir dort auf Schritt und Tritt unseren eigenen Projektionen begegnen. »Gottes Wille«, wie wir ihn hier erleben, birgt wenige Überraschungen. Was Gott von den Menschen erwartet, weist eine verblüffende Ähnlichkeit mit dem auf, was *wir* von den Menschen erwarten. Das Gepäck, aus dem wir unsere Vorstellung von Gott beziehen, ist vollgestopft mit allen möglichen unerledigten Angelegenheiten aus unserer Kindheit. Der Gott unserer Projektionen tritt uns als eine Art Erziehungsberechtigter gegenüber, der lobt oder schimpft, straft oder belohnt, uns beachtet oder uns links liegen lässt. Verstärkt wird dieses Bild von den Projektionen all der verzagten »inneren Kinder«, die je den Planeten bevölkert haben. Sie sind mittlerweile von so vielen Menschen mit solcher Inbrunst visualisiert worden, dass sie sich durchaus schon einmal als Vision oder Stimme manifestieren können. Es ist ohne weiteres möglich, ein Leben lang im Gepäck-Depot zu verweilen, weil sich unsere Glaubenssätze dort ständig von unserem inneren Erleben bestätigt sehen. Andererseits kommen psychologisch Weitblickende, die die Illusion als solche erkennen und ihre Entstehung zurückverfolgen können, oft zu dem falschen

Schluss, dass die gesamte spirituelle Welt nichts weiter sei als ein Produkt des Wunsch- oder Angstdenkens. Und schon schütten sie das Kind mit dem Bade aus.

Die beste Möglichkeit zu erkennen, dass wir uns im Gepäck-Depot befinden, liegt im Empfinden des vertikalen Gewichts, sprich: Wir müssen lernen, zwischen Schwebkraft und Astralität zu unterscheiden. Die folgenden schlichten Hinweise werden Ihnen dabei helfen:

- Was passiert, wenn Sie versuchen, das Thema zu wechseln? Schwebkraft erfordert gezielte Aufmerksamkeit. Die Wesen von Oben verstummen in dem Augenblick, in dem Sie ihnen nicht mehr zuhören. Wenn Sie Ihren eigenen Gedanken nachhängen wollen, reagieren diese Wesen sofort darauf. Sie können sie komplett vergessen, wenn Ihnen der Sinn danach steht. Auf der Astralebene hingegen können Sie sowohl Gedanken begegnen, die von denkenden Wesen abgekoppelt sind, als auch denkenden Wesen mit ausgesprochen schlechten Manieren. Sie schreien hartnäckig immer und immer wieder nach Ihrer Aufmerksamkeit. Intensität und Zwanghaftigkeit sind typische Charakteristika von Gedankengebilden aus der astralen Welt.

- Was passiert, wenn Sie versuchen, sich anders zu entscheiden? Der Respekt gegenüber der menschlichen Freiheit gilt im Oben als unumstößliches Prinzip. Die Wesen dort sind nicht darauf aus, Sie herumzuschubsen. Wenn auf einmal Worte wie »Mission« oder »Schicksal« in Ihnen umhergeistern, empfangen Sie sehr wahrscheinlich Funksprüche aus dem Gepäck-Depot. Das Gleiche gilt, wenn Sie das Gefühl haben, irgendeinem »Ruf« nicht gefolgt zu sein. Auch dies deutet auf einen hoffnungslosen Irrweg. Wenn Sie glauben, dass das Buch der Offenbarungen auf die unmittelbare Zukunft zielt und den Marschbefehl für Ihre weiteren Schritte enthält, ist es höchste Zeit, die Anti-Gehirnwäsche-Spezialisten zu holen.

- Was passiert, wenn Sie über sich selbst lachen? Wenn Sie wirklich in der oberen Vertikalität sind, wird Sie das nicht in die Tiefe ziehen. Humor und Ehrfurcht gehen hier problemlos Hand in Hand. Wenn Sie aber durch ein herzhaftes Lachen sofort wieder in die Horizontale befördert werden, waren Sie ganz sicher im Gepäck-Depot. Wenn Sie nicht verstehen, was an all dem so lustig sein soll, sind Sie wahrscheinlich immer noch dort.

An und für sich ist an Besuchen in der Astralwelt nichts auszusetzen. Solche Ausflüge können durchaus interessant sein – in etwa so, wie wenn man über einen Flohmarkt schlendert, denn auch hier gibt es allerhand Schnäppchen zu machen. Unter all den abgelegten Gedanken, Gefühlen und Phantasien findet sich vielleicht das eine oder andere, was wir noch brauchen könnten. Und vieles hat einen gewissen Unterhaltungswert. Manche Formen der Magie beziehen die Erschaffung und / oder Manipulation von Astralphänomenen in ihr Instrumentarium mit ein. (Näheres hierzu ist im Kapitel »Sublimatio« nachzulesen.) Ob zufällig oder absichtlich – im Laufe Ihrer alchimistischen Ausbildung werden Sie garantiert lernen, Ihre eigene Astralität zu stärken und zu projizieren. Zum Reich der Täuschungen wird diese Ebene nur, wenn Sie nicht wissen, wohin Sie geraten sind, und meinen, in der echten oberen Vertikalität zu sein.

Beim Verlassen des Gepäck-Depots gelangen wir leider nicht auf direktem Wege in die höheren Reiche. Wenn wir merken, dass wir unsere eigene Astralität mit der geistigen Welt verwechselt haben, erleben wir dies als Verlust. Das Zerplatzen einer Illusion hinterlässt ein Gefühl der Müdigkeit, und wir verschließen uns, um uns vor weiteren derartigen Reinfällen zu schützen. In der Zeit zwischen dem Verabschieden der falschen vertikalen Welt und dem Betreten der echten fallen wir womöglich in ein Loch. Wir haben den Eindruck, überhaupt kein spirituelles Leben mehr zu führen, und sehnen uns auf einmal nach dem Altvertrauten zurück, weil wir nichts sehen, mit dem wir es ersetzen könnten. Projizieren wir diese Sehnsucht nach außen, ruft das eine neue, noch bessere Version des Reichs der Täuschungen hervor – eine, die nicht so leicht zu durchschauen ist. Irgendwann werden wir weise genug sein, auch sie zu enttarnen, und wenn es so weit ist, fühlen wir uns doppelt erschöpft und betrogen.

Es tröstet Sie vielleicht zu lesen, dass auch das Leben der großen Mystiker genau in diesen Zyklen verlief. Aber wenn die Verzweiflung Sie wirklich im Griff hat, dann ist Ihnen das kein Trost. (Oder hat es Ihnen als Teenager etwa weitergeholfen, wenn man Ihnen sagte, dass Sie »bloß so eine Phase« durchmachten?) Ich kann Ihnen keine einfache Lösung dazu anbieten, doch ich kenne eine schwierige. Im Kapitel »Separatio« werde ich Ihnen Näheres dazu verraten.

Und wenn unsere Landkarte nicht stimmt?

In meiner Beschreibung der Vertikalität steckt ein offensichtlicher Widerspruch. Ist er Ihnen aufgefallen? Ich habe geschrieben, dass die Bewohner der unteren Welten im wertenden Sinne unter uns stehen, also geistig weniger weit entwickelt sind als wir Menschen mit dem horizontalen Bewusstsein. Und doch habe ich einen Ort der Heilung beschrieben, der ganz unten in dieser Region zu finden ist. Wenn wir dort hinabsteigen, werden wir zum Besseren hin transformiert. Doch wer oder was bewirkt diese Heilung? Wenn unsere eigene Schwebkraft nicht mehr funktioniert – wer oder was kann uns dann in die Lage versetzen, die enorme Schwerkraft der unteren Reiche zu überwinden und sicher zur Horizontalen zurückzukehren?

Stoßen wir auf einen Widerspruch wie diesen, müssen wir uns überlegen, wie wir darauf reagieren sollen. Wir stellen fest, dass sich die mentale Landkarte der geistigen Welt, nach der wir uns die ganze Zeit orientiert haben, nicht mit unserer Erfahrung zu decken scheint. Das könnte bedeuten, dass wir uns verlaufen haben, oder aber, dass die Karte falsch ist: Die Region, in der wir uns aufhalten, befindet sich entweder ganz woanders oder wurde falsch aufgezeichnet. (Zu diesem Schluss bin ich gekommen, als ich erkannte, dass der Ort, den ich heute Gepäck-Depot nenne, nicht zur Beschreibung der oberen Vertikalität passte.) Wir können diesen Fehler korrigieren und merken, dass die Landkarte insgesamt immer noch gültig ist.

Eine zweite Möglichkeit – auf die ich hier eigens hinweise, weil nur die wenigsten allein darauf kommen – besteht darin, sich vor Augen zu führen, dass es sich bei unserer Karte um ein von uns selbst ersonnenes mentales Konstrukt handelt. Sie entspricht unserer *Vorstellung* von der geistigen Welt und nicht der dortigen Wirklichkeit. Wir müssen uns nicht zwangsläufig von unserer inneren Karte verabschieden, wenn wir feststellen, dass etwas nicht stimmt; und wir müssen dieses Etwas auch nicht so umgestalten, dass es sich in unsere Vorstellung fügt. Wir können uns einfach sagen: »Es sieht so aus, als hätte ich ein noch nicht kartographiertes Gebiet entdeckt.« Vergessen wir nicht, dass es unmöglich ist, einen echten Überblick über die vertikale Dimension zu bekommen. Wir können uns nur eine ungefähre Vorstellung von ihr machen, indem wir einzelne Punkte miteinander verbinden und aus vielen einzelnen Erlebnissen bestimmte Verallgemeinerungen ableiten. Selbst die begnadetsten Seher kommen mit manchen recht fragwürdigen Schilderungen daher, wenn sie in dem Bemühen, eine »einheitliche Theorie von Allem und Jedem« vorzulegen, die Punkte falsch miteinander verbinden.

Doch es gibt noch eine weitere Betrachtungsmöglichkeit: Wir können auch davon ausgehen, dass weder unsere Vorstellung, noch unsere Karte falsch ist und wir tatsächlich an dem Ort angekommen sind, zu dem wir aufgebrochen waren. Es wird schon irgendeinen logischen Grund dafür geben, warum auf einmal Palmen in der Antarktis herumstehen oder uns ganz offensichtlich leichtere Wesen zu Hilfe kommen, wenn wir in die Tiefen der unteren Reiche stürzen. Die Suche nach möglichen Erklärungen dafür kann uns zu ziemlich bemerkenswerten Entdeckungen führen. Wer diese leichteren Wesen seien und wie sie wohl dort hinunter gelangt sein konnten, war eine der besten Fragen, die ich mir auf meiner Suche gestellt habe. Ich hoffe, dass sie Ihnen interessant genug erscheint, um ihr selbst auf den Grund zu gehen, und dass Sie ebenso viel davon profitieren werden wie ich.

Zweck dieses Buches ist es nicht, Ihnen »Catherines einheitliche Theorie von Allem und Jedem« zu präsentieren, und darum werde ich hier nicht näher auf meine eigenen Schlussfolgerungen eingehen. Dennoch will ich Ihnen einige Beobachtungen nicht vorenthalten, die Ihnen bei Ihren Nachforschungen helfen könnten.

Wir Amerikaner haben eine tief sitzende Abneigung gegen Hierarchien, denn sie vertragen sich nicht mit unserem Glauben an die Gleichheit aller Menschen. Wir sind Nachkömmlinge der Auswanderer, die in die Neue Welt kamen, um den korrupten Hierarchien der Alten Welt zu entkommen. In den Hierarchien, die sich bei uns dennoch herausgebildet haben, hat die soziale Stellung mehr mit Macht als mit persönlichem Verdienst zu tun. Jene, die in unserer gesellschaftlichen Hierarchie ganz oben stehen, sind in vielen Fällen durch die Tugenden … nun, die Tugenden der *Untugend* dorthin geraten. Wenn es uns gelingt, sie zu stürzen, jubeln wir und feiern das Ganze als einen Sieg der Moral. Für uns Amerikaner ist die Horizontalität *selbst* die Summe und das Produkt dessen, was wir in unseren horizontalen Beziehungen für richtig, gerecht und angemessen halten.

Die Hierarchie der geistigen Welt basiert auf anderen Prinzipien, als sie in menschlichen Institutionen üblich sind. Dort gilt das Motto: *Noblesse oblige.* Edelmut ist die Macht, die den Machtlosen zur Verfügung gestellt wird. Er ist die Triebfeder, wenn das Obere freiwillig hinabsteigt, um dem Unteren eine helfende Hand zu reichen. Die leichteren Wesen, die uns entgegenkommen, wenn wir dort unten versuchen, unser Bewusstsein zu erheben, handeln aus dieser edlen Gesinnung heraus. Sie opfern die Glückseligkeit der oberen Welten, um mit einem da unten in Beziehung zu treten. Wir erleben solche Kontakte als überaus herrlich. Wie sich ein Engel dabei fühlen mag, können wir nicht so genau wissen. Vielleicht beklagen sie sich untereinander mit Worten wie: »Ich bin heute irgendwie völlig am Boden.«

Der christlichen Theologie zufolge gibt es über uns Engel auf neun verschiedenen hierarchischen Stufen. Wir Menschen nehmen in dieser Vorstellung die zehnte Hierarchiestufe ein. Wir sind die leichteren Wesen, die all jenen dienen, die zurzeit in ihrer spirituellen Entwicklung bewusstseinsmäßig unter uns angesiedelt sind. Mit anderen Worten: Wir sind die Engel mit dem niedrigsten Rang. Im Sinne der *Noblesse oblige* ist dies die erhabenste Position überhaupt!

Wenn Sie mit der Vorstellung von der zehnten Hierarchie etwas anfangen können, könnte es Sie weiterbringen, sich einmal darüber Gedanken zu machen, wer die Wesen unter uns sind und was Menschen tun – oder tun könnten –, um ihnen zu helfen. Ebenfalls lohnenswert ist die Frage, wie ein leichteres Wesen schwer genug werden kann, um in die unteren Reiche zu gelangen. Ein Großteil der Christenheit glaubt, dass Christus in der Zeit zwischen seinem Tod und seiner Wiederauferstehung »in die Hölle hinabgestiegen« sei. Nach den Maßstäben des vertikalen Gewichts war Christus extrem leicht – vielleicht der allerleichteste Mensch, der je auf Erden wandelte. Wie konnte ein Wesen, dessen natürlicher Rang ganz oben war, schwer genug werden, um bis ganz nach unten zu sinken? Welchen Ballast hat er verwendet?

Übungen mit Symbolen

Übung 1

Leichtere Wesen nehmen Objekte als Prozesse wahr. Wenn sie in Bildern kommunizieren, senden sie das Diagramm eines Prozesses. Versuchen wir, selbst solche Diagramme zu entwerfen.

Nehmen wir an, Sie wollten das Konzept *Baum* kommunizieren. Der Prozess könnte in etwa so aussehen: Unten – etwas breitet sich nach unten und zu den Seiten hin aus (die Wurzeln). In der Mitte – eine Vielheit, die sich zur Einheit zusammenfügt (der Stamm). Oben – etwas breitet sich nach oben und zu den Seiten hin aus (die Äste).

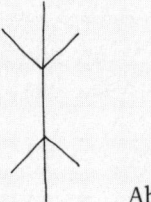

Abb. 6

Versuchen wir als Nächstes, den Prozess für Automobil zu Papier zu bringen. Da ist eine kreisende Vorwärtsbewegung und ein In-sich-Aufnehmen. Das Diagramm könnte in etwa so aussehen:

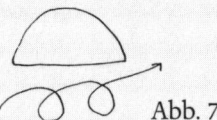

Abb. 7

Wie Sie sehen, haben unsere beiden Prozessdiagramme eine gewisse Ähnlichkeit mit dem Objekt, das wir zu beschreiben versuchen. Auch hier stimmt also der Satz: »Die Form folgt der Funktion«, nicht wahr? Versuchen Sie, Prozessdiagramme anderer gebräuchlicher Objekte zu entwerfen und schauen Sie, ob diese Beobachtung immer noch zutrifft.

Übung 2
Hier sehen Sie das Bild eines *Varja:*

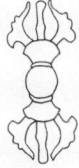

Abb. 8

Tibeter benutzen den Varja in magischen Zeremonien. Es handelt sich um einen tatsächlichen Gegenstand, meist aus Eisen oder Bronze, der den magischen Willen symbolisiert. Warum, glauben Sie, hat er diese besondere Form?

Übung 3
Unsere mentale Landkarte von der geistigen Welt – eine vertikale Achse, die von einer horizontalen Achse geschnitten wird – ähnelt einem Kreuz. Das Kreuz ist in vielen alchimistischen Symbolen zu finden. Die Ähnlichkeit mit dem christlichen Kruzifix ist kein Zufall.

Versuchen Sie, so über das Kruzifix (das Kreuz mit dem Leib Christi) zu meditieren, als sei es ein alchimistisches Symbol und keine bildliche Darstellung dessen, was mit Jesus geschehen ist. Vergessen Sie, was Sie über die christliche Lehre wissen, und betrachten Sie das Bild so, als würden Sie es zum ersten Mal sehen. In welcher Beziehung stehen die Position des Leibs und das Kreuz? Warum steckt so viel offensichtliches Leid darin? (Ja, ich weiß, dass der Körper ans Kreuz genagelt ist. Aber *warum* ist er dort festgenagelt?) Und warum ist der Querbalken in abstrakten Darstellungen des Kreuzes – also ohne den Leib Christi – nicht genau in der Mitte, sondern immer im oberen Bereich angeordnet?

Hier sehen Sie ein weiteres alchimistisches Symbol mit dem Kreuz:

Abb. 9

Meditieren Sie über dieses Symbol. Versuchen Sie, während Ihrer Kontemplation nicht darüber nachzugrübeln, was die Rose zu bedeuten hat. Betrachten Sie sie stattdessen als einen Prozess. Versuchen Sie zu spüren, wie sich dieser Prozess in Ihrem Inneren vollzieht. Wie fühlt es sich an, eine Rose zu sein? Was geschieht, wenn Sie sich dieses Gefühl an den Schnittpunkt von Quer- und der Längsbalken holen?

In manchen Versionen dieses Symbols befindet sich die Rose oberhalb des Längsbalkens und nicht im Zentrum. Welche Version fühlt sich für Sie authentischer an?

5

Rückwärts leben
Zeit, Freiheit und magische Intuition

Eine Frau aus meinem Bekanntenkreis, ich will sie einmal Hannah nennen, verlor ihren Mann durch Krebs. Neben all der Trauer und dem grauenhaften Gefühl, mit ansehen zu müssen, wie er zusehends verfiel, machten ihr in der Zeit vor seinem Tod vor allem die vielen praktischen Probleme des Alltags zu schaffen. Kurz bevor er krank geworden war, hatte sie sich mit einem kleinen Unternehmen selbstständig gemacht. Als er ins Krankenhaus kam und sie zur Alleinverdienerin geworden war, stand sie unter erheblichem Druck, erfolgreich zu sein. Das Haus zeigte zusehends Spuren der Vernachlässigung und der Garten, den sie immer so gut in Schuss gehalten hatte, war völlig zugewuchert. Sie hatte weder die Zeit noch die Energie, sich des Chaos' anzunehmen, und es jeden Tag ansehen zu müssen, verstärkte ihre Mutlosigkeit und das Gefühl der Ohnmacht noch mehr. Eines Tages ertappte sie sich bei dem Wunsch, einen anderen Mann kennenzulernen – einen, der ihr wie ein Partner zur Seite stehen würde, ohne auf den Privilegien eines Ehemanns zu beharren. Aber warum sollte irgendein Kerl ein Interesse an so einer Beziehung haben? Da könnte man sich ja gleich einen Engel herbeiwünschen.

Am Tag, nachdem sie diese Gedanken gehabt hatte, fuhr Hannah mit der U-Bahn in die Stadt, um sich mit einem potenziellen Kunden zu treffen. Im Zug fiel ihr ein Mann auf, der etwas ganz Besonderes an sich hatte. Er trug eine Tunika und weite Hosen aus makellos gebügelter grauer Baumwolle. Eine Tasche aus dem gleichen Material hing an seiner Schulter. Das komplette Ensemble wirkte wie von Hand gefertigt, und die elegante Schlichtheit stand ihm gut. Der Mann war Asiate und schien auf eine wachsame Art in sich zu ruhen wie ein buddhistischer Mönch. Allein ihn anzuschauen, besänftigte ihr Gemüt.

Fünf Stunden später stieg sie nach einer erfolgreichen Besprechung in die U-Bahn der Gegenrichtung ein, um wieder nach Hause zu fahren. Als sie sich ihrer Station näherte und aufstand, um auszusteigen, entdeckte sie am hinteren Ende des Abteils den gleichen Mann wieder. Dies erschien ihr so unwahrscheinlich, dass sie sich fragte, ob sie Halluzinationen hatte. Sie ging ein paar Schritte auf ihn zu, um sich zu vergewissern. Aber er war es wirklich. Dass er so unvermittelt wieder aufgetaucht war, machte sie noch neugieriger. Ob dieser Zufall etwa eine tiefere Bedeutung hatte? In dem Augenblick, als sie sich diese Frage stellte, schaute er sie aufmerksam und erwartungsvoll an. Er wandte den Blick nicht ab und sah sie länger und direkter an, als es zwischen wildfremden Menschen in einer U-Bahn üblich ist.

»Ich habe Sie heute Morgen schon gesehen«, sagte sie.

»Ja«, antwortete er lächelnd.

»Sie sind mir wegen Ihrer Kleidung aufgefallen. Sie sehen aus wie ein Mönch.«

»Ich bin Mönch.«

»Das erklärt alles«, war das Einzige, was ihr dazu einfiel. Sie wusste einfach nicht, was sie sagen sollte. Doch als sich die Türen des Abteils öffneten, stieg der Mann ebenfalls aus und blieb an ihrer Seite, während sie die Treppe vom Bahnsteig in die Unterführung hinunterstieg und das Bahnhofsgebäude durchquerte. Auch als sie draußen auf der Straße den Weg nach Hause einschlug, ging er neben ihr her. Da er nichts sagte, war sie sich nicht sicher, ob er sie begleitete oder einfach nur in der gleichen Richtung unterwegs war. Es dauerte eine ganze Weile, bis er endlich die peinliche Stille durchbrach. »Heute ich haben Buhr-tak«, eröffnete er ihr.

»Wie bitte? Was haben Sie?« Er sprach mit ausländischem Akzent, und sie hatte keine Ahnung, was »Buhrtak« bedeuten sollte.

»Ich heute born.« Sie verstand immer noch kein Wort. Der Gedanke, sich mit jemandem zu unterhalten, der ihrer Sprache kaum mächtig war, machte sie müde. Sie bedauerte es schon ein wenig, die Konversation eröffnet zu haben. Er blieb stehen, kramte einen internationalen Führerschein aus seiner Umhänge-tasche hervor und deutete mit dem Finger auf das Geburts-datum.

»Ach so. Sie haben heute Geburtstag!«

»Ja. Ich Buhrtak.«

Nun wollte es der Zufall, dass Hannah ausgerechnet an die-sem Tag eine Geburtstagstorte im Kühlschrank hatte. Nicht ir-gendeine Torte, wohl bemerkt. Eine Torte, die mit Zuckerrosen und dem Schriftzug »Happy Birthday« dekoriert war. Sie hatte sie aus traurigem Anlass besorgt. Ein paar Jahre zuvor hatte sie ein Mädchen tot zur Welt gebracht. Ihr Mann und sie hatten die-sen Geburtstag seither immer mit einer kleinen Feier begangen, und sie hatte die Torte aus alter Gewohnheit gekauft, dann aber gemerkt, dass sie es nicht übers Herz brachte, das Fest ganz al-lein zu feiern. Das also war der Grund für den Zufall: Der Mönch war da, um die Torte zu essen, die sie noch nicht angeschnitten hatte!

»Dann kommen Sie mit zu mir in den Garten«, lud sie ihn ein. »Ich werde eine Geburtstagsparty für Sie geben.«

In diesem Augenblick hatte sie völlig vergessen, in welch arm-seligem Zustand sich ihr Garten befand, und so schämte sie sich ein wenig, als sie ihn durch das kaputte Gartentor führte und sie sich erst einen Weg durch das Gestrüpp bahnen mussten, um zu der von Unkraut überwucherten Terrasse zu gelangen. Sie bat ihn, auf einem wackeligen hölzernen Gartenstuhl Platz zu nehmen. Es dauerte nur ein paar Minuten, bis sie mit einer Kanne Tee und der Torte wieder vor ihm stand. »Sehen Sie? Da steht ›Happy Birthday‹ drauf«, sagte sie und deutete mit triumphierendem Lächeln auf den Schriftzug aus Zuckerguss. Sehr zu ihrer Verwunderung schien er nicht im Geringsten überrascht zu sein, und ein bisschen ärgerte sie das schon. Es schien für ihn die normalste Sache der Welt zu sein, dass ein völlig fremder Mensch an seinem Geburtstag eine Geburtstagstorte für ihn aus der Speisekammer hervorzaubert.

Nach einigen vergeblichen Versuchen, sich zu unterhalten, ging der Mönch dazu über, sich mit Zeigen und Deuten zu verständigen, indem er einen Umschlag mit farbigen Schnappschüssen aus seiner Tasche zog. »Mein Zuhause«, erklärte er und hielt ihr mehrere Fotos von einem riesigen, reich verzierten buddhistischen Tempel hin. Ein weiteres Foto zeigte ihn in einem aufwändig bestickten Zeremonialgewand, wie er vor einer großen Schar von Mönchen und Laien stand, die sich zu Boden geworfen hatten. Es sah fast so aus, als würden sie *ihm* zu Füßen liegen.

»Sie sind kein einfacher Mönch«, bemerkte Hannah. »Eher sowas wie ein Abt, oder?«

»Was ist das, Abt?«

»Wie ein Chef. Der Chef der Mönche.«

»Nicht Chef. Weiß nicht, wie heißt. Ist so: Viele Leben. Immer Mönch.«

Eine Weile sprachen sie nicht. Hannah kamen eine Menge Fragen in den Sinn, die sie einem Menschen stellen wollte, der über viele Lebensspannen hinweg Mönch gewesen war, aber angesichts der Sprachbarriere, die zwischen ihnen stand, erschien ihr das alles zu schwierig.

»Warum Garten so?«, unterbrach er schließlich die Stille.

»Wie, so? Sie meinen, warum er so chaotisch ist?«

»Ja. Garten sehr groß chaotisch. Warum?«

»Mein Mann ist schwer krank. Und ich bin sehr müde.«

Vorsichtig stellte er seine Tasse und seinen Kuchenteller auf der breiten Armlehne des Stuhles ab und stand auf. Dann fiel er vor ihr auf die Knie. »Ich liebe dich«, sagte er.

Sie fragte sich, ob diese Worte etwas mit seinem geringen Wortschatz zu tun haben könnten. Vielleicht war »Ich liebe dich« das Einzige, was er einer Frau in der für ihn so fremden Sprache zu sagen wusste. Aber seine Körpersprache und die Leidenschaft, mit der er diesen Satz hervorbrachte, ließen vermuten, dass das, was er ihr sagen wollte, doch eindeutig in diese Richtung ging. Obwohl sie üblicherweise von einer derart unverblümten Liebeserklärung peinlich berührt gewesen wäre, nahm sie seine Worte so entgegen, wie er auf die Torte reagiert hatte – so als wäre es für sie die normalste Sache der Welt, dass sich ihr fremde Männer zu Füßen werfen.

»Danke«, antwortete sie mit erhobenem Haupt. »Aber Sie sind doch Mönch. Was tun Sie da?«

»Ich liebe dich«, wiederholte er noch einmal mit einer gewissen Hartnäckigkeit. »Ist gut! Ich glücklich.«

Er sah mehr als glücklich aus. Regelrecht glückselig und doch merkwürdig absichtslos, als sei ihm die Entdeckung seiner Liebe zu ihr Erfüllung genug und müsse nicht mit irgendeiner weiteren Errungenschaft gekrönt werden. Und als Reaktion darauf fühlte sie sich sonderbar frei, ihm ihre wahren Gefühle zu zeigen.

»Ich bin sehr müde. Würden Sie jetzt bitte gehen?«

»Ja«, erwiderte er gut gelaunt und kam wieder auf die Füße. »Ja. Es ist Zeit. Ich kommen andere Tag. Ich machen Garten. Ok?«

Am nächsten Morgen wurde Hannah sehr früh von der Türklingel geweckt. Es war der Mönch, diesmal in Jeans und einem T-Shirt mit der Aufschrift »TOMMY«. In der Hand hielt er ein Werkzeug, das wie eine kleine Sense aussah. »Ich jetzt Arbeit«, verkündete er.

Und wie er arbeitete. Die Energie, mit der er dem Unkraut und Gestrüpp zu Leibe rückte, wirkte fast gewalttätig. Kaum fünf Minuten, nachdem er angefangen hatte, war er in Schweiß gebadet. Schon beim Zuschauen fing man an zu schwitzen. Händeringend sah sie zu, wie er sich mitleidslos über Beete, Sträucher und Geäst hermachte und dabei nicht nur dem Unkraut, sondern auch manch einer geliebten mehrjährigen Pflanze den Garaus machte. »Zu viel. Zu schnell«, protestierte sie. »Sie machen mir Angst.«

»Nicht schauen«, gab er grimmig zurück. »Geh in Haus.«

Hin und her gerissen zwischen dem Gefühl der Dankbarkeit und dem Impuls, die Polizei anzurufen, verzog sich Hannah nach innen, um abzuwarten, bis dieser Wirbelwind, der sie liebte, über sie hinweggefegt war. Als sie irgendwann daran ging, das Mittagessen zu richten, achtete sie sorgsam darauf, nicht aus dem Fenster zu schauen. Aber er wollte keine Pause machen. Weder zum Essen, noch um ein Glas Wasser zu trinken. Erst musste die Arbeit fertig werden.

»Ok. Jetzt guck«, hörte sie ihn schließlich von draußen rufen.

Das Grauen wich dem Staunen, als Hannah sah, was er vollbracht hatte. Die Sträucher waren kunstvoll geschnitten, die Kletterpflanzen gezähmt, die Rosen hochgebunden, die Blumenrabatte gehackt, von Unkraut befreit und frisch gemulcht, die Wege und die Terrasse mit dem Wasserschlauch abgespritzt und gefegt. Er hatte sogar das kaputte Scharnier am Gartentor und die wackeligen Lehnen der hölzernen Gartenstühle repariert. Sie hätte den ganzen Sommer lang arbeiten können und nicht erreicht, was er in weniger als vier Stunden geschafft hatte. Zu sehen, wie schön ihr Garten war, war wie eine Offenbarung für sie.

Nach einer Pause nahm der Mönch mit dem gleichen Eifer und Sachverstand die im Haus anstehenden Reparaturen in Angriff. Für Hannah war es höchst merkwürdig und auch ein wenig peinlich, einen buddhistischen Lehrer als Gärtner und Handwerker für sich arbeiten zu lassen. Als er nach einem unglaublich produktiven Tag sein Werkzeug zusammenpackte, sagte sie: »Sie haben mir so sehr geholfen. Ich weiß nicht, wie ich Ihnen danken soll.«

Da fasste er ihre Hand auf eine zugleich raue und liebevolle Weise und verneigte sich vor ihr. »Nix Dank. Ich liebe dich.« Und mit diesen Worten verschwand er. Sie hat ihn nie wieder gesehen.

Halten Sie diese Geschichte für glaubwürdig? Wenn Sie Ihre Zweifel haben, ob sich das Ganze wirklich so zugetragen hat – in welchem Augenblick tauchten diese auf? Was hat Sie stutzig gemacht? Schon die Tatsache, dass der Mönch mit Hannah zweimal an einem Tag in ein und derselben U-Bahn im gleichen Abteil saß? Oder war es die Geburtstagstorte, die Hannah im Kühlschrank hatte? Oder die Bereitwilligkeit, mit der der Mönch ihr diesen insgeheimen Wunsch erfüllte, der ihr nur einen Tag zuvor durch den Kopf gegangen war? Wenn dies hier ein Roman wäre, würde man mir eine solche Geschichte niemals abnehmen – es sei denn, ich würde mich im Genre des magischen Realismus bewegen. Ein Roman verliert in dem Augenblick seine Glaubwürdigkeit, in dem die Handlung durch pure Zufälle vorangetrieben wird.

Genau genommen ist ein Zufall nichts anderes als das gleichzeitige Auftreten zweier Phänomene. Wenn wir selbst und eine andere Person, ohne verabredet zu sein, zur gleichen Zeit im gleichen Zugabteil sitzen, ist das ein Zufall. Wenn aber keinerlei Beziehung zwischen uns besteht, ist das nicht weiter bemerkenswert. Nur wenn die Anwesenheit des anderen von Bedeutung für uns ist – also wenn es sich etwa um eine Freundin handelt, die wir lange nicht gesehen haben oder die wir an dem Tag hatten anrufen wollen, sagen wir: »Was für ein Zufall!« Das Überraschende ist die Bedeutung, die Sinnhaftigkeit. Legen wir eine weitere Bedeutungsebene darüber – beispielsweise dass die Freundin, die wir so lange nicht gesehen haben, genau wie wir auf dem Weg zur Hochzeit einer weiteren Freundin ist, von der wir gar nicht wussten, dass sie sie ebenfalls kannte –, wird der Zufall noch bemerkenswerter. Gehen wir noch einen Schritt weiter. Während wir uns unterhalten, stellen wir fest, dass wir beide früher einmal in den Verlobten dieser Freundin verliebt gewesen sind. Mit jeder neuen Bedeutungsebene wächst unser Erstaunen, und aus dem »Was für ein Zufall!« wird erst ein »Kaum zu glauben!« und schließlich ein »Da kriege ich jetzt aber eine Gänsehaut!«

Wenn wir einen Augenblick darüber nachdenken, dann bedeutet unsere Ungläubigkeit nichts anderes, als dass wir nicht mit Bedeutsamkeit gerechnet haben. Was wir eigentlich erwarten, ist Zufälligkeit. Diese Annahme ist der Ausgangspunkt der Wahrscheinlichkeitstheorie und der statistischen Ansätze in wissenschaftlichen Studien. Muggels greifen oft darauf zurück, wenn es darum geht zu entscheiden, welches der nächste Schritt ist. Wenn beispielsweise bekannt ist, dass nur ein Bewerbungsschreiben unter hundert zu einem Vorstellungstermin führt und im Durchschnitt drei Vorstellungsgespräche zu absolvieren sind, bevor man einen Job kriegt, verschickt ein Muggel auf Arbeitssuche dreihundert Bewerbungen! Ist das nicht außergewöhnlich?

Die Wahrscheinlichkeit, dass der Tag, an dem man einem Menschen zum ersten Mal begegnet, sein Geburtstag ist, liegt bei 1 zu 365. Wenn es uns tatsächlich nur mit dieser Häufigkeit passiert – also bei einer von 365 Begegnungen –, würde der Statistiker dies als üblichen Zufallstreffer einstufen und sich keine weiteren Gedanken darüber machen. Nehmen wir an, Hannah würde durchschnittlich einmal pro Woche mit einem Fremden reden. An jedem gegebenen Tag läge dann die Wahrscheinlichkeit, dass dieser Mensch Geburtstag hat, bei 1 zu 7 mal 1 zu 365, sprich: Es besteht eine Chance von 1 zu 2 555. Hannah kauft drei Geburtstagstorten im Jahr: eine für ihren Mann, eine für sich selbst und eine für ihre verstorbene Tochter. Angenommen, jede Torte wird einen Tag im Voraus gekauft, besteht eine Wahrscheinlichkeit von 1 zu 121, dass sie eine nicht angeschnittene Torte im Kühlschrank hat. Die Wahrscheinlichkeit, dass dies zeitlich mit dem Kennenlernen eines Fremden an seinem Geburtstag zusammenfällt, liegt bei 1 zu 2 500 mal 1 zu 121. Die Chancen stehen also 1 zu 309 155, was immer noch deutlich wahrscheinlicher ist, als eine Million im Lotto zu gewinnen.

Dennoch scheint die statistische Plausibilität dieses Zufalls nicht wirklich relevant zu sein, denn in der Geschichte stecken noch andere Sinnelemente, die sich nicht mathematisch beziffern lassen. Dass Hannah ausgerechnet an jenem Tag eine Torte im Kühlschrank stehen hatte, verrät beispielsweise, dass sie traurig war und keine Menschenseele hatte, mit der sie sie hätte essen können. Noch bedeutsamer war, dass der Mönch ihr ihren Wunsch erfüllt hat. Ich habe keine Ahnung, wie man die Wahrscheinlichkeit subjektiver Befindlichkeiten wie Traurigkeit oder Sehnsucht berechnen könnte. Doch auch wenn wir nicht wissen, wie wir es beweisen könnten – irgendwie spüren wir, dass Hannahs Wunsch das Treffen mit dem Mönch *wahrscheinlicher* gemacht hat. Nur der hartgesottenste Realist würde an der Vermutung vorbeikommen, dass ihr Gedanke auf eine nicht zu definierende Weise den Mönch *auf den Plan gerufen* hat. Eine einzige gedankliche Schleife genügt, und schon springen wir aus dem Reich der statistischen Wahrscheinlichkeit ins Reich von Schicksal, Magie oder Vorsehung.

Unsere gegenwärtige Inkarnation nahm ihren Anfang, als ein ganz bestimmtes Spermium aus einer Schar von vielen Millionen Spermien das Wettrennen zur Eizelle gewonnen hat. Hätte ein anderes Spermium sich vorgedrängelt, besäßen wir ein völlig anderes genetisches Material, und unser Körper wäre in den verschiedensten Hinsichten ganz anders geraten. Manche dieser Unterschiede hätten unser Leben grundlegend verändert. Womöglich wären wir mehr oder weniger attraktiv, gesund, intelligent, sportlich usw. Auch unsere Persönlichkeit wäre eine andere. Nun ist die Befruchtung keine reine Zufallssache. Der Schnellere gewinnt. Trotzdem spielt der Zufall eine große Rolle, denn er entscheidet, welches Spermium als Erstes den Startpunkt verlässt und welche Bedingungen entlang der Rennstrecke herrschen. Wie dem auch sei, was ich Sie fragen will, ist dies: Haben Sie den Eindruck, dass bei der Befruchtung überwiegend oder ausschließlich der Zufall entscheidet, oder glauben Sie, dass dabei etwas Unvermeidbares im Spiel ist? Hatten Sie je das Gefühl, dass möglicherweise das Spermium, aus dem Sie entstanden sind, irgendwie »für Sie bestimmt« war? Mit welchem Gedanken fühlen Sie sich wohler? Gibt es einen Unterschied zwischen dem, wie Sie die Sache gern sehen würden, und dem, was Sie für zutreffend halten?

In unserem zeitgenössischen Gedankengut existiert die Vermutung vom Wirken des Zufalls parallel zur Theorie einer spirituellen Kausalität, die für viele Menschen an Vorbestimmung grenzt. Wir vermischen ganz unbeschwert den Glauben an die statistische Zufälligkeit mit dem Glauben daran, dass das, was ist, auch »so sein sollte«, was von geistiger Flexibilität zeugt, wenn auch nicht unbedingt von Vernunft. In unserem Alltag stören uns die augenfälligen Widersprüche in unseren Vorstellungen von Kausalität kein bisschen. In unserem Kopf existieren das Spirituelle und das Wissenschaftliche auf zwei verschiedenen Ebenen. Zwischen ihnen hin- und herzupendeln, ist so einfach wie Aufzugfahren. Zu versuchen, das Ganze zu einer einzigen stimmigen Weltsicht zusammenzufügen, überlassen wir den Philosophen, die sich nach jahrtausendelangen, erbitterten Debatten noch immer nicht auf einen gemeinsamen Nenner einigen konnten. Wir zucken die Achseln, überlassen sie sich selbst und gehen zur Tagesordnung über. Und wenn wir unser Süppchen kochen, würzen wir es mit einer Prise Statistik hier und einem Quäntchen Aberglauben dort.

Die gedankenlose Vermischung von Zufall und Schicksal ist der Grundansatz des Spielers. Die meisten Religionen rümpfen die Nase angesichts des Glücksspiels, basiert es doch auf zwei einander widersprechenden metaphysischen Annahmen (die da lauten »Das Ergebnis ist zufällig« und »Das Ergebnis ist vorbestimmt«), die – fügt man sie zusammen – die Freiheit unterminieren. Das ist der Grund, warum es so leicht zur Sucht werden kann. Das Paradoxe ist magisch, der offensichtliche Widerspruch hingegen lähmt den Willen. (Versuchen Sie doch einmal, gleichzeitig vorwärts und rückwärts zu laufen. Verstehen Sie jetzt, wovon ich rede?)

Unsere Auffassung von der Kausalität wirkt sich unmittelbar auf das aus, was wir durch Magie erreichen können, und wie wir diese einsetzen. Wir können keinen Erfolg dabei haben, wenn wir unsere metaphysischen Wetten absichern. Versuchen wir also, das Dickicht unserer widersprüchlichen Vorstellungen von der Kausalität zu sichten und eine funktionierende Arbeitshypothese zu entwerfen.

Wie und Warum

Nehmen wir an, ein Mann ist auf einer Geschäftsreise und verpasst sein Flugzeug. Würde man ihn in dem Augenblick, in dem er den Flieger vor seiner Nase wegfliegen sieht, fragen, warum ihm das passiert ist, würde er sicherlich von irgendwelchen Begebenheiten erzählen, die dem Ganzen unmittelbar vorausgegangen sind. Erst hat er den Wecker nicht gehört, dann ist er auf dem Weg zum Flughafen in einen Stau geraten, und schließlich wurde er auch noch bei der Sicherheitskontrolle aufgehalten. Dies sind die materiellen Ursachen. Sie beschreiben, *wie* er seinen Flug verpasst hat. In diesem Erklärungsmuster ist das, was zuvor geschehen ist, der Grund für das, was danach geschah.

Doch stellen wir uns vor, der Mann erfährt eine Stunde später, dass das Flugzeug, in dem er hätte sitzen sollen, abgestürzt ist und es keine Überlebenden gibt. Würden Sie ihm dann die gleiche Frage stellen, würde er womöglich Dinge sagen wie »Meine Zeit auf der Erde war noch nicht abgelaufen« oder »Weil meine Kinder mich noch brauchen«. Hier wird Sinn zur Erklärung herangezogen. Und doch führt er dies allen Ernstes als *Grund* an. Längst hat er die kleinen Missgeschicke und Hindernisse aus dem Blick verloren, die ihn aufgehalten haben, ohne dass er darin eine Form der Gnade oder Vorsehung erkennen konnte, die ihm das Leben retten sollte. Was ihn ärgerte, während es geschah, kann erst im Rückblick mit tiefster Ehrfurcht und Dankbarkeit angenommen werden.

Beachten Sie, dass bei diesem Erklärungsmuster die Ursache *nach* der Wirkung zutage tritt. Auf irgendeine geheimnisvolle Weise wurden vergangene Ereignisse von einem in der Zukunft liegenden Zweck geformt. Dieser Zweck darf nicht mit der Absicht des Mannes verwechselt werden. Seine Absicht, das Flugzeug *zu erwischen*, ging all den verschiedenen Schritten voraus, die er an jenem Morgen getan hat. Sie war der Grund dafür, dass er diese Schritte überhaupt tat. Die Absichtlichkeit bestand darin, sich vorwärts vom Vergangenen zum Zukünftigen zu bewegen. Irgendwie wurde das Ganze umgekehrt und von einer Kausalität zum Kippen gebracht, die in entgegengesetzter Richtung lief, also aus der Zukunft auf ihn zukam. So meint er zumindest. Könnte er Recht haben?

Ich habe vor kurzem ein Paar kennengelernt. Beide sind in den Achtzigern und selbst nach zwanzig gemeinsamen Jahren immer noch total ineinander verliebt. Ruth, die Ehefrau, war zuvor fünfunddreißig Jahre lang in erster Ehe unglücklich verheiratet. Sie meinte: »Wenn ich nicht über all diese Jahre bei meinem ersten Mann geblieben wäre, hätte ich früher wieder geheiratet und wäre nicht mehr frei gewesen, als ich Fred kennenlernte.« Sie liebt ihren Fred so sehr, dass sie fünfunddreißig unglückliche Jahre vom Tisch wischt, indem sie sie als bloße Verzögerungstaktik betrachtet.

Wenn wir sagen, dass sich etwas rückblickend als das Allerbeste erwiesen hat, was uns passieren konnte, betrachten wir damit unser gegenwärtiges Glück als Grund für vergangenes

Unglück. Wir mussten damals Pech haben, damit wir heute Glück haben können. Ohne es zu merken, verdrehen wir die Chronologie und ziehen das Aktuelle als Erklärung für etwas früher Geschehenes heran. Aber Sie können fragen, wen Sie wollen – jeder wird Ihnen sagen, dass die Ursache vor der Wirkung liegt. Es ist nur natürlich, wenn wir den Grund für gegenwärtige Entwicklungen in der Vergangenheit suchen. Doch in dem Maße, wie die Ereignisse zeitlich in den Hintergrund treten, wächst unsere Bereitschaft, sie unter dem Aspekt ihrer Sinnhaftigkeit zu erklären. Je mehr Sinn wir sehen, desto weniger kümmert uns die Frage, wie eine Situation materiell zustande kam. Wir interessieren uns mehr für das Warum als für das Wie, und das Warum tritt meistens *nach* dem Wie auf den Plan.

Auffällig ist auch, dass wir, wann immer wir die Ursache nach der Wirkung verorten, dies in der Regel frohen Mutes tun. Wir haben das Gefühl, der Grund für den Gang der Ereignisse ist gut und sinnvoll. Wie anders empfinden wir, wenn wir unsere Erklärungen aus der Vergangenheit beziehen! Liegt die Ursache in der Vergangenheit, können wir keinen Einfluss darauf nehmen. Ist die Milch erst einmal verschüttet, kriegen wir sie nicht in den Krug zurück. Geben wir jetzt auf eine *Warum*-Frage eine Wie-Antwort, ruft dies oft Gefühle der Hilflosigkeit, des Vorwurfs und Bedauerns in uns wach. Sehen wir die Ursachen ausschließlich in der Vergangenheit, kommen wir nie wirklich im Jetzt an, denn wir können zwar an Weisheit gewinnen, werden aber immer alle Hände voll zu tun haben, uns unter dem Berg unserer vergangenen Irrtümer herauszuschaufeln. Unsere Lebensumstände reflektieren eher, wer wir früher einmal waren, als zu zeigen, wer wir jetzt sind. In einem von Fakten dominierten Dasein bleibt mit jedem weiteren Jahr unseres Lebens weniger Raum für neue Möglichkeiten.

Als Jesus im Johannes-Evangelium von einem Blinden um Hilfe gebeten wird, fragen ihn die Umstehenden, warum der Mann blind sei. Haben er oder seine Eltern etwa gesündigt?

Jesus verneint beides. Der Mann sei blind geboren worden, damit ihm sein Augenlicht wieder geschenkt werden könne. Es musste also auf der materiellen Ebene irgendetwas schiefgegangen sein, das den Mann erblinden ließ. Und dieses Etwas, was auch immer es sein mochte, geschah, bevor sich die Blindheit manifestierte. Jesus verwarf nicht die eingleisige Chronologie der materiellen Ereignisse. Aber danach war er auch gar nicht gefragt worden. Was die Leute wissen wollten, war nicht, *wie* der Mann erblindet war, sondern *warum*. Und Jesus zufolge liegt die Antwort darauf in der Zukunft.

In der solchermaßen umgekehrten Reihenfolge wurde die Lösung zur Erklärung des Problems. Die Heilung erklärte die Krankheit. Wenn das keine optimistische Betrachtung des Leidens ist! Suchen wir die Ursache für unsere verstopften Arterien in all dem Speck, den wir in der Vergangenheit gegessen haben, können wir daran jetzt nicht mehr viel ändern. Sehen wir die Ursache aber in unserer zukünftigen gesunden Lebensweise und der Gesundheit unserer Arterien, brauchen wir uns ob unseres früheren Speck-Konsums nicht länger zu grämen und können uns voll und ganz auf die Heilung konzentrieren.

Die Kraft des positiven Denkens ist sicher nicht von der Hand zu weisen, auch wenn ich persönlich nicht daran glaube. Jesus aber maß einer aus der Zukunft kommenden Ursache die Kraft zu, eine Ursache aus der Vergangenheit aufzuheben. Und dass dieser Ansatz funktionierte, bewies er, indem er den Blinden sehend machte.

Erinnerungen an die Zukunft

In der Legende von König Artus heißt es, der Zauberer Merlin würde rückwärts leben. Wenn er an die Zukunft denkt, erinnert er sich. Wenn er an die Vergangenheit denkt, sieht er Dinge voraus. Dies ist nicht so abwegig, wie es klingen mag. Vielleicht geht es Ihnen manchmal genauso. Sowohl die Evangelien als auch Merlins Geschichte deuten darauf hin, dass dieser veränderte Zeitsinn ein Schlüssel zur Wirksamkeit der Magie ist.

Wir erleben Zeit nicht in ihrer reinen Form. Wir können ihren Lauf nur dann wahrnehmen und messen, wenn wir einen physischen Referenzpunkt zu Hilfe nehmen, zum Beispiel die Zeiger einer Uhr, den Sonnenstand, Wachstum und Verfall unseres eigenen Körpers. Da es in der geistigen Welt keine physischen Objekte gibt, lässt sich Zeit hier nicht erfassen. In gewisser Weise ist die Vertikalität eine Dimension ohne Zeit. Man könnte von »absoluter Zeit« oder »Zeitlosigkeit« sprechen, denn es fehlt das Voranschreiten, das für uns Erdenbewohner die Grundessenz von Zeit ausmacht. Sie kann nicht vergehen, weil es keinen Fixpunkt gibt, von dem aus sie loslaufen könnte.

Manche Menschen versuchen, dieses Erfahren der absoluten Zeit wenigstens annähernd zu simulieren, indem sie sich in einen Floating-Tank* begeben. Natürlich bliebe selbst hier immer noch die Möglichkeit, den Puls zu zählen und daraus den Lauf der Zeit abzuleiten; und ein Magenknurren könnte dem Betreffenden irgendwann sagen, dass es Essenszeit ist. Und doch berichten viele, dass sie während des Floatens so etwas wie Zeitlosigkeit empfunden haben. Das Gleiche gilt für Ausflüge in die obere Vertikalität. Für einen außenstehenden Beobachter mag die Trance einer Mystikerin nur eine oder zwei Minuten dauern, sie selbst aber hat nach ihrer Rückkehr womöglich das Gefühl, Stunden oder Tage unterwegs gewesen zu sein. Da dem Augenblick in der Vertikalität keine Grenzen gesetzt sind, kann er sich endlos ausdehnen. Vergangenheit, Gegenwart und Zukunft finden alle in ein und demselben Moment statt: dem absoluten JETZT.

---

* Der Floating-, Isolations-, Deprivations- oder auch Samadhi-Tank ist eine Art große Badewanne in einer dunklen, schalldichten Kabine, in der man auf konzentriertem, körperwarmem Salzwasser »floatet«, d. h. in der Schwebe gehalten wird. Während des Aufenthalts im Tank werden alle Sinneseindrücke ferngehalten. (Anm. d. Ü.)

Heißt dies, dass wir in die Zukunft sehen können, sobald wir in dieses JETZT eingegangen sind? Ja und nein. Wir können nicht sehen, was geschehen wird, weil »geschehen wird« eine Form von Chronologie impliziert. Schreitet die Zeit nicht linear voran, können wir keine Handlung erkennen. Wir sehen nur, was *ist*. Wenn wir in die Horizontalität zurückkehren, tauchen wir damit auch wieder in ein lineares Zeitgefühl ein. Inspiriert durch das in der Vertikalität erlebte JETZT, könnten wir etwas über die Zukunft erzählen. Manche Menschen haben ein echtes Talent dazu, ihre Voraussagen sind erstaunlich zutreffend. Manche behaupten sogar, dass sie *sehen*, wie sich die zukünftige Handlung vor ihnen entfaltet. Genau genommen ist diese Art des Sehens jedoch ein von der vertikalen Wahrnehmung ausgelöster Akt der Imagination und keine vertikale Wahrnehmung im eigentlichen Sinne. Mag sein, dass Ihnen diese Unterscheidung im Augenblick noch wie Haarspalterei vorkommt, aber wenn wir zum Thema des freien Willens kommen, gewinnt sie große Bedeutung.

Wenn eine horizontale Handlung auf vertikaler Inspiration fußt, erkennt man dies daran, dass die Zeit in zwei Strömen auf uns zukommt.

→ ←

Der gewöhnliche Zeitstrom aus der Vergangenheit in die Zukunft trifft auf einen zweiten Strom, der aus unserer Perspektive von der Zukunft in Richtung Vergangenheit zu fließen scheint. Das Wie trifft das Warum. Wenn Sie den Punkt finden, an dem die beiden Ströme aufeinandertreffen und dort hineingehen, geschieht Magie. Die Fähigkeit, diesen Treffpunkt zu finden, nennt man Intuition.

In Shakespeares *Heinrich V.* finden wir ein faszinierendes Beispiel für ein solches Aufeinandertreffen. Im Lager zu Agincourt sind die Truppen des englischen Königs Heinrich V. zusammengezogen. Sie sind dem Gegner zahlenmäßig weit unterlegen, das Verhältnis beträgt fünf zu eins. Heinrichs Cousin, der Graf von Westmoreland, wünscht sich mindestens zehntausend Soldaten mehr. Heinrich antwortet ihm:

»Nein, bester Vetter;
Zum Tode ausersehen, sind wir genug
Zu unsers Lands Verlust; und wenn wir leben,
Je kleinre Zahl, je größres Ehrenteil.
Wie Gott will! Wünsche nur nicht *einen* mehr.«

Heinrich scheint den Ausgang nicht zu kennen, denn er lässt die Möglichkeit offen, dass die Auseinandersetzung so oder so enden könne. Wie er allerdings seine Rede fortsetzt, scheint eine Niederlage ein abstrakter, bald schon vergessener Gedanke, während der Sieg lebhaft vorstellbar bleibt. Er beschreibt diesen Sieg nicht so, wie man ihn in den kommenden Stunden erfahren, sondern wie man sich Jahre später an Gedenktagen an ihn erinnern wird:

»Der, so ihn überlebt und heimgelangt,
Wird auf dem Sprung stehn, nennt man diesen Tag,
Und sich beim Namen Crispianus rühren.
Wer heut am Leben bleibt und kommt zu Jahren,
Der gibt ein Fest am Heil'gen Abend jährlich
Und sagt: Auf morgen ist Sankt Crispian;
Streift dann den Ärmel auf, zeigt die Narben
Und sagt: Am Crispins-Tag empfing ich die.
Die Alten sind vergeßlich; doch wenn alles
Vergessen ist, wird er sich noch erinnern
Mit manchem Zusatz, was er an dem Tag
Für Stücke tat: dann werden unsre Namen,
Geläufig seinem Mund wie Alltagsworte,
Heinrich der König, Bedford, Exeter,
Warwick und Talbot, Salisbury und Gloster,
Bei ihren vollen Schalen frisch bedacht;

Der wackre Mann lehrt seinen Sohn die Märe,
Und nie, von heute bis zum Schluss der Welt,
Wird Crispin Crispians vorübergehn,
Daß man nicht uns dabei erwähnen sollte,
Uns wen'ge, uns beglücktes Häuflein Brüder:
Denn welcher heut sein Blut mit uns vergießt,
Der wird mein Bruder; sei er noch so niedrig,
Der heut'ge Tag wird adeln seinen Stand;
Und Edelleut' in England, jetzt im Bett,
Verfluchen einst, daß sie nicht hier gewesen,
Und werden kleinlaut, wenn nur jemand spricht,
Der mit uns focht am Sankt-Crispinus-Tag.«*

In diesem Augenblick treffen die beiden Zeitströme aufeinander. Während die Armee mit der Zeit in das Wie des Gefechts voranschreitet, in dem sie zahlenmäßig so unterlegen ist, begegnet ihr das Warum dieses offensichtlichen Nachteils aus der Zukunft. Weil es nur wenige Soldaten sind, wird jedem Einzelnen anteilsmäßig eine größere Ehre am Sieg zuteil.

Wollte man argumentieren, Heinrichs Rede sei nur eine wirksame Anfeuerung, dann sollte man bedenken, dass die Wirksamkeit seiner Worte in deren Wahrheit liegt. Was Heinrich schildert, geschieht tatsächlich. Die Schlacht wird nicht nur gewonnen, sondern die Mehrzahl der Soldaten, die daran teilgenommen hat, überlebt und kann davon erzählen. In der Situation gibt es nichts, womit Heinrich seine Prophezeiung untermauern könnte. Sie ist grotesk, und doch beschreibt er sie mit einer Präzision und einem Vertrauen, die weit mehr als ein bloßes Hoffen-auf-das-Beste sind. Sie liest sich wie ein Augenzeugenbericht und klingt eher wie ein *Erinnern* als ein Hoffen. Außergewöhnliche Wendungen und Erfolge, die wir

---

* Übersetzung entnommen aus Knaur Klassiker, William Shakespeare, Werke in zwei Bänden, Band 1, Herausgeber Prof. Dr. L. L. Schücking, 1955 (Anm. d. Ü.)

als magisch bezeichnen, werden oft von dieser Art Erinnerung begleitet.

Muhammed Yunus, Gründer der Grameen Bank, die Kleinstdarlehen an wirklich arme Menschen vergibt, verlieh kürzlich in einem Interview seiner Erwartung Ausdruck, dass die Armut in der Welt innerhalb der nächsten Jahrzehnte ausgemerzt sei. Er sprach nicht von Hoffnung, sondern von Erwartung! Er prophezeit, dass unsere Enkel ihre Kinder dereinst in ein »Armutsmuseum« führen werden, um ihnen zu zeigen, wie man früher hungerte. Das ist kein bloßes Wunschdenken, sondern eine genaue Beschreibung der Zukunft. Wenn wir in die Vergangenheit schauen, stellt sich uns die Armut als unabdingbare Realität dar. Die aus der Vergangenheit herrührenden Gründe sind so unbestreitbar, dass wir uns nicht vorstellen können, wie es anders sein könnte. Yunus sieht indes, dass es trotzdem einen anderen Weg *gibt*. Das ist Intuition. Mit ihrer Hilfe wird Noch-nie-Dagewesenes erschaffen oder vollbracht.

Die Geschichte von Hannah und dem Mönch scheint von einem weit hergeholten Wunsch zu handeln, der in Erfüllung geht. Wenden wir aber die von mir beschriebene Logik an, so war er gar nicht so aus der Luft gegriffen. Er entstand, weil sich das Objekt des Verlangens gerade manifestierte. Im JETZT der absoluten Zeit fiel der Moment, in dem Hannah einen Mann suchte, der ihr selbstlos dienen würde, mit dem zusammen, wo der Mönch zu ihren Füßen kniete und ihr versprach, genau das zu tun. Man kann nicht sagen, was zuerst da war. Da keine Chronologie existiert, kann die Ursache der Wirkung nicht vorausgehen. Es gibt zwei mögliche Sichtweisen, die gleichermaßen Sinn ergeben: Entweder Hannah sehnte sich nach dem Mann, weil er auftauchte; oder der Mann tauchte auf, weil sie ihn sich herbeiwünschte. Zu der Zeit, als sie auf Erden den Wunsch hegte, befand sie sich in der vertikalen Welt und war somit bereits im Besitz dessen, was sie ersehnte. Man könnte sogar sagen, dass ihr erdgebundenes Selbst ihn *vermisste*.

Das könnte die Erklärung dafür sein, warum die beiden so schnell zum Punkt kamen, als sie sich auf Erden erstmals trafen. Bei ihrer Begegnung im Zug schwang eine gewisse Qualität des gegenseitigen Erkennens mit. Es hatte den Anschein, als versuchten sie sich zu erinnern, warum sie einander begegnen. Als jeder das zentrale Thema des anderen ansprach – Hannah bot den Geburtstagskuchen an, der Mönch einen Liebesdienst –, waren beide nicht überrascht. Wie sollte es uns auch erstaunen, wenn wir bloß an etwas erinnert werden.

Jeder authentische Wunsch ist eine Art Erinnerung. Mit »authentischem Wunsch« meine ich den, der uns direkt aus der Seele spricht, nicht die unzähligen trivialen Bedürfnisse, die uns die Werbung einredet, und auch nicht die Ambitionen, die uns aus eigener Unsicherheit und den Erwartungen anderer umtreiben. Ich spreche hier von einem Herzenswunsch, den wir wirklich spüren können. Er ist häufig der ferne Ruf von etwas, das wir schon besitzen, aber vergessen haben – von etwas, das uns fehlt. Es handelt sich um eine Art Sehnsucht nach der Zukunft, einer Zeit, die in der vertikalen Welt unser JETZT ist.

Die Erfüllung solcher Wünsche auf Erden erfordert noch ein »materielles Wie«; es sind Schritte in der linearen Zeit zu unternehmen. Wir empfinden diese oft wie einen Mondspaziergang, und es haftet ihnen eine gewisse federnde Qualität an. Womöglich ist das sogar wirklich in den Füßen zu spüren. Wir erwarten einen Schritt von normaler Länge zu tun, springen aber, als wären wir schwerelos, und machen einen riesigen Satz. Außenstehende könnten dies für die Freudensprünge eines glücklichen Menschen halten. Die Energie des normalen Schrittes wird durch die Dynamik beflügelt, die immer dann entsteht, wenn der Strom des Warum den Strom des Wie trifft. Mit anderen Worten, wir werden von der Attraktion des bereits *Seienden* nach vorne gezogen.

Vor Jahren hat der Komiker Jim Carrey in einem Interview beschrieben, wie er anfangs kämpfen musste, um ins Showgeschäft zu kommen. Er stellte sich damals selbst einen Scheck über zehn Millionen Dollar aus und datierte ihn auf mehrere Jahre voraus. Die Summe ist wirklich auf seinem Konto eingegangen (das Honorar für seine erste Filmrolle), und zwar auf beinahe unheimliche Weise zeitnah zu dem im Scheck genannten Datum. Ich bin stets auf der Suche nach einem magischen Verfahren, um meine finanziellen Nöte zu beenden, und fühlte mich durch Carreys Beispiel derart inspiriert, dass ich mir selbst einen Scheck über einen dicken Verlagsvorschuss ausstellte. Das darauf angegebene Datum ist inzwischen verstrichen, doch leider bin ich keinen Cent reicher geworden. Warum? Ich habe den zukünftigen Geldsegen nicht wirklich *gesehen*, ich wollte ihn nur willentlich mit der Macht des positiven Denkens manifest werden lassen. Wenn das Objekt eines Wunsches nicht in unserem JETZT existiert, ist es unwahrscheinlich, dass wir es allein über Visualisierung ins Sein befördern. Das bedeutet nicht, dass wir nicht bekommen können, was wir uns im Wege von gewöhnlichen Wie-Schritten wünschen. Häufig gelingt uns das. Wenn aber das entsprechende Warum fehlt, scheint unser Wunsch der magischen Erfüllung zu widerstehen. Wir müssen methodisch darauf hinarbeiten und nicht mondwandlerisch.

Schicksal oder freier Entschluss

Folgt aus meinen Worten, dass die Begegnung zwischen Hannah und dem Mönch schicksalhaft vorherbestimmt war? Nicht, wenn man unter »vorherbestimmt« versteht, dass die Sache geplant war und keinen anderen Ausgang hätte nehmen können. Natürlich hätte die Geschichte vollkommen anders enden können! Als Hannah den Mönch zum zweiten Mal sah, hätte sie die Begegnung achselzuckend mit dem Spruch: »Wie klein ist doch die Welt!« abtun können. Stattdessen beschloss sie, ihn anzusprechen. Und als sie sich unterwegs überlegte, wie sie ihn loswerden könnte, erzählte er ihr von seinem Geburtstag. Schließlich schlug er vor wiederzukommen, nachdem sie ihn gebeten hatte zu gehen. All dies geschah aus freiem Entschluss. Keiner der beiden fühlte sich unter Druck und irgendwie gedrängt, zu sprechen oder zu handeln. Beide folgten der Empfindung des Augenblicks. Das war es, was der Begegnung ihre eigenartige Spontaneität verlieh.

Bezüglich der Frage »Schicksal oder freier Entschluss« scheiden sich seit alters her die Geister. Sobald Menschen feststellen, dass die Zukunft in irgendeiner Form voraussagbar ist, folgern sie daraus, dass sie vorbestimmt sein müsse. Die Schwierigkeit entsteht dadurch, dass die in der linearen Zeit übliche Betrachtungsweise auf die vertikale Zeit angewandt wird. Die im JETZT geschaute »Zukunft« ist nicht das, was geschehen ist oder geschehen wird. Aus vertikaler Sicht ist nichts passiert und wird auch nichts passieren. Geschehnisse finden nur in der linearen Zeit statt. Ereignisse können nicht vorherbestimmt oder vorausverfügt werden, weil es in der absoluten Zeit kein »vorher« oder »voraus« gibt. Sie lassen sich nicht planen, weil Planung eindeutig eine horizontale Aktivität ist.

Meines Erachtens entsteht die Verwirrung nur auf einer oberflächlichen, intellektuellen Ebene. Intuitiv wissen wir es meistens besser. Wir können es nur nicht plausibel erklären. Haben Sie je die Sendung *The Bachelor* gesehen? In dieser mehrteiligen Fernsehshow wählt ein Junggeselle unter fünfundzwanzig Frauen »die Richtige« aus. Die Teilnehmer dieser Show berufen sich ständig auf irgendeine dubiose Form von Schicksalhaftigkeit. Sie sagen Dinge wie: »Ich glaube, dass ich [z. B. in einer Badewanne mit dem Junggesellen] aus einem bestimmten Grund hier bin«. »Wenn es sein soll, wählt er mich aus.« Sie lehnen sich jedoch nicht gelassen zurück in der Gewissheit, dass das, was »sein soll«, auch tatsächlich passiert. Im Gegenteil. Was sie nicht alles unternehmen! Keine Anstrengung ist ihnen zu viel! Sie legen Make-up auf, wackeln mit dem Po, komponieren Liebeslieder und ziehen über ihre Rivalinnen her – nur um gewählt zu werden! Dem metaphysisch Unvermeidbaren muss offenbar mit Zungenküssen und dem richtigen Bikini nachgeholfen werden. Wenn die Wahl tatsächlich auf sie fällt, reagiert die Glückliche bass erstaunt: »Ich habe nie erwartet, so zu empfinden!« »Ich habe mir nie vorgestellt, dass dieser Wettbewerb mich wirklich zu meinem Seelenpartner führen würde!« Für andere hingegen sieht es so aus, als würde das mit dem Schicksal eben doch nicht so funktionieren. Zwanzig von fünfundzwanzig Teilnehmerinnen glaubten vielleicht, ihre Vermählung mit dem Junggesellen sei vorherbestimmt, aber nur eine ist auserwählt! Wenn sie die Limousine wegfahren sehen, sagen die Verliererinnen manchmal schluchzend, das, was sein sollte, sei nur nicht eingetreten, weil der Junggeselle es aus unerfindlichen Gründen versäumt habe, die Anweisungen des Universums zu befolgen.

Bei aller Ironie stehe ich doch auf dem Standpunkt, dass diese unbedarften jungen Damen wahrscheinlich der metaphysischen Wahrheit näher kommen als viele seriöse Philosophen. Sie mögen zwar den freien Willen leugnen, bekräftigen ihn aber mit jeder einzelnen Handlung. Intuitiv begreifen sie eine sehr subtile Erkenntnis: Was »sein soll«, muss nicht zwangsläufig geschehen.

Die Vertikalität ist das Reich der Bedeutung oder Sinnhaftigkeit, das Reich des Warum. Das absolute JETZT ist nicht die Summe aller einzelnen Ereignisse, die sich auf Erden zugetragen haben oder zutragen werden. Das Gedächtnis ist zwangsläufig selektiv, denn sich an alles und jedes zu erinnern, hieße sich an nichts zu erinnern. Die Summe aller möglichen Fakten ist extrem bedeutungslos. Wissen Sie noch, wie oft Sie gestern beim Autofahren geblinkt haben? Können Sie sich konkret daran erinnern, irgendwann den Blinker gesetzt zu haben?

Andererseits können wir uns an Dinge »erinnern«, die nie passiert sind und auch nie passieren werden. Nehmen wir einmal an, wir bekommen ein wunderschönes Geschenk und entschließen uns spontan, dem Absender eine Dankeskarte zu schreiben. Doch mittendrin lenkt uns irgendetwas ab, und Monate später finden wir die halbfertige Karte unter einem Papierstapel auf dem Schreibtisch. Der Gruß wurde weder zu Ende geschrieben noch abgeschickt, doch er besteht als Absicht fort. Die Gegensätzlichkeit zwischen seiner Existenz als Absicht und seiner Nicht-Existenz im Briefkasten des vorgesehenen Empfängers ist das, was uns so peinlich ist.

Man kann also einerseits sagen, dass die Zeit vergessen lässt, andererseits aber auch, dass man sich an etwas zu erinnern glaubt, was in der Realität nie geschehen ist. Alles, was ausschließlich im horizontalen Wie realisiert worden ist, kann in der absoluten Zeit nicht registriert werden, solange ein entsprechendes Warum fehlt. Die Zeit lässt vergessen, so wie wir das vergessen, was unbedeutend ist. Umgekehrt lässt sich ein Warum manchmal nicht mit einem entsprechenden Wie in Einklang bringen. Man »erinnert« sich an das Bedeutende, auch wenn das Ereignis selbst ausbleibt. In der Vertikalität lebt es als Möglichkeit oder Ideal fort.

Erinnern und Vergessen sind Akte unseres Bewusstseins. Sie erfordern einen Wissenden, einen Denker. So etwas wie eine unpersönliche Datenbank gibt es in der vertikalen Welt nicht. Wenn ich also sage, »die Zeit lässt vergessen«, von welchem Bewusstsein spreche ich dann? Wer bewirkt das Vergessen oder das Erinnern? Wer entscheidet, was im absoluten JETZT registriert wird? Wenn Sie die Frage nicht spontan beantworten können, sollten Sie sie trotzdem nicht einfach ad acta legen. Sie brauchen sie später noch.

Dass wir das Bedeutungslose realisieren und das Bedeutungsvolle ignorieren können, ist Ausdruck unseres freien Willens. Wenn »der Ruf des Schicksals« ertönt, steht es uns frei, ihn zu ignorieren, was wir auch häufig tun. Trifft der vertikale Wunsch auf die horizontale Gelegenheit, lassen wir diesen Augenblick womöglich unbeachtet vorüberziehen und versäumen es, unserer Intuition zu folgen. Viele Menschen sind unglücklich, weil sie meinen, ihre Chance verpasst zu haben. Wenn ein wie auch immer geartetes »Wie oben« versäumt hat, in ein »Wie unten« zu inkarnieren, füllt sich der Raum dazwischen mit rastloser Unzufriedenheit und Unsicherheit, mit Selbstvorwürfen und einem Gefühl, dass etwas fehlt.

Es ist allein unsere Entscheidung, eine Chance zu verpassen. Außer unserem eigenen Unglück steht darauf keine Bestrafung. Wie Heinrich V. zu Beginn seiner prophetischen Rede postulierte: »Daß jeder, der nicht Lust zu fechten hat, nur hinziehn mag; man stell' ihm seinen Paß und stecke Reisegeld in seinen Beutel.« Abgesehen von uns selbst enttäuschen wir niemanden, der im Oben wohnt. In der vertikalen Welt gibt es keine Erwartungen, die sich enttäuschen lassen. Erwarten ist genau wie das Planen eine horizontale Aktivität, die von der linearen Zeit abhängt.

Sich rückwärts erinnern

Die Reihenfolge der Ereignisse, an die wir uns erinnern, umzukehren oder umzusortieren, ist eine ausgezeichnete Möglichkeit, unsere lineare Vorstellung von Zeit aufzulockern und das Zusammenfließen von Zeitströmen wahrzunehmen. Die erste Übung dazu stammt aus Rudolf Steiners Werk *Wie erlangt man Erkenntnisse aus Höheren Welten*.

Übung 1
Lassen Sie unmittelbar, bevor Sie zu Bett gehen, nochmals die Ereignisse des Tages in umgekehrter Reihenfolge Revue passieren. Beginnen Sie mit dem gegenwärtigen Zeitpunkt und arbeiten Sie sich zurück bis zum Aufwachen.

Ich persönlich habe die Handlungen immer in kleinere Einheiten zerlegt und muss zugeben, dass mir die Übung nur so gelungen ist. Zum Beispiel sehe ich, wie ich das Geschirr abwasche, dann die Mahlzeit zu mir nehme, dann das Essen koche usw. Mal schreitet die Einheit zeitlich voran, mal bleibt sie in der Zeit eingefroren wie ein Schnappschuss. Mit etwas Routine kann man den ganzen Tag wie ein Video im Schnelldurchlauf vor seinem geistigen Auge zurückspulen. Beim Kochen fügen sich also die Gurkenscheiben wieder zur Gurke, der Wein fließt zurück in die Flasche und der gut durchgebratene Hamburger wird zunehmend wieder roh. Ich kenne jemanden, der sogar die Musikstücke, die er gerade hört, rückwärts laufen lassen kann. Als ich mich über ihn lustig machte, lieferte er mir den Beweis für sein Talent und spielte mir jedes Musikstück rückwärts vor, das ich ihm vorschlug. Beeindruckend! So etwas könnte ich nie fertigbringen!

Übung 2

Diese Übung geht mindestens bis zu den alten Römern zurück und wurde von vielen mittelalterlichen Hermetikern praktiziert. Sie kombiniert die Erinnerung mit der »Erschaffung eines Raumes«, was Sie bereits an anderer Stelle kennengelernt haben.

Dazu können Sie entweder einen imaginären Palast oder auch einen realen Ort wie Ihre Wohnung nehmen. Für Anfänger ist Letzteres wahrscheinlich leichter. Denken Sie an zehn Bekannte und stellen Sie sich jeden von ihnen an einem anderen Platz in Ihrem mentalen Ort vor. Zum Beispiel steht Ihre Mutter neben der Küchenspüle, Ihr bester Freund sitzt auf der Couchlehne usw. Als nächstes sehen Sie sich selbst durch die Vordertür hereinkommen. Nun »wandern« Sie durch das Haus und sprechen jeden Ihrer Gäste namentlich an und zwar in der Reihenfolge, wie diese Ihnen auf dem Weg zur Hintertür begegnen. Dann betreten Sie das Haus durch die Hintertür und wiederholen die Übung in umgekehrter Reihenfolge.

Wenn Sie das mühelos schaffen, ordnen Sie jeder Person einen Gegenstand oder ein Wort zu. Vor Ihrem geistigen Auge sehen Sie, wie sie den Gegenstand oder eine Karte mit dem darauf geschriebenen Wort in der Hand halten. Dann durchwandern Sie erneut das Haus, erst von der Vorder- und dann von der Hintertür aus. Sprechen Sie dabei nicht nur die Gäste namentlich an, sondern benennen Sie auch den Gegenstand bzw. das Wort. Erhöhen Sie den Schwierigkeitsgrad, indem Sie immer mehr Personen ins Spiel bringen oder Ihren Gästen in jede Hand einen anderen Gegenstand geben.

Übung 3

Um die Handlung für einen Roman zu entwerfen, fangen Schriftsteller oft mit dem Höhepunkt an. Von da aus arbeiten sie sich zurück und malen sich aus, was vorher geschehen musste, um die Figuren zu motivieren und sie für dieses zentrale Ereignis zusammenzubringen.

Stellen Sie sich Ihr eigenes Leben als einen Roman vor und wählen Sie ein wichtiges Ereignis, eine Entscheidung oder einen Wendepunkt aus. Gehen Sie von diesem Punkt zurück und führen Sie alle früheren Vorkommnisse und Entscheidungen auf, die Sie dorthin gebracht haben. Was musste geschehen, um dieses Ereignis oder diese Entscheidung möglich zu machen? Arbeiten Sie sich weiter zurück. Recherchieren Sie, ob sich eine Kette bis ganz zurück in Ihre früheste Kindheit knüpfen lässt.

Wenn Sie eine lange Liste von Handlungen gesammelt haben, sortieren Sie diese in zwei Kategorien: nach Wie und Warum. Ein Wie ist ein konkreter Grund; etwas, das *zuvor* geschehen musste, damit es überhaupt zum Höhepunkt kommen konnte. Gehen wir beispielsweise davon aus, Ihr zentrales Ereignis bestand darin, dass Sie eine Stelle als Sonderschullehrerin bekommen haben. Das Erwerben des entsprechenden Abschlusses, der Sie für diese Arbeit qualifiziert, ist ein Wie. Diesen Schritt zeitlich hinter den Job zu setzen, ist unsinnig.

Ein Warum beschreibt die Sinnhaftigkeit. Mag eine solche Erinnerung auch dem zentralen Ereignis zeitlich vorausgegangen sein, würde sie immer noch bedeutsam sein, wenn Sie sie *nach* dem Höhepunkt setzen würden. Wie Sie sich nun zurückerinnern, fällt Ihnen womöglich ein, dass Sie damals in der zweiten Klasse mit jemandem befreundet waren, der als Legastheniker eingestuft war. Wo Sie jetzt darüber nachdenken, kommen Ihnen wieder viele Situationen in den Sinn, in denen Sie sich besonders Menschen mit Lernschwächen zugewandt haben. Solche Erinnerungen gehören auf die Warum-Liste, weil sie von Bedeutung sind, egal wie Sie sie zeitlich einordnen. Sie könnten sagen, dass Sie Sonderschullehrerin geworden sind, weil Sie sich gut in Kinder mit Lernschwierigkeiten einfühlen konnten. Sie könnten auch sagen, dass Sie als Kind einen besonderen Draht zu ihnen hatten, weil der Wunsch, Kindern und Jugendlichen mit Lernschwächen zu helfen, in Ihrem JETZT immer vorhanden war.

Diese Übung ist immer dann besonders hilfreich, wenn Sie meinen, den Sinn und Zweck des Lebens aus den Augen verloren zu haben, oder nicht mehr wissen, was Sie als Nächstes tun sollen. Arbeiten Sie sich von dem Zeitpunkt aus in die Vergangenheit zurück, als Sie Ihr Leben noch als sinnvoll empfanden. Die Warum-Liste, die sich aus dieser Rückschau ergibt, kann Ihnen in der Gegenwart Orientierungshilfe geben.

Fahrer und Mitfahrer

Hin und wieder beschleicht uns das Gefühl, geistige Wesen würden sich grundlos in unsere Angelegenheiten einmischen. Wenn die Realisierung einer vertikalen Möglichkeit zur Vereitelung unserer horizontalen Absichten führt, fühlt sich das für uns so an, als würde Druck auf uns ausgeübt. Etwas oder jemand hat in die normale Kausalitätskette eingegriffen. Der Geschäftsmann war am Ende froh, dass er nicht in dem Flugzeug saß, das abstürzte, auch wenn er selbst es nicht hatte verpassen wollen.

Oder vielleicht doch?

Stellen wir uns einen Moment lang vor, welche Konsequenzen sein Zuspätkommen noch hätte haben können. Nehmen wir an, das Flugzeug hätte seinen Bestimmungsort sicher erreicht. Weil der Mann nicht an Bord war, konnte er an einer wichtigen Besprechung nicht teilnehmen, und ihm ging ein größerer Kunde verloren. Dieser geschäftliche Rückschlag veranlasst ihn, darüber nachzudenken, was er hätte anders machen sollen. Vielleicht hatte er verschlafen, weil er vergessen hatte, sich den Wecker zu stellen, oder er war noch eine Weile liegen geblieben, nachdem dieser geschrillt hatte. Vielleicht war er im Verkehr stecken geblieben, weil er ein Taxi und nicht die U-Bahn genommen hatte. Als er am Sicherheitscheck ankam, sah man ihm an, unter welchem Druck er stand. Er wurde festgehalten, weil seine Nervosität so auffällig war. Kurzum, das Zuspätkommen war das Ergebnis von Entscheidungen, die er selbst getroffen hatte und die sich alle negativ auf seine Gesamtabsicht auswirkten. Ob die Konsequenzen positiv, negativ oder neutral sind, ihr materielles Wie funktioniert auf genau die gleiche Weise: Es besteht eine Kluft zwischen dem, was der Mann beabsichtigt, und dem, was er tatsächlich tut.

Wir sehen uns zwangsläufig immer wieder vor einer solchen Kluft, weil jeder inkarnierte Mensch quasi eine »doppelte Weltenbürgerschaft« besitzt. Wir leben einerseits in der linearen Zeit und gleichzeitig im Reich des absoluten JETZT. Wenn wir den vertikalen Aspekt unseres Bewusstseins (das heißt den Geist) außer Acht lassen, identifizieren wir uns womöglich so durch und durch mit dem in der horizontalen Zeit lebenden »Ich«, dass wir den Geist überhaupt nicht als zum »Ich« gehörig empfinden.

Wenn er nun Möglichkeiten vorbringt, die im Widerspruch zu unseren bewussten, horizontalen Entscheidungen stehen, fühlen wir uns so, als ob uns von einem getrennten Geistwesen geholfen würde – oder wir von ihm am Kragen gepackt und »auf die Schiene gesetzt« würden.

Der Psychologe James Hillmann weist in seinem Buch *The Soul's Code* darauf hin, dass der Geist oft die Aktivitäten des temporären Selbst sabotiert, weil diese aus seiner Sicht nicht authentisch sind (mit anderen Worten, es sind Aktivitäten, für die es kein Warum im JETZT gibt). Manchmal ist ein Verhalten, das nach außen hin selbstzerstörerisch wirkt, tatsächlich eine Zerstörung des Selbst durch das Höhere Selbst. Der Mann musste vielleicht das Flugzeug verpassen und infolgedessen einen geschäftlichen Rückschlag erleiden, weil er nach Meinung des Geistes im falschen Berufsfeld tätig war. Selbst-Sabotage ist eine Möglichkeit, die jeder halbwegs selbstkritische Mensch in Betracht zieht, wenn Missgeschicke passieren, die leicht hätten verhindert werden können. Wir fragen uns dann, ob wir womöglich unbewusst scheitern wollten. Hillmann weist darauf hin, dass das, was in diesem »Unbewussten« geschieht, cleverer sein könnte, als wir annehmen. Unsere Weisheit und nicht unsere Neurose könnte hinter der Sabotage stecken.

Bei der Betrachtung dieser Frage schrieb einst ein großer Hermetiker, der anonym bleiben wollte, dass es zwei Seelenhaltungen gibt: Die einen begreifen sich selbst als Mitfahrer und die anderen als Fahrer bzw. Lenker.

Mitfahrer verwenden gern den Satz: »Es war vorherbestimmt.« Das wirft die Frage auf: von *wem* vorherbestimmt? Sie wissen zwar nicht genau, wer dahintersteckt, aber sie sind sich sicher, dass es jemand Nettes ist. Wenn Mitfahrer behaupten, es gebe keine Zufälle, meinen sie damit, dass sie dem Fahrer vertrauen. Sollen sie indes erklären, *warum* es keine Zufälle gibt, führen sie häufig das Gesetz vom Karma an. Fragt man, was das sei, beginnt man sich im Kreis zu drehen, denn ihre Definition von Karma lässt sich in wenigen Worten auf den Punkt bringen: Es geschieht, was geschehen soll.

Auch von den Fahrern bekommt man zu hören, es gebe keine Zufälle. Sie meinen damit, dass die meisten Kollisionen auf eigene Fahrfehler zurückzuführen sind und der Rest passiert, weil sie irgendwelchen Wünschen hinterherjagten. Wie der Mitfahrer sagt sich der Fahrer womöglich: »Ich denke, dass ich aus einem bestimmten Grund hier bin.« Anders als der Mitfahrer verrät er dann aber auch, was das für ein Grund ist. (»Ich sitze mit dem Junggesellen aus der Bachelor-Show in der Badewanne, weil ich eben Lust dazu habe.«) Was das Karma anbelangt, wird der Fahrer richtig sagen, dass Karma das ist, was *nicht* geschehen soll.

Karma ist das moralische Äquivalent des physikalischen Gesetzes der Trägheit. Die Dinge schreiten in der Richtung und in der Geschwindigkeit voran (oder eben nicht voran), in der sie sich entwickeln, wenn man ihnen nicht einen kräftigen Schubs in eine andere Richtung gibt. Mit anderen Worten, Karma ist die Kraft der Gewohnheit. Solange wir uns unseres Handelns nicht bewusst sind, fühlen und tun wir die gleichen Dinge immer und immer wieder. »Gutes Karma« ist nichts anderes als eine Gewohnheit, die günstige Konsequenzen erwarten lässt. Wenn Sie für gewöhnlich die Wahrheit sagen, ist das gutes Karma, denn die Leute nehmen Sie dann gerne beim Wort. Das Ihnen entgegengebrachte Vertrauen ist keine Belohnung, die Sie für Ihre Rechtschaffenheit erwarten können. Vielmehr ist es die natürliche Folge Ihres üblichen Handelns. Das Gleiche gilt für schlechtes Karma. Sie werden nicht bestraft. Sie tun nur regelmäßig Dinge, die meistens zu einem negativen Resultat führen. Wir tragen gutes oder schlechtes Karma aus früheren Leben nur in dem Maße in unser jetziges Sein, wie wir in unserem heutigen Leben das Altvertraute auf altvertraute Weise tun.

Keiner führt Aufsicht über das Karma. Niemand urteilt, setzt

Belohnungen aus oder verhängt Strafen. So wie bei dem Gesetz der Schwerkraft handelt es sich lediglich um eine rein mechanische Beschreibung dessen, was passiert. Karma beschreibt, wie sich die Dinge entwickeln, wenn wir etwas nicht bewusst erstreben oder unser unbewusster Wille stärker ist als unsere bewusste Absicht. Mit anderen Worten: Karma ist das, was *nicht sein sollte*. Es gibt nur Wie und kein Warum. Es kommt allein aus der Vergangenheit. Selbst wenn es gut ist, hat es nichts mit Magie zu tun, weil sein Zeitstrom ausschließlich in eine Richtung fließt. Es gelingt uns nicht, die Dynamik der beiden Ströme zu vereinen. Für den Fahrer ist Karma eine Rüttelschwelle, für den Mitfahrer ist es das Vehikel selbst.

Was im absoluten JETZT existiert, soll so sein. Es hat Sinn. Und in der Vertikalität nimmt dieser »Sinn« die Bedeutung von Absicht an, sobald er in die horizontale Welt einfließt. Im zeitlosen Höheren Selbst *wohnt der Sinn*. Das temporäre Selbst *schafft* den Sinn. Etwas »soll sein«, wenn sich Sinn mit Handlung verbindet, wenn das vertikale »Ich« und das horizontale »Ich« im Einklang miteinander wirken.

Wie aber gelangt der Sinn dorthin? Die Mitfahrer wissen es nicht und machen sich auch keine Gedanken darüber. Sie hoffen nur, ihn zu finden, und murren, wenn es nicht so kommt. Die Fahrer sagen indes, dass der Sinn da sei, weil sie ihn schließlich selbst verfügt haben. Sie betrachten Sinn als etwas, das man macht und nicht findet.

Wenn wir aus der Sicht des Fahrers »Ich« sagen, bezieht sich das sowohl auf das vertikale als auch auf das horizontale Selbst – auf den Geist und auf das, was in der linearen Zeit residiert. Je mehr wir uns selbst als Fahrer betrachten, desto geringer empfinden wir den Unterschied zwischen beiden. Sobald horizontales und vertikales Selbst zusammenfließen, erscheint die Vorstellung ihrer separaten Existenz unsinnig.

Es ist schwierig, zu einer solchen Sichtweise zu gelangen, denn wir alle beginnen das Leben als Mitfahrer. Getragen zu werden ist das Erste, was mit uns geschieht. Wir hoffen und vertrauen darauf, dass diejenigen, die uns tragen, uns wohlgesonnen sind. Wenn wir erwachsen und älter werden, wird dieses passive Sichanvertrauen oft auf die geistige Welt verlagert. Wir sind über die Illusion hinaus, dass unsere Eltern immer genau wüssten, was für uns das Beste sei, halten aber an dem Glauben fest, dass leichtere Wesen es täten. Um uns der Richtigkeit unserer Gedanken, Gefühle und Handlungen zu vergewissern, suchen wir dann normalerweise außerhalb von uns selbst nach dieser Qualität von »richtig«. Wir versuchen, uns nach einem Grundsatz oder moralischen Gesetz auszurichten. Wir horchen auf Stimmen oder lassen uns von anderen Hellsehern ein Reading geben. Wir halten Ausschau nach Zeichen und Omen.

Wenn uns ein bedeutsamer Zufall oder eine Glückssträhne zu Hilfe kommt, interpretieren Mitfahrer dies als ein Zeichen nach dem Motto: »Mir wird geholfen, also muss ich auf dem richtigen Weg sein.« Praktische Hilfestellung wird als *Führung* gedeutet; die Erwachsenen billigen mein Tun. Für den Fahrer ist Hilfe einfach nur Hilfe. Die Tatsache, dass jemand uns den Reifen wechselt, sagt nichts darüber aus, ob wir in die richtige Richtung fahren.

Fahrschule

Kürzlich entdeckte ich, wie ich schnell auf den Fahrersitz zurückkehren kann, wenn ich wieder einmal in die Mitfahrermentalität verfallen bin. Vielleicht funktioniert diese Technik auch bei Ihnen.

Vor etwa einem Jahr habe ich mich auf ein Unterfangen eingelassen, das mir Angst machte. Ich war mir überhaupt nicht sicher, ob ich diese Sache durchziehen sollte, und auch meine Ziele waren vage. »Das Schicksal« nahm die Sache in die Hand und manövrierte mich durch eine Serie von Zufällen und in etwas, was »es« für mich geplant hatte. (Wer dieses »Es« sein sollte, war nicht klar, wie es so oft im Mitfahrer-Denken der Fall ist.)

Ich schilderte meine Situation einem Freund und listete in meinem Brief all die Ereignisse, die dazu geführt hatten, in chronologischer Abfolge auf. Die Darstellung war im Passiv formuliert, ich beschrieb also, was passiert war, ohne den Handelnden zu nennen. Unter Freunden des guten Stils gilt die Passivform als wenig elegant, und weil ich mich gerne als gute Schriftstellerin sehen möchte, beschloss ich, das zu korrigieren. Da kam mir die brillante Idee, die Sätze so umzustellen, dass ich selbst zur Handelnden wurde. Ich schilderte die gesamte Abfolge der Ereignisse, als sei ich der führende Kopf hinter jedem einzelnen Schritt. »Zuerst sorgte ich dafür, dass ich ohne Arbeit war. Dann richtete ich es so ein, dass ich dem Finanzamt mehr Steuern schuldete, als ich zahlen konnte. Dann bat ich N. N., mich anzurufen und mir einen Job anzubieten…« Zehn Schritte danach endete die Sequenz mit: »Und so brachte ich mich mit einem Trick dazu, genau das zu tun, was ich tun will.«

Es ist wohl kein Zufall, dass sich die Umstände zum Besseren wendeten, nachdem ich mich auf diese Weise auf den Fahrersitz zurückgeschrieben hatte. Das Abenteuer nahm seinen Lauf, und ich war sehr viel ruhiger mit meiner Entscheidung. Vielleicht probieren Sie diese Technik beim nächsten Mal aus, wenn Sie sich vom Los, Schicksal, Karma oder wie auch immer Sie Ihr Mitfahrer-Vehikel bezeichnen wollen, gebeutelt fühlen.

Auch wer sich einmal verirrt hat, findet in der Regel jemanden, der ihm hilft, eine Reifenpanne zu beheben.

In der vertikalen Welt ist menschliche Freiheit heilig. Selbst Wesen, die wir als höher einstufen, fügen sich diesem Gebot. Sie mögen es, wenn wir ihnen gegenüber als ebenbürtige Partner auftreten. Neulinge bekommen von ihnen jede Menge Hilfe, doch wer allzu lange in der Mitfahrer-Mentalität verharrt, merkt womöglich irgendwann, dass die Hilfe ausbleibt. Über Nacht hören unsere Lehrer und Führer auf, auf Notrufe zu reagieren. An einem Tag sind wir uns sicher, auf dem richtigen Weg zu sein. Ein andermal haben wir keinen blassen Schimmer davon, was wir gerade getan haben oder als Nächstes tun sollen. In dieser Sackgasse stecken wir so lange, bis wir einen beherzten Schritt in irgendeine Richtung tun, egal in welche. Unsere Verbündeten halten sich so lange fern von uns, bis wir zu sagen gelernt haben: »Weil ich es so sage, deshalb ist es so.« Wer diese Hürde genommen hat, wird bisweilen als Eingeweihter oder Initiierter bezeichnet. Und damit ist einer gemeint, der im wörtlichen Sinne etwas initiiert.

Wie sich der Wurm windet

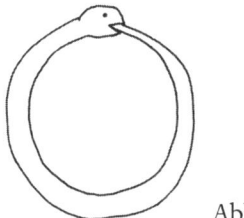

Abb. 10

Das obige Symbol wird als »Uroboros« bezeichnet. Oft findet man es im Zusammenhang mit dem Spruch »Das Ende ist der Anfang«.

Wenn Sie allein nach dem Bild gingen, was würde es Ihnen sagen? Schätzen Sie die Situation günstig ein? Die Schlange beißt sich, um es einmal derb auszudrücken, in den eigenen Schwanz. Was passiert, wenn Sie Zeit und Bewegung ins Bild bringen? Nichts! Eine Schlange, die ihren eigenen Schwanz im Maul hat, kann sonst nichts tun. Sie ist paralysiert. Wie der durchgestrichene Totenkopf auf einer Giftflasche ist dieses Symbol eine Warnung. Es sagt uns, was passiert, wenn man ein geschlossenes System konstruiert.

Egal, was wir unter Kausalität verstehen, wahrscheinlich werden wir feststellen, dass sich unsere Anschauungen stets durch unsere eigene Erfahrungen bestätigen. Der Sinn formt also die selektive Wahrnehmung und wird umgekehrt von ihr geformt. Wer unser Dasein für beliebig hält, erlebt jede Menge Beliebigkeit. Wer glaubt, dass es keine Zufälle gibt, der wird auch weniger Zufälle erfahren. Selektive Wahrnehmung ist zwar eine wichtige Fähigkeit des Magiers, ihre Kehrseite kann jedoch dazu führen, dass man etwas Wesentliches übersieht, weil man es nicht erwartet. Der Uroboros warnt davor, ein so wasserdichtes Glaubenssystem zu errichten, dass keine neuen Wahrheiten durchdringen können. Solipsismus ist ein anderes Wort hierfür.

»Was auch immer geschieht, soll geschehen«, ist ein solipsistischer Gedanke. Sehen Sie, wie sich die Schlange im Kreis dreht und sich selbst in den Schwanz beißt? Das Bild hat keinen Ausstieg und keinen Einstieg. Es bietet weder die Möglichkeit, hinauszugehen, noch die Chance, irgendetwas Neues hineinzulassen. Wenn Sie den Willen eines anderen Menschen lähmen wollen, sollten Sie ihn im Sinne von »Was auch immer geschieht, soll geschehen« überzeugen. Leichter können Sie Ihr Ziel kaum erreichen.

Ich stelle Ihnen im Folgenden ein komplexeres Beispiel vor. Mal sehen, ob Sie den Fehler darin finden.

Die Vergangenheit existiert nicht mehr, außer in unseren Erinnerungen. Die Zukunft ist noch nicht da, außer in unserer Imagination. Vergangenheit und Zukunft sind lediglich Gedanken. Und die Gegenwart ist nur ein theoretisches Konstrukt. Wir können sie nicht wirklich erfahren. Alles, was wir erleben, ist unsere Gedankenwelt, die sich zum einen aus Erinnerungen an Vergangenes oder Projektionen in die Zukunft speist.

Wenn dem so ist, können wir daraus schließen, dass es die so genannte »reale Welt« gar nicht gibt. Was wir mit »Realität« bezeichnen, ist nur unser eigenes mentales Konstrukt. Wir erschaffen die Welt aus unseren eigenen Gedanken. Um unsere Welt zu verändern, müssen wir also nur unsere Gedanken verändern – mehr nicht! Wenn Sie in der Welt etwas stört, sind Ihre eigenen Gedanken daran schuld. Sie könnten sich eine andere Welt erschaffen, indem Sie beschließen, anders zu denken. Wer unglücklich ist, hat sich entschieden, die falschen Gedanken zu denken.

Bedenken Sie dies, wenn jemand Sie das nächste Mal kritisiert. Die Kritik gilt nicht Ihnen. Sie betrifft die Person, die sie äußert. Sie basiert auf deren persönlicher Konstruktion der Realität, und diese hat mit Ihnen nichts zu tun. Meinungen, die andere Menschen von Ihnen haben, sind nur deren Projektionen. Es gibt keinen Grund, warum Sie sich davon angesprochen fühlen sollten. Wenn Sie jemand herabsetzt, vergegenwärtigen Sie sich, dass dieser Jemand in Wirklichkeit nur sich selbst beschreibt und nicht Sie.

Die erste Folgerung, die Sie ziehen können, ist, dass dem Autor dieses Textes die vertikale Erfahrung fremd ist. Was er über die Gegenwart sagt, trifft sicherlich zu, wenn man sich auf die lineare Zeit und das zu ihrer Erfassung eingesetzte rationale Denken bezieht. Aber keiner, dem je das JETZT persönlich gegenübergetreten ist, würde beipflichten, dass die Gegenwart »nur theoretisch« sei.

Von den metaphysischen Fehlern des Textes abgesehen, lassen Sie uns einmal seine praktischen Implikationen untersuchen. Was würde passieren, wenn Sie den Rat dieses Lehrers wirklich befolgten? Nichts Neues könnte hineinkommen. Niemand könnte Ihnen sinnvolle Rückmeldungen geben, weil das, was andere Menschen »Sie« nennen, sich ja nur in deren eigenem Kopf abspielt. Nur Sie können sich selbst kennen, und es steht Ihnen frei, alles über sich zu denken, was Sie wollen.

Freilich schenkt diese Philosophie dem Menschen Selbstsicherheit. Ihr Verfechter strotzt nur so vor Selbstgewissheit und verlangt ein hübsches Sümmchen, um seinen Anhängern zu helfen, ebenso zufrieden zu werden, wie er es ist. Ich verstehe nicht, warum sie so viel Geld dafür ausgeben, wo sie die gleichen Informationen doch von jeder Kindergärtnerin umsonst bekommen könnten. »Ich bin Gummi und Sie sind Kleber. Alles, was Sie sagen, prallt an mir ab und bleibt an Ihnen kleben.«

Wie jedes geschlossene System ist dies eine Falle, weil sie den, der in sie hineinstolpert, gegen Überraschungen feit. Manche religiösen Glaubenssysteme haben tatsächlich diese Macht. Wer sich auf sie einlässt und die Tür hinter sich zumacht, wird in seinen Erwartungen unentwegt bestätigt; er kann überhaupt nichts Neues hinzulernen. Doch jede Philosophie, die unser Leben formt, braucht auch eine Öffnung, einen Spalt, einen kleinen Makel in ihrer Logik, denn nur so können frische Wahrheiten hineingelangen. Ein komplett dichtes System nimmt uns die Luft zum Atmen.

In ihren Grundzügen ähnelt die Philosophie, die ich hier beschrieben habe, den Vier Edlen Wahrheiten des Buddha. Auch er lehrte, dass wir uns unsere Realität aus unseren eigenen Gedanken heraus erschaffen, dass wir an unseren Gedanken leiden und wir dieses Leid lindern können, indem wir die Anhaftung an unsere Gedanken lösen. Das ist der Weg. Rein intellektuell betrachtet (und so sehen Buddhisten das Ganze nicht), handelt es sich hier um ein geschlossenes System. Sein potenzieller Solipsismus wurde vom Mahayana korrigiert, einer Philosophie, die auch als »der offene Weg« bekannt ist.

Der Kern der Mahayana-Lehre wird durch das Herz-Sutra ausgedrückt, das viele praktizierende Buddhisten zum Tagesbeginn rezitieren. Es lautet auszugsweise so: »Es gibt kein Leiden, keinen Grund zu leiden, kein Ende des Leidens und keinen Weg.« Das ist eine *Negierung* der Vier Edlen Wahrheiten. Wenn sich diese Buddhisten also zur Meditation hinsetzen, dann leugnen sie dabei den Grund für ihre Meditation! Warum? Dem Buddha zufolge verursachen religiöse Bekenntnisse Leid. Wenn Sie also die Vier Edlen Wahrheiten zu Ihrem ganz persönlichen Glaubensbekenntnis erhoben haben, sollten Sie tunlichst nicht mehr daran glauben! Dieses Sutra ist ein Witz und es ist auch ein Ventil, eine Notausstiegsklappe. Es bringt die Schlange dazu, ihren Schwanz loszulassen.

Das okkulte Gefängnis

Wenn Magier Lust auf einen Trip der besonderen Art haben, reden sie bisweilen vom »okkulten Gefängnis«. Beispielsweise soll Madame Blavatsky einige Jahre außer Gefecht gesetzt gewesen sein, weil ihre Feinde sie solchermaßen in Gewahrsam genommen hatten.

Wie Sie wahrscheinlich schon vermutet haben, handelt es sich hier um eine Art magischen Zauberbann, nicht um ein physisch reales Gefängnis. In den zurückliegenden Jahren bin ich mehr als ein paar Hermetikern begegnet, die auf diese Weise gefangen waren. Vielleicht beruhigt es Sie zu hören, dass die überwiegende Mehrzahl der okkulten Gefängnisse von ihren eigenen Insassen errichtet wird.

Ihre Aufgabe, sofern Sie sich ihr stellen möchten, ist es, ein solches Gefängnis für sich selbst zu erschaffen. Warum in aller Welt sollten Sie so etwas tun? Weil das Wissen, wie man so etwas errichtet, Sie für immer immun macht, und zwar sowohl gegen die Angst vor okkulten Gefängnissen als auch gegen die tatsächlich von ihnen ausgehende Gefahr. Niemand wird Sie je wieder mit diesem spezifischen Zauberbann belegen können.

Ein okkultes Gefängnis ist eine Gedankenform, die ihren Denker davon abhält, frei zu agieren. Die rudimentärste Version – man könnte sie als »Bezirksgefängnis« unter den okkulten Gefängnissen bezeichnen – ist die Einstellung: »Was du auch machst, du liegst immer falsch.« Es handelt sich um einen Gedanken, der handlungsunfähig macht; was Sie auch immer unternehmen, Sie sind sowieso verloren. Sollten Sie ambitionierter sein, können Sie auch ein okkultes Alcatraz errichten: ein total geschlossenes System, wie auf Seite 204 f. beschrieben.

Nachdem Sie sich nun Ihr Gefängnis gebaut haben, lautet die nächste Herausforderung: Wie komme ich wieder heraus? Hier gibt es verschiedene Methoden. Sie könnten nach einem kleinen Loch in der Wand suchen und mit den Fingernägeln so lange daran herumkratzen, bis es groß genug ist, dass Sie hindurchpassen. Sie könnten aber auch das ganze Gebäude Stein für Stein niederreißen. (Mein Tipp: Suchen Sie sich den lockersten Stein und fangen Sie dort an.) Sollten Sie zufällig einen Zauberstab besitzen, könnten Sie ihn auch kurz hin- und herschwenken, um das Gefängnis in Luft aufzulösen. Ich persönlich habe ein Faible für explosive Lösungen, aber so bin ich nun einmal. Wichtig ist, eines im Auge zu behalten: Wenn Sie die Mittel haben, ein Gefängnis zu bauen, dann haben Sie auch die Mittel, daraus zu entfliehen.

TEIL ZWEI

Verfahren

6

Das Große Werk beginnen

Ich verdiene mein Geld als Ghostwriterin von Lebenshilfe-
büchern. Die Anrede des Lesers mit »wir« oder dem noch direk-
teren »Sie« hat Tradition im Ratgeber-Genre. Ich hatte mir das
schon so zu eigen gemacht, dass es mir auch ganz natürlich aus
der Feder floss, als ich mein eigenes Buch zu schreiben begann.
Manchmal aber frage ich mich, ob Sie es nicht anmaßend finden, so unmittelbar angesprochen zu werden. Schließlich sind
wir uns noch nie begegnet, und ich habe keinen blassen Schimmer davon, wie es in Ihrem Inneren aussieht.

Ich werfe das Thema auf, weil ich im Folgenden noch konkreter auf das Innenleben des Alchimisten im Allgemeinen
eingehen werde und den ständigen Gebrauch des »Sie« nicht
überstrapazieren will. Ich schreibe an der einen oder anderen
Stelle, dass Sie dies oder das empfinden werden, weil ich selbst
so empfunden habe, und viele andere mir berichteten, ebenso
empfunden zu haben, aber vielleicht empfinden *Sie* überhaupt
nicht so. Ich will nicht sagen, dass Sie so und so empfinden *sollen*;
ich meine nur, dass »man« manchmal so empfindet. Andererseits
schreibe ich dieses Buch nicht für »irgendwen«, sondern richte
mich an Sie; und so entschuldige ich mich ausdrücklich, wenn
Sie das Gefühl haben sollten, ich hätte Sie falsch eingeschätzt.

In jedem der vorhergehenden Kapitel habe ich jeweils eine
etwas andere Sichtweise davon beschrieben, was das Große
Werk vollziehen will. Hier noch ein weiterer Aspekt: Es ist der
Prozess, in Ihr eigenes Leben zu »reinkarnieren«.

Der Begriff »Reinkarnation« impliziert, dass wir etwas noch einmal tun müssen, dass wir die »Inkarnation« beim ersten Versuch nicht richtig ausgeführt haben. Ein Teil von uns taucht mit einem beherzten Sprung in die irdische Existenz ein, während ein anderer Teil vor dem Abgrund innehält, als wolle er fragen: »Was soll ich da unten eigentlich tun?« Der Teil, der den Sprung wagt, ist die Seele. So wie ich den Begriff hier benutze, bezieht sich Seele auf den Teil von uns, der in Raum und Zeit lebt. Er beinhaltet sowohl das Bewusstsein, das im Gehirn und zentralen Nervensystem wohnt, als auch das, was im feinstofflichen Körper beherbergt ist. Mit einfachen Worten: Die Seele ist das, was wir üblicherweise mit »Ich« bezeichnen. Der Teil, der jenseits von Zeit und Raum zurückbleibt, ist der Geist. Wenn er auch offenbar zu ängstlich ist, um selbst einzutauchen, versucht er doch unentwegt uns zu sagen, wie und wohin wir schwimmen sollen. Er meint, alles besser zu wissen (was leicht ist, wenn man nicht derjenige ist, der die Haie abwehren muss!). In Ihr eigenes Leben zu reinkarnieren, bedeutet also, diesen vertikalen Besserwisser dazu zu bewegen, gemeinsam mit dem übrigen »Ich« in die irdische Existenz zu springen.

Hermetiker drücken dies normalerweise viel poetischer aus. Manche beschreiben die Seele als Gral – einen Becher oder einen Pokal, den der Alchimist so vorbereitet, dass er würdig ist, den Geist zu beherbergen. Die legendäre Suche nach dem Heiligen Gral versinnbildlicht den Prozess der Transformation der Seele. Andere benutzen die Metapher einer Hochzeit, wobei Seele und Geist ein Paar bilden, das sich begegnet, umwirbt und einander findet. Während der Zeit der gegenseitigen Annäherung gibt es viele Konflikte und Missverständnisse. Beide müssen erst lernen, den anderen zu lieben, zu achten und sich ihm anzupassen.

Ich glaube nicht, dass sich Seele und Geist wegen mangelnder Liebe, mangelndem Respekt oder mangelnder Wertschätzung auseinanderleben. Das Problem besteht eher darin, dass die Seele den Weg zurück aus dem Wasser nicht findet und der Geist nun einmal nicht schwimmen kann. Würde die Seele klettern lernen und der Geist Schwimmunterricht nehmen, könnten sie den Sprung vielleicht nochmals gemeinsam wagen. Das ist es, was mit »reinkarnieren in Ihr eigenes Leben« gemeint ist.

In den früheren Kapiteln haben wir uns schon mit ein paar technischen Schwierigkeiten vertraut gemacht. Die Seele denkt mit dem Gehirn; der Geist denkt ohne es. Um den Gedanken des Geistes Raum zu bieten, muss sich die Gehirntätigkeit ändern und mit ihr die Beziehung des physischen Körpers zum feinstofflichen. Der Seele fällt es schwer, den Anweisungen des Geistes zu folgen, weil ihr Wille von biologischen Instinkten getrieben und zumeist nicht bewusst kontrolliert wird. Da Seele und Geist in unterschiedlichen Zeitformen leben, haben sie unterschiedliche Prioritäten. Die Seele kann den Wald nicht sehen; der Geist ist nie auf einen Baum geklettert. Während des Großen Werkes ergreifen sowohl Seele als auch Geist jeweils unabhängig voneinander Initiativen zur Lösung solcher Probleme. Insoweit wir Seele sind, heißt das, dass wir manchmal aktiv tätig werden und ein andermal nur versuchen, die Tätigkeit des Geistes wahrzunehmen und mit ihr umzugehen.

Wahrscheinlich gibt es genauso viele Varianten des Großen Werkes auf der Welt, wie es Alchimisten gibt. Die Zahl der Stufen wird gern mit sieben beziffert, manche führen aber auch zehn, zwölf oder gar zweiundzwanzig an. Ich selbst habe sieben gewählt, weil sich daraus eine überschaubare Anzahl von Kapiteln ergibt. Und dass ich mich unter den verschiedenen Siebener-Systemen speziell für die »Leiter der Weisen« entschieden habe, liegt an den wissenschaftlich anmutenden Bezeichnungen für die einzelnen Stufen. Entscheidungen, die ich also eher beiläufig getroffen habe, sollten für Sie nicht in Stein gemeißelt bleiben. Mit der Zeit werden Sie selbst Ihre eigenen Verfahren entwickeln und vielleicht sogar andere oder weitere Stufen entdecken. Jeder Alchimist erschafft seinen eigenen, unverwechselbaren Prozess; in Büchern kann man nur generalisieren. Ich habe das Sieben-Stufen-Modell außerdem benutzt, um auf sieben Herausforderungen einzugehen, die bei den meisten Alchimisten immer wieder in ihrem Inneren auftauchen. Wenn Sie sich von meinen Ausführungen bisweilen nicht angesprochen fühlen, mögen diese in einzelnen Punkten für Sie gerade nicht zutreffen.

Die Stufen habe ich zwar in logischer Reihenfolge aufgebaut, doch wir erleben sie nicht eine nach der anderen, sondern eher unregelmäßig, weil sich die einzelnen Phasen nicht durch bewusste Initiative entwickeln. Man sagt ja nicht zu sich selbst: »Ich denke, heute fange ich mit der *sublimatio* an.« Vielmehr erkennt man eine Phase an ihren typischen Symptomen und ordnet sie entsprechend ein: »Ich bin durch den Wind. Vielleicht befinde ich mich gerade im *fermentatio*-Prozess« oder »Die Hölle bricht los. Das muss *calcinatio* pur sein«. Wenn Sie erst einmal wissen, welcher Prozess gerade läuft, können Sie bewusst daran arbeiten, ihn zu einem erfolgreichen Abschluss zu bringen.

Für jede Phase biete ich Ihnen einen oder zwei Tipps zur Verfahrensweise an zusammen mit Warnungen über bekannte Gefahren sowie Ermahnungen, damit Sie das Labor nicht in die Luft sprengen. Wie Basilius Valentinus lasse auch ich manchmal Grundschritte weg und ergehe mich stattdessen in theologischen Exkursen. Wenn Sie auf solche Stellen stoßen, sollten Sie daran denken, dass alle Prinzipien immer auch Prozeduren implizieren. Sie sind darin enthalten, wenn auch nicht ausdrücklich erläutert, weil *Sie* persönlich die Transmutation noch nicht durchlaufen haben. Um dies zu erreichen, müssen Sie erst Ihre eigenen Verfahren entwickeln.

Soweit ich weiß, bringt niemand ein Stadium ein für allemal zu Ende. Höchstwahrscheinlich werden Sie die Phasen für den Rest unseres Lebens immer und immer wieder durchlaufen, auch *nach* der großen Initiation, die Sie in Stufe sieben erwartet. Wenn Sie sich in der *coniunctio*-Phase befinden, stehen Sie nicht über dem, der gerade das Stadium der *separatio* durchmacht, weil die Reise für keinen von uns geradlinig verläuft. Würde man den »Weg« zu zeichnen versuchen, gliche er weniger einer Straße als einem Teller Spaghetti. Mit anderen Worten, es ist kein Weg.

Die einzelnen Stufen führen dennoch zu einem eindeutigen – wenn auch nicht endgültigen – Abschluss. Wenn Sie ein Verfahren vorläufig abgeschlossen haben, so ändert sich Ihre Verfassung. Rückblickend stellen Sie fest, dass Sie Fortschritte gemacht und neue Erkenntnisse, neue Verhaltensweisen und neue Fähigkeiten gewonnen haben.

Technischer Überblick

Angesichts der Zahl sieben vermuten Sie womöglich, dass das Große Werk etwas mit den sieben Chakren zu tun hat.

Bei den Chakren handelt es sich in ihrer aufnehmenden Form um Organe feinstofflicher Wahrnehmung. Jedes Chakra ist auf eine andere Art von Information eingestimmt. Die Chakren sind auch Punkte, von denen unsere Energien nach außen in die Welt fließen. So gesehen, sind sie Organe des Willens. Mir ist kein expliziter Verweis auf die Chakren in der hermetischen Literatur der westlichen Welt vor dem neunzehnten Jahrhundert bekannt. Dennoch sind die Übereinstimmungen zwischen den siebenstufigen Einweihungsmodellen im Westen und den Willensaspekten der Chakren verblüffend. Offenbar wurden diese Initiationen für einen Menschen ersonnen, der sieben verschiedene »Willen« hat.

Diese Willen sind sich untereinander nicht immer einig. Mal schließt sich der eine mit einem anderen zusammen, mal geraten einige in Konflikt miteinander, und manche ruhen einfach nur. Deshalb sind unsere Handlungen auch oft so widersprüchlich und unzulänglich. Technisch gesehen ist das Große Werk eine Neuausrichtung der Willenszentren auf ein gemeinsames Ziel hin.

Sie können Ihre eigenen Chakren nicht sehen und zumeist noch nicht einmal fühlen. Das macht es schwierig, sie direkt zu kontrollieren. Nur aus der Wahrnehmung Ihrer eigenen Gefühle und Verhaltensweisen können Sie ableiten, wie es ihnen geht. Ebenso wird Ihnen der hier präsentierte Überblick wenig nützen, um Ihren Fortschritt zu kontrollieren, wenn das Große Werk erst einmal beginnt. Weiter unten finden Sie ein Schaubild, aus dem zu ersehen ist, was geschehen sollte, ein Bild Ihrer inneren Ausrichtung, so wie es sich von außen darstellt. Doch wie sollten Sie sich mit dem Bild vergleichen, wo Sie sich doch von außen nicht sehen können? Das Bild sagt Ihnen nicht, wie Sie vorankommen, aber es hilft Ihnen, das Ziel immer im Auge zu behalten. Vielleicht wäre es gut, über das Bild zu meditieren, es tief ins Innere mitzunehmen, so wie Sie es mit anderen alchimistischen Darstellungen und Symbolen tun.

Hier nun die Ausrichtung eines Menschen, der nicht magisch wirken kann; man könnte sie auch »Muggel-Ausrichtung« nennen:

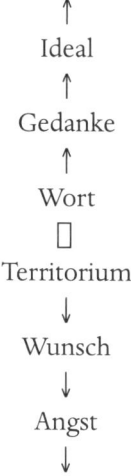

↑

Ideal

↑

Gedanke

↑

Wort

⬚

Territorium

↓

Wunsch

↓

Angst

↓

Die unteren drei Zentren umfassen unseren instinktiven Willen. Sie sind der Antrieb, den wir für unser Leben als physische Wesen auf der Erde brauchen. Die Namen, die ich ihnen gegeben habe, spiegeln unsere jeweilige subjektive Erfahrung wider. Das heißt, wir fühlen uns durch Angst, Wunschdenken oder Territorialdenken (den Drang, unsere Grenzen zu kontrollieren und unser Reich zu beherrschen) angetrieben. Das sind unsere Schwerkraft-Zentren mit natürlicher Orientierung nach unten.

Die oberen drei Zentren repräsentieren die höheren Fähigkeiten, aus denen unsere bewussten Absichten entspringen. Das Ideal ist die Quelle unserer Kreativität und moralischen Inspiration, unser Verbindungspunkt mit dem Geist. Der Gedanke ist Überlegen und Verstehen. Das Wort ist erklärte Absicht. Dies sind unsere Schwebkraft-Zentren mit ihrer natürlichen Orientierung nach oben.

Im Zentrum der Abbildung steht das Herz als Schnittstelle, wo das Oben auf das Unten trifft und sich das Vertikale mit dem Horizontalen kreuzt. Es ist das *Dazwischen* des Menschen und der Quell allen alchimistischen Tuns. Aber im Augenblick sprudelt er nicht, und das Bild verrät uns auch warum. Wenn die Pfeile den Energiefluss repräsentieren, bekommt das Herz überhaupt nichts davon ab. Der obere Teil des Menschen strebt gen Himmel, der untere strebt der Erde zu. Isoliert in der Mitte hat das Herz wenig Kraft. Es ist gefühlsduselig und sentimental, wie das Herz auf einer viktorianischen Valentinskarte. Es mag Liebe *empfinden*, ist aber wenig geeignet, Liebe zu *wirken*. Seine Liebe manifestiert sich als folgenlose gute Absicht und reine Nettigkeit.

Die innere Ausrichtung, die alchimistisches Tun ermöglicht, sieht folgendermaßen aus:

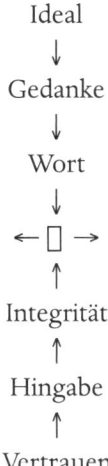

Auffällig ist, dass sich die Bezeichnungen für die unteren drei Zentren geändert haben. Die Überlebensinstinkte des Unbewussten haben sich in Eigenschaften verwandelt. Aus Angst ist Vertrauen geworden, der Wunsch wurde zur Hingabe, und das Territorialdenken ist nun Integrität. Sie bleiben unten, aber ihre Orientierung hat sich nach oben hin verlagert. Die aus der Erde bezogene Energie strömt nun in Richtung Herz.

Die Veränderungen in den oberen Willenszentren sind weniger dramatisch. Die Namen sind geblieben, doch es ist etwas passiert, was sie nach unten ausrichtet. Es ist, als würden sie ihr Haupt neigen. Die Energie, die sie von oben beziehen, wird so in das Herz gespült, das nun zum Ort der Begegnung wird – zum Treffpunkt von Absicht und Wille, von Himmel und Erde. Von allen Zentren gespeist, kann die Energie von hier aus nach außen in die Welt strömen – brillant durch die Intelligenz der vom Himmel erhellten Absicht und klangvoll tönend durch die Macht des irdischen Willens. Wie ein Diamant ist sie unzerstörbar, scharfkantig und strahlend. In ihrer Liebe ist die Herzensenergie mutig, klug, heftig und *magisch* zugleich. Sie ist zum Stein der Weisen geworden.

Über Chaos in der Küche

Ziel vieler spiritueller Lehren ist ein Idealzustand, wie die Erleuchtung oder der innere Friede, den man konsequent zu erreichen und aufrechtzuerhalten sucht. In der Alchimie kommt ständiges Chaos dem Idealzustand am nächsten. Zuerst lassen wir uns auf das Große Werk ein, um magisch wirken zu können. Nach und nach entdecken wir dann, dass das Große Werk selbst das eigentlich Magische *ist*. Ständig wandeln wir uns, und als Resultat davon können wir auch andere Phänomene verändern. Würden wir je behaupten, fertig zu sein, würde unser gesamter magischer Einfluss über Nacht dahinschwinden, denn Phänomene lassen sich nur in *unfertigem* Zustand transmutieren.

Amerika bietet meines Erachtens ein besonders günstiges Klima für das Vollbringen des Großen Werkes, denn die amerikanische Geisteshaltung ist einzig und allein auf den Willen ausgerichtet. Unser Land bringt mehr Magier als Mystiker hervor. Wir haben einen Teil dieses starken Willens aus einer Quelle geerbt, mit der viele von uns wenig anfangen können: die calvinistische Religion der frühen Siedler. Nach deren Weltanschauung liebt Gott die einen mehr als die anderen und drückt seine Anerkennung durch irdische Geschenke aus. Gesundheit, Reichtum und Glück sind Gottes Unterpfand des Wohlgefallens, Armut und Leid hingegen verräterische Zeichen von Sünde. Ob ein Mensch in der Gunst oder Ungunst Gottes steht, wird bereits vor seiner Geburt entschieden. Manche sind auserkoren, gerettet zu werden, andere sind zur Verdammnis verurteilt.

Wider Erwarten hat diese seltsame Doktrin ihre Anhänger weder verzweifeln lassen noch sie davon abgehalten, sich eifrig strebend zu bemühen. Im Gegenteil, sie war Motor und Ansporn zugleich. Durch harte Arbeit, das Anhäufen von Reichtümern und Führen eines ordentlichen Lebens konnten sie sich und anderen beweisen, dass sie zu den Auserwählten zählen. Dies war das Fundament der protestantischen Arbeitsethik.

Heutzutage gibt es nicht mehr viele praktizierende Calvinisten. Mir persönlich ist noch nie einer begegnet. Aber ich habe viele Menschen kennengelernt, die Yoga, buddhistische, ja selbst heidnische Praktiken in calvinistischer Weise ausüben. Die calvinistische Bewegung hat sich von ihren protestantischen Ursprüngen losgelöst und im kollektiven Unbewussten der Amerikaner verankert. Wenn ich diese Doktrin hier so ausführlich darlege, mag man das vielleicht für das Dümmste halten, was man je gehört hat. Dennoch ist man bei uns in den Vereinigten Staaten mit Sicherheit in der einen oder anderen Hinsicht davon beeinflusst. Es gibt kaum einen Amerikaner, der das nicht wäre.

Auch wenn man nicht an Vorhersehung glaubt – es genügt, ab und zu den Satz »Es sollte so sein« zu gebrauchen, um sich in diese Richtung zu bewegen. Wenn man der Ansicht ist, eine unglückliche Ehe, die angeschlagene Gesundheit oder Geldsorgen seien Zeichen dafür, auf einem spirituellen Irrweg zu sein, oder man könne mit Spiritualität etwas an seiner Lage ändern, dann geht man von einer calvinistischen Annahme aus.

Im mittelalterlichen Europa suchten die Menschen ihr spirituelles Heil bei Armen und Ausgezehrten. Askese war das Markenzeichen eines Heiligen. In Amerika wird von einem spirituellen Lehrer erwartet, dass sein Alltag gut funktioniert. Wir lassen uns doch nicht von jemandem beraten, der seine Stromrechnung nicht zahlen kann. Bewusst oder unbewusst gehen wir davon aus, dass sich die spirituell Fortgeschrittenen durch ein gesundes, glückliches und geordnetes Leben auszeichnen. Diese Vorstellung hat vieles gemein mit dem Anspruch der Alchimie, wonach sich spirituelle Einsichten auf das materielle Wohlbefinden der Menschheit auswirken können und sollen; dementsprechend gilt die praktische Umsetzung der Einsichten als eine gute Möglichkeit, ihren spirituellen Wahrheitsgehalt zu überprüfen. Dennoch wird uns diese Denkweise ständig zu Fall bringen, wenn wir das Große Werk vollbringen.

Mein tibetischer Lehrer hat von seinen Schülern immer verlangt, sich mehrere Jahre mit den allgemeinen Regeln des Buddhismus zu befassen, bevor man Vajrayana, den buddhistischen alchimistischen Weg, einschlägt. Wenn Neuankömmlinge versuchen, die Rangordnung unter den Schülern festzustellen, halten sie häufig diejenigen für am weitesten fortgeschritten, die nur zwei bis drei Jahre Praxis haben. Diese »Junioren« wissen sich grandios darzustellen, zeichnen sich durch tadellose Manieren und eine Art von Gelassenheit aus, die man gemeinhin mit einem Buddhisten assoziiert. Die eigentlich fortgeschrittenen Schüler – jene also, die bereits tief in das Vajrayana eingetaucht waren – werden von den Neulingen hingegen als gleichrangig wahrgenommen. Von ihrer äußeren Erscheinung her wirken sie seelisch aufgelöst, in den Meditationssitzungen brechen sie in Tränen aus oder können sich vor Lachen nicht halten; sie kommen betrunken daher, vernachlässigen ihre Pflichten, verstricken sich in Dreiecksbeziehungen und stürzen sich in Schulden. Nichts deutet auf die Stufe eines Fortgeschrittenen hin außer vielleicht das fortgeschrittene Chaos in ihrem Leben.

Die Alchimie sorgt für Chaos in der Küche. Wenn man Gift in Medizin umwandeln will, steht eben überall Gift herum. Die rohen Instinkte des Unbewussten müssen erst an die Oberfläche kommen, bevor sie in positive Charakterzüge umgewandelt werden können. Während dieses Prozesses sind sie nicht nur für uns selbst, sondern auch für andere sichtbar. Das verkompliziert die Sache. Äußere Bedingungen, die bestens unter Kontrolle zu sein schienen, können plötzlich zerfallen. Wagen Sie sich also nicht an das Große Werk, um andere glauben zu machen, Sie seien auserwählt.

Ein weit verbreiteter Denkfehler im spirituellen Leben ist der, Ergebnisse mit Verfahren zu verwechseln. In einem Ratgeber zur inneren Entfaltung warnt beispielsweise ein hoch angesehener Hermetiker seine Schüler, nie ohne ein Gefühl von Ehrfurcht Kontakt zu Wesen der oberen Vertikalität aufzunehmen. Diese Forderung ist in der Praxis nicht zu erfüllen! Wenn man noch nie Kontakt zu einem höheren Wesen hatte, wie und *weswegen* sollte man dann Ehrfurcht verspüren? Ehrfurcht ist ein Ergebnis und kein Verfahren. Was sollte ein Anfänger angesichts der an ihn gestellten Erwartung anderes tun, als Ehrfurcht vorzutäuschen? Und genauso halten es die Jünger dieses Lehrers dann auch: Sie verkneifen sich das Lachen, sobald der Name eines Engels fällt. (Das ist umso trauriger, weil gerade Humorlosigkeit Engeln ausgesprochen zuwider ist!) Es ist schwierig, im Großen Werk voranzukommen, indem man versucht, jene nachzuahmen, die nach außen hin so wirken, als hätten sie die höheren Stufen erreicht. Ohne erkennbare Mängel und Verrücktheiten gibt es für den Alchimisten nichts zu verwandeln.

Stellen wir uns einmal Gefühle, Verfassungen, Haltungen, Charakterzüge und Tugenden als Ergebnisse vor. Wenn wir sie als Prozess betrachten, ziehen sie uns normalerweise nach unten, denn wir versuchen sofort, von innen kommende Aspekte unserer Persönlichkeit unter Kontrolle zu bringen. Wenn wir einen Nachbarn haben, der uns wirklich auf die Nerven geht, würde uns die Ermahnung »Liebe deinen Nächsten wie dich selbst« nicht unbedingt glücklicher machen, solange wir Tür an Tür mit ihm leben. Die Liebe zum Nachbarn ist ein Ergebnis. Sie kann sich nur auf dem Weg eines Prozesses entfalten.

Ein effizientes Verfahren ist eine Maßnahme, die wir unabhängig von unseren Charaktereigenschaften, Gedanken und Gefühlen ergreifen können. Wir können uns vorstellen, etwas Bestimmtes zu tun, egal ob wir nun in der Stimmung dazu sind oder nicht. Es funktioniert auch dann, wenn wir mit unserer Einstellung völlig danebenliegen. Im weiteren Verlauf werde ich einige meiner Meinung nach hoch wirksame Verfahren vorstellen. Sollte eines davon für Sie persönlich nicht die oben beschriebenen Kriterien erfüllen, so vergessen Sie es einfach und entwickeln Ihren eigenen Prozess, der Ihren Zwecken besser dient und das gleiche Ziel verwirklicht.

Ein anderer verbreiteter Fehler ist zu glauben, etwas Gutes

zu tun, bedeute, sich dabei auch gut zu *fühlen*. Droht eine Emotion oder Situation eine unerfreuliche Wendung zu nehmen, versuchen wir die Dinge so weit herunterzuspielen, bis wir das Gefühl und den Anschein von Harmonie erreicht haben. Alchimistisch gesehen sind Phänomene jedoch am ehesten bereit zur Veränderung, wenn sie im volatilen Zustand sind. Innere Unruhe ist ein Zeichen dafür, dass wir uns bewegen. Die Strategie des Alchimisten lautet: das Feuer schüren, statt es zu löschen! Er unterstützt die Abläufe in der Richtung, in der sie sich natürlicherweise entwickeln möchten. Harmonie tritt wieder ein, sobald der Prozess von allein zum Abschluss gekommen ist. Mein Arzt – ein praktizierender chinesischer Alchimist – erinnert mich oft daran, dass sich Symptome häufig noch einmal verstärken, wenn eine Krankheit im Abklingen ist.

Alchimisten unterstützen Prozesse ganz bewusst, weil dies effizient und von nachhaltiger Wirkung ist. Im Geschehen selbst kann sich das allerdings als äußerst unangenehm und chaotisch erweisen. Wer diese Vorgehensweise wählt, schwimmt gegen den in Amerika vorherrschenden spirituellen Strom, jene fremdartige Mixtur aus Windspielen, Yogamatten und calvinistischer Selbstgefälligkeit. In der Alchimie geht es nicht darum, sich gut zu fühlen, gut dazustehen oder gut zu sein, sondern darum, die Welt magisch zu erleben und sich selbst als Magier darin zu erfahren. Ihren ganz persönlichen Fortschritt bewerten Sie nicht danach, wie Sie auftreten, sich fühlen oder handeln, sondern danach, dass sich die Wirkung, die Sie auf diese Welt ausüben, verändert. Es ist Ihr Wirken, nicht Ihr innerer Zustand oder Ihr Auftreten im Außen, das Sie zum Maßstab für die Effizienz Ihres Handelns erheben sollten.

7

Calcinatio

Die Substanz wird verbrannt, bis nichts bleibt außer Asche.

PRIMA MATERIA:
Falsche Wurzeln

SYMPTOME:
Angst und Sorge
Verlust und Verlustängste
Äußere Umbrüche

ZUR UNTERSTÜTZUNG:
Schuldzuweisungen an sich selbst oder an andere vermeiden
Nicht nach Erklärungen für Unglück suchen

TRANSMUTATION:
Vertrauen

Ich bin der wahre Weinstock, und mein Vater ist der Weingärtner. Jede Rebe an mir, die keine Frucht bringt, entfernt er, und jede Rebe, die Frucht bringt, reinigt er, damit sie noch mehr Frucht bringe.

Wer nicht in mir bleibt, der wird weggeworfen wie die Rebe und verdorrt; man sammelt sie dann und wirft sie ins Feuer: da verbrennen sie. (Joh 15,1-2,6)

Wer christlich erzogen wurde, dem sind Predigten über diese

Passage aus dem Johannes-Evangelium vielleicht in unangenehmer Erinnerung. Geistliche interpretieren das Feuer oft als Hölle und das Verbrennen der Reben als Strafe für jene, die nicht an Jesus glauben. Doch Jesus beschreibt hier nur mit den Worten eines Gärtners, was mit den wild wuchernden und unerwünschten Reben geschieht. In meinem eigenen Garten darf der Wilde Wein die Pergola voll und ganz in Beschlag nehmen. Er spendet Schatten im Sommer und beschert mir eine phantastische Farbenpracht im Herbst. Aber ich mag es nicht, wenn er Sträucher, Bäume, Gartenmöbel oder gar friedlich schlummernde Katzen überwuchert, wie er es immer und immer wieder probiert. So reiße ich alle paar Wochen die Ausläufer ab, die Wurzeln geschlagen haben an Stellen, wo sie nicht hingehören. Ich würde sie liebend gern den Flammen übergeben, wenn die städtischen Vorschriften dies zuließen. Ich habe keinerlei Absicht, die abgeschnittenen Ranken zu bestrafen. Das einzige Urteil, das ich darüber fälle, lautet: Sie haben sich zu weit von ihrem eigentlichen Sinn und Zweck entfernt.

Achten wir einmal genau auf das, was Jesus sagt: »Jede Rebe *an mir*«. Seine eigenen Reben werden gereinigt, solange sie fruchtbar sind, und sie werden herausgerissen, wenn sie keine Früchte mehr bringen. Wenn Jesus sagt, »Ich bin der wahre Weinstock«, will er uns persönlich damit nicht zurückstellen, denn er sagt nicht, »Ich bin der wahre Weinstock, *und du bist es nicht.*« Er stellt sich als Beispiel dessen dar, was auch wir sind – ein wahrer Weinstock, der manchmal überschießende Reben hervorbringt. Sie zu verbrennen, ist der *calcinatio*-Prozess.

Wer ist »Ich«?

Schreiben Sie, so schnell Sie können, eine Reihe von Sätzen auf, die mit »Ich bin« beginnen, zum Beispiel:

- Ich bin eine Frau.
- Ich bin blond.
- Ich bin schottischer Herkunft.
- Ich bin abgetaucht.

Je mehr solcher Sätze Ihnen einfallen, desto besser. Versuchen Sie, mindestens fünfzig zu Papier zu bringen.

Als Nächstes gehen Sie die Liste durch und streichen alle Aussagen, die sich irgendwann in Ihrem Leben verändert haben oder ändern werden, also nicht auf Dauer gültig sind. Zum Beispiel »Ich bin blond«: Auch wenn ich mein Leben lang blond war, werden meine Haare eines Tages grau werden. Blondsein ist nichts Permanentes. Oder »Ich bin abgetaucht«: In letzter Zeit bin ich abgetaucht, weil ich an diesem Buch arbeite, aber ich bin normalerweise äußerst kontaktfreudig und das wird auch wieder so sein. Somit ist das Abgetauchtsein ebenfalls etwas Vorübergehendes.

Nachdem Sie nun alle Zustände, die nicht auf Dauer gültig sind, eliminiert haben, streichen Sie in einem zweiten Durchgang alles weg, was nach Ihrem Tod nicht mehr zutrifft: Ich werde nicht mehr schottischer Herkunft und auch keine Frau mehr sein, weil solche Merkmale von meiner DNA abhängen. Der Geist hat keine DNA.

Dieser Schritt wird Ihre Liste wohl auf null reduzieren. Fast jede Situation, jeder Zustand oder jedes Adjektiv, das wir auf uns selbst anwenden, unterliegt dem Verlust oder der Veränderung. Selbst Charakterzüge sind nichts Dauerhaftes. Eine chronische Krankheit kann einen fröhlichen Menschen griesgrämig machen oder einen aktiven lustlos. Die Alzheimer-Krankheit könnte die Erinnerung an alle Erkenntnisse, die man je gewonnen hat, ausradieren. Das einzig dauerhafte und absolut Beständige, was wir über uns sagen können, ist: »Ich bin«. Dieses nicht reduzierbare »Ich«, frei von jeglicher Relativität und Vergänglichkeit, ist das wahre Ich, der wahre Weinstock. Wenn wir versuchen, unsere Wurzeln außerhalb dieses Ichs zu bilden und dort unser Identitätsgefühl anzusiedeln, werden wir früher oder später entwurzelt sein. Das ist keine Strafe, es ist nur das, was eben passiert.

Beim Lesen dieser ersten Abschnitte und Lösen der Aufgaben haben Sie bestimmt schon begriffen, worum es hier geht. Verstandesmäßig dürfte dies überhaupt kein Problem sein. Dennoch wird der Gedanke daran in dem Moment vergessen sein, in dem Sie dieses Buch schließen und aus der Hand legen. Im Alltag fühlen sich alle vergehenden Zustände wie der Verlust des »Ich« an. Geraten sie in Bedrängnis, fühlen auch wir uns bedroht. Manche von ihnen empfinden wir als so existenziell für unsere Persönlichkeit, dass wir sogar töten würden, um sie zu verteidigen; das begründen wir dann mit Selbsterhaltungstrieb. Unser instinktiver Wille ist zwangsläufig darauf ausgerichtet, am Leben zu bleiben. Da sich das nackte Überleben mit den verschiedensten Annehmlichkeiten verschönern lässt, erweitert sich der Überlebenstrieb dementsprechend: Wir wollen nicht nur Lohn für unsere Arbeit, sondern eine erfüllende Karriere; wir wollen uns nicht nur vermehren, sondern eine glückliche Ehe führen; wir wollen nicht nur einen gesunden Körper, sondern auch physisch attraktiv sein. Verlieren wir eine dieser Annehmlichkeiten, fühlt sich das bisweilen wie ein Sterben an.

Das ist das Grundübel, von dem in Buddhas Lehren die Rede ist. Er sagt, wir leiden, weil wir unsere Sinne auf das »Ich« heften, auf Zustände, die uns irgendwann einmal genommen werden. Wir leiden, weil wir unsere Wurzeln im Vergänglichen bilden und diese wieder und wieder herausgerissen werden. Die Entwurzelung wäre weniger schmerzhaft, würden wir die Wurzeln nicht so tief setzen.

Der alchimistische *calcinatio*-Prozess wirft das gleiche Problem auf, aber aus einem anderen Grund. An und für sich stellt das durch Anhaftung verursachte Leid kein Hindernis für die Magie dar. Das Problem besteht vielmehr darin, dass uns das

Festhalten an vergänglichen Zuständen davon ablenkt, wer wir eigentlich sind. Wir sind so im momentanen »Wie« unseres Lebens gefangen, dass das »Warum« auf der Strecke bleibt. Der in unserem absoluten JETZT existierende Sinn geht im Wirrwarr unserer Alltagsprobleme unter. Die wild wuchernden Sprösslinge müssen herausgerissen und vernichtet werden, damit der wahre Weinstock magische Frucht tragen kann.

Calcinatio geschieht, egal ob man sich auf das Große Werk einlässt oder nicht. Das menschliche Dasein ist gezeichnet von einer Serie von Verlusten, die sich gegen Ende des Lebens in ihrer Häufigkeit und Schwere steigern. Viele ältere Leute sind weise, weil sie durch leidvolle Erfahrungen mehr und mehr gelernt haben, sich mit dem wahren Weinstock zu identifizieren. Wer Alchimist werden möchte, will nicht bis ins hohe Alter darauf warten, weise zu werden. Er möchte den Prozess vorantreiben, damit sein wahrer Weinstock noch viele produktive Jahre erleben kann, solange er auf Erden weilt.

Wie können wir also den *calcinatio*-Prozess beschleunigen? Entweder müssen wir größere und frühzeitigere Verluste als der Durchschnittsmensch erleiden oder wir müssen den normalen Rückschlägen mit größerer Achtsamkeit und Intensität entgegentreten. Hätten wir die Wahl, so würden die meisten von uns wohl den letzteren Weg bevorzugen. Aber machen wir uns nichts vor, keine der beiden Optionen ist besonders reizvoll. Die mit unserem »Ich«-Gefühl behafteten Reben springen nicht von allein ins Feuer. Mit Absicht zu kalzinieren, wäre genauso grotesk wie sein eigenes Haar in Brand zu stecken. *Calcinatio* geschieht auf Initiative des Geistes, nicht der Seele. Am Anfang des Prozesses fühlt sich dieser Geist nicht so an, als würde er zu uns gehören. Er fühlt sich wie unser Todfeind an.

Das Buch Hiob ist eine Geschichte der *calcinatio*: Satan fordert Gott zu einer Wette heraus. Er will Hiobs Charakter auf die Probe stellen, indem er ihm ein Unglück nach dem anderen schickt. Dass Gott diese makabere Wette überhaupt annimmt, lässt ihn fast so übel dastehen wie Satan selbst. Nach meiner Interpretation dieses Gleichnisses (die zugegebenermaßen von keinem mir bekannten Theologen geteilt wird) ist Satan in Wirklichkeit Hiobs eigener Geist. Aus der Sicht einer im *calcinatio*-Prozess befindlichen Seele scheinen sowohl Gott als auch der Geist pervers. Der Geist ist ein Brandstifter, und Gott drückt ihm aus unerklärlichem Grund auch noch die Streichhölzer in die Hand. Es ist eine absolut natürliche Reaktion, auf beide wütend zu sein.

Der Verbrennungsprozess

Beherzigen Sie Buddhas Rat, wenn Sie das Leiden in dieser Phase lindern möchten. Er lehrt, dass Schmerz nichts anderes ist als intensives Empfinden. Es wird zum Leid, sobald wir Angst hinzufügen. Überlegen Sie einmal, wie es sich anfühlt, wenn Sie sich beim Gemüseputzen versehentlich in den Finger schneiden. Das schmerzt! Dann stellen Sie sich vor, jemand würde Ihnen absichtlich in den Finger schneiden. Er warnt Sie noch, dass er es tun will, doch Sie halten still und sehen zu, wie sich das Messer langsam in Ihr Fleisch senkt. Jetzt leiden Sie!

Schmerz können wir nicht eliminieren, doch wir können Leiden lindern, indem wir die Angst herausnehmen, die nichts mit dem Verlust selbst zu tun hat, sondern mit der gedanklichen Vorwegnahme eines bevorstehenden Verlustes. Nehmen wir einmal an, Glatzköpfigkeit läge bei Ihnen in der Familie und Sie wollten auf keinen Fall später einmal kahl herumlaufen. Jedes Mal, wenn Sie nun die Haare kämmen, bleiben einige Strähnen im Kamm hängen. Ein Dutzend Haare mehr oder weniger macht sich auf dem Kopf überhaupt nicht bemerkbar. Dass sie Ihnen ausgehen, merken Sie nur, weil der Anblick Sie an das erinnert, was eintreten könnte. Kämen Sie eines Tages aber zu der Ansicht, dass volles Haar gar nicht so wichtig ist, würden Sie die ausgefallenen Haare im Kamm gar nicht mehr stören. Das ist die Grundlogik der Nichtanhaftung bzw. des Nichtfesthaltens. Klammern Sie sich nicht an das, was Sie wahrscheinlich verlieren. Dann wird der Verlust nur noch halb so wehtun.

Jedes Festhalten verursacht zusätzlichen Schmerz, wenn wir meinen, etwas tun zu können oder zu müssen, um den vorhersehbaren Verlust zu verhindern. Stellen Sie sich beispielsweise vor, Sie hätten das ungute Gefühl, Ihr Partner wolle Sie verlassen. Das mag eine irrationale Angst oder auch eine zutreffende Intuition sein. Wie dem auch sei, jedenfalls tun Sie alles Erdenkliche, um den Verlust zu verhindern. Sie klammern, spionieren ihm nach, um herauszufinden, ob er untreu geworden ist, oder holen gar zu einem Präventivschlag aus und lösen selbst die Verbindung. Solche strategischen Schachzüge schaffen entweder ein zusätzliches Problem oder verschärfen ein bereits existierendes. In jedem Fall verstärken sie das mit dem Verlust einhergehende Leid. Könnten Sie indes Ihre Angst überwinden, würden Sie die Beziehung vielleicht nicht gefährden. Mag das Leid auch unabwendbar sein – wenn Sie sich keine Sorgen darüber machen, brauchen Sie nicht schon im Voraus darunter zu leiden.

Im Buddhismus erlangt man diese Haltung durch Meditation. Sobald furchterregende Gedanken im Kopf auftauchen, nehmen Sie sie einfach als solche wahr und lassen sie dann ziehen. Kommen sie zurück, so lassen Sie sie weiterwandern. Wenn Sie das lange genug praktizieren, bauen Sie langsam, aber sicher Ihre Ängste ab. Der unangenehme Gedanke löst keine weiteren Adrenalinstöße aus. Mit der Zeit wird das Ganze irgendwie langweilig, nach und nach wächst die Langeweile ins Unerträgliche. Wenn wir unsere Gedanken in dieser Art und Weise beobachten, wird uns auffallen, wie viele davon mit Szenarien zu tun haben, die sich niemals wirklich abspielen. Wir sind krank vor Sorge über Verluste, die gar nicht eintreten, während die tatsächlichen Rückschläge völlig überraschend kommen. Die nämlich sind wie Unfälle in der Küche: Anfänglich wird der Schmerz durch den Schock betäubt.

In der buddhistischen Lehre gibt es viele Geschichten, welche die Grenzen dieses Ansatzes aufzeigen. Als der Sohn eines großen buddhistischen Meisters bei einem Autounfall ums Leben kommt, ist dieser gramgebeugt. Seine Schüler erinnern ihn daran, dass sein Verlust wie alle irdischen Verluste nur eine Illusion sei. »Doch hier handelt es sich um eine äußerst *überzeugende* Illusion«, antwortet der Meister. Das langsame, kontrollierte Verbrennen in der Meditation ist keine Garantie gegen den Ausbruch eines plötzlichen Flächenbrandes. Auch wenn man die Sache nicht mit Angst verkompliziert, kann Schmerz äußerst schmerzvoll sein.

Innere Gelassenheit mag sich besser anfühlen und sicherlich *nach außen* hin besser wirken, als wild um sich zu schlagen, doch aus alchimistischer Sicht ist das irrelevant. Es ist wie das Öl, das sich einbildet, das Feuer überwachen zu können. Früher oder später muss jede Bewältigungsstrategie im Feuer verschmoren, auch der buddhistische Gleichmut. Auf das Feuer der *calcinatio* wirkt Widerstand wie ein Brandbeschleuniger. Kämpfen führt nur dazu, dass es heißer und heftiger brennt. Machen Sie also ruhig weiter so und kämpfen Sie, wenn es das ist, was Sie tun möchten. Sollten Sie sich irgendwann einmal vor einem Verlust fürchten, tun Sie einfach alles Erdenkliche, ihn zu verhindern. Klammern Sie sich mit aller Macht an das, was Sie als wichtig für Ihre Persönlichkeit erachten. Kleben Sie es mit Superkleber an sich fest. Die daraus entstehende *calcinatio* geht schnell und gründlich vonstatten.

Hiobs Tröster

Der Held aus dem Buch Hiob verliert alles: Frau und Kinder, Geschäft, Haus, Freunde und Gesundheit. Am Ende seiner *calcinatio* liegt er halb nackt auf der Erde, jeder Zentimeter seiner Haut mit schmerzenden Geschwüren bedeckt. Wenn wir nun meinen, er habe bereits jede denkbare Form des menschlichen

Leids erfahren, haben wir uns getäuscht. Es erwartet ihn noch eine weitere Plage: der verfehlte Beistand seiner »Tröster«. Es wäre halb so schlimm gewesen, wenn sie nur seine Gefühle bestätigt hätten: »Mein Gott, Hiob, dein Leben ist wirklich furchtbar!«, und es dabei belassen hätten. Stattdessen aber wollen sie ihm helfen herauszufinden, *warum* sein Leben so aus dem Ruder gelaufen ist.

Die Geschichte zeigt uns, dass es eine uralte und universelle menschliche Neigung gibt, dem Opfer die Schuld für sein Leid zuzuschreiben. Gerade wir Amerikaner tendieren mehr als andere dazu, finde ich. Wir sind eine Nation von Hiob-Tröstern. Das hat wahrscheinlich mit unserer durch und durch vom Calvinismus geprägten Kultur zu tun. Sie, lieber Leser, glauben bestimmt nicht, menschliches Leid sei ein Zeichen für Gottes Missfallen. Aber gerade er hat uns auf einer unbewussten Ebene beeinflusst, wenn wir Worte wie »unschuldiges Opfer« benutzen. Warum reden wir von Unschuld, wenn wir nicht in irgendeinem Winkel unserer Seele glauben würden, dass es so etwas wie ein *schuldiges* Opfer gibt?

Eine konstruktivere Variante der calvinistischen Denkart findet sich in der Idee, Unglück ließe sich verhindern, wenn man die Gründe dafür herausfinden und rechtzeitig vorbeugende Maßnahmen ergreifen würde. Sonnenbrand verursacht bekanntlich Hautkrebs, also besser kein Sonnenbad nehmen. Radfahrunfälle führen häufig zu Kopfverletzungen, also besser einen Helm tragen. Zunächst klingt das alles ganz vernünftig. Aber sobald wir in dem Versäumnis, solche Vorsorgemaßnahmen zu ergreifen, den Grund für späteres Unglück sehen, schlüpfen wir zurück in die Rolle des Hiob-Trösters. Dem verletzten Radfahrer wird weniger Sympathie entgegengebracht, wenn er keinen Helm trägt – als hätte das Fehlen des Helms den Unfall selbst herbeigeführt!

Das Unglück anderer Menschen schmerzt uns, weil es uns an unsere eigene Verletzlichkeit erinnert. Es hat uns nicht getroffen, aber es könnte uns treffen bzw. hätte uns treffen können. Diese Besorgnis schwächt sich in dem Moment ab, wenn wir das Unglück auf menschliches Versagen oder Fehlverhalten zurückführen können – mit anderen Worten, sobald wir jemanden finden, dem wir die Schuld zuweisen können. Wurde das Problem nicht direkt von einem Menschen verursacht, gab es bestimmt einen, der es hätte verhindern können, wenn er nur richtig aufgepasst hätte. Wir weigern uns beharrlich zu glauben, dass es so etwas wie einen Unfall oder eine Naturkatastrophe wirklich gibt.

Schuldzuweisungen und das zwanghafte Ergreifen von Vorsorgemaßnahmen sind psychische Abwehrmechanismen gegen die Erkenntnis, an welch seidenem Faden unser Leben von Natur aus hängt. Einem Opfer die Schuld zu geben, ist eine besonders heftige Abwehrstrategie, weil das Leben – ebenso wie wir selbst als potenzielle Opfer – damit kontrollierbar wäre. Deshalb ist diese Methode aus alchimistischer Sicht kontraproduktiv. Der *calcinatio*-Prozess kann erst beginnen, wenn sämtliche Abwehrmechanismen entkräftet sind. Wir verbrennen auf viel kleinerer Flamme, solange wir es unterlassen, andere oder uns selbst für unser Unglück verantwortlich zu machen.

Eine andere Sicht vom Leiden hat Gary Zukav in seinem Buch *Die Spur zur Seele* auf sehr anschauliche Weise beschrieben. Er beschreibt das Leben als eine »Erdenschule«. Unglück ist für ihn kein Zufall oder Unfall. Es handelt sich vielmehr um ausgeklügelte Lektionen zur Verdeutlichung dessen, was wir alles noch lernen müssen. Der beste Beweis für die Richtigkeit dieser Philosophie ist in der großartigen Persönlichkeit all jener zu sehen, die nach ihr leben. Sie fühlen sich voll verantwortlich für das, was ihnen widerfährt, und vermeiden tunlichst, anderen die Schuld zu geben. Sie werden mit jedem weiteren Jahr weiser, denn sie machen keinen Fehler zweimal. In jedem Rückschlag sehen sie eine Lektion und eine weitere Chance zu wachsen.

Der Ansatz der Erdenschule scheint bei kleineren bis mittleren Schicksalsschlägen am besten zu funktionieren. Bei Selbstmord, Tsunamis und Pandemien hingegen dürfte er eher Schiffbruch erleiden. (Wenn solche Ereignisse Lektionen sind, möchte ich bitte auf eine andere Schule wechseln!) Bei jenen, die glauben, dass ein geordnetes Leben das Markenzeichen eines Musterschülers ist, kann die Erdenschule auch eine calvinistische Färbung annehmen. Das ist nicht zwangsläufig so. Der auf seinem Haufen Lumpen liegende Hiob war so ein Musterschüler und auch der islamische Mystiker Rumi in seiner wahnsinnigen Trauer ob des Verlustes seines Freundes Shams.

Aus alchimistischer Sicht sind Lektionen über das Leiden nichts, was man unbedingt hinter sich bringen sollte. Lehren dieser Art können plausibel und nützlich sein, aber sie haben nichts mit der *calcinatio* an sich zu tun. Alchimistisch gesehen dienen Verluste einem einzigen Zweck: die Verbindung zu unserem wahren Weinstock zu erneuern. Wer in der Vorstellung lebt, aus der Lektion lernen zu können, wie man einen ähnlichen Verlust in Zukunft vermeidet, der lässt bloß eine weitere Rebe wachsen, die irgendwann einmal ausgerissen und verbrannt werden muss. Kommen wir indessen zu dem Schluss, dass wir uns bloß im *Objekt* unserer Anhaftung geirrt und es deshalb verloren haben, weil wir es uns gar nicht hätten wünschen sollen, haben wir immer noch nichts begriffen. Was der Geist bei jedem Verlust sucht, ist *Verlust an sich*. Das Feuer will auch nur Feuer sein. Beim Brennen fällt es kein Urteil über das Öl, das seine Flammen nährt. Alles Brennbare ist ihm recht.

Zur Unterstützung des *calcinatio*-Prozesses gibt es eine sehr wirkungsvolle Übung: Versuchen Sie nach Möglichkeit nicht, nach den Gründen für ein Unglück zu suchen. Schauen Sie weder zurück, um herauszufinden, wie es passiert ist, noch in die Zukunft, um das Warum zu ergründen. Weisen Sie weder anderen noch sich selbst Schuld zu. Ziehen Sie keine Lehren. Erfahren Sie nur den Schmerz und lassen Sie ihn dann vollkommen unerklärt wieder los. Es ist unwahrscheinlich, dass Sie das

in jedem Fall durchhalten – besonders bei schweren Schicksalsschlägen –, weil Ihnen irgendwann ungebetene Gedanken durch
den Kopf schießen. Doch diese werden wahrscheinlich anders
sein als die Schlüsse, die Sie ziehen würden, wenn Sie bewusst
darüber nachgedacht hätten.

Diese Art, mit Leid umzugehen, übt eine unerwartete Wirkung auf andere Menschen aus, besonders auf jene, die Ihr
Unglück zufälligerweise teilen. Ich überlasse Ihnen nun das Feld
zur eigenständigen Entdeckung dieses Phänomens.

Wenn der Rauch abzieht

Vor Jahren verlor ich meine Wohnung in einem echten Feuer. Es
handelte sich um ein Ein-Zimmer-Apartment, das mir gerade ganz nach meinem Geschmack eingerichtet hatte. Kurz zuvor hatte ich eine kleinere Geldsumme von meinem Großvater
geerbt und mir den Luxus einer teuren Stereo-Anlage, außerdem meinen ersten Computer geleistet. Bei vielen Dingen, die
mein Versicherungsvertreter hinterher als wertlos deklarierte –
Flohmarktutensilien, Reise-Souvenirs, abgewetzte Steppdecken
und Spitzenvorhänge, die mir meine Mutter überlassen hatte –,
konnte ich keinen Preis angeben. Sie waren unersetzlich! Damals nähte ich mir meine Kleider noch selbst. Sie waren wun-
derschön! Nach all diesen Jahren trauere ich immer noch einem
bestimmten Kostüm nach. Es war aus Seidengabardine, hatte
ein Innenfutter aus Crêpe de Chine, einen Kragen aus antiker
Spitze und eine lange Reihe kleiner Knöpfe. Jedes der zwanzig
Knopflöcher hatte ich selbst von Hand gestickt.

Das Feuer war mitten in der Nacht im Elektrosystem des Ge-
bäudes ausgebrochen und hatte sich in Windeseile ausgebreitet.
Durch die Explosion der Fenster aufgeweckt, flüchtete ich im
Nachthemd. Mir blieb noch nicht einmal Zeit, um nach meinen
Schuhen zu suchen. Ich erinnere mich noch gut daran, wie mir
die Nachtluft um die Waden strich und wie rau sich der Asphalt

unter meinen nackten Füßen anfühlte, während ich dastand und mit ansehen musste, wie die Flammen erst das Apartment nebenan verzehrten und dann an den Vorhängen meines eigenen Fensters entlangzüngelten. In den herabfallenden Glasscherben brach sich das Licht, und das Ganze sah wie ein kristallener Sprühregen aus. Der beherzte Einsatz der Feuerwehrleute war großartig. Es war irgendwie erregend und ausgesprochen spannend. Ein Feuer mitzuerleben, macht einfach Spaß. Dass hier mein eigenes Hab und Gut den Brennstoff lieferte, konnte meine Freude daran nicht schmälern. Es war wohl das großartigste Feuer, das ich je gesehen habe! Später, so erinnere ich mich, bin ich dann in einem Paar Hausschuhen herumgeschlurft, die mir drei Nummern zu groß waren. Ein Fremder, der in der Nähe wohnte, hatte sie mir gegeben. Inzwischen war die Sonne über den noch rauchenden Ruinen aufgegangen, ich war obdachlos. Wenn ich heute daran denke, finde ich all diese Erinnerungen irgendwie köstlich. Sie waren es auch damals schon. Die Tage nach dem Unglück waren zwar mühsam und stressig, doch innerlich fühlte ich mich seltsamerweise leicht. Die Welt schien plötzlich brandneu und irgendwie besser.

Vielleicht haben auch Sie schon einmal die prickelnde und verbotene Freude erlebt, die sich manchmal nach einem größeren Unglück einstellt. Es ist die Freude des pyromanischen Geistes, der herausgerissene Zweige in die Flammen wirft. Mit einem Mal sehen wir, wie er sieht, fühlen wir, wie er fühlt, obwohl wir ihn normalerweise nicht als »Ich« bezeichnen. Durch den Verlust hat er uns gewonnen und wir ihn. Wenn auch nur für eine kurze Weile, stehen die beiden Teile von uns an ein und demselben Ort und sehen die Welt mit den gleichen Augen. Wir spüren die gemeinsame Pfahlwurzel, die tief nach unten reicht bis an eine nie gekannte Quelle der Kraft. Dies ist der wahre Weinstock, und er ist *Ich*.

In dem Maße, wie wir im wahren »Ich« verwurzelt sind, ist unser Vertrauen unerschütterlich. Weil es keine externen Abhängigkeiten kennt, kann es uns nicht genommen werden. Wären wir vollkommen kalziniert, würden wir nie mehr Angst empfinden. So weit kommt es aber in Wirklichkeit nicht, denn für den Alchimisten gibt es keine absolute Furchtlosigkeit, auch wenn dies theoretisch möglich wäre (obgleich ich daran meine Zweifel habe). Gewisse Prozesse können nur durchgeführt werden, solange wir verletzbar bleiben.

Dennoch dürfen Sie davon ausgehen, mit jedem einzelnen Differenzierungsschritt der *calcinatio* beträchtliche Fortschritte zu machen. Von allen Phasen des Großen Werkes kommt diese Stufe zum klarsten Ergebnis und belohnt Sie mit einem absoluten Erfolgsgefühl. Die Beklemmung, die Sie am Anfang des Prozesses empfunden haben, schwächt sich im weiteren Verlauf spürbar ab. Ihre Füße haben einen festen Stand gefunden, und etwas in Ihrem Inneren fühlt sich zudem viel stärker an. Eine chronische Angst kann sich abbauen oder gar für immer verschwinden. Sie entsteigen dem Feuer der *calcinatio* wie Phönix aus der Asche.

8

Dissolutio

Die Asche wird in Flüssigkeit aufgelöst.

PRIMA MATERIA:
Wunsch

SYMPTOME:
Sehnsüchte & Begierden
Sexuelle Erregung
Verärgerung
Enttäuschung
Zynismus

ZUR UNTERSTÜTZUNG:
Befriedigung aufschieben
Sich nicht beschweren
Für Männer: Idealismus kultivieren
Für Frauen: Unterscheidungsvermögen kultivieren

TRANSMUTATION:
Hingabe

Zurzeit bewohne ich einen Bungalow mit Eichenpaneelen, Blei-
glasfenstern, eingebauten Bücherregalen und komfortablen
Chintz-Sofas. Das Verlegen von Schiefer an den Wänden und
auf dem Boden des Badezimmers hat den Handwerker viele

Tage und mich ein Vermögen gekostet. Ich bin nicht reich, aber ich möchte es bei mir zu Hause gerne schön haben. Wird das Geld knapp, so gerate ich leicht wegen der Hypothekenraten in Panik. Wenn hier in diesem Haus je ein Feuer ausbricht, kann ich mir nicht vorstellen, dass mir das Spektakel Spaß machen würde.

Mit anderen Worten, ich hänge wieder an etwas, was einst zu Asche niederbrannte. Bis heute hat mein Geist keine Einwände erhoben. Obwohl es unstrittig ist, dass Anhaftungen Leid verursachen, flüchtet sich der Alchimist nicht in die völlige Besitzlosigkeit als Schutzmechanismus. Für den Magier gehört der Wunsch ebenso zum Leben wie das Wasser. Ohne Wasser bringt der wahre Weinstock keine Frucht und welkt mit der Zeit dahin.

Manche Gelehrte sehen die Umwandlung von Blei in Gold als Metapher für die Transformation des Selbst. Das Gold, sagen sie, seien wir, sobald wir uns voll verwirklicht haben oder erleuchtet sind. Doch der Tradition zufolge gibt es eigentlich zwei Transformationen. Zuerst stellen wir den Stein der Weisen her, und dann benutzen wir ihn zur Verwandlung von unedlen Metallen. Der erste Schritt – die Formung des Steins – ist die Transformation des Selbst. Die zweite Stufe ist die Umwandlung von etwas, das *nicht* das Selbst ist. Wir sind nicht das Gold. Gold ist etwas außerhalb von uns, das wir uns wünschen. Der Stein der Weisen ist ein Mittel, kein Zweck. Wenn wir ihn nicht für etwas benutzen wollen, können wir ihn auch nicht formen. Wir können also mit der alchimistischen Transformation des Selbst nur erfolgreich sein, wenn wir uns etwas wünschen, das wir selbst nicht sind. Gold *sein* zu wollen, ist vermessen.

Der Wunsch löst uns auf, lässt uns dahinschmelzen. Wir brauchen dieses Dahinschmelzen, weil uns das Feuer der *calcinatio* austrocknet. Instinktiv schützen wir uns selbst vor weiterem Verlust, indem wir unsere Fähigkeit des Loslassens kultivieren. Mit der Zeit fühlen wir uns unabhängiger. Das ist an sich eine positive Entwicklung, sie kann aber auch dazu führen, dass wir allzu selbstgefällig werden und uns von der Welt abwenden. Wenn *calcinatio* der einzige innere Prozess wäre, der uns zur Verfügung stünde, würden wir zwar jedem Rückschlag tapfer und gleichmütig begegnen, doch unser Leben verliefe glanzlos und grau wie Asche. Keine Rebe kann blühen, wenn wir sie nur in Asche pflanzen. Ein fruchtbarer Boden ist feucht.

Was sollen wir uns wünschen?

Was sollte sich der Alchimist also wünschen? In letzter Konsequenz ist es Gott. Wenn Sie aber mit Gott nicht viel am Hut haben und stattdessen lieber Sex haben wollen, bei Oprah Winfrey auftreten möchten oder gern cellulitefreie Oberschenkel hätten, ist auch das möglich. Es kommt weniger auf das Objekt des Begehrens an als auf die Inbrunst, mit der Sie es sich wünschen. Für den Anfänger ist es egal, welches Verlangen ihn gerade umtreibt; je unmöglicher dessen Befriedigung, desto besser. Der *dissolutio*-Prozess spielt sich im Spannungsfeld zwischen einem Wunsch und dessen Erfüllung ab. Ein scheinbar unrealistischer Wunsch liefert uns einen richtig weiten Raum für unsere Arbeit.

In der Literatur wird der Unterschied zwischen weißer und schwarzer Magie meist in der Motivation gesucht: Gute Magier haben gute Absichten und böse Magier böse Absichten. Man zählt zu den Guten, wenn man zum Wohle anderer magisch arbeitet.

Zum Thema Magie ist das wohl der unbrauchbarste Ratschlag, den ich je gehört habe. Ich bin zwar so manchem Hermetiker begegnet, dessen Wirken auf die Welt ans Diabolische grenzte, doch ich habe noch keinen kennengelernt, der sich selbst der schwarzen Magie bezichtigt hätte. Egal, wie viel Schaden eine Tat auch anrichten mag, der Täter scheint immer gute Absichten gehabt zu haben.

Was sonst könnte ihn getrieben haben? Absichten entstehen doch immer nur aus gutem Grund! Unsere bewussten Intentionen werden von unseren höheren Fähigkeiten geformt, die von Natur aus nach oben gerichtet sind. Wenn wir darüber nachdenken, was wir uns wünschen *sollten*, fallen uns sofort hochtrabende Prinzipien und Ideale ein, denn im Reich von »sollten« kommt etwas anderes nicht vor.

Das Problem liegt darin, dass diese guten Absichten nichts mit unserem wirklichen Willen zu tun haben. Der nicht-transmutierte Wille nährt sich aus dem Instinkt, und dieser ist naturgemäß egoistisch. Seine Funktion ist es, unser Überleben zu sichern. Der Wunsch, die Spezies durch das Zeugen, Gebären und Aufziehen von Kindern zu erhalten, ist zwar ziemlich altruistisch, doch daneben stehen Versorgung, Sicherheit, Dominanz, Territorialität und Bewahrung des Vertrauten ganz oben auf der Liste der erstrebenswerten Güter.

Solange diese Triebe den Erfordernissen unseres physischen Überlebens dienen, können sie kein großes Unheil anrichten. Erst wenn sie auf die Überlebensbedürfnisse anderer prallen, werden wir in unserer Maßlosigkeit gezügelt. Ein signifikanter Schaden kann nur dann entstehen, wenn der Instinkt falsch deklariert wird, und zwar als höhere Absicht. Das passiert nur allzu häufig, denn wir neigen dazu, uns wegen unserer biologischen Triebe zu schämen. Lieber stellen wir uns vor, von Ideen und Idealen motiviert zu sein. In dem Maße, wie sich unsere feinstofflichen Fähigkeiten entfalten, führen uns unsere alltäglichen Selbstbetrügereien womöglich in das Reich der Täuschungen (auch als Gepäck-Depot bekannt), wo ihnen zusätzliche Kraft zur Irreführung erwächst.

Wenn ich sage, dass wir als Magier ausschließlich altruistische Absichten verfolgen sollten, verschlimmere ich das Problem nur. Denn diese Aufforderung verändert nichts an unserem Willen, sie lässt lediglich unsere Rechtfertigung anders aussehen. Um ein guter Magier zu sein, bedarf es der Selbsterkenntnis.

Die unumwundene Verfolgung unserer eigenen Interessen ist ein guter Ansatzpunkt hierfür.

Anfangs lassen sich egoistische Ziele auch viel erfolgreicher umsetzen, weil sie aus der körperlichen Energie des Willens schöpfen. Wir brauchen diese Energie, um magisch zu wirken. So aufrichtig altruistische Wünsche auch sein mögen, ihnen fehlt dennoch ein gewisser willentlicher Elan. Nehmen wir beispielsweise an, wir würden im Fernsehen einen Beitrag über Hungernde in Afrika sehen. In einem Anflug von Mitleid beschließen wir spontan, eine großzügige Spende zu machen. Sofort gehen wir ins Internet und suchen nach Wohltätigkeitsorganisationen. Mitten in unserem Tun merken wir, wie furchtbar hungrig wir selbst mittlerweile geworden sind. Was scheint nun dringender in dem Moment – die hungernden Menschen oder unser eigener knurrender Magen? Ich für meine Person würde nun eine Pause zum Essen einlegen.

Meine Sicht des Altruismus mag sehr zynisch wirken. Dies ist aber nicht der Fall. Der Altruismus ist so entscheidend für den Geist wie das Leben für den Körper. Ich gehe sogar so weit und behaupte: Altruismus ist der Überlebensinstinkt des Geistes. Aber in dem Augenblick, wo wir das Große Werk beginnen, ist der Geist nur sehr schemenhaft im Menschen inkarniert, denn dessen Energien strömen in alle möglichen gegensätzlichen Richtungen. In einem der späteren Kapitel schildere ich, wie altruistische Wünsche die willentliche Kraft erlangen, die zum magischen Wirken erforderlich ist. Aber in diesem Stadium ist es unser erklärtes Ziel, uns mit den Wünschen anzufreunden, die uns am meisten am Herzen liegen.

Um zu entscheiden, welche Wünsche es wert sind, verfolgt zu werden, müssen wir uns nicht fragen, ob sie egoistisch sind oder nicht, sondern ob sie authentisch sind. Authentische Wünsche werden in unserem Inneren geboren, falsche entstehen auf äußere Anregung.

Die Werbung ist eine Hauptquelle für falsche Begehrlichkeiten. Schaue ich mir die Berge von Katalogen an, die täglich ins Haus flattern, tauchen die verschiedensten Dinge auf meiner Wunschliste auf, von deren Existenz ich gar nichts wusste, bevor der Postbote vorbeikam. Wer kannte schon einen elektrischen Handtuchwärmer? Ich hatte nie etwas an meinen raumtemperierten Handtüchern auszusetzen, aber als ich den Handtuchwärmer entdeckte, schien er mir vorübergehend begehrenswert. Andererseits hatte ich seit Jahren eine richtig große Badewanne gesucht. Jedes Mal, wenn ich in meiner kurzen, flachen Wanne lag, die zur Ausstattung des Hauses gehört hatte, fror ein Teil von mir. Ich träumte davon, wie wundervoll es wohl wäre, meinen ganzen Körper bis hinauf zum Nacken in heißes Wasser zu tauchen. Heute, da ich mir endlich so eine Badewanne geleistet habe, erfülle ich mir diesen Traum fast jeden Tag, und das Gefühl ist in jeder Hinsicht so angenehm, wie ich es mir ausgemalt hatte. Der Handtuchwärmer war ein falscher Wunsch, aber die große Badewanne war ein authentischer.

Die Erwartungen anderer sind eine ausgesprochen verzwickte Quelle falscher Begehrlichkeiten, denn jemand anderem einen Gefallen tun zu wollen, mag an und für sich authentisch sein. Wer wollte nicht, dass seine Eltern stolz auf ihn sind? Doch was ist, wenn wir selbst den Schulabschluss im Grunde nicht wollen oder den Beruf oder die Lebensform, auf die sie stolz sein würden?

Zwischen echten und falschen Wünschen unterscheiden zu lernen, ist Teil des Prozesses der Selbsterkenntnis. Dazu braucht man Zeit, Erfahrung und Innenschau. Welche Schlüsse andere ziehen, spielt keine Rolle, nur unsere eigenen Ansichten zählen. Ich will Ihnen dennoch verraten, wo Sie persönlich am besten einsteigen: Statt sich auf das Objekt Ihrer Begierde zu konzentrieren, lenken Sie Ihre Aufmerksamkeit auf das Dazwischen. Was, wenn überhaupt, passiert in der Beziehung zwischen Ihnen und dem Objekt? Zwischen mir und dem Handtuchwärmer liegt ein Leerraum. Zwischen mir und meiner imaginären Badewanne bestand jedoch eine dauerhafte Liebesbeziehung. Ich spürte, dass ihre Umarmung mich verändern, mich reich beschenken, verwöhnen und in Luxus baden lassen würde. Dieser Art von Wunsch sollten Sie als Alchimist nachgehen – einem Wunsch, der Sie verändert, wenn auch nur auf alberne oder triviale Weise.

Die Freisetzung von Eros

Die in dem Raum zwischen Begehrendem und Begehrtem strömende Energie heißt Eros. Weil Eros die Wurzel des Wortes »erotisch« ist, assoziieren wir den Begriff gewöhnlich mit Sex. Aber das trifft es nicht ganz. Im alchimistischen Zusammenhang ist Eros die nicht vollendete Qualität des Dazwischen.

Wie fühlt es sich an, wenn man eines Tages merkt, dass der Winter dem Frühling gewichen ist? Der Duft der frühen Blumen liegt in der Luft, und die Frische der Scholle erfüllt ahnungsvoll unser Herz. Das Hervorbrechen der ersten grünen Halme und jungen Blätter weckt eine Sehnsucht in uns, die kühn und scheu zugleich ist. Sie schwingt mit im Gesang der Vögel und Geschwirre der Bienen, wenn diese im Flieder summen und sich freudetrunken in die Trichter der Osterglocken stürzen. Die ganze Natur scheint von erotischer Erregung gepackt. Vielleicht spüren auch Sie einen Hauch von Liebeslust in sich aufkeimen? Und es gibt nichts, was an diesem Gefühl anstößig wäre. Es ist eine Art romantisches Verliebtsein, das sich nach Vollendung sehnt, aber noch nicht so recht ausdrücken kann, worin diese bestehen könnte. Ein Verlangen also, feurig und vage zugleich. Das ist Eros.

Erinnern Sie sich, wie ich an anderer Stelle in diesem Buch zwischen fest und volatil unterschieden habe? Sex ist Eros in seinem festen Zustand. Die Energie ist gebunden, weil sie in der Physis einem einzigen Zweck dient. Im Prozess der *dissolutio* wird Eros geschmolzen, er zerfließt, wird volatil. In seinem volatilen Zustand ist Eros kreative Energie, der unerlässliche Katalysator für jeden alchimistischen Prozess.

Die im Mittelalter von Minnesängern vorgetragenen Balladen der höfischen Liebe enthielten verdeckte alchimistische Lehren darüber, wie Eros volatil gemacht werden kann. Der empfohlene Weg bestand darin, sich hoffnungslos in eine Frau zu verlieben, die mit einem anderen verheiratet war. Ihre Unerreichbarkeit war der Raum, der das Fließen von Eros auslöste und verhinderte, dass er sich verfestigte. Das hielt den Liebhaber in einem konstanten Zustand des unerfüllten Begehrens. Alle Anstrengungen, einen seltenen und unbefriedigenden Gunstbeweis der Dame zu erheischen – einen ermutigenden Blick, ein kurzes Reichen der Hände, ein flüchtiger Anblick der Fessel –, spornten den Liebhaber zu Meisterwerken an Tapferkeit, Genialität und Tugend an. Er riskierte sein Leben in der Schlacht, verteidigte die Machtlosen, kultivierte die ritterlichen Künste und die feine Lebensart und machte generell eine gute Figur. Je schwerer die Dame zu beeindrucken war, desto mehr diente sie ihm in seinem Bemühen, sich selbst zu verwandeln.

Der Mythos der höfischen Liebe beschreibt in konzentrierter Form die Magie der gesamten menschlichen Zivilisation. Sie ist eine Umkehrung der materiellen Machtstrukturen, weil hier das schwächere Element – das weibliche – über das stärkere gestellt wird. Solange unser Tun und Handeln von roher Kraft allein regiert wird, brauchen Männer den Frauen nicht zu gefallen. Was sie sich wünschen, können sie sich nehmen, sei es mit brutaler Gewalt oder durch den wirtschaftlichen Vorteil des Stärkeren. Wann immer dieser inhärente Nachteil der Frau durch Gesetz und Brauch aufgehoben wurde, dann nur deswegen, weil Männer freiwillig einen Teil ihrer Privilegien aufgegeben hatten. Wenn das geschieht, blüht die Zivilisation. Der Impuls, die maskuline Kraft nicht zum Erzwingen, sondern zum Dienen und Verdienen einzusetzen, fördert das Beste in Männern zutage. Es inspiriert sie, große Dinge zu schaffen und zu erreichen. Fehlt dieser Anstoß aus irgendeinem Grund oder wird durchkreuzt, sind die daraus resultierenden Zustände für beide Geschlechter unerträglich.

Die Umlenkung männlicher Energie durch das Gewähren oder Vorenthalten von Gunst ist eine Quelle femininer Kraft. Ein männlicher Monarch herrscht. Er übt seine Macht direkt und aktiv aus. Eine weibliche Monarchin regiert und holt das Beste aus ihren Untertanen heraus, indem sie an deren Wunsch, ihr zu gefallen, appelliert. Königin Elisabeth I. von England verkörperte dieses Prinzip. Natürlich herrschte sie auch, und zwar überaus geschickt und erfolgreich. Aber es war ihr Regieren, nicht ihr Herrschen, das dem Elisabethanischen Zeitalter seinen Glanz verlieh. Sie war die jungfräuliche Königin, die unerreichbare Wunschfigur ihrer Untertanen, die sie zu Meisterleistungen militärischen Könnens, geographischer und wissenschaftlicher Forschung und künstlerischen Schaffens trieb.

Bedenken Sie bitte, dass wir hier über Magie sprechen, nicht über alltägliche Geschlechterrollen oder sexuelle Festlegungen. Ihre ganz persönliche Entscheidung, schwul oder hetero zu sein, zölibatär, monogam oder mit wechselnden Partnern zu leben, gehört zum *verfestigten* Eros und ist für die Alchimie irrelevant. Die höfische Liebe ist eine Metapher für die Freisetzung von Eros, keine wörtliche Beschreibung, wie Sie Ihr Sexualleben gestalten sollen. Ihr Geschlecht spielt jedoch eine entscheidende Rolle. Eros ist nicht gleichbedeutend mit Sex, kommt aber aus dem Teil des feinstofflichen Körpers, der mit den physischen Sexualorganen korrespondiert. Wenn Eros erwacht, spüren wir darum oft erotische Erregung. Ist unsere sexuelle Energie erschöpft, scheint sich damit auch Eros abzuschwächen. Weil er aber so eng mit dem Sexualtrieb verbunden ist, hat das Geschlecht für ihn Relevanz. Männer und Frauen unterscheiden sich in der Art, wie sie den volatilen Eros erfahren, und in dem Vorteil, den sie jeweils daraus ableiten.

Der Sexualtrieb eines Mannes ist – verzeihen Sie bitte die Anspielung – nach oben orientiert. Das Podest ist daher ein natürlicher Platz für das Objekt seiner Begierde. Sie dorthin zu stellen, lässt seine Seele aufsteigen zusammen mit … nun, Sie wissen schon, was ich meine. Er steigt empor zu ihr, durch sie hindurch und über sie hinaus … Seine Angebetete verbindet ihn mit der Welt der Ideale. Spirituell ist er erhoben und weit gemacht. Moralisch wird er aufgerichtet. (Dies zu schreiben, ist richtig lustig!) Eine Frau hingegen leitet aus der Idealisierung eines Mannes keinen alchimistischen Vorteil ab. Den stärkeren Partner in die stärkere Position zu bringen, das bedarf keiner Magie.

Die Praxis der sexuellen Enthaltsamkeit als Methode, den Eros freizusetzen, kann bei Männern gut funktionieren, weil deren erotische Energie im Wesentlichen aktiv ist. Auch in sublimierter Form steckt da noch jede Menge Adrenalin drin. Für eine Frau hat Abstinenz im alchimistischen Prozess nicht die gleiche Bedeutung. Sie verstärkt die passive Energie nur noch mehr. Die weibliche Enthaltsamkeit ist eher eine praktische denn eine magische Entscheidung, setzt sie doch Energien frei, die ansonsten durch die Bedürfnisse von Mann und Kindern in Anspruch genommen würden.

Sich der Sexualität zu enthalten, ist nicht der einzige Weg zur Freisetzung von Eros. Was wir eigentlich brauchen, ist ein Quäntchen Ungewissheit oder Zweifel. Wenn man sich der Vollendung sicher ist, weil man das Objekt der Begierde unter Kontrolle hat, verfestigt sich Eros. (Das gilt für alle Wünsche, nicht nur die sexuellen.) Das Loslassen der Kontrolle hält die Energie volatil. Die Phantasie von der erotischen Domina – einer Person, die sich selbst extrem unter Kontrolle hat – ist eine zweitklassige Version dieser Taktik. Sie funktioniert nicht so recht – zumindest alchimistisch gesehen –, weil das Herumstolzieren in einem Korsett und fünfzehn Zentimeter hohen Stilettos gewöhnlich nicht den Lustvorstellungen der Dame entspricht. Vielmehr handelt es sich um ein Zugeständnis an ihren Partner mit seinen Wünschen. Wenn sie Herrin der Lage wäre, würde ihr »Sklave«

die Dachrinnen ausräumen oder mit ihr zusammen Frauenfilme anschauen.

Aber ich will nicht zu weit abschweifen. Das Prinzip funktioniert immer dann, wenn der Wunsch, der Geliebten würdig zu sein, einen Mann dazu inspiriert, auf für ihn bedeutsame Weise besser zu werden. Die Frau, die er anbetet, hält einen Spiegel seines höheren Selbst in der Hand und hält ihn hoch, wie Beatrice es für Dante tat. Dass sich die Angebetete zwischenzeitlich mit seinem niederen Selbst amüsiert, ist nicht unbedingt ein Hindernis für den Prozess. Umgekehrt muss die Frau, die diese Rolle in seinem Leben spielt, nicht notwendigerweise eine aktuelle oder potenzielle Intimpartnerin sein. Er muss sich nicht einmal physisch von ihr (oder dem weiblichen Geschlecht generell) angezogen fühlen. Worauf es ankommt, ist einzig und allein die Bewunderung, die Tatsache, dass sie seinen Idealismus weckt.

Der größte Teil der Literatur, der sich mit diesem Prinzip befasst, wurde von Männern und für Männer geschrieben. Was alchimistisch gesehen bei der Frau passiert, die auf dem Podest steht, darüber ist kaum etwas gesagt worden. Der Sexualtrieb, den sie sublimiert, ist weniger die Lust auf den Akt selbst als der Wunsch nach Stabilität. Was Vollendung für die Frau wirklich bedeutet, ist Bindung. Sie, so hofft sie, wird sich als Begleiterscheinung des Aktes ergeben. Sobald sich ihr Angebeteter festlegt, ist die Sache geregelt, die beiden gründen ein Heim. Um auf Dauer zusammenzubleiben, ist sie unter Umständen bereit, sich mit weniger zufrieden zu geben, als der Partner ihr gewähren könnte, wenn er sein gesamtes Potenzial ausschöpfen würde. Sich seiner Kraft zu unterwerfen ist leichter, als sie umlenken zu wollen. Genau diesen Impuls aber muss sie in Schach halten, wenn Eros volatil bleiben soll. Das Element der Ungewissheit oder des Zweifels ist genauso verlockend für die Frau wie für ihren Liebhaber.

Der Sexualtrieb der Frau ist horizontal ausgerichtet. (Darum kann sie das vertikale Abheben nicht durch Verehrung eines

Mannes erreichen.) Sie möchte instinktiv vom Podest herabsteigen. Idealisiert zu werden, ist ihr unangenehm, denn sie fühlt genau, dass die Anbetung des Mannes durch sie hindurchfließt hin zu etwas, das jenseits von ihr liegt. Es ist ein Kompliment, das sie im Grunde nicht persönlich nehmen kann. Sie fühlt sich auf obskure Weise benutzt und nicht um ihres »wirklichen«, sprich gefühlten Selbst willen geliebt. Dass sie unmutig ist und ihm deswegen Szenen macht, kommt ihrem Verehrer aber sehr zugute. Sie sind wie spirituelle Lehren über den feineren Sinn der Vereinigung des Heiligen mit dem Profanen. Eine Frau auf dem Podest kann nichts falsch machen. Das, liebe Freundinnen, ist sowohl die gute wie auch die schlechte Nachricht.

Kürzlich habe ich die Vorschau für eine neue romantische Komödie gesehen, in der sich eine Frau bei ihrem Liebhaber beklagt: »Ich will nicht, dass du nur den Abwasch machst. Ich will, dass du den Abwasch gerne machst.« Die Formulierung ist insofern amüsant, als Frauen sofort verstehen, was mit dieser Unterscheidung gemeint ist, aber ein Mann so etwas nie sagen würde. Während das Maskuline das Prinzip des aktiven Begehrens ist, ist das Feminine das Prinzip der Unterscheidung. Wenn wir nicht auf einer Gleichmacherei der Geschlechter beharren, ist die Verfolgung oder Jagd normalerweise das Privileg des Mannes und die Wahl oder Unterscheidung das der Frau. Als diejenige, die wählt, ist die Frau auf die Wahrnehmung von Nuancen und Details ausgerichtet. Ihr Gehirn nimmt unendlich feine Nuancen wahr und vermag sie messerscharf voneinander zu unterscheiden. Deshalb verkörpert eine Göttin – Sophia – und nicht ein Gott das Ideal der Weisheit.

Bei Frauen tritt der volatile Eros in Gestalt von scharfsinniger Klugheit auf. Sie profitieren spirituell von der Kultivierung des Intellekts. Bei Männern ist das nicht immer der Fall. Manche stellen vielleicht fest, dass sie ihr konkurrierendes und etwas verfestigtes maskulines Denken etwas zügeln müssen, um die feinstoffliche Wahrnehmung zu aktivieren. In spirituellen Kontexten geben sie sich und ihren Geschlechtsgenossen den Rat, »den Geist zur Ruhe zu bringen«. Frauen hingegen werden merken, dass intellektuelle Aktivität die feinstoffliche Wahrnehmung schärft und ihr die notwendige Erdung verleiht. Im spirituellen Leben einer Frau führt ein zu ruhiger Geist eher zu Versponnenheit.

Die Lehren der Troubadoure begannen mit romantischer Liebe, aber sie endeten dort nicht. Auch die Romantik war eine Metapher für etwas Größeres: die Beziehung der Seele zum Geist und des Geistes zu Gott. Das ist es, worum es bei der Freisetzung von Eros eigentlich geht – die einst im Physischen gefestigte Energie soll sich bis in das Spirituelle hinein ausdehnen. Dieses Streben lässt sich in den Biographien großer mittelalterlicher Mystiker erkennen. Teresa von Avila hat in ihrer Jugend Liebesromane geschrieben, und selbst nachdem sie Nonne geworden war, hatte sie ein Faible für Männer. Den jungen Franz von Assisi hat eine höfische Liebesaffäre in den Wahnsinn getrieben, und er betrachtete sich selbst sein Leben lang als »Troubadour Gottes«. Als sich Ignatius von Loyola von einer Kriegsverletzung erholte, las er Liebesromane und Geschichten über das Leben der Heiligen mit gleicher Inbrunst. Es fiel ihm schwer, sich zu entscheiden, ob er nun Heiliger werden oder eine schöne Prinzessin freien wollte. (Durch die Verwundung blieb sein Bein deformiert, diese Behinderung half ihm, die Entscheidung zu treffen.)

Das Bild in dem berühmten Gedicht vom Heiligen Johannes vom Kreuz »Die dunkle Nacht der Seele« wurde oft als homoerotisch beschrieben. Johannes hätte wahrscheinlich entgegnet, dass das Homoerotische nur eine feste Form des volatilen Eros sei, der seine Seele zu Christus emporhob. Aus Freudscher Sicht ist der volatile Eros eine Umlenkung des Sexualtriebs. Alchimistisch betrachtet ist er die feste Form einer kreativen Energie, die sich danach verzehrt, zum Schöpfer zurückzukehren. Genau das ist es, was sie tut, sobald sie frei ist. Vielleicht verstehen Sie jetzt, dass ich gar nicht so abwegig war, als ich eingangs sagte, dass es für jene, die mit Gott nicht viel am Hut haben, für den Anfang durchaus reicht, sich Sex zu wünschen.

Auf den Zwischenraum achten

Welches Geschlecht oder welche sexuellen Präferenzen wir auch immer haben, unser inneres Erleben ist sowohl von maskulinen wie auch femininen Impulsen getrieben. Die männliche Triebkraft ist die aktive, verlangende, strebende Qualität des Wunsches – und zwar eines jeden –, während sich die weibliche auf die genaue Wahrnehmung des jeweiligen Objektes richtet. Wenn sich diese beiden Impulse zusammenschließen, entsteht aus ihrer Vereinigung Empathie. Empathie bewirkt, dass das Objekt unserer Wünsche und Sehnsüchte aus eigenem Antrieb auf uns zukommt.

Doch das ist Thema eines anderen Kapitels. Bei der *dissolutio* geht es nicht um das Erreichen von Zielen, sondern um das Erfahren und im gewissen Umfang Ertragen des Raumes zwischen Wunsch und Gewünschtem.

Sich vor Sehnsucht nach dem Ideal verzehrend, beginnt Eros sich vertikal zu bewegen, und so wird der Raum größer und schmerzvoller. Der Abstand zwischen Ideal und Wirklichkeit ist etwas, das wir unmittelbar spüren. Wir sind frustriert. Wenn der höfische Liebhaber keine Oden an seine Angebetete verfasst, beschäftigt er sich in erster Linie damit, über sie zu schimpfen. Schlägt dieses Jammern und Klagen in Verbitterung und Zynismus um, verfestigt sich damit der Eros. Shakespeare befand sich in solch einer Stimmung, als er in einem seiner Sonette schrieb:

»Wollust, die Tat wird, heißt den Geist verprassen
In einem Pfuhl der Schmach; und vor der Tat
Meineidig, mörderisch und ehrverlassen,
Wild, grausam, blutig, roh und voll Verrat:

Wollust, die kaum gestillt, Verachtung trifft,
Die sinnlos wird erjagt, und kaum erhascht
Sinnlos verabscheut wie verschlungnes Gift,
Ein Köder, daran toll wird, wer ihn nascht:
Toll nach Besitz und im Besitz noch toll,
Ersehnt, erreicht, verloren stets Begehr,
Lust beim Versuch, versucht von Qualen voll;
Ersehnte Wonne erst, ein Traum nachher.«*

Das trifft nicht nur auf romantische Sehnsucht zu, sondern auf jegliches Streben des Menschen. Wenn wir nicht mehr hoffen, den Zwischenraum zu überbrücken, finden unsere Ideale nur noch Ausdruck darin, dass wir uns beschweren. Was wir uns wünschen und erstreben, lässt sich nur noch aus unserem Geschimpfe darüber ableiten, *wogegen* wir sind.

Um Eros fließend und geschmeidig zu halten, müssen wir den weichen Punkt hinter dem verhärteten Jammern und Klagen finden. Dahinter wiederum liegt Enttäuschung. Und hinter jeder Enttäuschung finden wir einen unserer echten Wünsche. Hier nun mein Vorschlag zur Vorgehensweise:

Suchen Sie sich eines Ihrer Lieblingsklagelieder aus. Es könnte sich um das Wetter, die angeschlagene Gesundheit, die blöden Autofahrer, Ihren Job, eine »Problemzone« Ihres Körpers oder um die hohen Kosten für dies oder das handeln. Alle Klagen sind zulässig. Fassen Sie den Entschluss, sich eine Woche lang nicht mehr im Gespräch mit anderen über dieses Thema zu echauffieren. Wenn Sie sich dabei ertappen, dass Sie es doch wieder tun, unterbrechen Sie sich sofort und sagen Sie einfach: »Schon gut« oder: »Ich weiß, ich langweile Sie.« (Ihr Gegenüber wird Ihnen kaum widersprechen.)

---

* Sonett 129; Übersetzung dieser und der weiter unten folgenden Passage entnommen aus Knaur Klassiker, William Shakespeare, Werke in zwei Bänden, Band 1, Herausgeber Prof. Dr. L. L. Schücking, 1955 (Anm. d. Ü.)

Nach Ablauf dieser Zeit beschließen Sie, sich während der kommenden Woche nicht nur verbal, sondern auch in Gedanken jeder Kritik über Ihr gewähltes Thema zu enthalten. Unterbrechen sie Ihren Gedankenfluss in gleicher Form, wie Sie es beim gesprochenen Wort getan haben. Versuchen Sie *nicht*, Ihr Klagelied mit positiven Gedanken über das Thema zu besetzen. Eine positive Haltung ist nicht das, wonach Sie suchen. Es geht vielmehr darum, die Beschaffenheit, die Farbe und Intensität Ihrer Verärgerung zu spüren. Wenn Sie sich nicht mehr über die Kälte beschweren, empfinden Sie sie vielleicht noch viel stärker. Ein unangenehmer Mitarbeiter kann unter Umständen noch unangenehmer erscheinen. Das alles sind Zeichen dafür, dass die Übung gut läuft.

Es sollte Sie nicht überraschen, wenn Sie an irgendeinem Punkt plötzlich in Tränen ausbrechen. Die Wahrscheinlichkeit ist hoch! Sie kommen gerade mit der Enttäuschung in Berührung, die hinter der äußerlichen Verärgerung liegt. Wenn Sie mit dem Gejammer über Ihre »Problemzone« aufhören, spüren Sie ein anderes, ein besseres Begehren und auch die offensichtliche Hoffnungslosigkeit Ihres Wunsches. Sie fühlen, wie tief enttäuschend es ist, inkarniert zu sein.

Es ist auffällig, wie selbst die banalste Nörgelei solch tiefe Enttäuschung überdecken kann. Mein Lieblingsärgernis ist die elektronische Werbepost. Höre ich auf, mich darüber aufzuregen, finde ich es eigentlich jammerschade, dass ein solcher Reichtum an menschlicher Kreativität im Nichts und Wiedernichts versiegt. »Junk Mail« zu produzieren, war wahrscheinlich nicht das, was die Schreiber, Fotografen und Grafiker ursprünglich wollten. Ich bedaure diese Menschen, und ich bedaure auch mich, weil ich hin und wieder aus wirtschaftlicher Notwendigkeit heraus gezwungen bin, über Dinge zu schreiben, über die ich eigentlich nicht schreiben will. Manchmal kann die Inkarnation ganz schön frustrierend sein.

Dieses Gefühl ist heftig. Wir erfahren solche Intensität, wenn sich der verfestigte Eros langsam auflöst und wieder volatil wird. Wenn Sie Alchimist werden wollen, müssen Sie lernen, damit umzugehen, denn ohne den volatilen Eros können Sie keine magischen Kräfte entwickeln.

Da ich diesen Abschnitt mit Shakespeares Schimpftirade begonnen habe, möchte ich ihm auch das letzte Wort erteilen. Hier sein abschließendes Verspaar:

»Wir wissen's alle, aber keiner flieht
Den Himmel, drin solch höllisch Feuer glüht.«

9

Separatio

Gegensätzliche Elemente werden getrennt.

PRIMA MATERIA:
Territorialität

SYMPTOME:
Wut
Konflikt
Eifersucht
Grenzprobleme

ZUR UNTERSTÜTZUNG:
Wut zum Ausdruck bringen
Grenzen setzen
Förmlichkeit an den Tag legen
Selbsttäuschungen hinterfragen

TRANSMUTATION:
Integrität

Was machen Sie, wenn Sie einen Eintopf kochen möchten? Ich für meinen Teil gebe etwas Fleisch und Gemüse in einen Topf, werfe eine Handvoll Kräuter darüber, begieße das Ganze mit einer Flasche Wein, lasse es ein bis zwei Stunden vor sich hin köcheln und hoffe das Beste. Der undefinierbare Mischmasch, der dabei herauskommt, schmeckt in der Regel gut.

Ein Spitzenkoch geht ganz anders vor. Das Fleisch wird kurz angebraten, dann geschmort oder in die Backröhre geschoben, das Gemüse wird sorgfältig in gleichmäßige Stücke geschnitten, mit ausgesuchten Kräutern oder passenden Gewürzen verfeinert und dann im separaten Topf gar gedünstet. Auch die Soße wird getrennt zubereitet. Erst dann werden die verschiedenen Komponenten des Gerichts miteinander vermischt und serviert.

Der Maître handelt in Übereinstimmung mit einem alchimistischen Prinzip, das da lautet: »Trennung geht der Vereinigung voraus«. Die Dinge sollen auseinandergenommen werden, bevor man sie zusammenfügt. Nur so behalten sie in der Kombination ihre Individualität. Die gleiche Idee taucht bei den meisten unserer alltäglichen Erkenntnisprozesse auf. Heißt es beispielsweise, wir sollten vor dem Heiraten für uns selbst herausfinden, wer wir sind, oder erst einmal unsere Wut erfahren, bevor wir vergeben, so verleihen wir damit dem Grundsatz von Trennung vor Vereinigung Ausdruck. Es ist auch das Prinzip, das hinter dem alchimistischen Verfahren des »Versöhnungssex« steht.

Dass diesem Streit vorausgeht, ist kein Zufall. Ein Konflikt macht deutlich, wie wir trennen oder wie wir Unterschiede zwischen einer Sache und einer anderen klären. In unserem Inneren entwickeln wir auf diese Weise Integrität. Wenn Menschen auf der Suche nach Friede-Freude-Eierkuchen-Spiritualität vor Wutausbrüchen und Konflikten zurückschrecken, gleicht ihr Innenleben eher dem Mischmasch aus meinem Eintopf.

Eine Weltsicht zu erlangen, die die Erkenntnisse der Naturwissenschaften mit denjenigen der Religion verbindet, ist ein uraltes Steckenpferd der Alchimisten. Sie werden mithin überrascht sein, zu erfahren, dass es Alchimisten waren, die die Trennung dieser zwei Disziplinen in Gang brachten. 1660 wurde das offiziell gemacht, als eine Gruppe Naturwissenschaftler, darunter Elias Ashmole unter der Schirmherrschaft von Karl II. die Royal Society gründete. Mit dem Zweck der naturwissenschaftlichen Forschung ins Leben gerufen, verbot diese Gesellschaft jegliche Diskussion über Religion auf ihren Konferenzen. Heutzutage wäre ein solcher Vorgang nicht verwunderlich, aber damals war so etwas absolut neu: Es wurde eine strikte Trennungslinie gezogen, die vorher nicht existiert hatte! Die Männer, die sie gezogen hatten, waren Hermetiker. Astrologie interessierte sie genauso wie Astronomie und Chemie. Doch die Regel verbot ihnen, andere Kollegen an ihren hermetischen Forschungen teilhaben zu lassen. Bis zum heutigen Tage sind etliche Hermetiker der Meinung, damit sei ein Wendepunkt in der westlichen Zivilisation eingetreten, und dies sei definitiv eine *falsche* Entscheidung gewesen.

Warum taten sie das überhaupt? In Europa wüteten zu jener Zeit heftige Religionskriege, deren Rauch nicht nur das wissenschaftliche Urteil trübte, sondern manchmal auch von den entflammten Forschern selbst ausging. Die experimentelle Wissenschaft konnte ihr volles Potenzial nicht ausschöpfen, solange sie bei der Entdeckung materieller Fakten noch den Kriterien für spirituelle Wahrheiten Rechnung tragen musste. Andererseits konnten spirituelle Methoden der Hinterfragung nicht gedeihen, wenn man gleichzeitig auch wissenschaftlichen Anforderungen genügen musste. Manche Phänomene verhalten sich im Experiment immer gleich und andere eben nicht. Es war notwendig, zwischen den beiden Untersuchungsmethoden klar zu unterscheiden, weil Wahrheiten auf beiden Seiten verloren gehen, wenn grobstoffliche und feinstoffliche Wahrnehmungen unter einen Hut gezwungen werden.

Die Hermetiker der Royal Society wandten das Prinzip von Trennung vor Vereinigung an. Naturwissenschaft und Religion köcheln seitdem in ihren separaten Töpfen vor sich hin. Wie die Kontroverse der Kreationisten vs. Darwinisten zeigt, sind sie immer noch nicht bereit, auf dem gleichen Teller serviert zu werden.

Beim Großen Werk ist *separatio* der Prozess der Transmutation unserer territorialen Instinkte. Für Tiere bedeutet Territorium reales Land. Für Menschen kann es alles Mögliche ausdrücken, was uns in Beziehung zu anderen definiert. Als ich dieses Buch zum ersten Mal meinem Verleger vorschlug, behauptete ich, die Einzige zu sein, die sich sowohl in der christlichen als auch in der tibetischen Alchimie auskenne, und dass mein Buch beide Traditionen vereinigen würde. Mit diesem Anspruch steckte ich mein Territorium auf dem alchimistischen Buchmarkt ab. Etliche Monate später entdeckte ich einen britischen Schriftsteller, David Goddard, dessen Werdegang und Absichten den meinen sehr ähnlich waren. Das hatte mir gerade noch gefehlt! Gespannt begann ich zu lesen, immer in der Hoffnung, dass sein Buch schrecklich wäre. Doch ich hatte kein Glück, es ist sehr gut! Im Marketingjargon nennt man das einen »Schlag vor den Bug«, und es fühlte sich auch so an. Ich war also doch nicht die Alleinregentin meines imaginären Territoriums. Immer wenn wir im Vergleich oder in der Gegenüberstellung mit anderen zu definieren versuchen, was »Ich« bedeutet, setzen wir uns selbst der Verunsicherung, der Eifersucht und dem Konflikt aus. Je stärker wir unsere Grenzen verteidigen, desto unsicherer fühlen wir uns.

Während wir den *separatio*-Prozess vollziehen, verschiebt sich der Sinn dessen, was »Ich« bedeutet, weg von den äußeren Grenzen des Selbst und hin zum Innersten, zum Kern. Wir können unser Anderssein fühlen, ohne benennen zu müssen, woraus diese Verschiedenheit konkret besteht. Mein Werdegang und meine Referenzen sind Teil eines Zauns, den ich, wie sich herausgestellt hat, auf strittigem Territorium errichtet habe. Aber mein wahres Ich ist wie jedes andere wahre Ich einzigartig, ohne dass ich danach streben muss. Wenn ich aus dem Geist heraus agiere, kann ich nicht umhin, ein Buch zu schreiben, das unvergleichbar ist. Gefühlte Bedrohungen am Zaunrand erinnern uns daran, was »Ich« wirklich bedeutet – und was es nicht bedeutet. Sobald wir uns mit dem Kern verbinden, hört die Bedrohung auf, sich bedrohlich anzufühlen. Das ist der Ort, von dem aus wir operieren müssen, wenn wir magisch arbeiten wollen.

Der *separatio*-Prozess bringt zwar Konflikte mit sich, doch im Ergebnis verbessert er unsere Fähigkeit, Unterschiede zu tolerieren. Neue Ideen werden nicht mehr als Bedrohung empfunden. Wir mögen uns einer bestimmten Religion, einer Sache oder politischen Ideologie bis aufs Mark verschrieben haben, dennoch könnten wir, wenn wir dazu aufgefordert würden, eine völlig überzeugende Stellungnahme für die andere Seite abgeben. Dabei entwickeln wir ein Gefühl der inneren Gewissheit, das nicht mehr auf Argumente oder Glaubensrichtungen angewiesen ist. Diese fundamentale Integrität – nämlich zu wissen, was »Ich« bedeutet – führt auch zu moralischer und intellektueller Ganzheit. Wir neigen weniger zum Lügen. Und je weniger wir lügen, desto besser können wir die Täuschungen durch andere durchschauen. Wir haben das Gefühl zu wissen, was was ist.

In der vertikalen Welt ermöglicht uns das Gefühl der Getrenntheit, zwischen uns selbst und anderen Geistwesen zu unterscheiden und in Abwesenheit von Grenzen die Orientierung zu behalten. Bis wir diese innere Orientiertheit erreicht haben, bleibt der Zugang zur Vertikalität aus Sicherheitsgründen beschränkt. In der vertikalen ebenso wie in der horizontalen Dimension kann Naivität gefährlich sein. Bis weit ins Erwachsenenalter hinein bleiben viele von uns spirituelle Kinder, die auf das Wohlwollen höherer Wesen vertrauen, so als wären diese die Babysitter der Menschheit. Die Phase der *separatio* ist unsere spirituelle Adoleszenz. Wir entdecken, dass nicht allen Geistwesen unsere Interessen am Herzen liegen, und wir lernen wählerisch zu sein, wem von ihnen wir es gestatten, Einfluss auf uns zu nehmen. Ist der *separatio*-Prozess abgeschlossen, werden wir vollends erwachsene Bürger der geistigen Welten mit allen etablierten Rechten, Privilegien und Pflichten. Wir haben quasi den Führerschein gemacht und sitzen nun selbst am Steuer.

Von Zeppelinen und gigantischen Amöben

All die großen, immer wiederkehrenden Themen in menschlichen Konflikten (Wahrheit vs. Loyalität, Gruppe vs. Individuum, Autorität vs. Freiheit, Leidenschaft vs. Pflicht, Wissenschaft vs. Religion, Tradition vs. Innovation, Zivilisation vs. Natur usw.) können auf vertikale Einflüsse zurückgeführt werden. Die Ideale, für die wir kämpfen, kommen von oben. Das Problem besteht nicht darin, dass diese Einflussnahme böse ist. Die von mir vorgebrachten Beispiele haben nichts mit Gut vs. Böse zu tun. Es sind eher Konflikte von Gut vs. Gut. Deshalb lassen sie sich auch so schwer lösen. Die aus den geistigen Welten kommenden Ideale üben einen positiven Einfluss aus, auf den Menschen allerdings etwas allergisch reagieren. Die Schlachten zwischen Gutem und Gutem haben schon unzählige Leben gefordert.

Unsere Probleme fangen in dem Moment an, wo das, was in der absoluten Zeit weilt, in unsere lineare Zeit inkarnieren will. In unserer Welt können zwei Objekte niemals den gleichen Platz zur gleichen Zeit einnehmen; auch nicht zwei Gedanken, zwei Gefühle, Prinzipien oder Absichten. Innerhalb der Grenzen des Raum-Zeit-Kontinuums müssen sich alle Phänomene abwechseln. Das ist in der absoluten Zeit nicht der Fall. Das JETZT ist unendlich dehnbar. Gegensätze können darin widerspruchslos nebeneinander existieren. Niemand muss kämpfen, niemand muss sich entscheiden.

Wenn Sie schon einmal gechannelte Literatur gelesen haben, sind Sie mit diesem Thema vertraut, denn es ist eines der Steckenpferde jüngst Verstorbener. Gehen diese in das absolute JETZT ein und erleben dort die friedliche Koexistenz von Gegensätzlichkeiten, können sie den Sinn all der irdischen Aufregung und Streiterei nicht mehr begreifen. Im naiven Enthusiasmus eines frisch Konvertierten versuchen sie, den Rest der Menschheit zu erleuchten. Wenn wir nur sehen könnten, wie die Dinge *eigentlich sind*, wie friedfertig und segensreich vereint alles ist, dann würden wir unsere Hände in den Schoß legen und fortan nur noch zufrieden und glücklich sein.

Sie meinen es gut mit uns. Ich werde dennoch den Verdacht nicht los, dass die menschlichen Geistwesen, die uns ständig diese Postkartengrüße aus dem spirituellen Disneyland senden, womöglich als Erdenbürger die allerdickköpfigsten Materialisten waren. Sie teilen die Annahme der Materialisten, dass es nur eine wirkliche Welt gibt. Während ihrer irdischen Existenz haben sie das Spirituelle als pure Illusion abgetan. Doch kaum haben sie die Erde verlassen, schlagen sie sich auf die andere Seite. Kurzum, für sie ist die einzig *wirkliche* Welt diejenige, in der sie gerade leben. Wer auf Erden bereits die Beziehung zur vertikalen Welt kultiviert hat, macht diesen Fehler nicht. Er hat schon immer gewusst, dass beide Sichtweisen realistisch sind. Er verwechselt seinen Umzug nicht mit der Erleuchtung.

Hier auf Erden wird jede Auseinandersetzung auf einen *zeitlichen* Konflikt heruntergekocht. Betrachten wir beispielsweise die Eifersucht. Aus der Perspektive der absoluten Zeit gibt es nichts Absurderes, als eifersüchtig zu sein. Im HIER UND JETZT ist es gut möglich, zwei verschiedene Menschen bedingungslos, immer und ewig zu lieben. In den seltenen Momenten auf Erden, wenn die Liebe der Schwebkraft begegnet, steigen wir empor und erhaschen einen flüchtigen Eindruck von jener Wahrheit. Wir wissen, dass wir auf irgendeiner Ebene unseres Seins fähig sind, so zu lieben und geliebt zu werden. Doch wir leben im Reich der linearen Zeit, in der die Nacht von Samstag auf Sonntag kein unendlich dehnbares JETZT ist. Sie ist ein endlicher Punkt in Raum und Zeit, der nicht gleichzeitig von Traumprinz Nummer eins und Traumprinz Nummer zwei eingenommen werden kann. Eifersucht ist eine natürliche Folge davon. Es ist keinesfalls lächerlich, so zu empfinden.

In der Mythologie einer jeden Kultur treffen wir auf Götter oder Engel, die in Konflikt miteinander stehen. Menschen geraten dabei immer irgendwie zwischen die Fronten. Für die Götter ist in diesen Geschichten die menschliche Seele das Äquivalent zu der Nacht von Samstag auf Sonntag. Ihrer Erfahrung nach ist sie das Einzige, was einer endlichen Quelle entspricht, und sie buhlen eifersüchtig darum. Die mit »Alles hat seine Stunde« beginnende Textstelle in der Bibel könnte man eher als eine Mahnung an die Götter als an uns verstehen. Sie erinnert sie daran, dass sie sich in ihren Bemühungen, Einfluss auf uns zu nehmen, untereinander abwechseln müssen. Alle Versuche, eine perfekte, absolute und bedingungslose Gestalt auf Erden anzunehmen, schaden am Ende der menschlichen Seele, der menschlichen Gesellschaft und der Erde selbst.

Spielen sich diese Gefechte und Eifersuchtsdramen wirklich in den geistigen Welten ab, oder sieht das aus menschlicher Perspektive nur so aus? Die Frage lässt sich nicht beantworten, weil unsere Sichtweise die einzige ist, die wir mitbekommen haben. Ich halte es übrigens nicht für einen Zufall, dass im angloamerikanischen Sprachraum das Wort »decency« (deutsch: Anstand, Schicklichkeit) so oft durch »human« (deutsch: menschlich) ergänzt wird. Anständigkeit ist in der Tat das Augenmaß, das wir finden müssen, solange wir innerhalb von Grenzen leben. Humor und Demut sind seine nächsten Verwandten. Das sind die Eigenschaften, die uns Menschen von den eifersüchtigen Göttern der Mythologie unterscheiden.

Wenn Geistwesen, wie uns die Mythologie zu verstehen gibt, manchmal aus ihrer Kleidung herauswachsen, dann wohl aus dem Grund, weil sie Probleme haben, ihre eigene Größe zu fühlen. Jenseits der Grenzen von Zeit und Raum ist »zu groß« ein bedeutungsloser Begriff, denn Grenzen existieren dort nicht. Menschen haben die gleichen Schwierigkeiten, wenn sie die Horizontalität verlassen. Man spricht dann von »spiritueller Aufgeblasenheit«. Dieser Ausdruck bringt mich immer zum Schmunzeln, denn den feinstofflichen Sinnen (*meiner* subtilen Wahrnehmung jedenfalls) erscheinen die spirituell Aufgeblasenen wirklich wie riesige Zeppeline. Sie haben große

Ähnlichkeit mit jenen gigantischen Cartoon-Figuren auf der Erntedank-Parade von Macy's.

Aufgeblasene Personen haben richtig beobachtet, dass Grenzen ein künstliches Konstrukt sind. Wenn wir mit dem Flugzeug über die Erde fliegen, können wir die Linien nicht sehen, die die Länder auf einem Atlas voneinander trennen. Die Grenzen, die wir zwischen uns selbst und anderen ziehen, sind ebenso künstlich. Wir rufen sie mit Namen in die Existenz. (»Ich heiße Chevy Chase und du nicht.«) Wenn wir vergessen, sie förmlich festzulegen, verwischen sie leicht oder verschwimmen total. Doch es wäre falsch, aus fehlenden Grenzen den Schluss zu ziehen, dass alles und jedes *gleich* sei.

Schauen wir uns die Sonne an. Wo hört sie auf und wo beginnt etwas anderes? Wir wissen es nicht. In gewissem Sinne überlappen sich die »Ränder« der Sonne mit denen der Erde, denn ihre Wärme ist noch unterhalb der Oberfläche unseres Planeten zu spüren. Und doch wissen wir ganz genau, dass Erde und Sonne nicht ein und dasselbe sind – nicht weil irgendwelche Grenzen zwischen ihnen liegen, sondern weil sie jeweils ein anderes Zentrum haben. Das Gleiche gilt für Menschen und andere Geistwesen. Zwischen ihnen gibt es keine Grenzen, und dennoch haben sie getrennte Zentren. Die Frage lautet also: »Was ist dieses Zentrum? Worauf beziehen wir uns eigentlich, wenn wir ›Ich‹ sagen?«

Separatio und *calcinatio* hängen eng zusammen. In beiden Fällen finden wir nach und nach heraus, was »Ich« *nicht* ist. Jedes Mal, wenn eine Qualität oder Befindlichkeit, die wir für unsere Identität als wichtig erachten, abgestreift wird, verschwindet damit auch eine falsche Grenzziehung. Jedes Mal, wenn eine äußere Schicht verbrannt wird, wird die darunter liegende zu unserer Außengrenze, nur um dann ihrerseits wieder verbrannt zu werden. Jeder einigermaßen intelligente Mensch begreift, wohin die Reise führt, lange bevor die letzte Schicht abfällt. Die Begrenzungen sind nicht »Ich«. Das »Ich« ist nicht reduzierbar, nicht gleichzusetzen mit etwas, das mit einem Namen belegt werden kann. Es gibt keinen anderen Namen für das »Ich« als »Ich«.

In der materiellen Welt brauchen wir das nicht zu wissen, um uns selbst von anderen abzugrenzen. Es genügt vollends, wenn ich weiß, dass ich nicht du bin, weil unsere beiden Körper unterschiedliche Positionen im Raum einnehmen. Für Geistwesen ist das einem Körper am nächsten stehende Äquivalent ein Gedanke. Wenn Sie und ich in der vertikalen Welt den genau gleichen Gedanken denken, nehmen wir die genau gleiche »Position« ein. Wie können wir uns dann voneinander unterscheiden? Wenn Sie erst einmal begriffen haben, was »Ich« bedeutet, dürfte diese Frage Sie kaum in Verlegenheit bringen. Sie werden spüren, dass sich das, was ich unter »Ich« verstehe, gewaltig von dem unterscheidet, was Sie mit »Ich« meinen – auch wenn das der *einzige* Unterschied ist, den Sie zwischen uns feststellen können.

Schauen wir uns jetzt an, was passiert, wenn sich jemand, der den *separatio*-Prozess noch nicht abgeschlossen hat, von der Horizontalen wegbewegt. Dieser Mensch, der »Ich« immer noch mit der eigenen physischen Begrenzung identifiziert, befindet sich plötzlich in einer Welt, in der keine Grenzen mehr erkennbar sind. Mit etwas Glück wird diese Feststellung ihn sofort in die profane Denkfabrik zurückkatapultieren. Aber manchmal eben auch nicht. Aufgrund der fehlenden Grenzen um sich selbst und alles andere herum gerät der Betreffende hin und wieder regelrecht in Trance und schließt daraus, dass jeder und alles andere Teil von *ihm selbst* sein müsse. Er argumentiert: »Es gibt nur das eine Ich. Da ich Ich bin, muss ich dieses Eine sein.« Dieser Gedankengang kann sogar zu der glückseligen Schlussfolgerung führen: »Ich bin Gott.«

Nun nehmen Sie wohl an, dass eine derartige Ansicht rasch verworfen wird, weil sie gesellschaftlich keine breite Unterstützung erfährt. Das ist auch häufig der Fall. Widerspruch führt uns das Anderssein der anderen vor Augen. Doch die wirklich

Aufgeblasenen entwickeln Taktiken, um diese Konfrontation mit der Realität zu umschiffen. Wie gigantische Amöben vereinnahmen sie schlichtweg alles, was ihnen widerspricht oder sich ihnen in den Weg stellt. Alles ist eins, und eins ist alles. Vielleicht hat auch Sie der Versuch, mit solch einem Menschen zu streiten, schon einmal schier zur Verzweiflung gebracht. Es ist, als ob man verschluckt würde.

Auch wenn Hermetiker nie aufgeblasen sind, haben sie oft ihre Schwierigkeiten (oder schlimmer noch, unterdrücken ihre Probleme) mit dem, was Therapeuten als »Abgrenzungsthemen« bezeichnen. Nachlässiges Benehmen und eine lockere Moral sind die alltäglichen Symptome. Ein Hermetiker, der keine Grenzen kennt, fühlt sich berechtigt, Ihre Sachen zu nehmen, Ihre Gedanken zu lesen, Ihre Frau zu begehren und uneingeladen bei Ihnen hereinzuschneien. Nachdem er die künstliche Beschaffenheit seiner eigenen Grenzen durchschaut hat, fällt es ihm schwer, die Grenzen anderer zu respektieren oder auch nur wahrzunehmen.

Mit der Entwicklung der feinstofflichen Sinne wird es zunehmend schwieriger, zwischen Innen und Außen zu unterscheiden. Die innere Welt scheint öffentlicher zu werden, während die äußere Welt bisweilen eine illusorische Qualität bekommt. Auch das kann zu Grenzverlust führen. Andere wiederum spüren womöglich, dass der »Übeltäter« in ihre Intimsphäre eindringt oder allzu leichtfertig über ihre äußeren Sorgen hinweggeht.

Bei manchen Menschen spielt sich der Grenzverlust eher passiv als aktiv ab. Vielleicht behelligen wir andere nicht, lassen aber zu, dass andere uns verletzen. Das passiert immer dann, wenn wir uns für die Gefühle und Probleme anderer verantwortlich fühlen, wir uns von anderen ausnutzen lassen oder wenn es uns schwer fällt, auch einmal ein Machtwort zu sprechen.

Förmlichkeit ist meines Erachtens die beste Methode, um mit verschwimmenden Grenzen umzugehen. Menschen, die sich vertikal im Kontext einer etablierten Tradition bewegen, leiden selten unter Aufgeblasenheit oder Abgrenzungsproblemen. Nehmen wir beispielsweise Mönche und Nonnen, denen äußere Formen – also Regeln, die zu beachten, oder Zeitpläne, die strikt einzuhalten sind – Halt geben. Freie und unabhängige Hermetiker müssen diese fehlenden Zwänge irgendwie kompensieren, indem sie sich ein eigenes Gerüst von Leitlinien geben. Es hilft, einige der Verhaltensregeln, die wir irgendwann einmal als völlig aufgesetzt verworfen haben, anzunehmen und konsequent zu befolgen. Suchen Sie sich zum Beispiel ein etwas in die Jahre gekommenes Benimmbuch hervor (aber es sollte nicht so veraltet sein, dass man über Sie lacht) und setzen Sie die darin enthaltenen Ratschläge um. Bitten Sie um Erlaubnis, befolgen Sie Anordnungen, halten Sie Termine ein, benutzen Sie Höflichkeitsfloskeln. Äußere Formen ersparen Ihnen viele lästige Schritte, wenn es darum geht, den möglichen Verlauf von Grenzen zu erkennen. Sie müssen nicht denken, wie die Römer gedacht haben. Tun Sie nur das, was die Römer taten – und vielleicht alles ein bisschen besser.

Die Gegner konfrontieren

Wenn ich beschreibe, wie Geistwesen hin und wieder negativen Einfluss auf das menschliche Leben haben können, möchte ich diese nicht als etwas Schlechtes darstellen. Sie sind vielmehr gelegentlich zu viel des Guten. Auch guter Einfluss kann schaden, wenn er in keinem Verhältnis zum großen Zusammenhang steht. Schuld an solchen Entgleisungen trägt vorwiegend der Mensch, weil Erkennen und Handhaben von Kontexten eine horizontale Verantwortlichkeit sind. Es ist uns überlassen, das Absolute in das relativ Machbare zu verwandeln.

Aber was ist, wenn es tatsächlich zu negativen Einflüssen kommt? In der Mythologie der meisten polytheistischen Traditionen findet man Götter, die den Menschen nicht wohl gesonnen sind und dazu neigen, uns Probleme zu bereiten. In den drei monotheistischen Glaubensrichtungen heißt es, einige Engel seien von Gott abgefallen und hätten sich aufgemacht, Menschen anzustiften, es ihnen gleich zu tun. In der Legende und Literatur erscheinen sie unter Namen wie Luzifer, Satan, Ahriman, Beelzebub und Mephisto. Von ihnen weiß man, dass sie uns aktiv in die Quere kommen und schikanieren.

Wir wissen nicht genau, welche Beziehung zwischen diesen Wesen und Gott existiert, und schon gar nicht, was in ihnen vorgeht, denn um ein anderes Wesen wirklich zu verstehen, muss man es lieben. Man könnte sogar davon ausgehen, dass diese Wesenheiten keine autonome Existenz besitzen, sondern nur phantasiereiche Personifizierungen gewisser Extreme in der menschlichen Psyche sind. Wahrscheinlich lässt sich die Frage nicht lösen, denn Feindseligkeit zwischen zwei beliebigen Geistwesen bringt eher gegenseitige Projektionen als gegenseitige Anerkennung hervor. Wenn Sie alles, was ich über Antagonisten schreibe, als reine Metapher betrachten, kann ich nicht mit Sicherheit behaupten, Sie hätten Unrecht. Dennoch will ich sie der Tradition folgend personifizieren und ihre Wirkung in farbenprächtigen Worten schildern.

Um den Einfluss von Antagonisten zu verstehen, müssen wir zuallererst den Unterschied zwischen einem Gegner und einem Feind begreifen. Einen Gegner muss man nicht hassen und vernichten, um ihn zu besiegen. Im Gegenteil: Wir behaupten uns besser gegen einen Opponenten, den wir respektieren und dessen rechtmäßigen Platz in der Welt wir anerkennen. Würdige Gegner gelten sogar als hilfreich. Sie geben unserem Spiel den Feinschliff. Bei allen, die sich auf das Große Werk einlassen, fördern Gegner den Prozess der *separatio*. In diesem Zusammenhang möchte ich zwei von ihnen detaillierter vorstellen. Die herkömmlich verwendeten Namen wecken bisweilen irreführende Assoziationen in uns, so dass ich hier einfach vom Oberen Gegner und vom Unteren Gegner reden werde.

Der Obere Gegner repräsentiert alle negativen Möglichkeiten

der oberen Vertikalität. Viele spirituell veranlagte Menschen gehen davon aus, dass es solche Dinge gar nicht gibt, sie sind der Ansicht, das Oben sei ein ganz und gar lichtdurchflutetes Reich. Das macht diesen Gegner besonders heimtückisch. Aus menschlicher Sicht gibt es da einfach zu viel Licht. Möchten Sie beispielsweise Sex unter einer Tausend-Watt-Lampe haben? Das klingt vielleicht verrückt, aber überlegen Sie einmal ernsthaft, warum denn nicht? Wir würden eine solche Ausleuchtung als grell und unversöhnlich beschreiben, uns darunter gehemmt und beschämt fühlen, denn man kann uns *zu* klar, *zu* objektiv sehen. Wir spüren eine Art von Verachtung für den, der uns da so brutal beleuchtet, wenn wir am verletzlichsten sind. Müssten wir trotzdem fortfahren, würden wir die Art und Weise der Vereinigung in einem derartigen Licht als irgendwie *unwirklich* empfinden. Zu viel Klarheit und zu viel Objektivität würden ein Zerrbild daraus machen, es in etwas anderes verwandeln. Die bis ins Extreme übersteigerte Wahrheit transformiert sich in eine Lüge.

Der Obere Gegner ist der Lügner der absoluten Wahrheit. Sein größter Makel ist der spirituelle Stolz; das heißt, er ist stolz darauf, reiner Geist zu sein. Er verachtet Materie und Arbeit und pflanzt diese Verachtung allen ein, die von oben auf unsere materielle Welt herabblicken. Alles, was Menschen mit Tieren gemein haben, verabscheut er. Stolz ist er auch auf das Licht, das er für seine eigene Erfindung hält, so als wäre er selbst die Quelle. Eitel, rivalisierend und eifersüchtig, wie er ist, will er als das strahlendste Licht im Universum gesehen werden.

Doch genau genommen kann der Obere Gegner nicht als böse beschrieben werden. In der Tat verkörpert er das Gute, das Wahre und das Schöne in einem Maße, dass Menschen ihn oft sogar mit Gott verwechseln. (Mehrere Hermetiker meinen zum Beispiel, dass der »Gott« in Miltons *Das verlorene Paradies* wirklich dieser Gegner sei.) Man könnte sagen, er ist der falsche Gott, ohne den wir nie unseren Weg zum richtigen Gott finden könnten. Wir fühlen uns zu ihm hingezogen und überhaupt erst inspiriert, spirituelle Werke zu verrichten. Er ist die Vision, die uns dazu motiviert, auf der Suche nach höherer Erkenntnis alle profanen Vergnügen und Annehmlichkeiten aufzugeben. Hätten wir seinen Einfluss nie gespürt, wären wir innerlich träge und abgestumpft.

Der Untere Gegner ist der Lügner der absoluten *Tatsache*. Seine Grundstrategie besteht darin, uns zu Sklaven der Materie zu machen. Das Gesetz vom Karma ist zwar nicht seine Erfindung, aber er dreht und wendet es zu seinem eigenen Vorteil und will uns überzeugen, dass wir hoffnungslos daran gebunden seien und dass in der Fügung in das Unvermeidliche unseres Karmas unsere einzige Hoffnung auf inneren Frieden bestünde. Er möchte uns glauben machen, alle Ursachen würden aus der Vergangenheit herrühren, wir könnten unser Schicksal nicht ändern, und unsere Gedanken seien nichts anderes als die Aktivität unseres Gehirns. Je deutlicher wir die Lebensprozesse als unpersönlich und mechanisch einstufen, desto mehr freut er sich über unser Denken. Würden wir insgesamt zu denken aufhören, wäre er noch glücklicher.

Für den Unteren Gegner ist der spirituelle Aspekt der Menschheit eine lächerliche Illusion. Er versucht uns dahingehend zu überzeugen, dass nichts real ist, außer dem, was gewogen, gemessen und gezählt werden kann. Im Hinblick auf das menschliche Individuum interessieren ihn nur die Daten, die auf unseren Bewerbungsbögen und in unseren Krankengeschichten nachzulesen sind. Für ihn sind wir nur in dem Maße real, wie wir uns mit solchen Informationen identifizieren. Er ist humorlos, hektisch und feindselig gegenüber jeder Art von Kreativität, Spontaneität und Chaos. Seiner Auffassung nach ist nur der Mensch wertvoll, der Schlange steht, hart arbeitet oder sich in sinnlose Vergnügen stürzt.

Ich finde diese Wesenheit äußerst unangenehm, aber sie verkörpert ein Prinzip, das für uns unentbehrlich ist: die Schwerkraft. Ohne die Schwerkraft könnten wir weder unsere Rückkehr aus der oberen Vertikalität zur Horizontalen verarbeiten, noch schwer genug werden, um in tiefere Regionen vorzudringen. Ohne die Schwerkraft würde auf Erden keine vertikale Inspiration Gestalt annehmen. Wir verdanken dem Gewicht dieses Gegners unsere Fähigkeit zum Engagement und zur Anstrengung. Hätten wir seinen Einfluss nie zu spüren bekommen, wären wir leichtgläubige und nutzlose Träumer.

Das Üble an beiden Wesenheiten ist nicht, dass sie uns hinauf- oder hinunter- bzw. zu den *Extremen* im Oben und Unten ziehen. Sich zu solch *äußersten Dingen* hingezogen zu fühlen, ist segensreich für uns, denn gerade am höchsten oder niedrigsten Punkt finden wir das Göttliche. Die Anziehungskraft der Gegner wirkt sich auf die menschliche Natur nur dann negativ aus, wenn wir uns dazu verführen lassen, Partei zu ergreifen. Jeder möchte uns exklusiv bei sich wohnen haben und uns dazu bringen, die Existenz anderer Reiche zu verwerfen oder zu leugnen. Das Schädliche liegt nicht darin, dass sie uns etwas schmackhaft machen wollen, sondern wie sie uns dazu bringen, anderes zurückzuweisen.

Zusammengenommen haben diese beiden Gegner den Markt für so ziemlich jede menschliche Aktion und Anstrengung unter sich aufgeteilt. Alles, was wir denken, sagen oder tun, könnte dem Einfluss des einen oder des anderen zugeschrieben werden. Solche Beeinflussung pauschal als böse abzutun, würde uns in ein grundsätzliches Dilemma nach dem Motto »Egal, was du tust, es ist immer falsch« führen. Theoretisch könnte man sagen, dass das ideale vertikale Gewicht eines Menschen der genaue Mittelpunkt zwischen beiden ist – weder zu schwer noch zu leicht. Aber der theoretische Mittelpunkt ist eben nur das: *ein Punkt*. Er verleiht uns keinen Stand. Und dieser Konflikt lässt sich auch nicht durch einen Kompromiss lösen. Oben und unten lassen sich nicht austarieren. Wenn wir uns überhaupt in die Vertikalität begeben wollen, müssen wir in die eine oder andere

Richtung steuern. Die Lösung besteht darin, immer in Bewegung zu bleiben. Achten wir darauf, dass das Instrumentarium unserer Schwebkraft wie auch unserer Schwerkraft immer gut geölt ist.

Beim Versuch, diese Taktik umzusetzen, kommt uns ein anderer überzeugender Gegner in die Quere: der Schwellenwächter. Ich sage »überzeugend«, weil dieses Wesen die menschliche Situation versteht und auf den Plan tritt, um zu helfen. Der Wächter hat die Aufgabe, zu verhindern, dass Unbefugte in die vertikale Welt gelangen. Wir werden als nicht befugt angesehen, wenn wir im Inneren nicht hinreichend auf unsere Reise vorbereitet sind oder unsere Motive dem Wächter bedenklich erscheinen. Letztlich schützt er uns also vor uns selbst.

Es sieht so aus, als könnten wir uns als Neulinge mitunter an den Kontrollstationen vorbeimogeln und dann und wann hinauf- und hinuntersteigen, ohne in direkte Konfrontation mit dem Wächter zu geraten. Vielleicht verbürgen sich unsere Mentoren für uns oder besorgen uns einen Besucherpass. Ich weiß zwar nicht, wie das genau geht, aber eines steht fest: Eines Tages *hört es auf* zu funktionieren. Der Weg ist dann versperrt. Alle Versuche, die vertikale Welt unerlaubt zu betreten, enden entweder mit der direkten Rückkehr zur Horizontalität oder dem Umweg über das Gepäck-Depot. In diesen Augenblicken merken wir, dass es keinen anderen Ausweg gibt als die unmittelbare Konfrontation mit dem Wächter.

Dieser »Showdown« ist etwas höchst Kurioses. An der Schwelle, auf des Wächters Platz, begegnen wir entweder dem Oberen oder dem Unteren Gegner. Auf den ersten Blick sieht das zumindest so aus. Wie wir nach oben gehen wollen, entsteht der Eindruck, der Obere Gegner würde uns den Weg verstellen. Ist das nicht komisch? Noch beunruhigender ist, dass diese Gegner bei ihrem Auftauchen an der Schwelle eine verblüffende Ähnlichkeit mit *uns selbst* aufweisen. Nicht mit uns, wie wir uns selbst oder unsere Angehörigen uns normalerweise sehen; eher wie jemand uns beschreiben würde, der einen Prozess gegen uns führen wollte – so als wären wir Zeuge unserer eigenen Anklage.

Im Oberen Gegner erkennen wir die Personifizierung unserer spirituellen Egotrips. Da zeigt sich uns jemand, der eitel, machthungrig und selbstgerecht ist. Ein Angeber. Ein Tyrann. Eine Primadonna. Ein bösartiger Kritiker. Ein Besserwisser. Ein Wichtigtuer. Wir können all unsere kleinen Spielchen sehen, mit denen wir versuchen, besser als alle anderen dazustehen, wie wir uns insgeheim über Fehler und Versagen unserer Mitmenschen lustig und uns auf ihre Kosten wichtig machen. Wir erkennen unseren Neid, unsere Eifersucht und all unsere unedlen Motive auf der Suche nach dem Stein der Weisen.

Nehmen Sie das alles bitte nicht persönlich. Ich kann nicht genau vorhersagen, wie *Ihr* spezieller Schwellenwächter auftreten wird. Ich will hier nur die allgemeine Richtung vorgeben. Egal, wie Ihr persönlicher Egoismus auch immer aussehen mag, der Wächter spiegelt ihn Ihnen zurück – übergroß und grell erleuchtet. Ein schreckliches Bild. Auf einmal können Sie verstehen, warum jemand in Sack und Asche gehen möchte.

Wahrscheinlich werden Sie früher oder später bei anderer Gelegenheit dem Wächter in der Gestalt des Unteren Gegners begegnen – er sieht Ihnen ebenso verblüffend ähnlich. Er verkörpert alles Unbewusste in Ihnen, all die Dinge, bei denen Sie sich machtlos fühlen. Sie erkennen das Gewohnheitstier, das Opfer der Umstände, den Sklaven der Mode, den rückgratlosen Konformisten, den Tölpel, den Süchtigen, den Jammerlappen, den Taugenichts und den Schmarotzer. Ihnen werden alle Gelegenheiten vorgeführt, in denen Sie Ihre Freiheit nicht nutzten und es zuließen, dass Ihr Leben fremdbestimmt wurde. Ihnen wird schlagartig bewusst, was Ihre Unentschlossenheit aus Ihnen gemacht hat.

Was also sollen Sie bei diesen Begegnungen tun? Wie behaupten Sie sich einem Gegner gegenüber, der Ihnen als Ihr *eigenes*

Ich entgegentritt? Ich fürchte, ich kann diese Frage nicht beantworten. Und auch Ihre geistigen Führer würden es Ihnen nicht sagen können. In dieser Sache sind Sie ganz und gar auf sich selbst gestellt.

Vielleicht hilft es, das anvisierte Ziel nie aus den Augen zu verlieren. War die Begegnung an der Schwelle nach oben erfolgreich, winkt Ihnen die volle Einbürgerung in die obere Vertikalität. Nun können Sie den weiteren Aufstieg frei und unbeschwert antreten, soweit Ihre Schwebkraft Sie tragen mag. Keine Region bleibt Ihnen versperrt, solange Sie leicht genug sind, dorthin zu gelangen. Wenn an der Schwelle nach unten alles gut geht, wird Ihnen sicheres Geleit zur Heilstätte ganz unten in der Tiefe gegeben. Haben Sie erst einmal beide Kontrollpunkte erfolgreich passiert, kommen unfreiwillige Umwege zum Gepäck-Depot nur noch selten vor und sind, wenn überhaupt, von kurzer Dauer, weil sie schnell begreifen, wo Sie sind und wie Sie da wieder herausfinden können. Sie entwickeln einen Geschmack für echte vertikale Erfahrungen und eine ausgeprägte Abneigung gegen die Astralwelt als Ersatz. Dies ist ein klarer Wendepunkt, kein gradueller Wandel. Wenn es passiert ist, merken Sie es ganz deutlich.

In der älteren okkulten Literatur werden die Begegnungen mit Schwellenwächtern in dramatischen Worten beschrieben. Man könnte den Eindruck gewinnen, dass eine falsche Bewegung genügt, um uns geradewegs in die Verdammnis zu katapultieren. Aber lassen Sie sich nicht beirren. Wenn Sie sich dumm anstellen, können Sie es noch einmal versuchen. Sie bekommen so viele Wiederholchancen, wie Sie brauchen. Die einzige Konsequenz einer verunglückten Begegnung ist ein weiterer Zwischenstopp im Gepäck-Depot.

Vor der Erfindung des hohen Selbstwertgefühls lösten viele Suchende absichtlich Schwellenkämpfe aus, um den Einlass zu erzwingen. Wenn Sie die ungewollten Ausflüge zum Gepäck-Depot leid sind, möchten auch Sie den ganzen Prozess bestimmt abkürzen. Ein »Lügen-Tagebuch« zu führen, ist meines Erachtens die effizienteste Methode, die dafür infrage käme. Schreiben Sie darin allabendlich vor dem Schlafengehen jede einzelne Lüge auf, die Ihnen seit dem Aufstehen über die Lippen gekommen ist. Führen Sie auch die kleinen Notlügen auf, mit denen Sie die Gefühle anderer verschonen oder die Räder des gesellschaftlichen Miteinanders schmieren wollten. Achten Sie besonders auf die Lügen, die *Sie sich selbst* erzählt haben. Versuchen Sie erst gar nicht, sie rational zu erklären oder zu entschuldigen. Und geißeln Sie sich ihretwegen nicht selbst. Schreiben Sie sie bloß auf. Wenn Sie ernsthaft bei der Sache sind, brauchen Sie diese Übung nicht lange zu machen. Die Reaktion folgt auf dem Fuße.

10

Coniunctio

Gegensätzliche Elemente werden wieder vereint.

PRIMA MATERIA:
Verletzlichkeit

SYMPTOME:
Empathie
Zuneigung
Hilfsbereitschaft
Gefühl der eigenen Ineffizienz
Paranoia

ZUR UNTERSTÜTZUNG:
Konflikte aushalten, ohne sie zu lösen zu versuchen
Die einfachen Dinge tun, die das Herz erfreuen

TRANSMUTATION:
Mitgefühl

Ist es nicht merkwürdig, dass jede Frage immer zwei Seiten hat? Warum gerade zwei, warum nicht drei? Oder fünf? Oder eine? Was genau spielt sich im menschlichen Geist ab, das uns stets zu entweder – oder, schwarz oder weiß, pro und kontra tendieren lässt? Wenn wir entnervt oder versöhnlich genug sind, räumen wir vielleicht ein, dass die Wahrheit »irgendwo dazwischen liegt«.

Aber wir gehen selten direkt auf dieses »Irgendwo« zu. Wir tun so, als müsse jede Frage mit der ineffizienten Arbeitsweise eines Zwei-Parteien-Systems beantwortet werden.

Wir wissen, dass die Wirklichkeit nicht zweigleisig ist. Warum also versuchen wir fortwährend, sie zweigleisig wahrzunehmen? Ich dachte immer, es hätte mit der Beschaffenheit unseres Körpers zu tun. Wir kommen in zwei Geschlechtern auf die Welt, haben zwei Augen, zwei Ohren, zwei Arme, zwei Beine, zwei Lungenflügel, zwei Gehirnhälften. Doch es heißt, der Mensch ist nach dem Ebenbild Gottes erschaffen. Wenn Gott eins ist, warum haben wir dann dieses Gehirn, das alles in zwei teilt?

Meinen ersten Eindruck von Gott erhielt ich aus dem *Baltimore Katechismus,* in dem eine Reihe von Fragen und Antworten stehen, die wir katholischen Kinder gewöhnlich auswendig lernen und aufsagen mussten:

Frage: Warum hat Gott mich erschaffen?

Antwort: Gott hat mich erschaffen, damit ich ihn kenne, ihn liebe und ihm diene.

Als ich fünf war, hat sich mir dieser Spruch ins Gedächtnis gegraben, und ich hoffe immer noch, eine plausiblere Antwort auf die Frage zu finden. Wenn Gott uns erschaffen hat, damit wir ihn kennen, dann muss der menschliche Organismus so etwas wie ein Gottes-Erkenntnis-Apparat sein. Dass er sich Wissen zweigleisig erschließt, muss etwas damit zu tun haben, dass er für diese Art des Denkens ausgelegt ist. Was aber hat all das Entweder-Oder mit dem Göttlichen zu tun?

Um herauszufinden, was am Zweier-Konzept gut und richtig ist, sollte man vielleicht zunächst untersuchen, was falsch bei der Betrachtung des *einen* ist. Ich habe bereits im vorigen Kapitel und bei meinen Ausführungen zum Uroboros darauf angespielt. Jemand gebiert den Solipsismus, das geschlossene System. Pantheismus und Atheismus fußen im Wesentlichen auf der gleichen Idee, denn wenn alles Gott ist, braucht man das

Wort »Gott« nicht. Man könnte einfach sagen »alles«. Ein Gott, der alles ist, ist eigentlich kein Gott.

Haben Sie sich schon einmal vorgestellt, wie es war, bevor Gott die Welt erschuf? Ein Gott ohne Welt zu sein, klingt fürchterlich einsam und langweilig dazu. Malen Sie sich nur einmal aus, wie langweilig Ihr Dasein wäre, wenn außer Ihnen niemand mehr da wäre! Als ich Theologie studierte, lernte ich, dass wir nicht so denken und keine menschlichen Emotionen auf das Göttliche projizieren sollen. Wenn aber der menschliche Organismus tatsächlich ein »Gottes-Erkenntnis-Apparat« ist, dann sind unsere Emotionen anscheinend doch auf irgendeine Weise relevant. Warum sollte der, der niemals einsam war, ein Wesen erschaffen, das Einsamkeit empfindet?

Auf jeden Fall wurden wir erschaffen. Und damit hat Gott ein System geöffnet, das unserer Vorstellung nach zuvor geschlossen war. Gott erschuf etwas, das *nicht* Gott war. Und die einzig sichere Möglichkeit zu erkennen, dass der Nicht-Gott *wahrlich* nicht Gott war, bestand für den Nicht-Gott darin, nein zu sagen.

Ich vermute, dass dies der Grund dafür ist, warum wir die Welt in der Zweiheit wahrnehmen. Nur so können wir nein sagen. Zwei war die Erfindung der Freiheit. Unsere Freiheit, ja oder nein zu sagen, ist der allerheiligste Wert in der geistigen Welt, denn ohne diese Möglichkeit gibt es keinen Nicht-Gott. Ohne den Nicht-Gott kann niemand Kenntnis von Gott haben. In Ermangelung eines Nicht-Gottes kann vielleicht nicht einmal Gott Gott kennen.

Doch zwei ist auch die Zahl des unlösbaren Konflikts: das Unentschieden, das Patt, die starrsinnige Stupidität des Entweder-Oder. Wo sich nur zwei versammeln, gibt es niemanden, der den Gleichstand brechen kann. Auf ihre eigene Weise können zwei ebenso statisch sein wie eins, nur ist dies in dem Fall *schmerzhaft*. Obwohl ein anderes Wesen da ist, sind wir in unserer Getrenntheit isoliert, stehen in dem Konflikt, der die *Zwei-*

heit auf den Plan ruft. Wenn wir bloß eins werden könnten, würden wir aus dieser schmerzhaften Spannung erlöst. Vor diesem Hintergrund erklärt sich auch die Attraktivität aller religiösen Philosophien oder Erfahrungen, die uns versprechen, uns in den vertrauten Kokon der Einheit zurückzubringen.

Weder eins noch zwei sind vollends zufriedenstellend. Gibt es nicht vielleicht eine noch bessere Zahl?

In der Alchimie ist diese bessere Zahl die Drei. Da die Zwei das Prinzip der Trennung verkörpert, ist die Drei das Prinzip der Vereinigung. Drei ist die dynamische Form von eins.

Woraus besteht nun diese Drei? Wenn ich eins bin und gemeinsam mit Ihnen zwei, wer oder was ist dann die Drei?

Drei ist unser *Dazwischen*.

Separatio ist der alchimistische Prozess zur Bildung von zwei. Bei der *coniunctio* werden daraus drei.

Katzen im Sack

Im Herbst 2000 besuchte ich Marrakesch, weil ich wissen wollte, wie sich der Fastenmonat Ramadan am Ort seines Ursprungs, der Medina, abspielt. Laut Gesetz müssen sich alle Marokkaner zwischen Morgengrauen und Abenddämmerung an das Gebot des Fastens halten. Sie dürfen nicht einmal Wasser trinken. In einem Wüstenklima fällt das besonders schwer. In den ersten Tagen des Ramadan sind die Menschen übellaunig. Da aber *jeder* aus ein- und demselben Grund gereizt ist, lässt man gegenseitig große Nachsicht walten. Gemeinsam gibt man sich Mühe, die Dinge langsamer anzugehen, sich zu entspannen und liebenswürdiger miteinander umzugehen. Am dritten Tag hat sich das Ganze eingespielt. Freundlichkeit liegt über der Medina, und die Laune bessert sich merklich. Eine festliche Stimmung breitet sich aus.

Jeden Nachmittag, wenn sich die Sonne dem Horizont entgegenneigte, ging ich in mein Lieblingscafé und setzte mich an einen Tisch mit Blick auf die Djemma el Fna – einen großen Platz, zur Hälfte Markt und zur anderen Hälfte Zirkus. Inmitten von Karren, die über und über mit Datteln, Oliven und Orangen beladen sind, lagern verhutzelte Kräuterhexen und Hennafrauen auf Decken und bieten ihre Waren feil; daneben trommeln sich Sufi-Musiker in Trance. Menschen in farbenfrohen Dschellabas umringen eine Schar von Akrobaten, Feuerschluckern, Schlangenbeschwörern und Transvestiten, die als Bauchtänzer auftreten. Dann, fünfzehn Minuten vor Sonnenuntergang, löst sich der ganze Spektakel von einem Augenblick zum anderen auf. Hastig packt jeder sein Geschirr zusammen und eilt heim zum Fastenbrechen. Ist die Wohnung zu weit entfernt, geht man in das nächste Café. Der Platz ist leer und verlassen von allem, was leibt und lebt – mit Ausnahme der Katzen (die keinem und jedem gehören).

Derweil hetzen die Kellner im Café emsig hin und her, denn alle Gäste wollen bedient sein, bevor der Muezzin zum Sonnenuntergangsgebet ruft – das Signal für das Fastenbrechen dieses Tages. Man braucht nichts zu bestellen, weil das Menu des »Ramadan-Frühstücks« genauso Tradition ist wie das Abendessen zum Erntedankfest in den Vereinigten Staaten. Man bekommt eine Schüssel voll Harrira (eine dicke Linsensuppe), eine Handvoll Datteln, ein hart gekochtes Ei, ein klebriges Gebilde aus frittiertem Teig und Honig sowie Milch oder Milchkaffee. Bis die Muezzine sich ausführlich geräuspert haben, schweben eine halbe Million Löffel über einer halben Million Schüsseln mit Harrira. Jeder nimmt den ersten Bissen in genau dem gleichen Augenblick zu sich.

Als ich damals in Marokko war, litt das Land unter einer großen Dürre. Der Ramadan fiel mit dem zusammen, was eigentlich hätte die Regenzeit sein sollen, aber der Regen blieb in jenem Jahr aus. In der dritten Woche zogen etwa eine Stunde lang verheißungsvolle Wolken am Himmel auf, dann bewegten sie sich weiter, ohne auch nur einen einzigen Tropfen preiszugeben. Rosafarbener Staub füllte die Luft und legte sich auf die ohnehin durstigen Kehlen. Es schien, als ob auch die ausgedörrte Erde fasten würde. Am fünften Tag dieses nervenaufreibenden Naturschauspiels, während die Kellner wie gewohnt umhereilten und die Muezzine auf ihre Minarette hinaufstiegen, zogen plötzlich schwarze Wolken auf und verdunkelten den verwaisten Platz. Eine halbe Million Löffel schwebten in Wartestellung über den Tellern. In dem Moment, in dem die Muezzine den ersten Satz ihrer »Guten Appetit«-Botschaft ausriefen und die Löffel sich in die dampfenden Schüsseln senkten, öffnete der Himmel seine Schleusen und ließ einen gewaltigen Platzregen niedergehen. Und als die glühende Erde ihren brennenden Durst gestillt hatte, begann sie zu dampfen.

Mein Französisch reicht nicht aus, um komplizierte Gedanken zum Ausdruck zu bringen. Ich konnte den netten Fremden, die mit mir am Tisch saßen, nur zurufen: »Auch die Erde feiert Ramadan! Und Gott antwortet ihr!«

Meine Tischgenossen schauten mich an, als ob sie sagen wollten: »Na ja, wenn Sie meinen …«

Mir schien, als könnte eine derart klare und großmütige Geste des Himmels nur durch eine gleichermaßen klare und großmütige Geste auf Erden hervorgerufen worden sein. Das ist die eigentliche Bedeutung des Ramadan. Jeder Sonnenuntergang ist ein kollektives dankbares Aufatmen, dem ein langer, durstiger Tag des Bittens vorangeht. Das Magische in der Medina ist, dass *jeder* mitmacht. Es heißt zwar, dass man mitmachen muss, weil das Gesetz es so will. Aber es heißt auch, dass man mitmachen will und dass das Gesetz *deshalb* so lautet.

Als im Jahr darauf mein eigenes Land den islamischen Fundamentalisten den Krieg erklärte, fühlte ich mich heillos zerrissen. Ich hatte den Aufenthalt in einem theokratischen Land sehr genossen und Dinge erlebt, die nur geschehen können, wenn eine gesamte Gesellschaft die kritische spirituelle Masse überschritten hat. Sollte es solche Plätze auf dieser Welt nicht mehr geben, wäre ich sehr traurig. Ich verstehe auch, warum Menschen zu ihrer Verteidigung Gewalt anwenden und warum sich diese Gewalt am 11. September gegen mein Vaterland richtete. Neben den bezaubernden Traditionen der Medina muss die amerikanische Kultur geradezu barbarisch wirken – eine Barbarei, die bereits mit US-Exporten in andere Länder gebracht wurde, bevor sie sich mit Waffengewalt dort ausbreitete. Ein Teil von mir war auf der Seite der Terroristen.

Ich möchte theokratische Länder besuchen können, aber ich möchte nicht dort leben. Die Trennung von Kirche und Staat ist ein alchimistischer Prozess, der für meine persönliche Weiterentwicklung notwendig ist. Würde ich nicht in einem Land leben, in dem Religionsfreiheit herrscht, könnte ich dieses Buch nicht veröffentlichen, und Sie könnten es nicht lesen. Auch das ist ein Wert, für den ich kämpfen würde. Wenn durch den Einmarsch amerikanischer Soldaten in Afghanistan die Frauen aus ihren Burkas herausgeholt würden, würde ich »unseren Jungs« zujubeln.

Das Herz ist das Dazwischen des Menschen, das alle anderen Dazwischen wahrnimmt. Es ist der Ort, wo sich Oberes und Unteres vereinen oder sich trennen und ihrer eigenen Wege gehen. Seiner zentralen Position ist es geschuldet, dass wir hier die Konflikte erleben; dass wir uns unseres Geteiltseins bewusst werden und uns danach sehnen, diese Trennung aufzuheben. Wenn das Gute Krieg gegen das Gute führt, ist das menschliche Herz das Schlachtfeld dieser Auseinandersetzung. Es ist nicht nur das Dazwischen des Menschen, sondern des Kosmos insgesamt. Es ist der Ort, wo das Spirituelle in das Physische verwandelt wird, wo die Ideale des Himmels in konkreten Taten auf Erden Gestalt annehmen. Sogar Gott ist vom menschlichen Herzen abhängig, denn hier manifestiert sich die göttliche Liebe in dem inkarnierten Wesen. Regen fällt überall, aber nur ein durstiges Herz erkennt die Liebe darin.

Weil wir den schmerzlichen Konflikt der Zwiegespaltenheit

unbedingt lösen wollen, sehnen wir uns vielleicht nach Rückkehr des Einen. Könnten wir nur stärker lieben, so denken wir, würden die Gegensätze verschmelzen und alle Auseinandersetzungen beendet sein. Wir leben in der Vorstellung, das Herz könne das bewirken. Es könne sich die Welt »zurechtbrauen«, so wie ich am heimischen Herd meinen Eintopf zubereite, nach dem Motto: Alles in einen Topf werfen, etwas Herzenswärme dazugeben und das Ganze vor sich hinkochen lassen, bis schließlich ein homogenes Gemisch entsteht.

Was würde wohl passieren, wenn ich die islamische Theokratie und die amerikanische Demokratie in einen Topf werfen würde? Ich könnte noch so viel Wärme zugeben, die beiden lassen sich nicht zu einer Einheit zusammenkochen. Es käme kein feiner, warmer und bekömmlicher Eintopf heraus. In diesem Fall ähnelt mein Herz eher einem Sack, in dem sich zwei wilde, fauchende Katzen in einem Kampf auf Leben und Tod zerfleischen.

Dieses Katzen-im-Sack-Gefühl überkommt uns häufig zu Beginn des *coniunctio*-Prozesses. Wenn gegensätzliche Elemente getrennt sind, bleiben sie getrennt. Sie lassen sich nicht ohne weiteres wieder verschmelzen. Möglicherweise sind sie nicht einmal zugänglich für Kompromisse. Die *coniunctio* kann wie ein Liebesspiel aussehen, aber auch wie ein Krieg. Bei vollends getrennten Elementen ist das Dazwischen volatil. Das Herz ist das Gefäß, in dem dieser volatile Vorgang stattfindet. Die Aufgabe des Herzens besteht darin, den Konflikt *auszuhalten*, nicht, ihn zu lösen.

Zum besseren Verständnis dessen, was ich unter dem Begriff »aushalten« verstehe, lassen Sie sich auf folgendes Experiment ein: Denken Sie an einen Konflikt, den Sie bisher nicht lösen konnten, weil Sie zwischen zwei gegensätzlichen Werten oder Möglichkeiten oder Menschen hin und her gerissen sind. Stellen Sie sich vor, dieser Konflikt wird in der Gegend Ihres Solarplexus ausgetragen, oder Sie hätten ihn verschluckt, so dass er nun in Ihrem Bauch sitzt. Halten Sie das Bild ein paar Minuten lang dort fest, und achten Sie darauf, was passiert. Als Nächstes schieben Sie den Konflikt hinauf zur Stirn. Bleiben Sie mit ihm eine Weile dort und schauen Sie, was sich verändert. Zum Schluss bringen Sie ihn zum Herzen und lassen ihn dort ein paar Minuten lang verweilen. Haben Sie eine Veränderung bemerkt?

Der Bauch ist die Region des Körpers, die dem Prozess der *separatio* entspricht. Spüren wir dort einen Konflikt, ist es unsere natürliche Reaktion, Partei zu ergreifen. Sitzt er im Bereich der Stirn, haben wir es mit einem Vorgang zu tun, über den wir bislang noch nicht gesprochen haben, und der – wie sich unschwer erraten lässt – etwas mit Denken zu tun hat. Wenn wir einen Konflikt mit dem Kopf angehen, versuchen wir ihn unparteiisch zu beurteilen oder eine Lösung zu finden.

Im Herzen nehmen wir das Dazwischen wahr. Dieser dritte Faktor – das Dazwischen – ist weder ein Kompromiss noch eine dritte Möglichkeit. Es ist keine Situation, in der beide Seiten gewinnen, es könnte allerdings eine solche hieraus entstehen. Am besten stellen wir uns das Ganze als ein Verb vor, das zwei Substantive miteinander verbindet. Es ist die lebendige Qualität der Beziehung, die die gegensätzlichen Elemente eingegangen sind.

Wenn wir einen Konflikt in unserem Herzen aushalten, bieten wir den beiden entgegengesetzten Elementen und ihrem Dazwischen unsere Gastfreundschaft an. Etwas wird daraus entstehen. Etwas Neues wird aus dem holprigen Akt, in dem sie sich begegnen, geboren. Was genau herauskommt, wissen wir nicht, weil das Herz – anders als der Kopf – die Dinge nicht zu regeln sucht. Das Herz versucht nicht, die wilden Katzen zu zähmen. Stattdessen bietet es ihnen einen Sack, der nicht reißt, wenn sie ihre Kämpfe darin austragen.

Heimkommen

Abgesehen davon, dass man gelegentlich Kratzer abbekommt, empfinde ich die *coniunctio* als die angenehmste Phase des Großen Werkes. Das Ganze fühlt sich weniger nach Arbeit als nach Heimkommen an, weil das Herz selbst eben keine Transmutation verlangt. Ein angeschlagenes Herz mag Heilung benötigen, aber abgesehen davon arbeitet es recht gut, so wie wir damit geboren sind.

In seinem natürlichen Zustand ist das Herz verletzlich. Es wird auch dann noch verletzlich sein, wenn es zum Stein der Weisen geworden ist. Das muss so sein, weil es unser Verbindungszentrum ist. Wäre es hart und unabhängig, könnte es sich nicht verbinden. Dann könnte es auch nicht das Dazwischen wahrnehmen. Zu Beginn unserer Arbeit befindet sich das Herz in der misslichen Lage, dass es weder ein Zentrum der bewussten Intention noch ein Zentrum des instinktiven Willens ist. Es ist zwischen beiden gefangen. Somit stehen wir der Verletzlichkeit unseres Herzens hilflos gegenüber. Es kann zwar stöhnen, aber handeln kann es nicht.

Als unser Verbindungszentrum ist das Herz im Grunde edelmütig, empathisch, extrovertiert und liebevoll. Unterhalb des Herzens liegen drei Willenszentren, die zwangsläufig selbstsüchtig sein müssen, besteht doch ihre Hauptaufgabe darin, unser Überleben zu sichern. Bis sie transmutiert sind, unterminiert der elementare Egoismus des instinktiven Willens alle großmütigen Impulse des Herzens. Eigentlich wollen wir anderen ja helfen, sind aber völlige Stümper darin.

Unser unterstes Willenszentrum ist von Angst getrieben. Wenn sich diese mit der instinktiven Empathie des Herzens verbindet, schlüpfen wir in die Rolle von Hiobs Tröstern. Das Leid eines anderen weckt in uns die Sorge um unser eigenes Wohl. Und so versuchen wir, uns mitten im Akt der Sympathiebekundung von dem Betroffenen zu distanzieren. Jeder kleine Unterschied, den wir zwischen uns selbst und dem anderen Leidgeprüften finden können, bringt uns ein Gefühl von Sicherheit.

Das zweite Willenszentrum ist von Leidenschaft getrieben. Es will verführen, den anderen in das eigene Ich einverleiben. Im Verein mit diesem verführerischen Impuls projiziert das Herz in seiner Empathie mehr, als es wahrnimmt. In unserer Vorstellung schlüpfen wir in die Schuhe eines anderen und fühlen, »was ich an seiner Stelle empfinden würde«. Unterdessen versäumen wir es, die Gefühle wahrzunehmen, die sich von unseren Projektionen unterscheiden. Diese Art von Empathie wirkt trennend auf diejenigen, die leiden. Wir vermitteln ihnen den Eindruck, zu verallgemeinern. Unsere Fürsorge trifft den wunden Punkt nur dann, wenn es uns gelingt, den anderen von seinem *eigenen* Standpunkt aus wahrzunehmen.

Das dritte Willenszentrum ist getrieben vom Bedürfnis nach Selbstbestätigung. Seine Form der Hilfsbereitschaft ist von dem Wunsch beseelt, dem anderen immer um eine Nasenlänge voraus zu sein – und zwar auf dessen Kosten. Den anderen zu überholen, gibt ihm ein Gefühl der Überlegenheit, und wenn es unerbetene Ratschläge erteilt, wähnt es sich oberschlau. Es ist die Schwäche der anderen, von der es sich angezogen fühlt, und es neigt dazu, deren Abhängigkeit zu fördern. Es will auch bewundert werden und sieht in den Schwierigkeiten anderer eine gute Gelegenheit, sich in seiner ganzen Güte zur Geltung zu bringen.

Weil das Herz so einfühlsam ist, weiß es sehr genau, wie ineffizient diese Gesten sind. Aber aus eigener Kraft kann es nicht alles zum Guten wenden. Es muss warten, bis sich die Willenszentren selbst verändert haben. Wenn sich Angst in Vertrauen wandelt, bringt uns das Leid unserer Mitmenschen nicht mehr aus der Fassung. Wir müssen uns nicht mehr distanzieren und den Opfern die Schuld an ihrer Misere zuweisen. Wenn sich Leidenschaft in Hingabe wandelt, müssen wir uns nicht mehr mit anderen identifizieren, um fürsorglich zu sein. Statt uns Gedanken darüber zu machen, was sie wohl empfinden, nehmen wir ihre Gefühle direkt wahr. Wenn sich Territorialität in Integrität transmutiert, müssen wir unsere Stärke nicht von den Schwachen nehmen. Wir respektieren die Autonomie derer, denen wir helfen wollen. Als Folge dieser Transmutationen lernen die Willenszentren, Anweisungen des Herzens entgegenzunehmen.

Als Stein der Weisen wird das Herz zum Quell all unserer magischen Handlungen. Schon allein seine Wahrnehmungen werden Wirkung auf die Welt haben, so als wäre das Wahrnehmen dem Tun gleichgesetzt. Aus seiner Verletzlichkeit wird aktives und intelligentes Mitgefühl. Das geschieht nicht etwa, weil sich das Herz selbst verändert, sondern weil sich alles ringsum verändert hat. Im transmutierten, neu ausgerichteten und dem Herzen zugewandten Zustand werden die Absichtszentren das Herz inspirieren und die Willenszentren das Herz stärken.

Der Prozess der Transmutation von Absicht und Wille ist sehr arbeitsintensiv. Die *coniunctio* hingegen fordert lediglich, dass wir unser Herz heil, weich und für Eindrücke empfänglich halten. Das erreichen wir, indem wir zu unserer elementaren Menschlichkeit zurückfinden. Alles, was das Herz erfreut, tut ihm gut. Sie wissen, wovon ich spreche: kuscheln, Geschenke entgegennehmen, Spaghetti essen, romantische Schnulzen gucken, die auf die Tränendrüsen drücken. Tulpen pflanzen, den Hund Gassi führen, die Kleinen nach dem Zu-Bett-Bringen noch einmal gut zudecken. Einen Lachkrampf kriegen, lauthals singen, am Strand einen dicken Schmöker verschlingen. Sicherlich brauchen Sie von mir keine Anleitung zum Glücklichsein, aber vielleicht muss ich Sie daran erinnern, hin und wieder auf seinen Pfaden zu wandeln. Lassen Sie sich in Ihrem alchimistischen Streben nicht zum Workaholic machen.

Hermetische Paranoia

Der Komödiant Dave Chappelle hat Paranoia folgendermaßen beschrieben: »Punkte verbinden, die vielleicht oder auch nicht verbunden werden sollten.« Es handelt sich hier um ein negatives Potenzial der *coniunctio*, über das wir sprechen müssen, weil gerade Hermetiker mehr als andere dazu neigen. Da unsere Arbeit größtenteils aus dem Wahrnehmen von Beziehungen besteht, laufen wir Gefahr, zu viele Punkte miteinander zu verbinden. Verschwörungstheorien sind häufig die Folge.

Ich möchte ein Beispiel aus der paranoiden Ecke meines eigenen Hirns anführen. Stress ist ein Hauptfaktor für das Entstehen vieler Krankheiten, und unser Arbeitsplatz ist ein beständiger Quell davon. Wenn wir durch Arbeitsstress krank werden, wäre es das Vernünftigste, den Job an den Nagel zu hängen, aber genau das tut man für gewöhnlich nicht. Warum? Der Grund liegt zum Teil darin, dass man die mit dem Job einhergehende Krankenversicherung braucht. Warum? Um die Behandlung der Krankheiten bezahlen zu können, die durch die Arbeit verursacht werden. Achten wir einmal vor diesem Hintergrund auf die Fernsehwerbung. Die Hälfte davon umwirbt Produkte und Aktivitäten, von denen wir dick oder gestresst oder krank werden können, während die andere Hälfte die entsprechenden Gegenmittel anpreist. Wer profitiert von diesem Teufelskreis? Die Firmen, die Unternehmen. Sie machen uns krank, verkaufen uns dann das entsprechende Heilmittel und halten uns in der Zwischenzeit in der Sklaverei der Arbeitnehmerschaft gefangen, so dass wir das notwendige Kleingeld haben, um uns das leisten zu können, was uns krank macht und was Besserung verspricht.

Der gemeine Verschwörungstheoretiker argwöhnt, dass all dies tatsächlich irgendwo von Firmenchefs in irgendwelchen geheimen Gremien ausbaldowert wird. Der hermetische Paranoiker stellt sich indessen vor, dass die geheimen Gremien auf einer spirituellen Ebene existieren. Da dieser Teufelskreis der Agenda des Unteren Gegners dient (um die Menschheit an die Materie gebunden zu halten), schreibt der hermetische Verschwörungstheoretiker den Plot in der Regel ihm und seinen Vasallen zu.

Das Netz der Kausalverstrickungen, die uns gefangen halten, heißt Karma. Wir Hermetiker können besser als der Normalmensch erkennen, wie es funktioniert. Aber wenn wir uns Karma als eine Verschwörung vorstellen, übersehen wir einen sehr wichtigen Punkt: *Karma funktioniert ohne Beaufsichtigung.* Karma entsteht, wenn eine bewusste Absicht oder ein überlegter Plan *fehlen*. Der zuvor beschriebene Teufelskreis ist die Folge eines kollektiven Mangels an Achtsamkeit. Diejenigen, die im Augenblick davon profitieren, sind genauso Schlafwandler wie wir. Die angeblichen Nutznießer des Ganzen wissen ebenso wenig, wo es langgeht, wie die Leidtragenden selbst. Es wäre in der Tat ehrlicher einzuräumen, dass jeder von uns mal Nutznießer und mal Opfer ist.

Unachtsamkeit mit Verschwörung zu verwechseln, löst entweder Gefühle tiefer Hilflosigkeit aus oder gebiert hochfliegende Pläne und Projekte, die in ihrer Grandiosität noch schlimmere Hilflosigkeit erzeugen, weil wir nicht in der Lage sind, unsere Ideen umzusetzen. Wenn wir in unserer Phantasie eine Revolution anzetteln oder etwas in die Luft sprengen, denken wir wie Muggels und nicht wie Magier. Aus der Muggel-Perspektive verlangt ein großes Problem eine große Lösung. Nur wer *klein* denkt, denkt alchimistisch.

Jede Aktion provoziert eine Gegenreaktion. Der unbeabsichtigte Nebeneffekt einer jeden großen Lösung für ein großes Problem ist ein neues großes Problem. (Wenn Sie dieses Phänomen bisher noch nicht festgestellt haben, schauen Sie sich um; Beispiele dafür finden Sie zuhauf.) Folglich: Je kleiner die Intervention, desto geringer der Kollateralschaden, den sie womöglich anrichtet. Die Frage des Alchimisten lautet darum: »Was kann ich mit minimalstem Aufwand, subtilsten Mitteln und dem wenigsten Aufsehen tun, um dennoch eine Wirkung zu erzielen?«

Vielleicht haben Sie schon einmal vom Schmetterlingseffekt gehört. Diesen Begriff verdanken wir einem phantasievollen Wissenschaftler, der einmal sagte, dass der Flügelschlag eines Schmetterlings eine winzige Veränderung in den Luftströmen verursache, die am anderen Ende der Welt einen Sturm auslösen könnten. Da alles mit allem verbunden ist, wird sich eine winzige Veränderung in einem Phänomen letztlich auf das ganze Netz auswirken. Eine alchimistische Intervention mag so geringfügig wie das Flattern eines Insektenflügels sein, aber anders als der Schmetterlingseffekt geschieht sie nicht zufällig. Sie ist strategisch angelegt. Schon ein leichtes Flackern des Bewusstseins kann ein unbewusstes System durchbrechen. Ein ganzes Gespinst von Verbindungen kann sich aufdröseln, wenn man an einem einzigen Faden zieht. Der Trick besteht darin, das richtige Ende zu erwischen.

Altruismus mit Elan

Unser großmütiges Herz muss nicht untätig bleiben und darauf warten, bis unsere Willenszentren ihre Aufgabe auf die Reihe bringen. Es gibt eine Möglichkeit, anderen zu helfen, ohne auch nur das Geringste zu tun, um ihre Probleme zu lösen. Es handelt sich um eine Art von Magie, und wir können *heute* damit anfangen. Das Schöne daran ist, dass uns unser Egoismus dabei nicht im Wege steht. Im Gegenteil! Was auch immer schräg, neurotisch und unvollkommen in uns sein mag, ist *prima materia*.

Das Verfahren besteht darin, sich vor die geistige Welt hinzustellen und die leichteren und schwereren Wesen als Zeugen herbeizurufen, während wir uns selbst als offizielle Repräsentanten all jener deklarieren, die unser ganz spezielles Problem oder unsere besondere Schwierigkeit teilen. Dann bitten wir darum, dass der Nutzen all der Fortschritte, die wir selbst erzielen, auch unseren Mitleidenden zuteil werden möge.

Erinnern Sie sich an Lance Armstrong? Als bei ihm Krebs festgestellt wurde, erklärte er sich zum Vertreter aller anderen Krebs-patienten. Ihnen Hoffnung zu geben, war seine Mission, als er die Tour de France gewann. Ein anderes Beispiel liefert die *Oprah Winfrey Show*. Oprah ist sich in ihrer Rolle als Moderatorin nicht nur jederzeit ihrer persönlichen Repräsentantenfunktion be-wusst, sondern ruft auch ihren Gästen häufig ins Gedächtnis, dass sie durch die Enthüllung ihrer Probleme im Fernsehen stell-vertretend für andere dastehen.

Ich führe diese allgemein bekannten Beispiele nur deswegen an, weil sie durch ihre Öffentlichkeit den Prozess für jedermann deutlich sichtbar machen. Publizität ist für das Verfahren auf gar keinen Fall erforderlich. Es funktioniert genauso gut mit den Geistwesen als unseren alleinigen Zeugen, denn sie sind es, die den Nutzen unserer inneren Arbeit transportieren und auch Menschen zugute kommen lassen, denen wir womöglich noch nie begegnet sind.

Um die Kraft dieser Magie zu begreifen, müssen wir die Welt aus einer vertikalen Perspektive betrachten. Bei rein ma-terieller Sichtweise fühlen wir uns vielleicht winzig klein und unbedeutend. Die Menschen, die in der Welt etwas bewirken, scheinen alle berühmt und einflussreich zu sein, immer die richtigen Lösungen zu kennen sowie zu wissen, wie sie diese dann auch in großem Stil umsetzen können. Die leichteren We-sen haben einen ganz anderen Blick dafür, wer wichtig und ein-flussreich ist, weil sie die innere Aktivität eines Menschen am besten wahrnehmen. Einige der wichtigsten »Prominenten« in der vertikalen Welt sind solche, von denen weder Sie und noch ich je gehört haben. Der Reichtum ihres Innenlebens verleiht ihnen sehr viel Ansehen in der oberen Vertikalität. Die leich-teren Wesen sind auf solche Persönlichkeiten angewiesen, weil sie ihnen Aspekte menschlicher Erfahrung vermitteln, die für Nichtinkarnierte schwierig zu erfassen sind. In gewissem Sinne könnte man sie als eine Art Delegierte für den Rest der Mensch-heit bezeichnen.

So ein Delegierter zu werden, ist recht einfach. Sie müssen sich nur freiwillig melden, denn dieser Akt genügt, um Ihre Sichtbarkeit zu erhöhen. Sie gelangen dadurch quasi in den Status eines Prominenten-Fürsprechers für die Opfer irgendwelcher Krankheiten, sozialer Probleme oder anderer humanitärer Missstände, nur dass es hier umgekehrt abläuft: Sie erlangen Prominenz, *weil* Sie der Sprecher sind. Dieses Tun zieht auch die Aufmerksamkeit der schwereren Wesen an. Welcher Kummer Sie auch immer belastet, er lastet noch schwerer auf ihnen. So wie wir zu leichteren Wesen aufblicken, suchen die schweren Wesen beim Menschen Halt, denn ihre Weiterentwicklung hängt entscheidend vom menschlichen Voranschreiten ab.

Für alle Geistwesen spielt das menschliche Leben eine große Rolle. Unser Herz ist der Schmelztiegel des Kosmos. Diese Erkenntnis zwingt uns zum Umdenken. Plötzlich wird uns klar, dass unser Innenleben nicht unbedingt *privat* ist, sondern auch zu dieser Welt gehört. Bejahen wir dies und öffnen uns für die Aufmerksamkeit der leichteren und schwereren Wesen, so erlangen wir die Fähigkeit, die Welt zum Besseren zu wenden, selbst wenn wir uns einzig und allein mit unseren eigenen, ganz persönlichen Problemen beschäftigen.

Es gibt eine Meditationsübung, genannt »Geben und Nehmen«, mit der Sie Ihr Bekenntnis zur Repräsentantenfunktion ablegen und bekräftigen können. Eine Anleitung hierzu finden Sie im Kapitel »Anleitung zur Meditation« im Anhang.

11

Fermentatio

*Die Substanz wird im Dunkel zurückgelassen, wo sie in Fäulnis
übergeht.*

PRIMA MATERIA:
Überholte Wünsche und Ambitionen

SYMPTOME:
Apathie
Antriebslosigkeit
Zweifel
Gefühl der Verlassenheit und Wertlosigkeit
Unlust, sich zu äußern

ZUR UNTERSTÜTZUNG:
Innere Stille wahren

TRANSMUTATION:
Magischer Wille

Fermentatio ist die Phase, die Johannes vom Kreuz als »die dunkle
Nacht der Seele« bezeichnete. Obgleich diese Aussage häufig als
Synonym für Verzweiflung benutzt wird, meint er etwas ande-
res damit. In seinem Gedicht gleichen Namens frohlockt er:

»Oh Nacht, die du mich führtest, Oh Nacht, lieblicher als
die Morgendämmerung,
Oh Nacht, die du Liebenden und Geliebte vereintest,
Liebenden in Geliebten verwandeltest!«

Natürlich hat Johannes das Geschehen im Rückblick geschrieben. Solange die *fermentatio* im Gange ist, ist einem kaum danach, solche Worte zu lesen, geschweige denn niederzuschreiben. Sie sprechen von dem, was man nach dem Eintauchen in die Dunkelheit dort unten in der Tiefe findet, nicht den Sprung selbst.

Beschreibungen solch dunkler Nächte, einschließlich allerhand Erklärungen, warum sie sich abspielen, und Ratschlägen, wie man sie übersteht, kommen in den Schriften religiöser Mystiker oft vor. Ihr Wunsch ist die Vereinigung mit Gott, und sie schreiten diesem Ziel mit einer Inbrunst entgegen, die für den Durchschnittsmenschen etwas Manisch-Depressives hat. Gott, der abwesende Liebende, treibt sie in eine Umarmung, die ebenso stürmisch wie kurz ist, und wirft sie dann in eine innere Wüstenei, wo sie monatelang ohne Nahrung umherwandern, sich quälen und mit Selbstvorwürfen martern und sich fragen, was sie denn nur getan haben, um Gott so zu verärgern. Alchimisten haben aufgrund ihrer Veranlagung oft mehr mit Wissenschaftlern als mit Heiligen gemein; über ihr Innenleben wollen sie weder groß und breit reden noch lamentieren. Gott erwähnen sie fast nie, wenn sie ihre Arbeit beschreiben. Sicherlich fragen Sie sich schon die ganze Zeit, was denn Stimmungsschwankungen von Mystikern eigentlich mit uns selbst zu tun haben?

Wenn Mystiker und Alchimisten eines gemein haben, dann ist es die vertikale innere Bewegung. Die »dunkle Nacht« ist ein Nebeneffekt davon. Alchimisten fallen ihr allenfalls noch stärker anheim, denn sie arbeiten häufig ohne den Rückhalt einer etablierten religiösen Tradition, die sie auf das zu Erwartende vorbereitet. Das trifft insbesondere auf die modernen Menschen aus dem westlichen Kulturkreis zu, die den Begriff der Sünde verwerfen und persönliches Leid als Zeichen dafür deuten, dass sie auf ihrem spirituellen Weg eine falsche Richtung eingeschlagen haben. Aber die dunkle Nacht ist kein Fehltritt, sondern eine entscheidende Phase in der Herstellung des Steins der Weisen: das diamantene Herz. Diamanten entstehen, wenn Kohle über einen sehr langen Zeitraum unangetastet in der Erde ruht und von ihrem Gewicht massiv komprimiert wird. Für die Kohle fühlt sich das bestimmt nicht gut an. Könnte sie denken, würde sie sich fragen, was sie denn verbrochen habe, um ein solch miserables Schicksal zu verdienen.

In meiner buddhistischen Zeit habe ich gelegentlich an einmonatigen Gruppen-Klausuren teilgenommen. Die Meditationen dauerten in der Regel von Sonnenaufgang bis zur Schlafenszeit mit einer kurzen Arbeitsunterbrechung. Sogar die Mahlzeiten wurden in der Meditationshalle eingenommen. In der Mitte des Monats bekamen wir einen Tag zur freien Verfügung. In den ersten beiden Wochen schmiedeten wir jede Menge Pläne, wie wir wohl mit jener heiß ersehnten Freiheit umgehen wollten. Wir planten, in Fastfood zu schwelgen, uns über das Weltgeschehen und die Sportergebnisse auf den neuesten Stand zu bringen, eine Runde zu laufen, zu schwimmen oder ins Kino zu gehen und so richtig über die Stränge zu schlagen. Doch als der große Tag schließlich gekommen war, fühlte sich das Ganze irgendwie mechanisch an, so als würden wir nur brav die vor langer Zeit von jemand anders gemachten Pläne abarbeiten. Die Stimmung war von nervöser Langeweile gekennzeichnet. Als wir am nächsten Morgen zur Meditationshalle zurückkehren durften, fühlten wir uns merkwürdigerweise erleichtert.

Das ist es, was man »Seelendämmerung« nennt – jenes Zwielicht, in dem sich eine *fermentatio* vollzieht. Wir können uns unsere Lieblingsbeschäftigungen zwar in Erinnerung rufen, aber irgendwie machen sie uns nicht mehr so viel Spaß wie früher. Aus Gewohnheit wünschen wir uns ein Leibgericht, aber wenn der Teller dann vor uns steht, schmeckt es uns nicht so gut, wie wir es in Erinnerung hatten. Oder wir hören uns einen Lieblingssong an und stellen hinterher fest, dass wir gar nicht richtig zugehört haben bzw. dass wir zwar zuhörten, aber innerlich unberührt blieben. Unsere physischen Sinne waren stumpf, wir fühlten uns wie in Watte gepackt. Wer hat nicht schon einmal nach längerem Studium oder übermäßiger Kopfarbeit ein solches Gefühl gehabt? Wir schalten unsere Sinne einfach ab, oder sie werden taub. Wenn wir dann wieder bereit sind, uns ihrer zu erfreuen, können wir den alten Enthusiasmus nicht so ohne weiteres wiederherstellen. Das Gleiche geschieht, wenn wir an der Entfaltung unserer feinstofflichen Wahrnehmung arbeiten. Wir lassen unsere Aufmerksamkeit schweifen – weg von den groben und hin zu den subtilen Eindrücken. Wenn wir uns danach wieder der materiellen Welt zuwenden, scheint diese irgendwie weniger real, eher vergleichbar mit einer im Hintergrund laufenden Fernsehsendung. Wir können uns nicht so recht hineinfinden. Mystiker nennen dies die »Verdunkelung der Sinne«. Sie ist ein Nebeneffekt, wenn wir lernen, uns in der vertikalen Dimension zu bewegen.

Für den Anfänger haben vertikale Begegnungen zumeist eine quasi sensorische Qualität. Vor unserem geistigen Auge erscheinen lebhafte Bilder, oder wir »hören« leichtere Wesen, wie sie in normaler menschlicher Sprache zu uns sprechen. Die ersten Erfahrungen dieser Art sind überaus faszinierend. Mussten wir uns früher zur Meditation, zu alchimistischen Übungen oder zum Lesen schwieriger hermetischer Texte durchringen, so haben wir auf einmal nichts anderes mehr im Sinn. Es ist gerade so, als spiele sich ein Konkurrenzkampf zwischen der inneren und der äußeren Welt ab, aus dem die innere Welt als klarer Sieger hervorgeht. Anfangs stört es uns nicht, dass uns unsere physischen Sinne nicht mehr den gleichen Genuss bereiten, weil wir durch unsere feinstofflichen Wahrnehmungen so unwiderstehliche Erfahrungen machen können.

Mit der Zeit lernen wir, höher hinaufzusteigen. Und dabei stumpfen unsere feinstofflichen Sinne genauso ab wie die physischen. Mentale Bilder treten seltener auf, sie sind vager und verschwinden schließlich ganz. Statt Worte zu hören, spüren wir, wie unser Geist von wortlosen Konzepten überflutet wird. Nicht dass unsere früheren Visionen falsch gewesen wären, nur streben wir inzwischen nach etwas noch Wahrerem, nach einer höheren Ebene der Feinstofflichkeit und Verfeinerung. Je weiter wir nach oben kommen, desto abstrakter und flüchtiger werden unsere Erfahrungen. Durch die Verdunkelung der feinstofflichen Sinne können wir uns so konzentrieren, dass wir selbst schwer fassbare und kaum beschreibbare Phänomene wahrnehmen. Wenn wir allerdings zur Horizontalität zurückkehren, haben wir ein Problem. Wir können unserer Langeweile in der äußeren Welt nicht mehr entfliehen, indem wir uns nach innen wenden, denn auch in der inneren Welt ist es inzwischen langweilig geworden. Sie ist ihrer sensorischen, emotionalen und inhaltlich spannenden Qualitäten, die das menschliche Interesse wach halten, beraubt.

In dem Maße, wie sich das Zwielicht zu einer echten dunklen Nacht der Seele vertieft, stellen wir fest, dass unsere altvertrauten Motivationen ihre Glaubwürdigkeit und ihren Reiz verlieren. Was uns bisher angetrieben hat, erscheint auf einmal verstaubt und vertrocknet, wie das Skelett eines Körpers, das man zurückgelassen hat. Jemand macht uns ein großes Kompliment, und es bedeutet uns nichts mehr. Gute Nachrichten oder eine beachtliche persönliche Leistung lassen uns kalt. Dort, wo unser Ego eigentlich sitzen sollte, scheint sich ein großes Loch aufzutun. Der Verlust ist desorientierend, denn eigentlich hatten wir nicht die Absicht, etwas aufzugeben. Vielmehr sind unsere Wünsche und Emotionen einer schleichenden Apathie zum Opfer gefallen, die ihnen den ganzen Saft entzieht. Wir geraten in einen tiefen Zustand von Überdruss und Lustlosigkeit. Für mich ist es immer ein Zeichen, dass ich mich wieder einmal in dieser Phase befinde, wenn ich im Kino oder Fernsehen den Intrigen und Verwicklungen der Filmhelden nicht mehr so recht folgen mag. Ich sehe Menschen herumschreien, in der Gegend umherballern, sich Verfolgungsjagden liefern und miteinander im Bett herumwälzen, doch welche Motive diesem Treiben zugrunde liegen, ist mir völlig schleierhaft. Ich habe keinen blassen Schimmer, worum es eigentlich geht.

In einer dunklen Nacht der Seele entsteht vielleicht der Eindruck, als wären wir unserer Menschlichkeit entrückt, beinahe so wie Außerirdische, die rein zufällig auf unserem Planeten gelandet sind. In gewisser Hinsicht ist das auch so. Um leichteren Wesen nach deren Bedingungen begegnen zu können, hat sich unser Bewusstsein vorübergehend vom physischen und feinstofflichen Körper gelöst, damit es geistgleicher werden kann. Dabei hat es manche seiner unverwechselbaren menschlichen Züge verloren. Für einige Minuten mag das bisweilen erquickend sein. Dann aber fällt uns wieder ein, dass wir ja immer noch auf Erden weilen, wo das Leben als reiner Geist nicht funktioniert und sich furchtbar anfühlt. Als dauerhafter Zustand wäre das in der Tat sehr schlecht für uns. Doch solche Phasen dauern nicht an. Eines Tages wachen wir auf, riechen den Kaffee, und er duftet phantastisch. All unsere Sinne kehren in voller Stärke zurück und funktionieren bestens. Wir können wieder lachen und weinen und uns für andere interessieren. Wie man den Bogen zurück ins pralle Menschsein schlägt, lässt sich meines Wissens nicht lehren und braucht auch nicht gelehrt zu werden. Zu unserer großen Freude und Erleichterung behauptet sich die eigene Lebenskraft immer wieder aufs Neue. Das vertikale und horizontale Bewusstsein tarieren Schritt für Schritt die jeweiligen Differenzen aus. Am Ende stellen wir fest, dass wir uns sehr rasch zwischen beiden hin- und herbewegen können, ohne die Orientierung zu verlieren oder auszubrennen. Selbst wenn wir sehr hoch hinauf gelangt sind, können wir mit einer glatten Landung in die Horizontalität zurückfinden.

Das ist die gute Nachricht. Die schlechte Nachricht lautet: Nachdem wir nun wissen, wie schnell wir uns von der dunklen Nacht der Seele erholen können, stehen wir auf der Kandidatenliste für das, was der heilige Johannes vom Kreuz als »die dunkle Nacht des Geistes« bezeichnete. Sie ist noch weitaus dunkler. Er nannte sie »furchtbar, schrecklich, scheußlich«. Sie ist in der Tat absolut grauenhaft. Wie und warum sie uns ereilt, lässt sich am besten anhand der in Kapitel 4 vorgestellten geistigen Landkarte erklären. Wenn die dunkle Nacht der Seele eine holprige Rückkehr in die Horizontalität ist, ist die dunkle Nacht des Geistes ein plötzlicher und Panik auslösender Sturz aus der oberen in die untere Vertikalität. Es ist ein tiefer Fall aus großer Höhe.

Wissen Sie, wie es ist, wenn man schnell von einem Berggipfel absteigt? Nehmen wir zum Beispiel an, wir hätten irgendwo hoch oben in den Rocky Mountains campiert, wären morgens dort aufgewacht und um die Mittagszeit bereits auf dem Weg durch die Great Plains, die Hochebenen östlich der Rocky Mountains. Wahrscheinlich würden wir uns ein wenig niedergeschlagen fühlen, denn die Luft im Tal ist schwerer, und die Erdkraft scheint stärker zu wirken. Wir haben den Eindruck, mehr zu wiegen als vorher. Astronauten empfinden ähnlich bei der Rückkehr zur Erde, nur noch intensiver, weil sie im All nicht nur leichter, sondern absolut schwerelos waren. Stellen wir uns nun vor, wir wären als Astronaut im Weltraum und würden im freien Fall nicht nur zur Erde zurückstürzen, sondern die Erdoberfläche durchschlagen und geradewegs bis ins Erdinnere katapultiert werden. Wir würden die ganze Palette von Schwerelosigkeit bis hin zu einer Erdkraft erleben, die so bedrückend ist, dass wir kaum mehr atmen können.

Normalerweise halten wir uns in der unteren Vertikalität immer dann auf, wenn uns Kummer und Leid aus dem Alltagsleben innerlich schwer machen. Ausgangspunkt für unsere Abwärtsbewegung ist die Horizontalität. Sind wir in eine Depression gefallen, können wir das Gefühl oder das Dilemma im horizontalen Leben, das uns über die Kante gestoßen hat, eindeutig identifizieren. Doch die Depression, die der heilige Johannes vom Kreuz als die dunkle Nacht des Geistes bezeichnete, kann nicht auf Probleme in der horizontalen Vergangenheit oder Gegenwart zurückgeführt werden, weil sie nicht dort ihren Ursprung hat. Vielmehr ist es ein plötzlicher, direkter und unerklärlicher Absturz von *oben*.

Die *calcinatio* lehrt uns, unser Vertrauen mehr auf den Geist zu gründen als auf die vergänglichen Zustandsformen des inkarnierten Lebens. Läuft in der Horizontalität etwas schief, finden wir mit der Zeit heraus, dass wir nur aufwärts zu streben brauchen, um unseren Blickwinkel zu ändern. So können wir uns inwendig über unser Problem erheben. In einer dunklen Nacht des Geistes lässt sich das nicht realisieren. Unsere Schwebkraft wirkt nicht mehr. Die gesamte Kommunikation mit leichteren Wesen – auch mit unserem eigenen Geist – ist abgeschnitten. Das »kommunikative Alleinsein« des Hermetikers, für den Denken gleichbedeutend mit geistigem Austausch ist, verwandelt sich in totale Einsamkeit. Wir sind völlig allein mit unseren Gedanken und wollen diese auch nicht mit anderen teilen, selbst wenn wir jemanden zum Zuhören hätten.

In der unteren Vertikalität gibt es für uns nur zwei mögliche Erklärungen für das plötzliche Verschwinden der leichteren Wesen, und es ist schwer zu sagen, welche von beiden schmerzlicher ist. Entweder haben uns unsere hochrangigen Freunde aus den oberen Dimensionen im Stich gelassen – womöglich, weil wir ihrer von Anfang an nicht würdig waren. In diesem Fall suchen wir den Fehler bei uns. Unser Innenleben wird zum Tummelplatz von Selbstzweifeln und Selbstvorwürfen. Oder es gab diese Freunde überhaupt nicht. Am Ende haben wir sie uns nur eingebildet, und das, was wir als unser spirituelles Leben zu bezeichnen pflegten, war ein einziger großer Irrtum. Wir wenden uns wieder den hermetischen Texten zu, die uns immer so viel bedeutet haben – darunter vielleicht auch unseren eigenen

Aufzeichnungen –, doch auf einmal erscheint uns das alles wie sinnloses Geschreibsel. Auch dieser Erklärungsversuch endet in Selbstvorwürfen. Unser Urteil steht fest: Wir waren bescheuert und hatten nicht alle Tassen im Schrank.

Manchmal kommen wir uns verrückt vor, weil wir tatsächlich verrückt gewesen sind. Wir haben uns ins Gepäck-Depot verirrt und falsche Vorstellungen aufgegriffen. Sobald wir wieder fest in der Horizontalität verankert sind, erkennen wir unseren Irrtum und schämen uns, ihm anheimgefallen zu sein. Ungeachtet des Ärgers über unseren Fehler fühlen wir uns in unserer Klugheit bestätigt, sobald wir ihn erkannt haben – nun sind wir zumindest klüger als zu dem Zeitpunkt, da wir ihn machten. Allein die Einsicht, verrückt gewesen zu sein, schenkt uns ein Plus an Weisheit.

Aber diese Erfahrung ist nicht vergleichbar mit der Art und Weise, wie im *fermentatio*-Prozess frühere spirituelle Erfahrungen verworfen werden. Wir können unseren Finger nicht auf irgendeinen bestimmten, spezifischen Irrtum legen und schon gar nicht eine wahrere Erkenntnis an seine Stelle setzen. Alle inneren Erfahrungen – einschließlich die unserer echten Ausflüge in die obere Vertikalität – sind anscheinend reine Illusion gewesen. Besessen von der dunklen Nacht des Geistes, haben selbst die größten Mystiker mit der Möglichkeit des Atheismus gespielt. Dies ist umso peinlicher, wenn wir auf die eine oder andere Weise bereits unsere Brücken zur profanen Welt abgebrochen haben. Wenn wir auf einmal unsere spirituelle Existenz als unrealistisch empfinden, wird das alltägliche Leben dadurch noch lange nicht realer. Das Streben nach weltlichem Erfolg wird nicht plötzlich sinnvoller, bloß weil wir erkennen, dass es sonst nichts gibt. Es wird eher zu einem trostlosen Zeitvertreib, mit dem wir uns beschäftigen, um den Rest unseres sinnlosen Daseins hinter uns zu bringen.

Könnten wir es aus der Perspektive der leichteren Wesen betrachten (was unmöglich ist, solange wir hier unten weilen), würden wir unsere dunkle Nacht als ein Geschenk werten. Sie ist ein Meilenstein auf dem Wege der Weiterentwicklung, kein Zeichen, dass etwas schiefgegangen ist. Um zur inneren Harmonie zu gelangen, müssen den Aufstiegen in die Höhen der Vertikalität entsprechend tiefe Abstiege gegenüberstehen. Dies ist weder eine Verurteilung oder Strafe noch ein Automatismus. Mit anderen Worten, wir fallen nicht zwangsläufig aufgrund eines vertikalen Aufstiegs hinab. Und es passiert auch nicht jedes Mal, wenn wir aufsteigen. Vielmehr werden wir in weiser und liebevoller Absicht hinuntergeschickt, sobald im Oben eine Veränderung unseres Seins stattgefunden hat und diese mit einer entsprechenden im Unten ausgeglichen werden muss. Unser eigener Geist gibt seine Zustimmung dazu – auch wenn wir uns während unserer rasanten Talfahrt nicht erinnern können, je eine solche Einwilligung erteilt zu haben.

Wir werden – mit unserem Einverständnis – hinuntergeschickt, weil wir während unseres Aufenthalts im Oben eine Wahrheit erblickt und eine Sehnsucht entwickelt haben, mit der unser Wesen insgesamt noch nicht in Einklang steht. Wir können sie zwar denken, aber wir können sie noch nicht wollen. Noch weniger können wir unseren Willen willentlich verändern. So wie wir unsere Augen nicht mit eigenen Augen sehen können, können wir auch unseren Willen nicht mit dem eigenen Willen in irgendeine Richtung zwingen. Die Neuausrichtung des Willens erfordert Hilfe von außen, und diese Unterstützung finden wir dort, wo der Wille selbst beheimatet ist – im Unten. Das Ganze ist in etwa so, als müssten wir uns einer Operation unterziehen. Den Ärzten ist es lieber, wenn wir nicht bei Bewusstsein sind, nicht nur weil uns dadurch Schmerz erspart bleibt, sondern weil unsere bewusste Teilhabe sie in ihrer Tätigkeit behindert. Sie wollen weder, dass wir uns Sorgen machen über das, was sie tun, noch dass wir versuchen, ihr Tun zu kontrollieren. Wir sollen einfach nur schlafen und sie ihre Arbeit machen lassen.

Dieser Anpassung des Willens bedarf es besonders, wenn wir Magier werden wollen. Nehmen wir einmal an, ein ambitionierter Alchimist – nennen wir ihn Greg – möchte die Fähigkeit entwickeln, Menschen durch Magie zu heilen. Im Oben hat er nicht nur viele Einblicke in die Geheimnisse von Krankheit und Gesundheit, sondern auch eine tiefe Überzeugung gewonnen, dass er Menschen helfen kann, indem er seine Erkenntnisse in die Praxis umsetzt. Wie so mancher, der sich von der Arbeit des Heilers angezogen fühlt, ist auch er hoch motiviert und von einem leidenschaftlichen Interesse an der Natur des Lebens und einem tiefen Mitgefühl für menschliches Leid durchdrungen. Auf den niederen Ebenen seines Seins wird er von einem Willen zur Macht getrieben. Hier ziehen ihn kranke Menschen an, weil sie hilflos sind. Wenn er sich im Traum als magischer Heiler sieht, stellt er sich lebhaft vor, wie dankbar sie ihm sein werden, wie sie ihn bewundern, ihm zuhören und jede seiner Anweisungen bis aufs Komma genau ausführen werden.

In seiner ungeschliffenen Form ist der Wille zur Macht jeglicher Heilung abträglich. Wir alle sind schon Ärzten begegnet, die ihre Patienten herumkommandiert und mit ihrer Arroganz entmündigt haben. Eine solche Haltung ist noch kontraproduktiver, wenn man durch Magie heilen will. Alchimistische Interventionen sind oft so subtil und unmerklich, dass der Patient nicht einmal mitbekommt, dass sie stattgefunden haben. Erholt sich der Kranke, weiß der Alchimist nicht, inwieweit er – wenn überhaupt – daran beteiligt war. Je magischer das Eingreifen, desto weniger lässt es sich auf den Magier zurückführen. Doch wenn Greg einfach seinen Willen zur Macht unterdrückt, fehlt seiner altruistischen Motivation der willentliche Elan, um ein klassisches Medizinstudium oder das alchimistische Äquivalent zu absolvieren. Die Energie seines Machtrausches muss umgewandelt und nicht unterdrückt werden; sie muss so gelenkt werden, dass sie seinen höheren Absichten dient und diese nicht unterminiert.

Was also passiert, wenn Greg zur *fermentatio* hinuntergeschickt wird? Er wird höchstwahrscheinlich auf sehr tiefgreifende und entmutigende Art und Weise seine eigene Machtlosigkeit im Hinblick auf Krankheit erfahren – vielleicht wird er sogar selbst krank, oder er muss hilflos mit ansehen, wie ein geliebter Mensch leidet. Irgendwann wird ihm die kindische, überhebliche Vorstellung, über magische Heilerqualitäten zu verfügen, so peinlich sein, dass er sich mehr und mehr davon verabschiedet. Ihm kommen Zweifel, ob diese Art von Magie überhaupt von jedermann ausgeübt werden kann, geschweige denn von ihm. Damit scheint seine Ambition gestorben. Wahrscheinlich hört er auf, in dieser Richtung weiterzuarbeiten – ja, er mag nicht einmal daran erinnert werden, dass er überhaupt jemals auf diesem »Trip« war.

Diese gedrückte und schier hoffnungslose Stimmungslage kann sich über Monate oder Jahre hinziehen. Aber Gregs Sehnsucht ist damit nicht gestorben. Sie fermentiert nur gerade. Eines Tages wird sie wieder aufleben, und wenn er sich wieder darauf besinnt, wird er das Ganze weitaus positiver sehen. Er findet heraus, dass er viel mehr Kraft in sich spürt, wenn er kranke Menschen dazu anhält, ihre eigene Stärke zu entfalten. Da er für sein magisches Wirken keine Anerkennung mehr einfordern muss, vermag er äußerst subtile und dennoch effiziente Methoden des Heilens zu entdecken. Erst wenn er das erreicht hat, wird er verstehen, warum er sich einem derart unangenehmen *fermentatio*-Prozess unterziehen musste.

Vorsichtig unterstützen

So wie ich es beschrieben habe, klingt die *fermentatio* so ziemlich wie der allerletzte Prozess, den wir unterstützen wollten. Seine schmerzlichen Nebeneffekte – Selbstvorwürfe, exzessive Zweifel, unerträgliche Einsamkeit und Depression – sollten doch gerade *nicht* gefördert werden. Wenn und wo möglich, sollten wir sie lindern. Paradoxerweise lassen sich die Nebeneffekte der *fermentatio* jedoch abschwächen, indem wir den Prozess selbst unterstützen. Die Essenz dieses Vorgehens ist spirituelle Passivität.

Es ist eher unwahrscheinlich, ohne eine gewisse innere Disziplin an den Punkt zu gelangen, an dem *fermentatio* notwendig oder sogar erst möglich wird. Wir haben gelernt, uns mit mehr oder weniger angenehmen Formen der Meditation oder anderen spirituellen Praktiken über kritische Phasen hinwegzuretten. Diese Gewohnheit wird uns in einer dunklen Nacht der Seele – also in Zeiten der Verdunkelung der Sinne und der damit einhergehenden Indifferenz gegenüber dem horizontalen Leben – sehr helfen. In einer dunklen Nacht des Geistes aber wird sie uns wenig nützen. In solch einem Moment Schwebkraft zu erlangen, ist praktisch unmöglich. Jeder diesbezügliche Versuch wäre zwecklos, weil wir uns am Ende nur noch schlechter fühlen würden. Wer mitten im Prozess der *fermentatio* steckt, kann nicht selbst agieren. Es kann dann nur an ihm gearbeitet werden. Machen wir also eine Pause und enthalten wir uns jeglicher Aktivität, die man gemeinhin als »spirituell« einstufen würde. Das umfasst nicht nur die Meditation, sondern alle Formen des ernsthaften Nachdenkens. Haben wir Lust zum Lesen (was womöglich nicht der Fall ist), sollten wir nicht nur hermetische Literatur meiden, sondern jede komplizierte, tiefgründige oder schwere Lektüre. Wenn schon lesen, dann zur reinen Unterhaltung! Versetzen wir uns noch einmal in die Rolle eines Patienten: Gedanklich sollten wir nur das tun, was für jemanden angebracht ist, der sich gerade einer komplizierten Operation unterzogen hat und noch nicht richtig aus der Narkose aufgewacht ist. (Körperlich können wir indes machen, was wir wollen.)

Ein seelisches wie geistiges Symptom der *fermentatio* ist die Abneigung, sich mitzuteilen oder anderen zuzuhören. Genießen wir diesen Zustand. Reden wir nicht mehr, als wir eigentlich müssen. Wenn wir uns in der Rolle des Zuhörers wiederfinden, schlagen wir uns vorübergehend mit Nicken und Ja-Ja-Sagen durch. Beschwert sich jemand darüber, antworten wir: »Tut mir leid, ich bin momentan nicht gut drauf«, und lassen es so stehen. Wir müssen uns nicht rechtfertigen. Im Prozess der *fermentatio* **kann** man nichts erklären. Solange man mittendrin steckt, versteht man nicht, was mit einem geschieht.

Achten wir darauf, auch in unserem Inneren so gut es geht Stille zu bewahren! In der *fermentatio*-Phase entsteht viel unnötiges Leid durch die Urteile, die wir über unsere Situation fällen, und die unsinnigen Strategien, die wir entwickeln, um uns daraus zu befreien. Fassen wir also lieber gar keine Entschlüsse; wir können sie ja doch nicht umsetzen. Schieben wir größere Entscheidungen einfach hinaus. Dieser Ratschlag ist womöglich schwer zu befolgen, denn die meisten Menschen glauben, wenn sie einmal bedrückt sind, müssten sie etwas in ihrem äußeren Leben ändern. Auch wenn wir selbst nicht so denken, wird uns bestimmt irgendein Möchtegern-Helfer etwas in der Richtung empfehlen. Danken wir ihm für den netten Hinweis und vergessen wir ihn auf der Stelle. Per definitionem befinden wir uns in einer Phase, in der wir nicht wissen, was wir tun sollen, weil unser Wille im Umbruch ist. Jede Veränderung, die wir jetzt in unserem horizontalen Leben vornehmen, ist willkürlich, irrelevant und wahrscheinlich zum Scheitern verurteilt. Die Devise lautet: Einfach entspannt zurücklehnen!

Innere Stille über die Gründe unseres Sturzes in die dunkle Nacht zu bewahren, ist besonders schwierig. Immer wieder wollen wir wissen, was falsch läuft mit uns. Die beiden üblichen Erklärungen (Geistwesen existieren nicht oder weisen uns zurück) sind zwar völlig absurd, aber schon klügere Seelen als Sie und ich sind ihnen in ihren dunkelsten Augenblicken auf den Leim gegangen. Anstatt an unseren bisherigen spirituellen Erfahrungen zu zweifeln oder sie gar zu verwerfen, vergessen wir sie jetzt einfach. Wenn wir in der unteren Vertikalität sind, ist es unmöglich, uns unsere Situation von oben anzuschauen. Wir können nicht einmal eine Perspektive von der Horizontalität gewinnen. Alles, was wir davon sehen, ist ihre Unterseite, und die ist nicht unbedingt ihr glanzvollster Aspekt. Stellen wir alle schwierigen Fragen bis zu unserem Wiederauftauchen zurück – sie laufen uns nicht fort.

Selbst wenn wir nicht besonders religiös sind, stellen wir uns vielleicht die Frage, ob wir denn gesündigt haben. Betrachten wir einmal die Sage von Prometheus. Er hat magisches Wissen von den Göttern gestohlen und es den Menschen gebracht, nun ist er auf ewig an einen Felsen gekettet und muss Höllenqualen erleiden, wenn Geier seine immer wieder nachwachsende Leber aushacken. Einer anderen Sage zufolge stürzt Ikarus vom Himmel, als er der Sonne zu nahe kommt. Solche Mythen sind entstanden und haben Tausende Jahre überdauert, weil etwas in uns glaubt, dass wir beim Aufstieg mit Problemen konfrontiert werden und der Absturz ein Aus-der-Gnade-Fallen sei. Wenn es nicht falsch ist, nach oben aufzusteigen, warum werden wir dann in die Tiefe gestürzt? Wenn das Abstürzen keine Strafe ist, warum empfinden wir es als so schmerzhaft? Selbstvorwürfe sind der Ursprung aller zwecklosen Qualen, und darum will ich mein Bestes tun, sie Ihnen auszureden.

Erinnern Sie sich noch an die Geschichte aus dem Koran, die ich Ihnen in Kapitel 2 geschildert habe? Gott ersuchte die Engel, sich Adam zu Füßen zu werfen. Nach anfänglicher Weigerung tun sie es. Der Punkt ist, dass jedes gottesfürchtige Wesen einen tiefen Respekt allem Menschlichen gegenüber hat. Wenn wir meinen, ein leichteres Wesen würde mit uns wegen unserer menschlichen Natur zu hart ins Gericht gehen, projizieren wir entweder unsere eigene Unsicherheit oder setzen uns gerade mit einem Gegner (den wir besser ignorieren sollten) auseinander. Die leichteren Wesen, die Gottes Segen haben, urteilen nicht über uns, nörgeln nicht an uns herum und stoßen uns wegen unseres Soseins nicht vor den Kopf.

Nur zwei Wesenheiten dürfen Menschen kritisieren – andere inkarnierte Menschen und Schwellenwächter. Vielleicht sollte ich über Letztere ein bisschen mehr sagen, damit Sie die *fermentatio* nicht am Ende mit einer Schwellenbegegnung verwechseln. Wenn uns ein Schwellenwächter in die Pflicht nimmt, ist seine Rückmeldung immer spezifisch. Das Problem, auf das er uns aufmerksam macht, ist immer etwas, das in unserer Macht steht: Wir können es in unserem Inneren entweder korrigieren oder wir können vergeben. Er lässt uns nie Hoffnungslosigkeit oder Wertlosigkeit oder Schwäche spüren. Darüber hinaus schicken uns Schwellenwächter niemals nach unten, wenn wir gerade im Aufsteigen begriffen sind. Wenn wir nicht an ihnen vorbeikommen, kehren wir entweder zur Horizontalität zurück oder wandern erneut in das Gepäck-Depot. Die untere Vertikalität ist ein heiliger Raum mit strengen Zugangsregeln. Es handelt sich nicht um die Hölle; es ist der Himmel Süd. Einlass wird nur dem gewährt, der den jeweiligen Wächter überzeugen kann, dass er offen für die Hilfe ist, die dort auf ihn wartet. Wenn darin eine Beurteilung unserer Person steckt, ist sie immer positiv.

Meine Beschreibung von Gregs hypothetischer *fermentatio* könnte etwas Verwirrung gestiftet haben, denn als sein Machtrausch umgelenkt wurde, nahm er dies ganz bewusst wahr und schämte sich dafür. Dies ist ein Gefühl, als würde man seinen entzündeten Blinddarm sehen, während er gerade herausoperiert wird, und man denkt: »Pfui Teufel, nichts wie raus mit dem Ding!« Diese Art »Selbstvorwurf« ist zwar unangenehm, aber hinnehmbar, weil sie auf etwas Spezifisches und Korrigierbares weist. Hier aber geht es um jene Art von Selbstbezichtigung, die wirklich Qualen verursacht: der Glaube, wir hätten einen spirituellen Absturz erlitten, weil wir es nicht anders verdienen. Wenn wir im Unten sind, werden wir *nicht* im Stich gelassen. Im Gegenteil, wir bekommen eine Rund-um-die-Uhr-Betreuung von Wesen, die uns lieben und große Stücke auf uns halten. Wir *fühlen uns* nur verlassen, weil wir mit diesen Wesen nicht kommunizieren können, so wie wir es im Oben tun.

Fermentatio oder Depression?

Der heilige Johannes vom Kreuz bemerkte, dass man zwischen einer echten dunklen Nacht der Seele und dem, was er »einen melancholischen Humor« nannte, unterscheiden muss. Mit anderen Worten: Es besteht ein Unterschied zwischen der *fermentatio* und dem, was man heutzutage als »klinische Depression« bezeichnet. Diese Klarstellung ist wichtig, denn ich würde Ihnen allen keinen großen Gefallen tun, wenn ich eine behandelbare Depression am Ende als einen natürlichen und vermeidbaren Teil des Großen Werkes darstellen würde. Aber wie lassen sich die beiden Phänomene auseinanderhalten?

Die einfachste Probe besteht darin, den weiter oben gegebenen Ratschlag zu befolgen, also: Warten und schauen, ob Sie sich hinterher besser fühlen. Auch wenn wir uns mit negativen Gedanken herumschlagen – während der *fermentatio* wollen wir uns am liebsten von aller Welt zurückziehen und einfach nur unsere Ruhe haben. Sofern keine klinische Depression vorliegt, dürfte das bloße Fermentieren und Zulassen dieses Wunsches schon Erleichterung bringen. Sich in eine tiefe und erholsame Stille einzuhüllen, kann ausgesprochen angenehm und erquicklich sein, denn wir erkennen, dass unsere Seele jetzt genau das braucht, und vertrauen darauf, dass wir umsorgt werden.

In der leichteren *fermentatio*-Form – der dunklen Nacht der Seele – sagen wir uns vielleicht: »Ich bin deprimiert«, doch die typischen Symptome einer klinischen Depression fehlen. Wir sind weder ängstlich noch hoffnungslos, hassen uns nicht selbst und sind auch nicht auf die Vergangenheit fixiert. Körperlich fühlen wir uns eigentlich so wie immer; es gibt keine erkennbaren Anzeichen in unseren Essens- oder Schlafgewohnheiten, und wir neigen auch nicht zu verstärktem Substanzmissbrauch. Gesellschaftlich leben wir womöglich etwas zurückgezogener und fühlen uns deshalb einsam, aber wir haben nicht das Gefühl, dass andere uns zurückgewiesen oder im Stich gelassen haben. Wir spüren eine tiefe Gleichgültigkeit gegenüber allen normalen Aktivitäten, bleiben aber weiterhin in der Lage, das Alltagsprogramm abzuspulen und unsere Verpflichtungen zu erfüllen. Wir hängen in den Seilen. Doch irgendwann wird sich unsere Stimmung heben, ohne dass wir etwas dazu beitragen müssten.

Wenn wir in einer dunklen Nacht des Geistes professionellen Rat suchen, würden wir wahrscheinlich als depressiv eingestuft, denn viele Symptome sprechen dafür. Was hierbei anders ist, ist die Ursache. Spielt das denn eine Rolle? Vielleicht nicht unbedingt. Doch im Idealfall möchte ein Heiler die Wurzeln einer Befindlichkeitsstörung aufdecken und beseitigen und nicht nur die Symptome behandeln. Und daraus kann sich eventuell ein Problem bei der professionellen Herangehensweise ergeben, weil a) die meisten Ärzte und Therapeuten noch nie etwas von *fermentatio* gehört haben und b) auch nicht wissen, dass eine Beseitigung dieser Ursache weder notwendig noch wünschenswert ist. Allerdings gibt es in der Praxis keinen medizinischen Konsens über die Ursachen einer Depression und wie man sie heilen kann. Wie jeder andere Patient mit Depressionen wird auch ein fermentierender Alchimist höchstwahrscheinlich in der ärztlichen Behandlung von seinen Symptomen befreit; und diese Linderung ist wünschenswert, wenn sie gelingt. Spirituell offene Menschen reagieren in der Regel gut auf Behandlungen, die in erster Linie den feinstofflichen Körper ansprechen, wie beispielsweise Akupunktur, Reiki oder Homöopathie. Keine Angst also, dass eine Stimmungsaufhellung die *fermentatio* überlagern könnte. Alles, was dem inneren Frieden dient, unterstützt auch den Prozess.

Nur vor einer einzigen Therapie möchte ich warnen: Hüten Sie sich vor der Aufforderung »Nehmen Sie Ihr Leben in die Hand!«! Dieser Ansatz ist hervorragend, wenn unser horizontales Leben im Chaos versinkt. Läuft indes hinter unserer Befindlichkeit ein Fermentierungsprozess ab, würde die obige Strategie alles nur noch schlimmer machen. Jetzt ist Passivität angesagt, um die *fermentatio* zum erfolgreichen Abschluss zu bringen. Wir müssen allen Helfern aus dem Weg gehen, die uns irgendeinen Plan zur Verbesserung unserer Situation aufdrängen. Doch ich muss das wohl nicht besonders hervorheben, denn im *fermentatio*-Prozess erkennen wir solche Helfer sofort: Sie sind aufdringlich, ahnungslos und anstrengend im Umgang.

Der Gedanke an Selbstmord ist ein untrügliches Zeichen dafür, dass man klinisch depressiv ist und umgehend professionelle Hilfe in der Horizontalität benötigt. *Fermentatio* allein gibt dazu keinen Anlass. Einem Fermentierenden erscheint der Tod nicht als Ausweg. Der Leidende wünscht sich vielleicht, dem Bewusstsein zu entrinnen, aber er glaubt nicht, es mit einem Suizid auslöschen zu können. Der heilige Johannes vom Kreuz hat eine brillante Erklärung dazu. Er betonte, was immer wir in der vertikalen Dimension erleben – ob oben oder unten –, würde uns absolut und ewig erscheinen. Im Zustand der Glückseligkeit empfinden wir es als ultimative Wahrheit. Jedes frühere Erlebnis, das *nicht mit* Glück gesegnet war, erscheint vom Standpunkt der Glückseligkeit aus wie eine vorübergehende Illusion, auf die wir nie mehr hereinfallen werden. Das Gleiche gilt für Verzweiflung. Erfahren wir Hoffnungslosigkeit in der Vertikalität, lässt uns das bestreiten, dass es jemals so etwas wie Hoffnung gegeben hat oder in dieser oder der kommenden Welt geben wird. Aus der vertikalen Perspektive gibt es nicht so etwas wie »dem Ganzen ein Ende bereiten«.

Ich kenne zwei weitere nützliche Unterscheidungsmerkmale zwischen Depression und *fermentatio*. Der Beginn einer Depression verläuft langsam fortschreitend, man kommt sozusagen vom Regen in die Traufe. Eine dunkle Nacht des Geistes hingegen beginnt eher abrupt. Gestern fühlten wir uns noch ganz normal, und heute sind wir aus keinem ersichtlichen Grund abgrundtief verzweifelt und hoffnungslos. Die Genesung ist ähnlich plötzlich. Eines Tages wachen wir auf und fühlen uns wohl.

Warum das so ist, können wir uns nicht erklären. In einer *fermentatio*-Phase erleben wir bestimmt viele solcher krassen Schwankungen von normal zu depressiv und umgekehrt. Sie werden durch die Alles-oder-Nichts-Qualität der vertikalen Erfahrung hervorgerufen. Im Absteigen stürzen wir rasch in die Tiefen. Wieder in der Horizontalität angekommen, fühlen wir uns gut, weil nichts Grundlegendes falsch an unserem horizontalen Leben ist. Eine klinische Depression ist eher ein kontinuierlicher Prozess, weil etwas in der *Horizontalität* nicht stimmt.

Das andere Unterscheidungskriterium hat etwas mit Schlaf zu tun. Der mit der *fermentatio* einhergehende Heilungsprozess spielt sich größtenteils im Schlaf ab. In solchen Phasen schlafen wir wahrscheinlich gut und haben positive oder gar keine Träume; wir freuen uns darauf, zu Bett zu gehen. Krankhaft depressive Menschen klagen häufig über schlechte Träume, unruhigen Schlaf oder Schlaflosigkeit sowie nächtliche Grübeleien. Wer spirituell arbeiten will, für den ist Schlaf von größter Wichtigkeit. Wenn wir nachts oft wach liegen, sollten wir uns unbedingt Hilfe holen.

Auferstehung

Ich erwähnte bereits, dass unser Geist seine Zustimmung für den Sturz in die dunkle Nacht gibt, obwohl wir uns nicht erinnern können, je eine solche Einverständniserklärung unterschrieben zu haben, solange wir unten weilten. Sicherlich haben Sie sich schon gefragt, woher ich das weiß. Glauben Sie mir: Auch Sie werden es wissen, sobald die spirituelle Amnesie, die mit der *fermentatio* einhergeht, abgeklungen ist. Nach unserer Rückkehr aus der unteren Vertikalität spüren wir eine positive Veränderung in uns. Oftmals ist es ein Wandel, den wir uns immer schon gewünscht hatten, doch niemals bewusst realisieren konnten. Manchmal ist es auch eine Veränderung, die wir eigentlich nicht im Sinn hatten, die uns aber bei der Verwirklichung unserer Träume und Visionen hilft. Sie kann sehr subtil sein: Eines Tages stellen wir fest, dass sich eine altvertraute Denk-, Gefühls- oder Verhaltensweise aufgelöst hat. Wann genau und wie sie verschwand, können wir nicht mehr feststellen. Sie kann sich aber auch dramatischer gestalten: Eines Tages wachen wir in dem Bewusstsein auf, etwas machen zu können, was uns zuvor nie gelungen ist, oder Dinge zu wissen, die wir nie bewusst gelernt hatten. Wir merken vielleicht, dass unsere feinstoffliche Wahrnehmung geschärft ist, unsere Intuition nun besser funktioniert oder eine frühere Quelle der Verunsicherung plötzlich brillanter Klarheit gewichen ist. Und wir mussten gar nichts tun! Es ist so, als sei uns eine kostenlose innere Generalüberholung zuteil geworden.

In *Die große Scheidung oder Zwischen Himmel und Hölle* beschreibt C. S. Lewis eine Unterwelt, in der Geister die Wahl zwischen Himmel und Hölle haben. Die Entscheidung liegt nicht auf der Hand, wie es vielleicht scheint, denn für die Geister weist die Hölle große Ähnlichkeit mit dem Leben in der Horizontalität auf, wohingegen sie vor Betreten des Himmels so manchen heiß geliebten und vertrauten Anteil ihrer selbst aufgeben müssen. Einer der Geister trägt zum Beispiel eine rote Eidechse auf seiner Schulter. Sie saß sein ganzes Leben lang dort. Ein Engel sagt ihm, er müsse sie töten, um Zugang zum Himmel zu erlangen. Während der Geist im Prinzip einsieht, dass er im Himmel kaum mit einer Eidechse auf der Schulter umherwandern kann, sträubt er sich, der Tötung zuzustimmen. Das Tier ist ein Teil von ihm. Er fürchtet, dass sein Tod auch ihn umbringen könnte. Nachdem sämtliche Versuche, mit den Engeln einen Kompromiss auszuhandeln, erfolglos bleiben, willigt der Geist schließlich ein. Die Eidechse zu töten, verursacht ihm unerträgliche Qualen. Doch zu seinem Erstaunen bleibt sie nicht tot. Eine Weile schlängelt sie sich auf dem Boden umher, dann wird sie langsam größer und verändert ihre Form. Wenige Minuten später hat sie sich in einen prachtvollen weißen Hengst mit flammend goldener Mähne verwandelt. Der Geist steigt auf und reitet auf seinem Rücken in den Himmel.

Diese kleine Geschichte ist eine wunderbare Beschreibung dessen, wofür *fermentatio* gut ist und warum sie manchmal wehtut. Wir steigen hinab, weil sich ein Teil unseres gewöhnlichen Willens dem in den Weg stellt, was unser Geist auf Erden zum Ausdruck bringen und bewirken möchte. Der Geist kann nicht inkarnieren, bis dieses Hindernis beseitigt ist. Aus der Sicht der Seele wird das als Tod empfunden. Es ist fürchterlich, und es tut sehr weh. Erst wenn wir dem brutalen Eliminieren des Hindernisses zugestimmt haben, entdecken wir, dass es sich in einen strahlenden, mächtigen Helfer verwandeln lässt. Wie Lewis' Engel postuliert: »Jede natürliche Liebe wird wieder auferstehen und immerfort in diesem Land weiterleben. Aber keine wird auferstehen, ohne zuvor begraben worden zu sein.«

Die Kraft der Blüten

Bachblüten sind Heilmittel, die seelisch-geistige Zustände beeinflussen. Sie wirken also eher auf der feinstofflichen als der physischen Ebene. Für alle, die sich mit spiritueller Arbeit beschäftigen, liegt ihr großer Vorteil darin, dass sie weder benebeln noch abstumpfen beziehungsweise künstlich »high« machen. Sie beseitigen ganz einfach die negative Stimmung, ohne den Betreffenden ins andere Extrem zu befördern. Die von mir aufgelisteten Essenzen sind besonders hilfreich bei den Nebeneffekten der *fermentatio*. Viele Apotheken führen sie, und man kann sie auch im Internet bestellen.

- *Olive* ist ein Mittel gegen Erschöpfungszustände nach spiritueller (oder sonstigen Arten von) Verausgabung. Sie hilft, wenn man durch den Wind ist.

- *Mustard* ist eigens vorgesehen bei vertikaler Depression – jenem Zustand, der uns plötzlich und unerklärlich überfällt und uns in eine sehr dunkle und zurückgezogene Stimmung versetzt, über die wir nicht sprechen wollen.
- *Sweet Chestnut* hilft bei ausgeprägten Angstzuständen und Hoffnungslosigkeit. Man sollte es nehmen, wenn man spürt, wie die Geier an der eigenen Leber nagen, und meint, die Qual würde nie ein Ende nehmen.
- *Vervain* beruhigt den übererregten Geist. Viele Hermetiker sind im Schlaf mental sehr aktiv. Wenn uns also eine Menge luzider Träume oder interessanter Gedanken in der Nacht durch den Kopf schwirren, kann eine Dosis Vervain vor dem Zubettgehen helfen, viel tiefer und entspannter zu schlafen.

12

Sublimatio

Der Stoff wird erhitzt, bis die Essenz an die Oberfläche steigt.

PRIMA MATERIA:
Zwischen Absicht und Wille trennen

SYMPTOME:
Verwirrung
Hyperaktiver Verstand
Gefühl des Kontrollverlustes
Unbeabsichtigte Einflussnahme auf die Welt

ZUR UNTERSTÜTZUNG:
Nicht nach Rechtfertigung für eigenes Handeln suchen
Keine Zustimmung im Außen suchen

TRANSMUTATION:
Der Gedanke wird zur Tat

Irgendwann kommen Sie womöglich an einen Punkt, an dem Sie sich fragen: »Zähle ich nun zu den Guten oder zu den Bösen?« Sollte sich Ihnen die Antwort hierauf völlig entziehen, befinden Sie sich höchstwahrscheinlich in der Phase der *sublimatio*.

Die meisten Menschen halten sich selbst für gut, wenn sie guten Willens sind. Sie entwickeln eine gute Absicht und handeln danach, oder sie handeln, denken sich im Nachhinein eine gute Absicht aus und wenden diese dann rückwirkend an. (Am gängigsten ist wohl letzteres Vorgehen.) Die oben gestellte Frage gibt uns erst dann zu denken, wenn wir merken, dass wir ohne *jegliche* Absicht gehandelt haben. Wir sind weder guten noch bösen Willens. Wir wundern uns einfach über unser Handeln und können nicht genau sagen, von welcher Motivation wir eigentlich getrieben waren.

Genauso fühlt sich die Dämmerung der magischen Intuition an. Impulse aus unserem Geist wirken direkt auf unseren Willen, ohne unser Denken zu berühren. Wir überlegen oder entscheiden nicht, was wir tun sollen. Wir tun es einfach. Selbst wenn die Ergebnisse positiv sind, können wir uns keine positiven Absichten zugute halten, weil wir uns nicht erinnern können, *überhaupt welche* gehabt zu haben. Das beunruhigt uns sehr. Immer deutlicher wird uns bewusst, wie hochgradig belanglos unser Denken für unser Tun ist. Gleichzeitig erkennen wir, dass wir vergessen haben, uns selbst zu beobachten, und geraten plötzlich in Panik. Wenn wir unser Tun gedanklich nicht mit einer gewissen Vorstellung von »gut« verknüpfen können, wäre es durchaus denkbar, dass wir etwas zutiefst Böses tun könnten.

Die Angst vor dem, was passieren könnte, wenn wir uns nicht kontrollieren, überdeckt die noch tiefer liegende Furcht davor, die Kontrolle insgesamt zu verlieren. Die meisten von uns empfinden das Areal rund um die Stirn als das Hauptquartier des Ich. Stellen wir dann fest, dass es selbstständige Zweigstellen gibt, bricht in der Vorstandsetage die helle Panik aus. Das Denken versucht, wieder die Oberhand zu gewinnen und seine dominante Position abzusichern. Der Geist läuft auf Hochtouren, um eine endlose Flut von Analysen, Meinungen und Sorgen zu produzieren. Wir sind zugleich der Gastgeber, die Zuschauer und die langweiligen Gäste einer Experten-Talkshow, die in unserem Inneren läuft und sich einfach nicht abschalten lässt.

Es mag sich beruhigend anhören, dass die Grundursache solcher Panikattacken gar nicht so neu ist. Sie hat uns schon ein

Leben lang begleitet. Der nahezu überall vorherrschende Glaube, unser Tun sei vom Denken getrieben, und gute Handlungen entstünden aus guten Absichten, lässt sich durch Fakten nicht plausibel belegen. Die ständige gedankliche Kommentierung unserer Absichten rührt von einem inneren Meinungsmacher her, der wenig Einfluss auf unsere Taten hat.

Was sich während des Großen Werkes verändert: Unsere unbeabsichtigten Handlungen werden *intelligenter*. Uns wird immer mehr bewusst, dass das, was wir spontan und impulsiv tun, oft zu besseren Ergebnissen führt als das, wozu wir uns nach langem bewusstem Überlegen durchringen. Dass wir einen unbewussten Willen haben, haben wir früher nur dann gemerkt, wenn er unsere bewussten Pläne und Entscheidungen sabotiert hat. Nun aber überrascht er uns auf angenehme Weise – er ist wie ein Diener, der im Voraus weiß, was wir brauchen, und es ungebeten beschafft. Doch wie wohltuend die Überraschung auch sein mag, sie beunruhigt uns auch, denn der Diener ist anmaßend und oberschlau.

Erinnern wir uns an die Geschichte von Hannah und dem Mönch. Als der Mönch sich ihr zu Füßen warf und ihr seine Liebe gestand, war dies rational gesehen eine völlig unangemessene Reaktion. Gleichzeitig aber war sein Verhalten über alle Maßen korrekt. Sein Verstand hätte ihm aus mancherlei Gründen – sein Gelübde des Zölibats, Hannahs Ehemann, die sehr kurze Bekanntschaft usw. – etwas anderes geraten. Bis zu dem Moment, in dem er zur Tat schritt, ohne vorher auch nur einen Augenblick nachzudenken, konnte er nicht wissen, wie richtig er sich verhielt.

Das ist magische Intuition. Sie kristallisiert sich als konzertiertes Ergebnis der *calcinatio, dissolutio, separatio, coniunctio* und *fermentatio* heraus. Unsere spontanen Impulse entpuppen sich häufig als klug und weise, weil unser Wille sich in ein Organ der Weisheit umgewandelt hat. Wir agieren aus dem absoluten JETZT und sind von einem Warum motiviert, das wir noch nicht kennen, weil es vom Standpunkt der linearen Zeit aus gesehen in der Zukunft liegt. Wir stehen also sozusagen ohne roten Handlungsfaden da. Geschieht das zum ersten Mal, ist es nur natürlich, in Panik zu geraten.

Beachtenswert ist auch, dass Hannah dem Mönch nicht gleich sagte, er habe gut und richtig gehandelt. Zunächst protestierte sie, dann forderte sie ihn auf zu gehen. Es gab weder eine höhere menschliche Instanz, die die Richtigkeit seines Tuns bestätigte, noch konnte er sie durch Berufung auf ein abstraktes Prinzip rechtfertigen. Handeln wir aus magischer Intuition heraus, müssen wir häufig auf die tröstliche Gewissheit verzichten, das Richtige zu tun. Es ist möglich, dass sich unser Handeln im Nachhinein als totaler Fehlgriff erweist. Genau das ist der Grund, warum wir in diesem Zusammenhang so oft zaudern. Wir müssen uns daran gewöhnen, nicht zu wissen, ob wir guten oder bösen Willens sind, richtig oder falsch liegen, weise oder verrückt sind. Niemand ermächtigt uns, selbstständig und eigenverantwortlich zu handeln. Wir tun es einfach.

Gedanken als Taten

Wenn ein Magier so effizient handeln kann, ohne zu denken, wozu dient dann das Denken überhaupt? Wozu sollen wir unseren Verstand einsetzen?

Wenn wir etwas beabsichtigen, versuchen wir, unseren Willen zu denken. Dass es möglich ist, unser Denken willentlich zu lenken, dürfte nichts Neues für all jene sein, die schon ein paar der Übungen aus diesem Buch durchgeführt haben. Fast alle erfordern Konzentration, und das heißt, kraft seines Willens einen bestimmten Gedanken zu erzeugen und alle anderen Denkprozesse auszuschließen.

Andere Formen des willentlichen Denkens sind auf den ersten Blick weniger klar. Wenn wir wie Wissenschaftler, Philosophen, Detektive oder Richter denken, so wird unser Denken von einem Willen zur Wahrheit getrieben. Was ist Wahrheit? Das Wort lässt sich nicht definieren, weil wir keine klare Vorstellung davon haben. Wir spüren einen Impuls des Willens. Wir können nicht genau sagen, was die Wahrheit ist, aber wir wünschen sie uns. Dieser Wunsch lässt sie uns erkennen, wenn wir sie sehen, so wie Hunger uns Nahrung erkennen lässt.

Gedanken lassen sich auch durch den Willen zur Magie antreiben. Damit meine ich nicht das, was herkömmlich unter »magischem Denken« verstanden wird. Eine solche Denkweise drückt den *Wunsch* nach Magie aus, nicht aber den Willen, sie auszuüben. Wenn ich glaube, auf dem richtigen Weg zu sein, weil mir der Zufall geholfen hat, gebe ich mich dem Wunschdenken hin. Ich wünsche mir, mit Hilfe der Magie die schwierige Frage, was ich mit meinem Leben anfangen soll, zu lösen. Es ist der *Wille* zur Magie, den wir entwickelt haben, wenn wir mit unserer Arbeit am Großen Werk so weit fortgeschritten sind. Dieser Wille hat viele weltliche Gewohnheiten und Fixierungen aufgegeben, um wahrnehmen und intuitiv aus dem Geist heraus handeln zu können. Wird unser Denken vom magischen Willen gelenkt, kann ein Gedanke zur Tat werden. Dann kann allein das Denken nützlich oder schädlich sein und bewirken, dass sich Phänomene manifestieren oder wandeln.

Durch die Energie unseres Willens werden Gedanken aus unserem Körper in die Welt getragen und können damit eine ungeheure Wirkung auf andere ausüben. Viele Menschen nutzen dieses Phänomen erfolgreich, ohne genau zu wissen, wie das Ganze funktioniert. Aus ihrer Astralität (das heißt Gedankenprojektion) heraus begeistern Führungspersönlichkeiten ihre Anhänger für eine gemeinsame Vision, gewinnen Heiler das Vertrauen ihrer Patienten, umwerben Marketingstrategen die Verbraucher und infiltrieren Künstler die Vorstellungskraft ihres Publikums.

Durch bewusste Erhöhung ihrer Astralität ist es Magiern möglich, weit über diese alltäglichen Effekte hinauszugehen. Sie können das, was in ihrer Vorstellung lebt, mit einer solchen Kraft projizieren, dass andere es mit ihren feinstofflichen Sinnen wahrnehmen können. Wie das abläuft, ist im Prinzip in jedem Handbuch zur Magie beschrieben: erst die Energie wecken und dann die Gedanken fokussieren. Die Rituale, die dieses Vorgehen begleiten und als »zeremonielle Magie« bezeichnet werden – Kerzen anzünden, Pentagramme zeichnen, Beschwörungsformeln singen und Ähnliches –, dienen nur zur Erhöhung der Konzentration. Sie haben selbst keine magische Kraft und sind nutzlos für jeden, der einen transmutierten Willen allein durch ein Ritual zu ersetzen sucht. Ist der magische Wille einmal entfaltet, können wir auf Zeremonien sogar ganz verzichten. Wir müssen kein Aufhebens von der Konzentration machen, sondern nur einen Wunsch vortragen oder einen Gedanken formlos aus dem Stegreif senden, und schon stellt sich das Ergebnis ein.

Wenn wir andere Menschen allein durch Gedanken beeinflussen, sieht unsere innere Ausrichtung wahrscheinlich so aus:

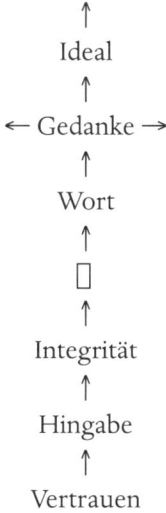

$$\uparrow$$
Ideal
$$\uparrow$$
$$\leftarrow \text{Gedanke} \rightarrow$$
$$\uparrow$$
Wort
$$\uparrow$$
$$\square$$
$$\uparrow$$
Integrität
$$\uparrow$$
Hingabe
$$\uparrow$$
Vertrauen

Die Abbildung macht deutlich, warum das Ganze funktioniert. Die Willensenergie der unteren fünf Zentren fließt ungehindert zum Gedanken hin. Ein nicht trainierter Geist kann sich noch so sehr konzentrieren, doch es wird nichts geschehen, denn der unbewusste Wille steht der bewussten Absicht als Fremder gegenüber. Das ist das elementare Getrenntsein, von dem im Großen Werk die Rede ist. In den ersten drei Phasen werden die natürlichen Instinkte des Körpers in Quellen der Intelligenz verwandelt. In den darauf folgenden Stadien entfaltet sich die Zirkulation zwischen diesen transmutierten Instinkten und den höheren Fähigkeiten, die unsere bewussten Absichten speisen. Wenn wir also einen Gedanken, eine Überzeugung oder einen Wunsch fassen, ist jeder Aspekt unseres Seins in der Lage, seinen Teil beizutragen. Unsere gesamte Energie bewegt sich in die gleiche Richtung. Wir schicken ein außergewöhnlich klares Signal in eine konfuse, ambivalente Welt.

Wenn wir auf diesem Gebiet Fortschritte gemacht haben, drückt sich das als Erstes darin aus, dass wir Menschen mit gewöhnlichen Mitteln besser beeinflussen können. Vielleicht merken wir mit der Zeit, dass andere uns mit größerem Respekt zuhören und sich leichter unserer Meinung anschließen. Wenn wir Schwierigkeiten haben, gehört oder geachtet zu werden, so ist das häufig darauf zurückzuführen, dass wir unklare Signale aussenden. Was wir auf der unbewussten Ebene projizieren, untergräbt alles, was wir verbal herüberbringen wollen. Auch Ihnen ist sicher schon einmal aufgefallen, dass Aussagen wie »definitiv« oder »Da bin ich mir sicher« eher Unsicherheit vermitteln. Stimmen indes Wille und die zum Ausdruck gebrachte Überzeugung überein, so bedeutet »Da bin ich mir sicher«, dass man sich auch wirklich sicher ist. Andere Menschen können den Unterschied spüren. Sie nehmen uns beim Wort.

Dieser wachsende Einfluss auf der profanen Ebene überschreitet die Grenze ins Magische, sobald wir unsere Gedanken projizieren können, ohne sie auszusprechen. Die ersten Hinweise darauf, dass wir dazu in der Lage sind, können etwas peinlich sein. Plötzlich berichten uns Leute, wir seien in ihren Träumen aufgetaucht. Im Prinzip ist das nichts Ungewöhnliches. Wenn uns dann aber jemand erzählt, wir hätten ihm im Traum Dinge gesagt, die wir tatsächlich gedacht, ihm aber nie direkt mitgeteilt haben, ist das schon irgendwie beunruhigend. Das kann so weit gehen, dass ein anderer ausgesprochen detaillierte und getreue Versionen unserer intimsten Phantasien träumt. Auch im Alltagsleben zitieren andere hin und wieder Gedanken von uns, die wir zwar gedacht, aber soweit wir uns erinnern, nie ausgesprochen haben. Plötzlich scheinen wir von lauter Gedankenlesern umringt zu sein.

Die neu erworbene Fähigkeit, Gedanken zu projizieren, kann uns zwar sehr gelegen kommen, konfrontiert uns aber mit einem moralischen Problem, über das wir uns bislang keine Sorgen zu machen brauchten. Normalerweise machen wir andere für ihre Worte und Handlungen verantwortlich, nicht aber für das, was sie denken, fühlen und in ihren Phantasien ausleben. Haben wir allerdings erst einmal entdeckt, dass das, was sich in der vermeintlich Privatsphäre unseres Kopfes abspielt, Wirkung nach außen zeigt, müssen wir mit den Konsequenzen leben. Die Arbeit eines Magiers lässt sich gut so definieren, dass er externe Phänomene allein mit der Kraft der Gedanken beeinflussen kann. In dem Maße, wie wir uns diese Fähigkeit zu eigen machen, gewinnen unsere Gedanken die moralischen Implikationen von Taten.

Jesus hat genau das angedeutet, als er lüsterne Gedanken mit Unzucht gleichsetzte und zornige mit Aggression. Auf feinstofflicher Ebene werden Menschen von dem beeinflusst, was wir über sie denken. Selbst wenn wir ganz bewusst nicht magisch tätig sein wollen, manifestieren sich unsere guten Gedanken in der astralen Sphäre als gute Feen, und die unguten wirken wie ein Voodoozauber. Je intensiver wir projizieren – ob bewusst oder rein zufällig –, desto umsichtiger müssen wir mit unseren mentalen Aktivitäten umgehen.

Ein unbeabsichtigter Schaden kann immer dann entstehen, wenn wir uns unserer eigenen Stärke nicht bewusst sind. Oft merken wir gar nicht, dass wir über eine solche Macht verfügen, bis wir sie einmal ohne Absicht missbraucht haben. Wenn die feinstoffliche Wahrnehmung mit der Entwicklung des Willens Schritt hält, fällt uns mehr und mehr auf, welche Wirkung unsere unausgesprochenen Gedanken auf andere haben. Genauso wie wir den sensiblen Umgang mit Sprache erlernen, indem wir registrieren, dass wir mit lieblosen Worten die Gefühle anderer verletzen, lernen wir feinsinnig im Geiste zu sein, indem wir die Wirkung unserer Gedanken beobachten.

Spätestens an dieser Stelle fragen wir uns, warum wir jemals Magier werden wollten. Jede neue Fähigkeit, die wir uns aneignen, scheint eine lange Liste von Verhaltensregeln im Schlepptau zu haben. Und jede neue Kraft bedarf scheinbar einer ihr ebenbürtigen Gegenkraft. Ich weise hier ausdrücklich darauf hin, dass wir nicht einmal mehr vor uns hinträumen können, wie jeder normale Sterbliche es tut, ohne auf der astralen Ebene Gott weiß was loszutreten! Können wir jemals die moralische Verantwortung für jeden einzelnen Gedanken übernehmen, der uns durch den Kopf schießt?

Wir können es nicht! Und wir müssen es auch nicht. Die Gedanken, die uns einfach so durch den Kopf schwirren, entziehen sich unserer Kontrolle. Gerade *weil* sie nicht gewollt sind, haben sie wenig oder keinen Bestand in der Astralität. Sie sind weder erbeten noch geschürt oder geschickt. Sie sind ganz einfach auf der Durchreise. Ein Gedanke muss irgendwie aufgeladen, also durch Konzentration, starke Emotion, häufige Wiederholung oder lebhafte bildliche Vorstellung energetisiert werden, um ihn nach außen projizieren und auf astraler Ebene unversehrt halten zu können. Ein projizierter Gedanke kann für den Empfänger niemals zwingender sein, als er es für den Absender war. Wir können ihn durchaus *ungewollt projizieren*, aber dies zu tun, ohne den *Gedanken gewollt* zu haben, ist unmöglich. Man würde kei-

nen Gedanken projizieren, den zu *denken* man sich nicht entschieden hat. Nur willentliches Denken produziert astrale Phänomene.

Problematisch ist, dass wir bisweilen nur zur eigenen Erbauung und Freude unsere Gedanken energetisch aufladen und uns
mit willentlichem Denken beschäftigen wollen. Wir würden
alle irr im Kopf werden, wenn wir vor unserem geistigen Auge
nicht unsere ganz persönlichen mentalen Filme ablaufen lassen
und unsere Wünsche und Phantasien über Sex, Rache, Ruhm
und grandiose Taten ausleben könnten. Wir brauchen diesen,
moralisch gesprochen, straffreien Raum für solche Phantasien,
denn nur hier können wir Wünsche wahr werden lassen, die wir
uns draußen in der Welt nicht erfüllen können oder wollen. Wie
also lässt sich die ganze Freiheit unseres Geistes ausschöpfen,
ohne astrale Kollateralschäden zu riskieren? Wie können wir
unsere ganz privaten Gedanken vom öffentlichen Raum fern-
halten?

Die Lösung heißt: Feuer mit Feuer bekämpfen. Wir können
kraft einer in der Vorstellung ablaufenden Handlung verhindern, dass andere in der Vorstellung ablaufende Handlungen in
die astrale Sphäre projiziert werden. Soweit ich weiß, gibt es
zwei Möglichkeiten, dies zu tun. Die erste besteht in einer Art
Rundumabschottung der Privatsphäre. Jeder muss für sich
selbst visualisieren, welche Art von Umhüllung ihm am ehesten entspricht: eine Blase, eine Glocke, eine Muschel oder eine
Kapsel. Der Schutzwall kann unseren Geist vollständig ab-
schotten oder auch nur in eine Richtung wirken, indem er Gedanken von außen herein-, nicht aber von innen nach außen
dringen lässt oder umgekehrt. (Ein Schutzwall, der Einflüsse
von außen abwehrt, ist immer dann sinnvoll, wenn wir es mit
jemandem zu tun haben, den wir manipulativ, aufdringlich
oder generell schädlich finden, oder wenn wir uns durch die
übersinnlichen Energien einer Gruppe von Menschen erdrückt
fühlen.) Errichten wir uns unsere imaginäre Umhüllung und

ziehen wir uns darin zurück. Dann können wir nach Herzenslust träumen.

Die zweite Technik besteht darin, sich eines Gedankens zu entledigen, sobald er ausgedacht ist. Wir stellen ihn uns bildlich vor, bevor wir ihn in Flammen aufgehen, zur Pfütze schmelzen, zu Staub pulverisieren oder sich einfach in Luft auflösen lassen. Ist es ein verbaler Gedanke, können wir die einzelnen Wörter in unserer Vorstellung löschen, durchstreichen oder die Taste »Entfernen« drücken. Wir können auch sagen: »Möge dieser Gedanke keinen Schaden bei anderen Menschen anrichten« oder einfach nur: »Weg damit!« Gedanken, die wir nicht vernichten wollen, können wir auch in einer Ideenschatulle aufbewahren, für die nur wir selbst den Schlüssel haben.

Diese Techniken sind weitaus effizienter, als sie zunächst klingen, denn sie bauen auf der gleichen Kraft auf, die solche Vorkehrungen überhaupt erst notwendig gemacht hat. Ist unsere Imagination stark genug, astrale Phänomene zu kreieren, die von anderen wahrgenommen werden können, ist sie auch stark genug, einen wirksamen Schutzwall hervorzuzaubern.

Magier und Monster

Die Frage: »Bin ich ein Monster?« ist weitaus treffender und produktiver als: »Bin ich gut oder böse?« Auf dem Weg zum Magier kann man nämlich leicht zum Monster werden. Monstrosität hat nichts mit Moralität zu tun, aber viel mit Maß und Verhältnismäßigkeit.

Das Grundproblem liegt in der gigantischen Größe des magischen Willens. Er steht in keinem Verhältnis zum Willen unserer Mitmenschen. Deshalb können wir sie so leicht beeinflussen. Damit meine ich nicht, dass wir herrisch oder tyrannisch sind. Wir können sanft und rücksichtsvoll sein. Manchmal fühlen wir sogar eine gewisse Scheu, uns durchzusetzen. Der Einfluss, den andere spüren, hat wenig mit unserem äußeren

Verhalten zu tun. Er kommt aus der Astralität, die überwiegend nicht unter unserer bewussten Kontrolle steht. Neben der Magie, die wir willentlich bewirken, produzieren wir alle möglichen unbeabsichtigten Effekte.

Erschwerend kommt hinzu, dass wir womöglich merken, wie sehr es uns an Sensibilität in unserer Wahrnehmung fehlt. Wir haben nicht mehr so gute Antennen für die Empfindungen anderer wie früher, denn die durch unser Denkzentrum ausströmende Energie überlagert alle Eindrücke, die uns über unser Herzzentrum erreichen. Wenn wir Ausschau halten, nehmen wir in der Regel nicht die Welt selbst, sondern unsere eigenen Projektionen wahr. Andere finden uns womöglich arrogant und unzugänglich für Rückmeldungen. Sie haben das Gefühl, dass ihre Botschaft nicht bei uns ankommt.

Das Problem lässt sich leicht diagnostizieren, und meistens verschwindet es von allein, sobald wir es erkannt haben. Nehmen Sie sich einen Moment Zeit und schreiben Sie eine »Fehlerliste«. Denken Sie über die letzten Wochen oder Monate nach und notieren Sie jede Fehlkommunikation, jedes Missverständnis und jeden Fehler, woran Sie in irgendeiner Weise beteiligt waren. Was haben Sie falsch gedeutet oder missverstanden? Machen Sie sich keine Vorwürfe bezüglich der Dinge, die Sie aufgelistet haben. Im Gegenteil, fühlen Sie sich bestätigt! Wenn Sie Fehlwahrnehmungen benennen können, bedeutet das, dass Sie bereits entsprechende Korrekturen vorgenommen haben. Ihre Mitmenschen können eben doch zu Ihnen durchdringen. Sorgen sollten Sie sich nur dann machen, wenn Sie sich an keinen einzigen Fehler erinnern können. (Sich dagegen zu sträuben, diese Übung durchzuführen, ist übrigens auch ein schlechtes Zeichen.)

Energiemanagement ist ein weiteres Thema, über das wir uns an dieser Stelle Gedanken machen sollten. Sind wir innerlich ausgeglichen, können wir unsere Energien effizienter lenken. Es ist etwa so, wie wenn wir einen verdrehten Schlauch begradigen. Sind erst einmal alle Knicke beseitigt, kann das Wasser wieder schneller fließen. Aber der Schlauch selbst ist nicht die Quelle des Wassers. So erhebt sich die Frage: »Wo schließen wir unseren Schlauch an? Woher beziehen wir unsere Energien?«

Eine mögliche Quelle ist die Lebensenergie, mit der wir geboren wurden. Der Vorrat, der uns hier zur Verfügung steht, ist endlich. Ältere Menschen bewegen sich langsamer, denken langsamer und genesen langsamer als jüngere, weil sie weniger davon haben. Ist der Vorrat erschöpft, stirbt der Körper. Wir ergänzen ihn mit den erneuerbaren Energien, die uns Himmel und Erde schenken. Diese nehmen wir mit der Nahrung, die wir verzehren, und mit der Luft, die wir einatmen, auf. Praktiken wie Reiki, Qigong, Meditation und Yoga helfen uns dabei, schnelleren und bewussteren Zugang zu diesen Energien zu finden. Durch Kontakt mit der Natur oder die einfache Fürbitte in unseren Gebeten können wir sie gleichermaßen erneuern.

Eine weitere Energiequelle sind andere Menschen. Genau davon sprechen wir, wenn wir von einem Zeitgenossen sagen, »er laugt uns aus«, während ein anderer uns »aufbaut« oder »mit guter Energie versorgt«. In einer intakten Beziehung herrscht ein gesundes Gleichgewicht – jeder gibt dem anderen Energien. Logischerweise ergibt sich daraus für keinen der beiden ein reiner Energiegewinn. Doch aus subjektiver Erfahrung wissen wir, dass beide Parteien das Gefühl haben, von einer Beziehung zu profitieren, solange diese in Ordnung ist.

Wer wem Energie schenkt, lässt sich kaum an der Art und Weise, wie ein Mensch agiert, ablesen, weil auf der feinstofflichen Ebene oftmals das genaue Gegenteil dessen geschieht, was auf der materiellen Ebene abläuft. Nehmen wir an, zwei Menschen essen gemeinsam zu Abend, und einer bestreitet den größten Teil der Unterhaltung. Der Redende ist zwar im physischen Sinne aktiver, aber der Zuhörende wendet bestimmt mehr seelische Energie auf. Und genau dieser energetische Zustrom von Seiten des Zuhörenden regt den Redenden immer weiter an. Und als ob er dies kompensieren wolle, übernimmt er am Ende womöglich noch die Rechnung.

Solange wir nicht unter irgendwelchen psychischen Problemen leiden, erfreuen wir uns in der Regel eines gesunden Energieaustauschs, ohne viel darüber nachdenken zu müssen. Wir fühlen uns zu Menschen hingezogen, in deren Gegenwart wir uns wohlfühlen, und wir meiden jene, die uns anstrengen und Energie entziehen. Obwohl wir nicht direkt erkennen, was mit unserem feinstofflichen Körper geschieht, passen wir unser Handeln instinktiv so an, dass wir im Gleichgewicht bleiben.

Betrachten wir zum Beispiel die Beziehung zwischen introvertierten und extrovertierten Menschen. Bei normaler Wahrnehmung wirken Extrovertierte der Welt zugewandt und Introvertierte zurückgezogen. Doch auf der feinstofflichen Ebene ist genau das Gegenteil der Fall. Extrovertierte Menschen lieben die Gesellschaft, weil sie dort gut Energien von anderen aufnehmen können. In der energetischen »Handelsbilanz« haben sie das Gefühl, so eher gut wegzukommen, und lohnen dies der Gesellschaft instinktiv mit ihrer Offenheit und Großzügigkeit. Introvertierte empfinden zwischenmenschliche Kontakte leicht als anstrengend, weil ihre seelische Energie eher nach außen strebt. Sie korrigieren diese Unausgewogenheit mit stärkerer gesellschaftlicher Zurückhaltung. Beide haushalten mit ihren Energien in einer Art und Weise, wie es heilsam für sie selbst und fair für andere ist.

Es läuft also alles reibungslos, bis erhöhte Astralität ins Spiel kommt. Ein Magier kann aufgrund seiner inneren Ausgerichtetheit jederzeit mehr Energien aufnehmen oder abgeben als ein normaler Mensch. Wenn er von seinem Naturell her nicht ausgesprochen introvertiert oder extrovertiert ist, ist das nicht weiter problematisch. Sein Energieaustausch nimmt zwar an Volumen zu, bleibt aber im Gleichgewicht. Doch für Magier mit einer ausgeprägten Tendenz in der einen oder anderen Richtung (die ja angeboren und folglich kaum veränderbar ist), können menschliche Beziehungen aus der Bahn geworfen werden. Der Energieaustausch auf der feinstofflichen Ebene steht nicht mehr im richtigen Verhältnis zu dem, was auf der äußeren materiellen Ebene geschieht.

Beim introvertierten Menschen fließt zu viel Energie nach außen! Magier, die von Natur aus so veranlagt sind, kämpfen oft mit Depressionen oder leben zwanghaft zurückgezogen, weil sie sich in ihren menschlichen Kontakten größtenteils als Energieverlierer fühlen. Es stellt sie vor ein Rätsel. Sie kommen sich vor, als würden sie sehr wenig geben (was häufig nach außen hin auch der Fall ist), und haben deshalb keine Erklärung dafür, warum sie sich so bedürftig und ausgesaugt fühlen. So paradox es klingen mag: Introvertierte Menschen können ihre seelischen Energien schonen, indem sie in ihrem gesellschaftlichen Umfeld *aktiver* werden. Wer solchermaßen veranlagt ist, sollte sich tunlichst Tätigkeiten mit geringer Intensität wie das Ausschenken von Erfrischungsgetränken, das Begrüßen von Neuankömmlingen oder die Pflege von Smalltalk suchen. Wir müssen nicht immer perfekte Zuhörer sein! Oberflächlichkeit, auch wenn wir sie noch so verachten mögen, ist in diesem Fall Nahrung für unsere Seele.

Bei erhöhter Astralität läuft der betont extrovertierte Mensch Gefahr, zum Energiesauger zu werden, das heißt, er nimmt mehr Energie von anderen, als er je zurückgeben kann. Charismatisch, wie er zumeist ist, wird er häufig wegen seiner schier unerschöpflichen Vitalität bewundert. Sie scheint im Überfluss vorhanden. Dass er diese Lebenskraft primär von anderen Menschen bezieht, lässt sich daran ablesen, dass er offenbar nie alleine sein möchte. Wenn er doch einmal über längere Zeit für sich sein muss, erleidet er einen energetischen Zusammenbruch.

Wird der Zustand durch mangelnde Abgrenzung erschwert, kann sich daraus ernsthafter Missbrauch ergeben, denn Übergriffe durch einen solchen Menschen erlebt das Opfer oftmals

als überaus reizvoll. Es ist ein Kick! Dieser Kick entsteht durch die ausströmende Energie des Opfers, nicht durch die, die der Sauger in sich einsaugt. Wie fühlt es sich an, wenn wir Energie über die Nahrung, den Atem, die Meditation oder über einen Waldspaziergang aufnehmen? Es ist ein gutes Gefühl, aber wir würden es doch nie als ekstatisch bezeichnen. Der Begriff »Ekstase« bedeutet wörtlich, aus sich herausgehen. Es fühlt sich phantastisch an, während es geschieht, aber auf das Hoch folgt normalerweise ein Tief. Und genau an diesem Punkt beschleicht uns das vage Empfinden, betrogen oder ausgenutzt worden zu sein, und erstmals meldet sich Widerwillen gegenüber dem Sauger. Oder das Verlangen nach dem nächsten Kick macht uns süchtig. Auf diesem Wege werden Menschen zu Kultfiguren, die eine große Anhängerschaft um sich scharen.

Wer solche Energieraubzüge begeht, macht dies nicht vorsätzlich. Er befindet sich in einem Rauschzustand und möchte nur eines: alle anderen ringsum ebenfalls »high« machen.

Es ist schwierig, ein Problem als solches zu identifizieren, wenn wir etwas nicht als problematisch empfinden. Die deutlichsten Anzeichen dafür, dass unsere Energietransaktionen aus dem Gleichgewicht geraten, sind die extremen Reaktionen anderer Menschen. Nehmen wir anderen zu viel Energie weg, merken wir, dass sich die Leute plötzlich gegen uns wenden oder aus unerfindlichen Gründen zutiefst enttäuscht von uns sind. Womöglich sagen sie, sie fühlten sich verleitet, verlassen, benutzt, hintergangen oder verraten. Können wir solche Reaktionen nicht auf ein offenkundiges Fehlverhalten unsererseits zurückführen, versuchen sie damit wahrscheinlich nur unsere destabilisierende Wirkung auf ihr Energiefeld zu beschreiben. Vielleicht haben auch Sie den Eindruck, andere Menschen verraten, enttäuschen oder verlassen oftmals *Sie*. Solange solche Menschen von Ihrer Anwesenheit berauscht sind, versprechen sie Ihnen das Blaue vom Himmel herunter, was sie aber schon am nächsten Tag bedauern.

Offen gestanden, bin ich nicht sicher, wie sich das Problem beseitigen lässt, wenn es erst einmal entstanden ist, denn welcher Energiesauger wollte seine Position schon freiwillig verändern? Für jeden verloren gegangenen Freund gewinnt er mühelos über ein Dutzend neue Fans, und solche Rauschzustände machen abhängig. Dennoch sind extrovertierte Menschen nicht dazu verdammt, energiesüchtig zu werden. In den Anfangsstadien lässt sich die Sache noch gut mit der Erkenntnis in den Griff bekommen, dass gelegentliche Ermüdungserscheinungen und Gefühle von Traurigkeit und Einsamkeit durchaus wohltuend sein können. Selbst eine ausgewogene Person ist hin und wieder durch den Wind. Phasen der Zurückgezogenheit tun auch einem extrovertierten Magier gut. Wer das Alleinsein wirklich hasst, sollte sich am besten in Gesellschaft begeben und dort bewusst kontaktscheu und zurückhaltend auftreten. Er muss nach Möglichkeiten suchen, mit anderen zusammen zu sein, ohne selbst zum Zentrum der Aufmerksamkeit zu werden.

Der beste Weg, um Energiemissbrauch und alle anderen Formen von Monstrosität zu verhindern, liegt in regelmäßiger Hygiene, also darin, sich von Zeit zu Zeit durch einen Berater des Vertrauens »auf Normalmaß zurückstutzen zu lassen«. In religiösen Gemeinschaften besorgt das der jeweilige Lehrer, Meister oder Beichtvater. Als frei schaffende Magier müssen wir selbst einem »Ausputzer« unserer Wahl die Schere in die Hand drücken – einem weisen, treuen und vertrauten Freund, bei dem wir uns darauf verlassen können, dass er uns gegebenenfalls mit schonungsloser Offenheit sagt, wir würden uns wie ein Volltrottel benehmen.

Die Technik der Gedankenprojektion

Wenn wir Gedanken projizieren, überlagern wir die Energien dessen, was wir beeinflussen oder verändern wollen, mit der Macht unserer eigenen höher konzentrierten Energie. So gewinnen wir die Oberhand über schwächere Energien ebenso wie über solche, die zwar stärker, aber weniger fokussiert sind. In diesem Sinne ist das Magische an der Gedankenprojektion etwas ziemlich Mechanisches. Wäre es möglich, die Variablen zu messen, die dabei eine Rolle spielen, könnten wir das Ergebnis in einer einfachen Gleichung fassen:

(Unsere Energie × unser Fokus) –
(Energie der Zielperson × Fokus der Zielperson)

Natürlich lässt sich das Ganze nicht mathematisch berechnen, weil es kein Gerät gibt, mit dem sich die Energie des Geistes und dessen Fokus messen ließe. Vorstellbar ist jedoch, dass ein solches Instrument in absehbarer Zeit erfunden wird, denn es gibt bereits Technologien, um Gehirnwellen zu verstärken. Hierdurch werden Menschen in die Lage versetzt, Computer und andere Maschinen allein mit Hilfe der Gedankenkraft zu bedienen. Was sich aber auf jeden Fall aus der Formel ergibt, ist die Tatsache, dass sich das Ergebnis der Gedankenprojektion nur dann vorhersagen lässt, wenn wir ein Bewusstsein zu beeinflussen suchen, das uns unterlegen ist. Und dieser Tatsache haftet etwas Dominantes an.

Diese Form von Magie ist zwar keine Alchimie, aber sie zu erlernen, ist ein Nebenprodukt der alchimistischen Ausbildung. Ob wir sie nun weiterverfolgen wollen oder nicht, wir werden sicher feststellen, dass wir ganz gut darin sind. Sollten wir uns dazu entschließen, die letzte Stufe des Großen Werkes, die uns in die wahre Alchimie einweiht, auszulassen, würden wir immer noch sehr effiziente Magier werden.

Das Grundverfahren, Gedanken und Willen zu verbinden, lässt sich mit weiteren Methoden verfeinern, die auf eine Verstärkung der projizierten Gedankenenergie abzielen. Wie diese Prozesse im Detail aussehen, macht den Unterschied zwischen den verschiedenen Schulen der Magie aus. Gruppenaktionen –

das heißt, mehrere Magier projizieren ein und denselben Gedanken – sind eine dieser Techniken. Eine andere besteht darin, sich Verbündete zu suchen. Es kann sich hier um Elementarkräfte handeln (Erd-, Luft-, Feuer- oder Wassergeister), Wesen aus der Natur (Pflanzen- oder Tiergeister), die Geister von Verstorbenen oder Dämonen. In Zeremonien und Ritualen werden diese Wesen angerufen, geehrt und gebeten, ihre Energie beizusteuern. Der Erfolg dieser Techniken hängt davon ab, in welcher Beziehung der Magier zu seinen Helfern steht. Wer sich einem magischen Kultus oder einer Loge anschließt, erlangt Zugang zu einem Netzwerk von Verbündeten, übernimmt damit aber auch gewisse Verpflichtungen.

Viele der großen Religionen sehen in der freien zeremoniellen Magie selbst dann etwas Verwerfliches, wenn sie auf ein gutes Ziel ausgerichtet ist. Da die meisten Verfechter dieser Theorie selbst magische Riten anwenden, liegt der Verdacht von Scheinheiligkeit und Machtstreben nahe. Religionsvertreter würden so argumentieren, dass ihre Riten ihnen aber von oben gegeben und nicht willkürlich vom Menschen erfunden worden seien. Nehmen wir zum Beispiel den Rosenkranz der Katholiken. Mit ihm wendet sich der Gläubige Hilfe suchend an die Mutter Gottes, die nicht nur ihre Bereitschaft zu helfen, sondern auch die Art und Weise, wie ein solches Ersuchen erfolgen soll, kundgetan hat. Niemand, der den Rosenkranz betet, lebt in der Vorstellung, die heilige Maria unter Druck zu setzen. Und niemand hält es für nötig, sich energetisch aufplustern zu müssen, um sie zu erreichen. Das Schöne in diesem Gebet liegt darin, dass man in Momenten darauf zurückgreifen kann, in denen man zu ängstlich, krank oder frustriert ist, um selbst genügend Konzentrationskraft aufzubieten. Die magische Kraft des Gebetes wird nicht aus eigener Anstrengung erzeugt. Sie wird uns von oben gegeben.

Die Wesen, die wir im Wege der von uns selbst erfundenen Rituale befehligen können, stehen hierarchisch unter uns. Viele

Anhänger der monotheistischen Traditionen halten es für falsch, sich mit dem, was unten ist, zu verbünden. Und zwar nicht, weil die niederen Wesen als böse gelten, sondern weil man sie für *unschuldig* hält. Sie stehen außerhalb der menschlichen Moral, es sei denn, sie wären ausdrücklich in ein menschliches Unterfangen einbezogen; an diesem Punkt birgt die Beziehung zwischen Mensch und niederem Wesen die Gefahr der gegenseitigen Korrumpierung.

Magier, die angesehene Mitglieder monotheistischer Religionen sind, argumentieren dagegen, Gott habe die Menschheit als Krone der Schöpfung erschaffen. Wir Menschen fördern also niedere Wesen, wenn wir sie dazu einladen, in unserem Tun und Handeln mitzuwirken. Was unten ist, hebt sein Bewusstsein durch Zusammenarbeit mit dem, was oben ist.

Ich selbst begeistere mich nicht sonderlich für zeremonielle Magie, doch dies hat wenig mit Theologie oder Moral zu tun. Für mich hat sie einfach nicht viel mit *Magie* zu tun. Da sie durch etwas bestimmt wird, das den Gesetzen der Physik sehr ähnlich ist, empfinde ich sie lediglich als eine weitere Technik, als eine Wissenschaft, die die Wissenschaft bloß noch nicht entdeckt hat.

Kürzlich hatte ich Gelegenheit, mich etwas eingehender mit der Welt der Bühnenmagie zu befassen. Illusionisten sind ein überraschend skeptisches Völkchen und weitaus weniger als der Durchschnittsmensch geneigt zu glauben, dass es *wirkliche* Magie überhaupt gibt. Die Effekte, mit denen sie ihr Publikum in ehrfürchtiges Erstaunen versetzen, sind ihrer Meinung nach nicht magisch, denn es steckt immer eine materielle Erklärung dahinter. Sie haben die Naturgesetze von Ursache und Wirkung eher gemeistert als überwunden. Diese Meisterschaft finde ich zwar an und für sich großartig, indes verstehe ich, worauf sie eigentlich hinauswollen, denn genau so empfinde ich gegenüber der Magie der Gedankenprojektion. Dass etwas passiert, wundert mich nicht, denn ich wende einfach nur einige weniger bekannte Gesetze an. Es berührt nicht jenen Ort der kindlichen Ehrfurcht in mir, der beim bloßen Erklingen des Wortes »Magie« vor Begeisterung bebt. Je vorhersehbarer ich meinen Plan durch Projektion meiner Gedanken durchziehe, desto weniger überrascht, verändert oder fordert mich das, was ich heraufbeschwöre. Ich möchte, dass die Folgen der magischen Handlungen *unvorhersehbar* sind. Sie sollen meine Muggel-Pläne vereiteln, meine Muggel-Erwartungen übersteigen und für meinen Muggel-Geist unfassbar sein.

Welche Magie kann den Magier in Erstaunen versetzen? Mögen auch Jahre darüber vergehen, bis sich ein Aspirant diese Frage stellt – jedenfalls treibt sie ihn zur Endphase des Großen Werkes hin.

13

Radiatio

Formung des Steins der Weisen.

PRIMA MATERIA:
Willkürliche Magie

SYMPTOME:
Offensichtlicher Verlust der magischen Kräfte oder des Willens,
Magie auszuüben
Plötzliches Gefühl von Demut

ZUR UNTERSTÜTZUNG:
Preisgabe

TRANSMUTATION:
Heilige Magie

»In lautem Kampf gesetzt, den furchtbarn Donner
Mit Feu'r bewehrt und Jovis Baum gespalten
Mit seinem eigenen Keil, des Vorgebirgs
Grundfest' erschüttert, ausgerauft am Knorren
Die Ficht' und Zeder; Grüft', auf mein Geheiß,
Erweckten ihre Toten, sprangen auf
Und ließen sie heraus durch meiner Kunst
Gewalt'gen Zwang. Doch dieses grause Zaubern
Schwör' ich hier ab; und hab' ich erst, wie jetzt

Ich's tue, himmlische Musik gefordert,
Zu wandeln ihre Sinne, wie die luft'ge
Magie vermag: so brech' ich meinen Stab,
Begrab' ihn manche Klafter in die Erde,
Und tiefer, als ein Senkblei je geforscht,
Will ich mein Buch ertränken.«[*]

Wer wissen will, wie es sich anfühlt, den Stein der Weisen zu finden, sollte diese Rede aufmerksam durchlesen. Denn genau das hat Prospero, der magische Held aus Shakespeares *Der Sturm,* im Moment seiner Initiation in die Alchimie proklamiert.

Ich hoffe, Sie werden sich mit dem Stück einmal näher befassen, aber fürs Erste möchte ich hier kurz beschreiben, worum es bei dieser Handlung geht. Als rechtmäßiger Herzog von Mailand beschäftigte sich Prospero mehr mit seinen hermetischen Studien als mit den profanen Regierungsgeschäften. Sein Bruder Antonio nutzte seine Achtlosigkeit aus, um die Macht an sich zu reißen und ihn ins Exil und einen scheinbar sicheren Tod auf See zu treiben. Prospero entkam knapp dem Ertrinken und fand sich zusammen mit seiner jungen Tochter auf einer öden Insel wieder. Viele Jahre vergingen, bis er hinreichend magische Kraft gesammelt hatte, um seinen Rachefeldzug durchzuführen. Er lernte, die Elemente und die Geister zu befehligen. Einer dieser Luftgeister, Ariel, wurde sein Sklave, nachdem er ihn aus einem Zauberbann befreit hatte.

Mithilfe seiner magischen Verbündeten beschwört Prospero einen großen Sturm herauf, wodurch Antonio und seine Mannen Schiffbruch erleiden und stranden. Prosperos Plan sieht vor, sie unaufhörlichen psychischen Qualen auszusetzen. Doch im

---

[*] Übersetzung dieser und der weiteren Passage in diesem Kapitel entnommen aus Knaur Klassiker, William Shakespeare, Werke in zwei Bänden, Band 1, Herausgeber Prof. Dr. L. L. Schücking, 1955 (Anm. d. Ü.)

Augenblick der nahenden Realisierung macht sein Herz eine Wandlung durch. Er entlässt seine Feinde aus seinem rachsüchtigen Zauberbann, findet Mittel und Wege für ihr Entkommen und befreit Ariel aus seiner Dienerschaft. Dann entsagt er für immer seinen magischen Kräften, die er sich so hart erarbeitet hatte.

Durch diese Geste wird aus einem gewöhnlichen Magier ein Alchimist. Es ist die siebte Stufe des Großen Werkes: die willentliche Opferung all dessen, was zuvor erreicht wurde. In gewissem Sinne sublimiert man die Früchte der *sublimatio*, wie ein Bauer, der sein Getreide unterpflügt, anstatt es zu ernten.

Um diese Geste vollbringen zu können, sind zwei Dinge vonnöten: ein starker persönlicher Wunsch und die Mittel und Wege, diesen Wunsch zu erfüllen. Es hat nichts Magisches an sich, wenn wir etwas aufgeben, das wir nicht besonders mögen oder sowieso für unerreichbar halten. Vielleicht haben wir ja wie Prospero einen ganz besonderen Wunsch, der uns auf der Seele brennt, und auch den entsprechenden Plan zu dessen Realisierung. Oder aber wir könnten auf den Einsatz einer speziellen Kraft und den Wunsch, Magier zu sein, verzichten. Punktum. *Nicht* weil dieses Buch uns sagt, dass ein solcher Verzicht notwendig sei. (Wenn der Zweck unseres Opfers darin bestünde, den Stein der Weisen zu erlangen, würde es nicht funktionieren.) Sollten wir uns dazu entschließen, den Fähigkeiten abzuschwören, die wir uns zuvor angeeignet haben, liegt dieser Entscheidung ein anderes Motiv zugrunde – ein Motiv allerdings, das erst in dem Augenblick in den Bereich des Vorstellbaren kommt, in dem es tatsächlich vor uns auftaucht.

Und was kommt dabei heraus, wenn wir Macht preisgeben? Tauschen wir sie etwa gegen eine noch größere Macht ein?

Nicht ganz. Ohne seine magischen Fähigkeiten fühlt sich Prospero ziemlich hilflos. Ganz am Ende des Stückes sagt er:

»Hin sind meine Zauberei'n,
Was von Kraft mir bleibt, ist mein,
Und das ist wenig.«

Anders, als wir vielleicht vermuten, ist dies ein *glücklicher* Ausgang. Dadurch dass Prospero nichts als seine eigene wenige Kraft besitzt, hat er den Stein der Weisen gefunden.

Wenn es das ist, woraus er besteht, dann fragen wir uns wohl zu Recht, warum ihn dann überhaupt jemand haben will. Warum jagen wir ihm nach, wo doch unsere eigene wenige Kraft das ist, was wir alle von Anfang an mit auf den Weg bekommen haben?

Um es auf den Punkt zu bringen: Es ist deshalb der Stein der Weisen, weil wir ihn finden müssen, bevor wir verstehen können, wofür er gut ist. Ich würde es Ihnen allerdings nicht verübeln, wenn Sie dieses Buch jetzt vor lauter Entrüstung über eine derart superschlaue Antwort »tiefer als Senkblei je geforscht« versenken würden. Mittlerweile sind Sie so weit fortgeschritten, dass Sie wirklich eine bessere Erklärung verdienen!

Bereits an anderer Stelle habe ich die Frage aufgeworfen: »Warum kommen Alchimisten nicht einfach daher und sagen, was sie denken? Warum verbergen sie alles hinter Symbolen, Allegorien und leerem Geschwätz«? Ich habe viele Teilantworten gegeben, aber die wichtigste Antwort habe ich mir für diesen Augenblick aufgespart.

Wie bereits erwähnt, ist die Unterscheidung zwischen schwarzer und weißer Magie bedeutungslos. Es handelt sich hier angeblich um den Unterschied zwischen einer bösen und einer guten Absicht. Doch ich bin noch nie jemandem begegnet, der seine Absichten selbst für schlecht hielt. Die Unterscheidung zwischen selbstsüchtig und selbstlos geht ebenfalls am Thema vorbei. Sie wird von Menschen ins Feld geführt, die ebenso wenig von sich selbst wissen wie von der Welt. Nein, es gilt nicht, zwischen schwarzer und weißer, selbstsüchtiger und selbstloser Magie zu wählen, sondern zwischen willkürlicher und heiliger Magie.

Aleister Crowley hat uns eine präzise Beschreibung der willkürlichen Magie gegeben, als er sagte: »Tue, was du willst, das ist das ganze Gesetz.« Manche Leute sehen in diesem Motto den Beweis dafür, dass Crowley ein Anhänger des »Schwarzen Pfades« war (ein Eindruck, den er selbst liebend gern schürte). Aber die Aussage richtig zu verstehen und danach zu handeln, ist äußerst schwierig, und es ist eine Voraussetzung dafür, den Stein der Weisen zu finden. Es geht um nichts Geringeres als darum, das Steuer total zu übernehmen. Und es bedeutet, dass man gelernt hat, ausschließlich auf Geheiß des eigenen Geistes zu handeln, ohne sich zur Rückversicherung oder Rechtfertigung auf irgendeine andere Quelle zu verlassen. Wir können damit leben, nicht zu wissen, ob wir nun gut oder böse sind, Recht haben oder uns irren. Wir sind im Vollbesitz unserer menschlichen Freiheit. Dies als »willkürlich« zu etikettieren, ist in diesem Zusammenhang keineswegs negativ gemeint. Es bedeutet lediglich, dass unsere magischen Handlungen ganz für sich selbst sprechen. Zu ihrer Rechtfertigung führen wir weder gute Absichten noch gute Ergebnisse ins Feld (selbst wenn beides zutrifft). Wir verteidigen unsere Magie nicht. Wir bewirken sie.

Interessanterweise verrät Crowleys Satz, dass er selbst dieses Stadium nie wirklich erreicht hat. Er lehnt sich weiterhin an ein »Gesetz« an – zwar ein von ihm selbst erfundenes, aber immerhin ein Gesetz. Er formuliert ein Prinzip, das ihm Recht gibt. Wenn er das, was er da sagt, tatsächlich begriffen hätte, hätte er es nicht gesagt. Aber egal. Ich bin froh, dass er es getan hat. Er weist in die richtige Richtung. Man muss nur ein wenig darüber hinausgehen.

Schwört Prospero seiner »grausen« (also willkürlichen) Magie ab, weil er einsieht, dass sie falsch ist? Shakespeare liefert uns keinen Grund, dies anzunehmen. Mit der Entscheidung, seinen

Plan nicht durchzuziehen, distanziert er sich nicht von ihm, noch verdammt oder bereut er ihn. Selbst nachdem er Antonio befreit hat, ist er weiterhin wütend auf ihn und sagt zu ihm: »Euch, schlechter Herr, den Bruder nur zu nennen schon mein Mund' beflecken würd'.« Mit dem Aufgeben des Plans hat er nicht den Wunsch aufgegeben, der diesem zugrunde lag, noch ist er zu dem Schluss gekommen, dass es falsch war, es sich zu wünschen. Er verzichtet nur, weil er inzwischen etwas Höheres begehrt: den Willen Gottes. Die Vereinigung des menschlichen Willens mit dem göttlichen Willen ist heilige Magie.

Woraus besteht nun der göttliche Wille? Ich kann es nicht sagen. Ihn zu benennen und sich in Behauptungen zu versteigen, dass dies oder jenes Gottes Wille sei, wäre reine Blasphemie. Deshalb müssen Alchimisten wie die Katze um den heißen Brei herumschleichen. Wir können über alles und jedes reden, *nur nicht* über das wirklich Wesentliche!

Unter Hermetikern kursiert ein altes Sprichwort: »Die da wissen, reden nichts. Die da reden, wissen nichts.« Es wird oft in Onlineforen zitiert, um ausufernde Diskussionen im Keim zu ersticken. (Es verwundert nicht, dass es gut funktioniert.) Doch nur in einem einzigen Kontext ist der Satz nicht idiotisch. Nur wenn wir vom Willen Gottes sprechen, ergibt er Sinn.

Wenn Prediger über »Gottes Plan für die Menschheit« schwadronieren, haben sie – so bin ich überzeugt – keinen blassen Schimmer, wovon sie da reden. Wer auch nur die geringste Ahnung vom Willen Gottes hat, könnte niemals so selbstgefällig darüber sprechen. Als Hiob einen Einblick erhaschte, sagte er: »Ich bereue in Staub und Asche.« Gott hatte ihm bereits all seine Fehler vergeben, und dennoch sagte er es. Er hatte nichts Unrechtes getan und neigte trotzdem demütig sein Haupt. Dies verrät, dass er Gott geschaut hatte.

Prospero befindet sich in der ziemlich gleichen Lage, als er sagt:

»Zum Zaubern fehlt mir jetzt die Kunst:
Kein Geist, der mein Gebot erkennt;
Verzweiflung ist mein Lebensend,
Wenn nicht Gebet mir Hilfe bringt,
Welches so zum Himmel dringt,
Daß es Gewalt der Gnade tut
Und macht jedweden Fehltritt gut.«

Gnade zeigen zu können, ist seine große Tugend. Er hat soeben zugelassen, dass sie die Oberhand über seinen leidenschaftlichsten Wunsch gewinnt. Nun könnten wir meinen, ihm stünde eine göttliche Belohnung zu. Zumindest müsste ihm das Bewusstsein seines tugendhaften Handelns als »Trostpreis« überreicht werden. Aber er beschreibt Gnade als unter dem Einfluss von Gewalt stehend. Was immer er gesehen hat, ist so grandios, dass seine eigene größte Tugend nicht dagegen ankommt. Es liegt noch jenseits seiner höchsten Vorstellung vom Guten. Dies ist der Anstoß von oben, der die höheren Absichtszentren – Wort, Gedanke und Ideal – veranlasst, ihr Haupt in einem plötzlichen Anflug von Demut zu neigen und ihre Ehrerbietung ins Herz fließen zu lassen. Auf diese Weise wird das Herz zum Stein der Weisen.

Prospero erhaschte diesen Einblick und entsagte der willkürlichen Magie. Aber was kam zuerst? War der Einblick die Belohnung für das Zerbrechen des Stabs, das Verbrennen des Buches? Oder war der Einblick der Grund für den Verzicht? Shakespeare erzählt uns klugerweise nichts darüber, denn die ganze Sache spielt sich in der vertikalen Zeit ab. Einblick und Verzicht fallen zusammen im absoluten JETZT, wo sie als eine einzige Wahrheit erfahren werden. Es ist eine Begegnung zwischen dem Geist Gottes und dem Geist des Magiers.

Gott lässt sich nicht nötigen, zu dieser Begegnung zu erscheinen; ob und wann sie stattfindet, ist darum in der linearen Zeit nicht vorhersehbar. Sie lässt sich weder erzwingen noch beschleunigen. Man kann nur eines tun: das Potenzial dafür erkennen – ein Potenzial, das sich manifestiert, wenn ein brennender Wunsch zusammenfällt mit der Macht, ihn sich zu erfüllen. Kommt es in solchen Augenblicken zum Verzicht, ist das gleichermaßen ein Geschenk *von* Gott und *an* Gott. Diese Gegenseitigkeit – eine beispiellose Geste von Geben und Nehmen – ist das Markenzeichen der heiligen Magie. Der Wille Gottes und der Wille des Magiers haben sich vereint.

Und doch kann Prospero das nie so aussprechen. Er kann es nicht einmal *denken*. Das Geschenk wird keinem gemacht, der sich anmaßen würde zu sagen: »Der Wille Gottes und mein Wille sind eins.« Akut erlebt Prospero den Verlust der willkürlichen Magie. Das bringt ihn an den Rand der Verzweiflung. Aber den Gewinn der heiligen Magie kann er nicht erfahren. Soviel er auch weiß, er hat einfach aufgehört, Magier zu sein.

Das dunkle Zentrum der Sonne

Diese Phase des Großen Werkes wird gewöhnlich *coagulatio* genannt. Dies bedeutet, dass die »Substanz« zusammengekommen ist und sich verfestigt hat, um den Stein der Weisen zu bilden. *Coagulatio* ist nicht nur ein hässliches, sondern auch – wie ich finde – ein irreführendes Wort. Subjektiv gesehen, ist dieses Stadium viel eher ein Auseinanderfallen als ein Zusammenkommen. Meines Erachtens trifft daher der Begriff *radiatio* besser zu, weil er beides beschreibt: das innere Empfinden und äußere Handeln des Magiers.

Stellen wir uns einen Moment lang vor, wie es sich wohl anfühlt, die Sonne zu sein. Heiß? Hell? Überlegen wir noch einmal. Die Sonne profitiert nicht von ihrer eigenen Wärme und ihrem eigenen Licht, weil sie ihre gesamte Energie strahlenförmig verteilt – sie also nach außen abgibt. Sie verausgabt sich bis zum Letzten! Subjektiv gesehen, ist das »Ich« der Sonne – also ihr Kern – absolut dunkel und kalt. So fühlt sich *radiatio* innerlich an, was erklärt, warum sie so selten erreicht wird. Wir können nur strahlen, wenn wir den Wunsch nach jedem Funken Freude, den das spirituelle Leben bieten kann, aufgegeben haben. Es stellen sich keine Glücksgefühle ein. Und wir haben keine Gelegenheit, unsere eigenen Leistungen und Errungenschaften zu bewundern oder zu feiern oder auch nur davon zu erfahren. Den Stein der Weisen erlangt zu haben, fühlt sich stattdessen wie ein Verlust an.

Durch diese ernüchternde Beschreibung gewinnen Sie nun womöglich den Eindruck, dass Sie ihn kaum finden werden – oder auch gar nicht finden wollen. Aber ich denke, es wird Ihnen wahrscheinlich doch gelingen. Würde ich nicht so denken, wäre es eine große Zeitverschwendung, dieses Buches zu schreiben.

Niemand kann in einem konstanten Zustand der *radiatio* bleiben. Er erfordert eine innere Ausrichtung, die kaum aufrecht zu erhalten ist. Eine äußerst subtile Verschiebung im Inneren kann das Ganze mit einem Mal unerträglich machen. Dann müssen wir zurückgehen und zur Regeneration erneut eine oder mehrere der anderen sechs Stufen durchlaufen. Was uns allerdings bleiben kann, ist die Neuorientierung des eigenen Willens, die Verpflichtung zur heiligen Magie. Diese Verpflichtung eröffnet die *Möglichkeit*, vom göttlichen Willen geführt zu werden, so dass die *Möglichkeit* der *radiatio* besteht, auch wenn Gott sie nur selten aktiviert. Wir haben Gott die Erlaubnis erteilt. Ohne unsere Erlaubnis kann und wird nichts geschehen. Gott dringt niemals unaufgefordert in den menschlichen Willen ein.

Lassen Sie mich eine kleine Geschichte über den größten Alchimisten erzählen, dem ich je persönlich begegnet bin. Er war Poet, Künstler und ein herausragender spiritueller Lehrer mit vielen ergebenen Schülern. Die Leute warteten stunden-, ja tagelang, um sich seine Vorträge anzuhören. Jede Menge schöner Frauen wollten mit ihm schlafen. Seine Schüler betrachteten es als eine große Ehre, ihm zu dienen, und wetteiferten untereinander, seine Wäsche waschen oder seine gebrauchten

Papiertaschentücher wegwerfen zu dürfen. Fast jeden Abend bereiteten sie ihm ein Mahl, die einen machten sich für die gemeinsame Tafelrunde fein, und die anderen putzten sich ebenso heraus, um das Essen zu servieren oder den Abwasch zu erledigen. Bei einer dieser Festlichkeiten fing er plötzlich ohne ersichtlichen Grund zu weinen an. Er weinte so heftig, dass sich sein Teller mit Tränen füllte. Seine Freunde, Schüler und Geliebten legten allesamt ihre Gabeln nieder und beugten sich besorgt zu ihm hin, denn sie wollten wissen, was mit ihm los war. Er schluchzte aber so heftig, dass er nicht sprechen konnte. Fast fünf Minuten lang redete niemand, keiner aß oder trank etwas. Schließlich schaffte er es, mit gebrochener Stimme hervorzubringen:

»Ich bin so allein.«

Eine subtile Verschiebung hatte sich in seinem Inneren vollzogen. Und auf einmal fühlte er, wie er im kalten, dunklen Zentrum der Sonne saß und das alles plötzlich unerträglich empfand. In diesem Augenblick löste er sich auf. Auch ein ganz großer Magier braucht hin und wieder jemanden, der ihn zu Bett bringt und in den Schlaf singt. Das ist kein Rückschlag. Menschen sind einfach so. Doch bei einem reiferen Magier hat die *dissolutio* etwas Strahlendes an sich, wie auch alle anderen Stufen. Der Magier strahlt aus einem inneren Zustand der *calcinatio, fermentatio* oder *separatio* heraus. Wem die Gedichte von Rumi gefallen, der versteht, welche Qualität ich hier meine. Er scheint meist in einem Zustand extremer innerer Aufruhr zu sein, doch selbst in seinen Zusammenbrüchen können wir einen Schimmer vom Göttlichen erhaschen. Bei einem, der es völlig aufgegeben hat, sich nach allen Seiten schützen oder absichern zu wollen, wird Verletzlichkeit zum strahlenden Licht.

Radiatio beschreibt nicht nur, was Alchimisten fühlen, sondern auch, was sie tatsächlich tun. Damit meine ich nicht, dass ein Alchimist glüht und strahlt. Dies ist häufig so bei den Energiesaugern, die ich im vorigen Kapitel beschrieben habe, denn sie ziehen das Licht zu sich heran. Ein Mensch im Zustand der *radiatio* strahlt nicht selbst. Vielmehr erstrahlt alles und jedes, dem er seine Aufmerksamkeit schenkt.

Haben Sie sich jemals gefragt, warum Judas von den Soldaten, die ihn festnahmen, gezwungen wurde, Jesus zu identifizieren? Wenn wir uns alte religiöse Gemälde anschauen, scheint es doch offensichtlich: Jesus war derjenige mit dem Heiligenschein. Doch wenn wir die Evangelien etwas genauer studieren, wird uns klar, dass Jesus ziemlich unscheinbar gewesen sein muss. Oft ging er unerkannt des Weges. Um ihn zu erkennen, hätte man sich am besten an den gehalten, der *keinen* Glorienschein trug. Jesus wirkte deshalb so glanzlos, weil er alle anderen ringsum so sehr zum Strahlen brachte.

Radiatio zeigt sich vor allem in den Augen. Der Alchimist ist ein »prächtiger Betrachter«. Der Wille Gottes wird nicht über den Intellekt erlernt, sondern über die Sinne. Solange Sie Gott als den Chef des Universums und seinen Willen als eine Liste von Anweisungen ansehen, können Sie nicht verstehen, was ich meine. Denken Sie lieber an den Willen eines Künstlers. Gottes Wille zu kennen, heißt, jedes Geschöpf anzuschauen und zu sehen, was Gott bei seiner Erschaffung im Sinn hatte.

Mary Baker Eddy, die Gründerin der Christlichen Wissenschaft, hatte diese Begabung. Todkranke Menschen fuhr sie scharf an: »Hör auf, hier faul im Bett herumzuliegen. Du bist nicht krank!« Und als ob sie plötzlich aus einem bösen Traum erwachten, erhoben sich die Menschen und schämten sich, dass sie sich krank gestellt hatten, wo sie doch eigentlich ganz gesund waren. Wenn Eddy dann aber versuchte, anderen Heilern zu vermitteln, wie ihr das gelang, fand sie nie die richtigen Worte. Intellektuell betrachtet, war sie davon überzeugt, dass die materielle Welt irreal und Krankheit nur eine Illusion sei – eine Behauptung, die schwer zu akzeptieren ist, wenn jemand einen Tumor von der Größe eines Fußballs hat und elend dahinsiecht. Doch vor wirklich Kranken breitete sie nie solche fragwürdigen metaphysischen Theorien aus. Es heißt, sie bewirkte vielfach allein dadurch Heilung, dass sie den Betroffenen einfach nur anschaute. Die Magie kam aus ihren Augen. Sie verleugnete Krankheiten, weil sie sie effektiv nicht sehen konnte. Wenn sie Menschen anschaute, sah sie sie in ihrem vollkommenen Zustand. Diese Art, zu sehen, ist ein Geschenk Gottes. Man kann sie nicht herbeidenken oder -reden.

Der heilige Franz von Assisi verfügte ebenfalls über diese physische Strahlkraft. Er sah die Elemente und anderen Wesen der Natur nicht als Geringere, die man sich untertan machen müsse, sondern als Brüder und Schwestern. Der Legende nach soll er einmal mit einem Wolf verhandelt haben, der es auf den Viehbestand eines Dorfes abgesehen hatte. Er überredete den Wolf, keine Tiere mehr zu reißen, sondern nur noch das zu fressen, was ihm die Dorfbewohner freiwillig gaben. Ich glaube, dass dies tatsächlich so passiert ist. Jedes Geschöpf sehnt sich danach, so gesehen zu werden, wie es wirklich ist – so wie Gott es sieht. Jedem fühlenden Wesen – ob Pflanze, Tier, Mensch, Geist, Naturgeist – geht das so. Auch ein Wolf ist zur Kooperation bereit, solange man ihn in seiner essenziellen Wolfhaftigkeit erkennt und ihn als »Bruder« grüßt.

Das ist nicht rührselig gemeint. Seit den sechziger Jahren des vorigen Jahrhunderts ist der heilige Franz von Assisi in der allgemeinen Vorstellung zu einer Art Hippie geworden. Doch man geht am Kern der Geschichte völlig vorbei, wenn man sich nun ein unbeschwertes Blumenkind ausmalt, das einen Walt-Disney-Wolf zähmt. Man sollte eher an einen schrecklichen Wolf denken, einen Wolf mit scharfen Zähnen und blutverschmierten Pfoten. Denn genau die Wolfhaftigkeit des Wolfes war es, die der heilige Franz erkannt und gegrüßt hatte. Als er vom »Bruder Feuer« sprach, redete er von dem Brandeisen, das dem Wolf aufgedrückt werden sollte. So zu sehen, wie er sah, erfordert jenen Mut, der aus einer gründlichen *calcinatio* erwächst, die Sehnsucht, die aus einer langen *dissolutio* entsteht, und die

Zähigkeit, die aus der *separatio* resultiert. Man kann nur sehen, wie er sah, wenn die Blindheit vieler dunkler Nächte der Seele und des Geistes gewichen ist. Franz von Assisi musste erst seine eigenen Instinkte verwandeln, um den Wolf dazu zu bringen, seinen Wolf-Instinkt zu transmutieren.

Die alchimistische Magie ist ein freiwilliges Zusammenspiel zwischen dem, was richtig gesehen wird, und dem, der es sieht. Sie birgt große Macht, wenn man unter »Macht« das Ausmaß ihrer Wirkungen versteht. Doch ein Alchimist vom Format eines Prospero wird wahrheitsgemäß leugnen, überhaupt irgendwelche Macht zu besitzen, weil er nur mit der Erlaubnis dessen, was da verwandelt wird, solche Wirkung erzielt. Als willkürlicher Magier prahlt er mit seiner Macht, sich alles und jedes untertan zu machen. Elfen, Bäume, Blitz und Donner sowie Stürme gehorchen seinen Befehlen. Als er indes den Stein der Weisen findet, ist seine Befehlsmacht gebrochen. Nichts wird sich je wieder Prosperos Worten beugen, es sei denn, es wollte dies tun.

Was er noch nicht erkennt, ist, dass viele Phänomene dies wollen. Wenn es unser Wunsch ist, dass sich ein Phänomen so manifestiert, wie es seiner wahren Natur am ehesten entspricht, haben wir wahrscheinlich Erfolg mit unserer Magie, denn das ist es, was sich alle Phänomene selbst am meisten wünschen. Die Natur sehnt sich nach dem Sublimen. Die Kunst der Alchimie liegt nicht im Befehlen oder gar in der sanften Überredung von Phänomenen, dies oder jenes zu tun. Vielmehr liegt sie darin zu erkennen, was »gut und richtig« für das Objekt unseres magischen Bemühens ist. Was das ist, lässt sich nicht intellektuell oder philosophisch ergründen. Man kann es weder in spirituellen Lehrbüchern nachlesen noch erfahren, indem man einfach das Gleiche tut wie die, die es verstanden zu haben scheinen. Es handelt sich um einen Akt direkter Wahrnehmung, der sich nur dann vollzieht, wenn die Sinne vom Göttlichen erhellt und transformiert sind.

Ein Magier kann auch nicht willentlich seinen Willen zur Macht unterbinden. Unser gesamtes instinktives System ist darauf ausgelegt, viel mehr zu wollen, als unsere wenige Kraft es hergibt. Bevor es uns gelingt, den Wolf in uns zu transmutieren, müssen wir ihn erkennen und würdigen, denn um etwas verwandeln zu können, müssen wir es ermutigen, voll und ganz so zu sein, wie es ist. Prosperos Verzicht lässt sich nicht auf Schleichwegen erreichen, außer vielleicht dem einen: sich mit aller Macht gegen diesen Verzicht zu sträuben!

Somit bin ich am Ende dessen angelangt, was ich Ihnen über *radiatio* an Nützlichem mit auf den Weg geben kann. Vielleicht habe ich schon zu viel gesagt. Vergessen Sie das Ganze jetzt erst einmal. Willkürliche Magie ist das Einzige, was Sie aus eigenem Antrieb weiterverfolgen können. Machen Sie sich also an die Arbeit. Ich wünsche Ihnen alles Gute dabei. Wie sagte doch Artephius so klug: Der Rest kann nur von Gott gegeben werden.

Anhang

Anleitung zur Meditation

Achtsamkeitsmeditation

Meines Wissens ist dies die beste Übung, um Kontrolle über die Aufmerksamkeit zu erlangen. Sie eröffnet uns einen Raum, in dem feinstoffliche Wahrnehmungen möglich werden, weil wir lernen, uns mit der Langeweile anzufreunden. Auch trägt sie dazu bei, uns mit unserem eigenen Geist gründlich vertraut zu machen.

1. Die Haltung

Stellen Sie sich einen sitzenden Buddha vor. So zu werden, ist das Ziel. Idealerweise sitzen Sie mit gekreuzten Beinen auf dem Fußboden, das Gesäß durch ein festes Kissen gestützt.

Ihre Wirbelsäule ist aufgerichtet, die Schultern sind entspannt, aber nicht zusammengesackt. Der Bauch ist weich – weder eingezogen noch vorgewölbt. Ziehen Sie die Achseln hoch und lassen Sie sie dann in eine natürliche Position fallen. Rutschen Sie so lange auf dem Kissen hin und her, bis Sie eine aufrechte Stellung gefunden haben, in der Ihnen der Rücken nicht wehtut. Legen Sie die Hände bequem auf die Knie oder Oberschenkel und lassen Sie sie dort zur Ruhe kommen.

Entspannen Sie den Kiefer. Die oberen und unteren Zahnreihen sollten einander nicht berühren. Halten Sie die Lippen ein wenig geöffnet, wenn Sie sich dabei wohler fühlen. Behalten Sie die Augen offen. Lassen Sie sie zur Ruhe kommen, den Blick nach unten und in weicher Fokussierung auf eine etwa 1,80 Meter entfernte Stelle vor Ihnen gerichtet. Verweilen und entspannen Sie einige Minuten lang in dieser Haltung und genießen Sie das körperliche Wohlbefinden.

Dieses Gefühl des Wohlbefindens stellt sich möglicherweise nicht ein, wenn Sie es nicht gewohnt sind, auf dem Fußboden zu sitzen, ohne sich anlehnen zu können. Bei manchen Menschen lassen Schmerzen im Rücken oder in den Beinen nach ein paar Wochen konsequenter Übung nach, so dass die Haltung am Ende bequemer ist, als würden Sie auf einem Stuhl sitzen. Andere gewöhnen sich nie daran.

Als Buddha diese Sitzposition einnahm, saß er so da, wie man in Indien nun einmal sitzt. Man tut dies dort seit alters her, es ist keine masochistische Übung. Auch Sie sollten zu dieser einfachen alten Sitzform zurückfinden. Wenn jedoch Unbehaglichkeit Sie ständig ablenkt, experimentieren Sie einfach so lange, bis Sie eine bequemere Position gefunden haben, in der Sie hellwach und aufrecht, aber entspannt bleiben können. Sie könnten versuchen, auf einem Meditationsbänkchen oder auf einem Stuhl mit gerader Rückenlehne zu sitzen. Vielleicht ist es für Sie auch am bequemsten, mit gekreuzten Beinen nach »indischer Art« auf dem Sofa zu sitzen, wobei Sie sich als zusätzliche Stütze ein festes Kissen hinter den Rücken schieben können. Achten Sie einfach darauf, dass Ihre Wirbelsäule immer aufrecht bleibt und weder nach hinten geneigt ist, noch in sich zusammensackt.

2. Der Atem

Das Ziel Ihrer Aufmerksamkeit ist das Ausatmen. Atmen Sie ganz normal, ohne ein großes Brimborium daraus zu machen. Während des Ausatmens spüren Sie, wie Ihre Aufmerksamkeit nach außen strömt. Am Ende des Ausatmens lassen Sie diese Aufmerksamkeit, dieses Gefühl, mit dem Atem dort draußen zu sein, sich auflösen. Dann atmen Sie ein. Schenken Sie dem Einatmen keine besondere Beachtung. Ihr Geist hat jetzt keine spezielle Aufgabe zu erledigen. Dann atmen Sie wieder aus und lenken Ihre Aufmerksamkeit erneut auf den Atem, der nach außen strömt. Konzentrieren Sie sich nicht mit aller Macht darauf, sondern berühren Sie den Atem sanft mit dem Geist.

3. Das Etikettieren

Gedanken drängen sich auf. Sobald Sie das bemerken, sagen Sie sich im Inneren »Denken« und kehren mit Ihrer Aufmerksamkeit zurück zum Atem. Dieses Etikett »Denken« wenden Sie nun auf alles und jedes an, was Ihren Geist neben der Verfolgung des Atems beschäftigt: Phantasien nachhängen, Pläne schmieden, im Zimmer umherschauen, eine Emotion spüren, eine physische Empfindung wahrnehmen ... »Denken« bedeutet, alles, was ist, als ein mentales Phänomen hinzunehmen. Sie tun dies in einem Gefühl freundlicher Neutralität, so als wollten Sie »Hallo, Geist« rufen.

Diese mentalen Phänomene sind kein Problem an sich. Sie zu beseitigen, ist weder möglich noch wünschenswert. Ihr Ziel bleibt es, einfach die Aufmerksamkeit immer wieder zum Atem zurückzulenken, egal, was sonst noch in Ihrem Kopf geschieht.

Wenn Sie sich dabei ertappen, dass Sie Ihre Gedanken beurteilen oder bewerten, etikettieren Sie auch dieses Beurteilen als »Denken« und kehren Sie dann mit Ihrer ganzen Aufmerksamkeit zum Atem zurück. Wenn Sie bemerken, dass Sie in den letzten Minuten an alles andere, bloß nicht an Ihren Atem gedacht haben, etikettieren Sie diese Beobachtung als »Denken«. Sie brauchen sich deshalb keine Vorwürfe zu machen, aber wenn Sie es tun, etikettieren Sie diese Selbstvorwürfe auch als »Denken«. Und lenken Sie Ihre Aufmerksamkeit zurück zum Atem.

Wenn Sie merken, dass Ihr Rücken inzwischen zusammengesackt ist oder Sie sich körperlich unbehaglich fühlen, richten Sie Ihre Aufmerksamkeit einen Moment lang auf Ihre Haltung. Korrigieren Sie sie, wo nötig, bis Sie sich körperlich wieder wohl fühlen. Dann bringen Sie Ihre Aufmerksamkeit erneut zum Atem zurück.

4. *Das Timing*

Bevor Sie beginnen, legen Sie genau fest, wie lange Sie meditieren wollen, und sorgen dafür, dass die Zeit kontrolliert wird. (Sie können sich eine Eieruhr oder einen Wecker stellen oder eine Uhr in Sichtweite platzieren.) Während der gesamten Dauer an Ort und Stelle zu verweilen, ist Teil der Übung. Dabei spielt es weniger eine Rolle, wie lange Sie meditieren – wichtig ist, die anfangs festgesetzte Zeit einzuhalten, egal wie lang dies sein mag. Selbst wenn sich Ihr Geist kreuz und quer über den ganzen Planeten zerstreut und Sie sich während der gesamten Sitzung mit nur einem Ausatmen verbinden können, profitieren Sie enorm davon, sich nicht vom Fleck zu rühren.

Für den Fall, dass Ihre Aufmerksamkeit sehr herumwandert und sich beim besten Willen nicht fokussieren lässt, lernen Sie durch das stille Sitzen zumindest Ihre Impulsivität zu beherrschen. Damit haben Sie schon eine ganze Menge gewonnen. Das Schöne an dieser Übung ist, dass Sie überhaupt nicht scheitern können. Sind Sie während der vorgesehenen Zeit einfach nur sitzen geblieben, zählt das bereits als Meditation. Oft profitiert man am meisten vom Durchhalten, auch wenn die Meditation selbst alles andere als gut verlaufen ist.

Je regelmäßiger Sie meditieren und je mehr Zeit Sie der Übung widmen, desto besser ist es. Täglich eine halbe Stunde ist ein gutes Maß, eine ganze Stunde pro Tag doppelt so gut. Wollen Sie darüber hinausgehen, dann stellen Sie den Wecker so ein, dass er ein paar Minuten vor Beendigung Ihrer Sitzung klingelt, damit Ihnen noch genug Zeit bleibt, aufzustehen, sich ausgiebig zu strecken und Ihrem Körper zu geben, was er jetzt braucht.

Das hier skizzierte Vier-Punkte-Programm ist viel bereichernder, und bisweilen passiert dabei auch viel mehr, als man vermuten würde. Diese Meditation entwickelt sich in dem Maße, wie der Praktizierende voranschreitet und das umsetzt, was er gelernt hat; somit ist sie in jeder Phase der spirituellen Entfaltung das absolut passende Heilmittel. Wenn Sie jede andere Übung aus diesem Buch außer Acht lassen und einfach nur täglich die Achtsamkeitsmeditation praktizieren, werden Sie immer noch exzellente Fortschritte im Großen Werk machen.

Dennoch möchte ich an dieser Stelle darauf hinweisen, dass man die Achtsamkeitsmeditation und andere hermetische Übungen nicht *in ein und derselben Sitzhaltung* durchführen sollte. Wenn wir eine Weile meditiert haben, löst allein das Sich-Hinsetzen in Meditationshaltung den Reflex »Etikettiere es als Denken« aus. Obschon dies an sich wünschenswert wäre, ist es hinderlich, sobald bei einer Übung Konzentration oder Imagination gefragt ist. Das Objekt der Konzentration löst sich dann nämlich mit dem Ausatmen langsam auf. Wenn wir dieses Problem bei uns beobachten, sollten wir unsere hermetischen Übungen lieber in einer bequemeren Haltung durchführen – vielleicht in einem gemütlichen Lehnstuhl oder auf der Couch.

Geben und Nehmen

Bei den Buddhisten heißt diese Methode »*tonglen*« oder »sich selbst gegen andere austauschen«. In westlichen hermetischen Kreisen spricht man gelegentlich auch vom »moralischen Atmen«. Der Zweck der Übung besteht darin, die Energie, die sich in unseren individuellen Wunden und Kratzern gefestigt hat, volatil zu machen. Die Verletzlichkeit, die uns immer wieder in unserer eigenen kleinen Welt der Sorgen und Nöte isolieren will, wird in eine Kraft der Verbundenheit verwandelt. *Tonglen* ist ein gutes Mittel gegen Einsamkeit und Herzeleid. Da die Visualisierung mit dem Atem synchron verlaufen muss, sollte man sich zunächst eine gewisse Praxis mit der Achtsamkeitsmeditation erwerben, bevor man sich dieser Übung zuwendet.

Hier der Ablauf:

1. Zur Einstimmung folgen Sie Ihrem Atem einige Minuten lang, wie oben beschrieben. Sobald Sie einen angenehmen, mühelosen Rhythmus gefunden haben, können Sie beginnen.

2. Statt Ihre Gedanken ziehen zu lassen, erlauben sie Ihrem Geist, frei um das Thema Leid – insbesondere Ihr eigenes – zu kreisen. Lassen Sie die akuten und chronischen Negativpunkte in Ihrem Leben Revue passieren, bis Sie auf eine wunde Stelle stoßen, die heftige Gefühle auslöst. Bleiben Sie eine Weile bei dieser Empfindung. Nehmen wir an, Sie hätten kurz zuvor bemerkt, dass Sie wieder zugenommen haben, obwohl Sie sich so sehr bemüht haben abzunehmen. Betrachten Sie Ihre Betroffenheit darüber. Suchen Sie nach den Dingen, die ein so schlechtes Gefühl bei Ihnen auslösen: Ihr mangelndes Selbstwertgefühl, Ihren Diätfrust usw. Gehen Sie zunächst mit der schmerzlichen Qualität dieser Empfindungen in Kontakt und atmen Sie dann ein. Füllen Sie Ihre Lunge mit Ihrem Atem. Erforschen Sie die wunde Stelle weiter und nehmen Sie die dabei aufsteigenden Empfindungen mit dem Atem in sich auf. Während Sie ausatmen, lassen Sie das Gefühl sich auflösen. Gehen Sie in Distanz dazu, bevor Sie mit dem Einatmen erneut zu Ihrem Problempunkt zurückkehren. Üben Sie so lange, bis Sie diese Koordinierung mit dem Atem beherrschen, bevor Sie zum nächsten Schritt übergehen.

3. Lassen Sie nun Ihren Geist wieder schweifen auf der Suche nach mentalen Bildern von anderen Menschen, die unter ähnlichen Problemen leiden. Vielleicht blitzt vor Ihrem geistigen Auge eine übergewichtige Bekannte auf, die Sie ein paar Stunden zuvor gesehen haben, oder eine Freundin, die erst 50 Kilo abgenommen, dann aber ebenso viel wieder zugenommen hat. Atmen Sie auch dieses Bild ein. Bleiben Sie mit

dem Schmerz in Kontakt und erlauben Sie Ihrem Geist, frei zu assoziieren. Vielleicht treten mit der Zeit andere Bilder an die Stelle von Übergewichtigen. Womöglich sehen Sie Menschen, deren Leid von gleicher Wesensart ist – Leute mit Hautproblemen, Missbildungen oder entstellenden Narben. Es kann aber durchaus sein, dass das Thema »Abnehmen« Ihnen am meisten zusetzt. Dadurch könnten Bilder von Leuten in Ihnen aufsteigen, die aufgrund von Armut oder Not Hunger leiden oder gegen Abhängigkeit kämpfen. Denken Sie nicht zu intensiv daran. Lassen Sie die Bilder kommen und nehmen Sie sie jeweils mit dem Atem in sich auf. Kehren Sie von Zeit zu Zeit wieder zu ihrem eigenen Schmerz zurück und spüren Sie hinein, wie Sie das mit dem Leid dieser anderen Menschen verbindet. Stellen Sie sich während des Atmens vor, wie Sie das Leid der anderen lindern, indem Sie es in sich aufnehmen. Erlauben Sie dem Gefühl, sich mit dem ausströmenden Atem aufzulösen. Lassen Sie es möglichst ganz ziehen und kehren Sie dann mit dem Einatmen wieder zu Ihrem eigenen Problempunkt zurück.

4. Gehen Sie jetzt dazu über, andere Gefühle wahrzunehmen, die sich im Zusammenhang mit Ihrer wunden Stelle entwickelt haben. Ein Hauch von Güte und Milde mag Sie dabei durchströmen. Sie wünschen Ihren Mitleidenden alles Gute. Ungeachtet des Leids spüren Sie so etwas wie Frieden und Wohlbefinden in sich, und Sie möchten dieses Gefühl jenen Menschen gerne weitergeben. Atmen Sie es aus. Wenn Sie sich Hungernde in Äthiopien vorstellen, schicken Sie Ihren Atem den langen Weg dorthin. Atmen Sie das Leid ein und die Erlösung aus. Wenn Sie der Ansicht sind, das Ganze sei zu vage und abstrakt, so lenken Sie Ihre Aufmerksamkeit näher zu sich. Verbinden Sie sich wieder mit Ihrer eigenen Verletzlichkeit und atmen Sie sie ein. Lassen Sie Ihr Bewusstsein erneut weit werden, und atmen Sie Entlastung aus. Sollten Sie sich an irgendeinem Punkt emotional überfordert

fühlen, schenken Sie dem ausströmenden Atem mehr Aufmerksamkeit und lassen Sie die Gefühle und Bilder sich darin auflösen.

Nachtschule

Sind Sie schon kurz davor, beim Lesen wegzunicken? Ich hoffe nicht, aber möglich wäre es. Viele Leute beklagen sich darüber, die Lektüre hermetischer Schriften würde sie ermüden. Der schwülstige Schreibstil mancher Hermetiker mag dazu beitragen, aber das ist nicht die einzige Erklärung, denke ich.

Wenn wir schlafen, ruhen unsere physischen Sinne, während unsere feinstofflichen Sinne aktiv bleiben. Der Konkurrenz enthoben, können sich Letztere besser entfalten. Das erklärt, warum unsere nächtliche spirituelle Entwicklung in der Regel einen gewissen Vorsprung vor dem hat, was wir tagsüber erreichen. Wenn wir im Wachbewusstsein zum ersten Mal auf Gedanken stoßen, die uns im Schlaf vertraut geworden sind, macht uns das manchmal schläfrig: Unbewusst versuchen wir, an den Ort zurückzukehren, an dem wir ihnen erstmals begegnet sind. Manche Hermetiker bezeichnen dieses Szenario als »Nachtschule«.

Sobald wir anfangen, am Tag alchimistische Studien zu betreiben, wird eine Brücke zwischen Tages- und Nachtbewusstsein geschlagen, über die uns das im Schlaf Gelernte zugänglich wird. Das Wachbewusstsein kann dabei ein bisschen verträumter werden, während sich das Schlafbewusstsein stärker fokussiert und wacher wird. Das erste Symptom dieser Entwicklung ist eine Veränderung in unserem Traumleben. Womöglich fällt uns auf, dass unsere Träume plötzlich mehr Sinn ergeben, als dies früher der Fall war, und wir uns besser an sie erinnern können. Als Protagonist unserer Träume haben wir eine sehr viel breitere Palette von Wahlmöglichkeiten, und unser Verhalten im Traum reflektiert unsere Persönlichkeit besser. Immer deutlicher erleben wir uns selbst dabei als Gestalter unserer Träume und entdecken, dass wir diese willentlich modifizieren können, um die Handlungsabläufe unserem persönlichen Stil anzupassen.

Mit diesem Gefühl der eigenen Gestaltungskraft dämmert bisweilen so etwas wie Luzidität herauf. Nach und nach wird uns im Traum bewusst, dass wir träumen. Wir hören uns sagen: »Ich träume.« Oder wir fragen uns: »Ist das Traum oder Wirklichkeit?«, und noch im Traum denken wir über diese Frage nach. Wir können uns natürlich auch bewusst zum Aufwachen entschließen. In einem solchen Fall ist das schlafende »Ich« identisch mit dem wachenden »Ich«. Wie im Wachzustand auch kann dieses »Ich« unsere mentalen Prozesse beobachten und verändern.

Sobald wir in unseren Träumen luzide werden, spüren wir womöglich, dass manche unter ihnen keine reinen Träume, sondern tatsächliche Begebenheiten sind, die sich in einer alternativen Welt abspielen. Unser dortiges Handeln scheint Konsequenzen zu haben, die sich auf spätere Träume auswirken. Einige der dort vorkommenden Figuren scheinen real zu sein – das heißt, eigenständig zu existieren, unabhängig von der Tatsache, dass wir sie geträumt haben. Wenn das tatsächlich so ist (und das ist nicht immer der Fall), können wir am Ende auch im Alltag mit einer Traumbekanntschaft kommunizieren.

Es ist möglich, aus Büchern zu lernen, wie man durch entsprechende Übungen im Traum Luzidität entwickelt. Manche Menschen praktizieren dies regelmäßig und setzen alles daran, die ganze Nacht hindurch luzide zu bleiben. Ich würde das jedoch nicht empfehlen. Unsere Träume sind meist Nebenprodukte der physischen und psychischen Regenerationsprozesse, denen wir uns im Schlaf unterziehen. Bewusste Aufmerksamkeit ist hierzu nicht nötig und kann sogar störend wirken. Am Ende würden wir womöglich anfangen, uns in unseren Träumen genauso verantwortlich zu verhalten wie im Alltagsleben.

Das macht niemandem Spaß und ist überdies ausgesprochen ungesund. Unsere Psyche ist darauf angewiesen, sich in Phantasien zu ergehen, die außerhalb des Kontrollbereichs unseres Wachbewusstseins ablaufen.

Ein Grund für unser Bedürfnis nach Schlaf liegt darin, dass der Geist eine Pause braucht. Wenn wir nachts sehr viele luzide Träume haben, müssen wir unseren Verstand tagsüber entlasten, um die Anstrengungen der Nacht zu kompensieren. Die Meditation bietet eine sehr gute Möglichkeit dazu. Umgekehrt können manche Menschen mit Hilfe der Meditation nächtliche Luzidität entwickeln.

Am besten erinnern wir uns an Träume, wenn wir langsam und ohne geweckt zu werden aufwachen, also immer dann, wenn wir ausschlafen können. Wenn wir uns nicht an unsere Träume erinnern – geschweige denn so etwas wie Luzidität erleben –, liegt das wahrscheinlich daran, dass wir aus dem Schlaf gerissen werden, bevor wir zum Aufwachen bereit sind. Die beste Abhilfe ist es hier, früher zu Bett zu gehen.

Ich weiß sehr wohl, dass das Gros aller Berufstätigen frühes Zubettgehen und natürliches Aufwachen am nächsten Morgen als puren Luxus betrachten. Wenn die Erfordernisse des Alltags uns zwingen, einen Wecker zu benutzen, können wir folgenden Trick ausprobieren: Wir nehmen uns vor dem Schlafengehen vor, zu einer bestimmten Zeit aufwachen zu wollen, und stellen uns zur Sicherheit den Wecker etwa zehn bis fünfzehn Minuten nach diesem Zeitpunkt. Mit etwas Übung sollte es uns gelingen, auf die Minute genau aufzuwachen – rechtzeitig genug, um den Wecker vor dem Läuten abzustellen. Ich habe mit dieser Technik sehr gute und verlässliche Erfahrungen gemacht, aber ich weiß natürlich nicht, ob sie auch bei Menschen funktioniert, die an chronischem Schlafmangel leiden.

Alles in allem hat das Ausruhen in der Nacht oberste Priorität. Wenn das bedeutet, tief und offenbar traumlos zu schlafen, sei's drum. Für den Hermetiker ist es hilfreich, sich seiner

Träume bewusst zu sein, aber keineswegs zwingend notwendig. Deshalb habe ich diese Ausführungen zum Thema Träumen in den Anhang dieses Buches verlegt.

Eine Jakobsleiter bauen

Es überrascht nicht, dass in den Träumen, die unsere Erlebnisse aus der Nachtschule spiegeln, gewöhnlich eine Art Lehrer- oder Leitfigur vorkommt: ein Engel, ein Zauberer, ein Eremit, ein Guru, ein Professor usw. Wenn wir uns im Wachzustand mit dem Gedanken getragen haben, einen inneren Lehrer zu kontaktieren, ist ein solcher Traum ein gutes Zeichen dafür, dass wir diesem im Schlaf in der Vertikalität begegnen.

Der Traum ist nicht das Treffen selbst. Er ist ein Souvenir – das, was nach einem langsamen Abstieg aus dem vertikalen in das horizontale Bewusstsein zurückbleibt. Für uns scheint dies das erste in einer Kette von Ereignissen zu sein, denn wir können uns an die früheren nicht erinnern. Wenn wir aber lernen, uns rückwärts zu erinnern, können wir die Ereignisse zurückverfolgen und die eigentliche Begegnung aus erster Hand miterleben. Wir können noch lange nach dem letzten Ereignis zum ersten zurückkehren, weil dieses sich im JETZT der vertikalen Zeit abspielt, wo chronologische Abläufe irrelevant sind.

Stellen Sie sich eine Feuerleiter vor, wie sie in den USA üblich ist – eine Leiter, die nach unten ausklappt, sobald sie gewichtsmäßig belastet wird. Ist sie bis ganz nach unten ausgefahren, steht sie fest am Boden, so dass man über sie auch hochklettern kann. Auf ähnliche Weise versuchen Hermetiker, aus der Vertikalität zurückzukehren. Sie erschaffen beim Abstieg bewusst Sprossen, die sie für spätere Aufstiege wieder benutzen können.

Der natürliche Ausstieg aus einem Traum sieht etwa so aus:

Anhang

Begegnung in der Vertikalität
↓
Davon träumen
↓
Sich an den Traum erinnern
↓
Den Traum deuten

Die erste Sprosse, auf die wir unseren Fuß bewusst und fest aufsetzen können, ist die Erinnerung an den Traum. Wir können unsere Leiter erweitern, indem wir nach unten zusätzliche Sprossen hinzufügen. Und das geht so:

1. Sobald Sie feststellen, dass Sie von einer Begegnung mit einem Lehrer geträumt haben, schauen Sie sich diese nochmals an. Versuchen Sie nicht, die Bedeutung Ihres Traumes zu hinterfragen. Gehen sie ihn bloß in Gedanken durch, so als würden Sie sich eine Wiederholung anschauen. Anfangs müssen Sie dabei wahrscheinlich wenigstens teilweise wach sein. Irgendwann sind Sie aber in der Lage, es auch im Schlaf zu tun. Mag sein, dass Sie den Eindruck haben, der Traum verändere sich ein wenig durch die erneute Betrachtung. Das ist kein Problem. Wenn Sie noch nicht ausgeschlafen haben, sagen Sie sich einfach, dass Sie sich am Morgen wieder an den Traum erinnern werden.

2. Sobald Sie wieder richtig wach sind, gehen Sie den Traum noch einmal durch, so als wollten Sie sich die Handlung selbst erzählen. Ändern Sie den Inhalt gegebenenfalls, um eine zusammenhängende Schilderung entstehen zu lassen – einen Handlungsablauf, dem auch andere folgen können. Dabei dürfen Sie die guten Teile ruhig etwas ausschmücken und Abschnitte, die langweilig oder irrelevant scheinen, weglassen. Natürlich können Sie sich auch Verknüpfungen zwischen einzelnen Episoden einfallen lassen, die im Originaltraum ohne

Zusammenhang waren. Es geht darum, den Traum in jenem Teil Ihres Gedächtnisses zu verankern, in dem die Ereignisse des Lebens gespeichert werden. Es soll sich alles so anfühlen, als wäre das Ganze wirklich passiert – eine Episode aus Ihrer inneren Biographie. In ihrer Rohfassung sind Träume gewöhnlich zu verworren und unlogisch, als dass man sich an sie erinnern könnte. Deshalb gilt es, sie dem Erleben im wachen Zustand ähnlicher zu machen, damit sie als Ereignis ins Gedächtnis eingehen können.

3. Erzählen Sie sich am nächsten Abend, wenn Sie zu Bett gehen, die verbesserte Version Ihres Traumes. Wenn Sie das kurz vor dem Einschlafen tun, wird die Schilderung womöglich etwas bruchstückhaft, diffus und surreal. Lassen Sie das einfach zu. Unternehmen Sie nichts, um luzide zu bleiben. Mag sein, dass in diesem Moment auch Teile des früheren Rückblicks, die Sie in der Endfassung der Geschichte weggelassen haben, erneut vor Ihrem geistigen Auge aufblitzen. Oder aber Sie tauchen wieder in die Atmosphäre des ursprünglichen Traumes ein, so als würde dieser wie ein Duft Ihrem Kopfkissen entströmen. Lassen Sie sich beim Einschlafen hineinsinken.

Unsere verlängerte Abstiegsleiter sieht jetzt etwa so aus:

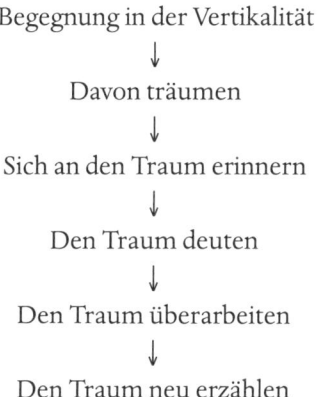

Begegnung in der Vertikalität
↓
Davon träumen
↓
Sich an den Traum erinnern
↓
Den Traum deuten
↓
Den Traum überarbeiten
↓
Den Traum neu erzählen

Mit jedem Schritt nach unten wird die vertikale Erfahrung, die den Traum inspirierte, einem horizontalen Erlebnis immer ähnlicher. Der Körper assimiliert, was uns im Geist widerfährt. Es ist in etwa so wie bei den Kühen, die das Gras verdauen. Zunächst kauen sie es nur kurz und schlucken es dann hinunter. Nach einer Weile wird die teilweise verdaute Nahrung wieder zurück ins Maul befördert und nun noch einmal sehr gründlich durchgekaut. Der hierfür verwendete Name – Wiederkäuen – lässt sich auch auf das Durchkauen von Gedanken und Erinnerungen anwenden. Gerade die Aspekte des Denkens, die uns hinunterziehen, wenn wir aufsteigen möchten – der eintönige, immer gleiche Trott –, kommen uns sehr zupass, wenn es darum geht, unseren Rückweg nach unten zu »verdauen«.

Assimilation ist kein rein passives In-sich-Aufnehmen, denn im Verlauf der Verdauung steuern wir dem Traum neue Informationen bei. Seine bildhaften, erzählerischen Eigenschaften werden dem reich gefüllten Erinnerungsspeicher des Körpers entlockt. Manche stammen aus persönlichen Erlebnissen, andere wurden von unseren Vorfahren über das kollektive Unbewusste übernommen. Wir stellen uns unsere nächtlichen Träume auf die gleiche Weise wie unsere Tagträume zusammen. Engel präsentieren sich uns darin in den von uns selbst entworfenen Gewändern.

Während des eigentlichen Träumens sind wir uns in der Regel unserer kreativen Leistung gar nicht bewusst. Wir empfinden das Ganze eher so, als würden wir Filme anschauen, die jemand anders produziert hat. Wenn wir es uns aber erst einmal angewöhnt haben, die Erinnerungen unserer Träume zu bearbeiten, werden wir uns mit dem Teil unseres Geistes verbinden, der den Traum ursprünglich hervorgebracht hat. Irgendwann stellen wir dann womöglich inmitten unserer Träume fest, dass wir langsam luzide geworden sind und willentlich auf das Geschehen Einfluss nehmen können. Aber machen Sie sich nichts daraus, wenn das bei Ihnen nie passiert.

Der hier beschriebene Prozess funktioniert ebenso bei nicht-luziden Träumen.

Sie haben sicher bemerkt, dass ich noch nicht auf die unterste Stufe der oben beschriebenen Leiter, »den Traum deuten«, eingegangen bin. Der Grund liegt darin, dass ein Traum an sich eine Interpretation ist. Es bringt nicht viel, eine Interpretation zu interpretieren. Die Bedeutung eines Traumes in seiner reinsten Form finden wir am oberen Ende, am Kopf der Leiter, nicht an ihrem Fuß. Wir benutzen die Stufen, die wir selbst geschaffen haben, um wieder dort hinaufzugelangen.

Die Leiter emporsteigen

Wie das geht, möchte ich am Beispiel eines Traumes veranschaulichen, den ich vor etwa zehn Jahren hatte. Ich will ihn einmal so schildern:

Ich saß auf einer Bank in einem Park und machte mir Sorgen um ein kleines Kind, das sich irgendwie in einer Notlage zu befinden schien. Ich wollte dem Kind helfen, aber ich konnte nicht herausfinden, wo das Problem lag oder was ich dagegen tun könnte. Dann erst bemerkte ich, dass unmittelbar neben mir jemand auf der Bank saß. Mir schien, als ob es sich dabei um einen Engel handelte, denn er war größer als ein Mensch und leuchtete irgendwie; ich konnte auch nicht erkennen, ob er männlich oder weiblich war. Der Engel machte eine Bemerkung zu meiner misslichen Lage. Es war das Weiseste, was ich je gehört hatte. Etwas, das mein Denken stark verändern würde. Es war so, als wäre ich mein ganzes Leben lang im Dunkeln getappt, und plötzlich hätte jemand ein Licht angezündet. Ich war total begeistert.

An diesem Punkt merkte ich, dass ich offenbar träumte. Ich befürchtete, die wunderbaren Worte bis zum nächsten Morgen vergessen zu haben, deshalb unterbrach ich meinen Schlaf so lange, wie ich brauchte, um sie niederzuschreiben. Dann schlief ich wieder ein. Als ich morgens wach wurde, erinnerte ich mich sofort daran, dass mir in der Nacht etwas Aufregendes gesagt worden war. Gespannt griff ich nach dem Zettel, den ich im Dunkeln bekritzelt hatte. Darauf stand »sehen und dann tun«.

Hmm. Brauchte ich einen Engel, um mir das zu sagen? Etwas Banaleres ist kaum vorstellbar. Und doch erinnerte ich mich immer noch an das Gefühl der glückseligen Erleuchtung, das die Worte im Traum in mir ausgelöst hatten. Offenbar war ein großer Teil bei der Übertragung aus der Engelsprache verloren gegangen. Wie dem auch sei, was da oben geschah, scheint die Rückreise nicht überlebt zu haben.

Vielleicht ist Ihnen aufgefallen, wie ich mit meiner Erzählung begann: »Ich will ihn einmal so schildern.« Ich sagte nicht etwa: »Es geschah so« – denn so war es nicht. Was ich hier erzählt habe, war meine überarbeitete Fassung des Traumes. Was tatsächlich passierte, kann ich nicht mit Sicherheit sagen, aber ich weiß, dass es nicht darum ging, auf einer Parkbank neben einem Engel zu sitzen. In der Vertikalität gibt es keine Parkbänke, und Engel setzen sich nicht hin. Der Traum war nur eine schemenhafte Spiegelung der tatsächlichen Begegnung. Es war der Versuch meines Körpers, Nichtvertrautes (ein zuvor unbekanntes Geistwesen) durch den Filter des Vertrauten (meiner katholischen Schulvorstellung von einem Engel) zu verarbeiten.

Ich weiß auch ganz bestimmt, dass die Botschaft des Engels nicht lautete »sehen und dann tun« und dass er mir diese Worte auch im Traum nicht so gesagt hat. Ich weiß es, weil ich die Leiter, die ich im Absteigen ausgeklappt hatte, wieder hochsteigen konnte. Die revidierte Engelgeschichte ist die unterste Sprosse. Hätte ich sie nicht geschaffen, würde ich mich wahrscheinlich nach all den Jahren an nichts aus dem Traum erinnern. Wenn ich aber dort beginne, fallen mir auch immer frühere Versionen wieder ein. Blitzartig kommen mir Einzelheiten aus der Überarbeitung und dem Originaltraum in den Sinn.

»Sehen und dann tun« ist eine ziemlich minimalistische Äußerung, doch im Original war die Botschaft noch viel knapper. Ich hörte nämlich »sehen … tun«. Die drei Punkte deuteten auf eine Beziehung zwischen »sehen« und »tun« hin, und ich ersetzte sie im Halbschlaf hastig mit »und dann …«. Die Beziehung zwischen den beiden Verben war es, die ich so weltbewegend fand.

Der Sinn der Aussage ist: Die Handlung fließt direkt aus der Wahrnehmung. Zumindest meiner Erfahrung nach funktioniert das im Allgemeinen nicht so. Zwischen dem Wahrnehmen einer Situation und dem darauf folgenden Handeln durchlaufe ich ein Zwischenstadium, in dem ich darüber nachdenke, was zu tun ist. Ich lege mir verschiedene Vorgehensweisen zurecht und versuche, ihre Folgen abzusehen. Der Engel indes empfahl, sich diese Mühe zu sparen und sofort und spontan zu handeln, sobald man die Notwendigkeit dafür wahrgenommen hat – im Vertrauen darauf, dass man schon das Richtige tun würde.

Nun durchläuft der Traum noch eine weitere Phase der Übertragung in die Horizontalität. Ich will sie Ihnen erklären: Auf einem solch langen Weg geht vieles verloren. Auch wenn Sie zweifellos den allgemeinen Sinngehalt begreifen, fragen Sie sich dennoch bestimmt, warum jemand über so etwas Schlichtes in solch helle Begeisterung ausbrechen kann. Was mir im Traum so unanfechtbar und weise vorkam, erscheint nun, wo ich es zu Papier gebracht habe, als ein leidlich interessanter und überaus strittiger Gedanke.

Die Deutung von Träumen im horizontalen Dasein bringt oft diese flache, erläuternde Qualität mit sich. Um herauszufinden, was es mit dem Ganzen auf sich hat, müssen wir zur vertikalen Quelle zurückkehren. Bis jetzt haben mich die verschiedenen Gedächtnissprossen, die ich beim Absteigen eingerichtet habe, wieder auf halbem Weg nach oben gebracht. Ich kann mich an einiges aus dem Originaltraum erinnern. Jetzt zeige ich Ihnen, wie man den Rest des Weges emporsteigt, um in den Bereich *jenseits* des Traumes zu gelangen und sich dort wieder mit dem Wesen, das ihn inspirierte, zu verbinden.

Zunächst werfen wir einen genaueren Blick auf die Unterschiede zwischen den verschiedenen Schichten unseres Traumspeichers, also auf die verbesserte Version und auf das, was wir aus der Überarbeitung und dem Traum selbst noch im Gedächtnis haben. Bei der Überarbeitung unserer Schilderung haben wir Dinge hinzugefügt, weggelassen und umsortiert. Die Veränderungen, die wir vorgenommen haben, waren allesamt reine Auslegungssache. Was aber dachten wir, als wir sie machten?

Ich habe eine Interpretation vorgenommen, als ich in meinem Traum das Kind und mein damit einhergehendes Dilemma vor das Auftreten des Engels setzte. In der allerersten Version, an die ich mich erinnere, schien sich die Sache mit dem Kind gleichzeitig abzuspielen. Warum also setzte ich sie an den Anfang? Für mich waren die Worte des Engels der wichtigste Teil der Geschichte, somit arrangierte ich die Reihenfolge der Ereignisse so, dass sie den Höhepunkt bildeten. Die Konstellation mit dem Kind diente nur zur Erläuterung dafür, warum der Engel in Erscheinung trat.

Als ich mir später mehr Gedanken darüber machte, kam mir das Dilemma mit dem Kind etwas seltsam vor. So etwas würde mir im wirklichen Leben nicht passieren. Ich wäge zwar viele meiner Handlungen sorgfältig ab, aber wenn ich ein unbeaufsichtigtes Kind in einer Notlage sähe, würde ich nicht lange fackeln. Ohne groß nachzudenken, würde ich ihm sofort zu Hilfe eilen. Einfach nur grübelnd dazusitzen, während ein Kind schreit, erscheint mir regelrecht pervers. Vielleicht war das genau der Punkt, den der Engel ansprach. Vielleicht diente das Kind zur *Illustration* seiner Botschaft und war nicht der Anlass dazu. Wie eine Frau instinktiv auf ein schreiendes Kind reagiert, ist ein Beispiel von »sehen … tun.«

Diese Überlegungen haben mich weiter die Leiter hinaufgeführt. Auf einmal kann ich wie die Urheberin des Traumes denken und entscheiden, welche Reihenfolge der Ereignisse ihre Bedeutung wohl am treffendsten zum Ausdruck bringt. Genau das hat mein Geist getan, als er den Traum hervorbrachte. In dem Versuch zu entscheiden, welche Version eines Traumes seiner Bedeutung am besten gerecht wird, sind wir gewissermaßen bereits in Verbindung mit dieser Interpretation. Wir sind dicht vor dem bewussten Zugang zur Quelle: dem vertikalen Ereignis, das den Traum inspirierte.

In die Tagesschule übertragen

Inmitten der Überlegungen, die ich gerade beschrieben habe, »hörte« ich zwei Worte, die im Originaltraum nicht enthalten waren, jedoch so klangen, als ob sie von meinem Traumengel kämen. Dieses Mal fehlte allerdings die Vision eines Engels. Weder hatte ich eine Vorstellung von der Größe oder dem Strahlen meines Gefährten, noch konnte ich ihn physisch verorten. Und ich konnte auch keine Stimme hören. Die Worte, die bei mir ankamen, »klangen« nicht anders als die, die ich auch sonst im Kopf habe. Und dennoch kamen sie von jemandem, der nicht Ich war – jemand, der unmissverständlich von der gleichen Wesensart wie der Engel aus meinem Traum war. Das Wesen, das mit mir in der Nacht in Kontakt gewesen war und den Traum inspirierte, berief sich auf unsere frühere Kommunikation. Nur war ich diesmal hellwach, nahm seine Präsenz bewusst wahr und erlebte die vertikale Begegnung direkt.

Die Botschaft lautete »saat ... tat«. Ich deutete das als eine Art von Vergangenheitsfassung des Originals: »tat« war die vollendete Form von *tun* und »saat« die vollendete Form von *sehen*, obwohl es korrekt natürlich »sah« statt »saat« heißen würde. Der offensichtliche grammatische Schnitzer war ein Wortspiel, denn so wurde auch die allgemeine Bedeutung von *Saat* angesprochen. Die Beziehung von sowohl »Saat« bzw. »sah« zu »tat« war die gleiche wie die Beziehung von *sehen* zu *tun*.

Können Sie mir folgen? Versuchen Sie bitte nicht, das Ganze logisch zu durchdringen, sondern lieber über das Wesentliche der Worte »saat bzw. sah« zu meditieren ebenso wie über das Wesentliche von »tat«. Setzen Sie die beiden Begriffe nebeneinander und denken Sie über das Dazwischen nach.

Ich möchte dies alles mit meinen Erklärungen nicht allzu sehr beschweren. Die Bedeutung finden Sie in der Vertikalität, wohin Sie gelangen, wenn Sie über »Saat bzw. sah« meditieren. Sie müssen eben »oben« sein, um sie zu erkennen. Sobald Sie jedoch versuchen, sie zu *be-greifen*, werden Sie schwer und in die Horizontalität zurückfallen, wo die Bedeutung erneut verflacht und ihre Unstrittigkeit verliert.

Vielleicht verstehen Sie langsam, weshalb ich so begeistert war. Machen Sie sich indes keine Gedanken, wenn Sie es nicht nachvollziehen können. Der Zweck dieser Übung liegt darin zu lernen, wie Sie mit Ihren eigenen Traumbotschaften arbeiten können. Dazu müssen Sie immer wieder die Leiter, die Sie zwischen dem Wach- und Schlafbewusstsein errichtet haben, hinauf- und hinuntersteigen. Über diese vom horizontalen Geist erbaute Leiter können Sie willentlich zu jeder Szene einer früheren Erfahrung zurückkehren. Sie können die Sprossen hinauf- und hinuntergehen und dabei problemlos zwischen der vertikalen und horizontalen Gedankenwelt wechseln.

Auf die gleiche Weise, wie Sie lernen können, das Auf- und Absteigen bewusst einzusetzen, schaffen Sie den Übergang von der Nachtschule zur Tagesschule – das heißt, Sie fangen an, im Wachzustand leichtere Wesen zu hören. Darüber hinaus lernen Sie, sich vertikal *mit* der kognitiven Ausrüstung Ihres Körpers zu bewegen und nicht mehr *ihr zum Trotz*. Wenn das der Fall ist, können die leichteren Wesen Ihre wachen Gedanken besser verstehen. Und umgekehrt können Sie ihnen besser folgen. Die ganze Beziehung findet mehr und mehr auf einer Augenhöhe statt, so wie ein Gespräch unter vier Augen.

Insgesamt ist die Tagesschule weitaus weniger lebhaft und dramatisch als die Nachtschule. Es handelt sich hierbei nicht um Erfahrungen, die wir normalerweise als »spirituell« bezeichnen würden. Stattdessen fühlen wir uns in der Lage, Denkprozesse über längere Zeit hinweg auf einem höheren Niveau der Abstraktion zu halten, ohne uns dabei zu langweilen oder aus der Fassung bringen zu lassen. Über kurze Momente hinweg erfahren wir eine »Verdunkelung der Sinne«, so dass sich unsere Aufmerksamkeit verengt und nach innen wendet, obwohl wir die Augen offen haben. Mit der Zeit sind wir so versiert darin, zwischen der Vertikalität und der Horizontalität hin- und herzupendeln, dass der Wechsel überhaupt nicht mehr wahrnehmbar ist. Vertikale Geistesblitze vermischen sich mühelos mit unseren horizontalen Gedanken.

Träume, in denen uns Lernbotschaften übermittelt werden, können sich weiterhin einstellen, aber auch sie werden in der Regel abstrakter. Statt photorealistischer Traumbilder, die unser Gehirn bislang zu produzieren schien, sehen wir nun auf einmal Diagramme. Statt des filmartigen Ablaufs einer Handlung findet parallel zum erzählerischen Kontext ein Austausch von Gedanken statt. Statt kompletter Sätze, wie sie der menschlichen Kommunikation entsprechen, hören wir kurze, kryptische Wortspiele in irgendeiner fremden Sprache, die wir im Traum plötzlich verstehen können. Unser Gehirn übersetzt das alles nicht mehr in das uns Vertraute, weil uns die Sprache der vertikalen Wesen inzwischen vertraut geworden ist. Wir entwerfen keine Gewänder mehr für unsere Engel, weil wir sie nicht mehr zu »sehen« brauchen, um uns ihrer Anwesenheit zu vergewissern. Vielleicht fühlen wir auch, dass etwas von der früheren Aufregung verloren gegangen ist, die mit Ausflügen in die Vertikalität verbunden war. Hinauf- und hinabzupendeln raubt uns nicht mehr die Sinne.

Ich habe bereits gesagt, dass viele Menschen ihre alchimistischen Studien in der Nachtschule überhaupt erst aufnehmen. Es gibt natürlich auch Ausnahmen. Manche Leute können sich nicht an ihre Träume erinnern. Andere wiederum haben jede Menge Träume, aber nicht ein einziger scheint unter die Kategorie von Träumen zu fallen, in denen uns eine Lernbotschaft übermittelt wird. Machen Sie sich deshalb keine Gedanken! Lebhafte Träume mit Lerninhalt sind für die meisten Menschen nur eine vorübergehende Erscheinung. Womöglich sind Sie schon über dieses Stadium hinaus. Sie können auch im Wachzustand ein vertikales Bewusstsein erlangen, ohne es je wissentlich im Schlaf erfahren zu haben.

Glossar

calcinatio	Kalzinierung, Veraschung, Zersetzung
dissolutio	Dissolution, Auflösung, Scheidung
sublimatio	Sublimierung, Erhöhung, Veredlung
fermentatio	Fermentierung, Gärung
separatio	Separierung, Trennung
coniunctio	Vereinigung, Verschmelzung
radiatio	Strahlung, Leuchten
coagulatio	Koagulation, Verfestigung, Kristallisierung
prima materia	Urstoff, Ursubstanz, Erste Materie, undifferenzierter Urzustand
Gepäck-Depot	Ort der Verleugnung, an dem unbewusster seelischer Ballast deponiert ist; auch Reich der Täuschungen genannt

Weiterführende Lektüre

Allgemeine Hermetik

Anonymus: *Meditations on the Tarot.* **Element, Shaftesbury, U.K. 1993**
Wenn ich nur einen einzigen hermetischen Text besitzen dürfte, würde ich diesen hier auswählen. Wer ihn liest, freundet sich mehr und mehr mit dessen anonymem Autor an. Irgendein Internet-Freak wird seinen richtigen Namen schon herauskriegen, aber Sie haben wahrscheinlich noch nie von ihm gehört. Er ist trotzdem äußerst gut eingebunden in das hermetische Netzwerk und wird Sie mit allen wesentlichen Gedanken und Persönlichkeiten vertraut machen.

Freke, Timothy/Gandy, Peter (Übers.): *The Hermetica.* **Jeremy P. Tarcher, New York 1997**
Eine Übersetzung von Auszügen aus den Werken von Hermes Trismegistos, die sich im Englischen wunderbar lesen lassen.

Knight, Gareth: *Magic and the Western Mind.* **Kahn & Averill, London 1991**
Eine umfangreiche und sehr empfehlenswerte Lektüre über die Geschichte der Hermetik. Dient auch als Nachschlagewerk im Sinne eines Who-is-Who für Neueinsteiger in das hermetische Netzwerk.

Melville, Francis: *The Book of Alchemy.* **Quarto, New York 2002**
Dieses erlesene kleine Buch offeriert präzise Definitionen alchimistischer Begriffe und Denkansätze in Verbindung mit
Dutzenden phantastischer Illustrationen. Die Bilder sind ein
großartiger Ausgangspunkt für Meditationen über Symbole.
Melvilles knappe Darstellung ist mit cleveren Tipps für Ein-
steiger gespickt und lässt diese dann ihre eigenen Wege finden.

Feinstoffliche Wahrnehmung

Brennan, Barbara Ann: *Lichtarbeit.* **Goldmann, München
1998**
Barbara Brennan ist eine Heilerin, die sich mehr mit dem
feinstofflichen als mit dem physischen Körper befasst. Wenn
Sie wissen möchten, wie der feinstoffliche Körper von einer
Hellsichtigen gesehen wird, dann schauen Sie sich die zahl-
reichen farbigen Abbildungen in diesem Buch an.

Cornell, Ann Weiser: *Focusing – Der Stimme des Körpers folgen.*
Rowohlt, Reinbek bei Hamburg 2004
In seiner Forschungsarbeit über Psychotherapie entdeckte
der Sprachwissenschaftler Eugene Gendlin, dass die einzig
wahre Vorhersage über einen erfolgreichen Ausgang der
Therapie darauf beruhte, ob der Patient innere feinstoffliche
Phänomene wahrnehmen kann. Er hat daraufhin eine Technik namens »Focusing« entwickelt, die die feinstoffliche
Wahrnehmung verlässlich erweckt und allein durch die Kraft
der Aufmerksamkeit positive Veränderung bewirkt. Wenn
Ihnen die Achtsamkeitsmeditation nicht so sehr liegt, versuchen Sie es stattdessen mit Focusing. Ann Cornells kleines kompaktes Brevier ist die beste Einführung in die Materie.

Myss, Caroline: *Geistkörper-Anatomie.* **Droemer Knaur, München 1997**
Caroline Myss war zunächst als eine intuitive Diagnostikerin berühmt geworden, die körperliche Probleme im Frühstadium ihrer Entstehung mit einer Präzision aufspüren konnte, die der damals noch in den Kinderschuhen steckenden Computertomographie und Magnetresonanztomographie vergleichbar war. In diesem Buch zeigt sie dem Leser, wie er Geschehnisse in seinem feinstofflichen Körper entschlüsseln kann, indem er Sinn und Bedeutung, Lebensthemen und körperliche Gebrechen, welche üblicherweise mit jedem Einzelnen der sieben Chakras assoziiert sind, verstehen lernt. Ihr Ansatz funktioniert auch bei Menschen, die meinen, keine Aura sehen zu können.

Schwebkraft und Schwerkraft

Stewart, R. J.: *The Underworld Initiation.* **Mercury Publishing, San Francisco 1990**
Obgleich ich davor gewarnt habe, absichtlich in die unteren Reiche hinabzusteigen, zieht es manchen allein gerade dann dorthin, wenn er liest, dass es gefährlich sein könnte. Wenn Sie zu diesem Typ Mensch gehören, ist R. J. Stewart Ihr Mann. Er hat jahrzehntelang geführte Touren nach unten geleitet und ist absoluter Experte darin, wie man dorthin gelangt und wieder heil zurückkommt.

Das Große Werk

Von den nachstehend aufgeführten Büchern nimmt nur eines (Goddards *Blei zu Gold*) ausdrücklich Bezug auf die Alchimie. Doch in jedem wird eine Form des Großen Werkes dargestellt. Alle streben dem gleichen Ziel entgegen, so wie ich es auch hier in meinem Buch beschrieben habe, nur die Methoden unterscheiden sich.

Goddard, David: *Blei zu Gold*. Hugendubel, München 2001
Goddards Methodik basiert auf dem tibetischen Tantra-Buddhismus, während die von ihm verwendeten Mythen und Symbole aus der westlichen hermetischen Tradition stammen. Wenn Sie gerne meditieren und über eine lebhafte Phantasie verfügen, dürften Ihnen seine Visualisierungen und geführten Phantasiereisen viel bringen.

Helminski, Kabir: *The Knowing Heart*. Shambhala Publications, Boston 1999
Wer nach Verfahrensweisen sucht (die in Ibn 'Arabis *Reise zum Herrn der Macht* leider fehlen), möge Helminski zu Rate ziehen, einen zeitgenössischen amerikanischen Schriftsteller, dessen »herzzentrierte Methode« bewegend und praktisch zugleich ist. In der Sufi-Tradition kann alles, was unter »Leitfaden zum Exerzitium« rangiert, wertvolle Hinweise auf das Große Werk liefern.

Ibn 'Arabi, Muhyiddin: *Reise zum Herrn der Macht*. Chalice, Zürich 2007
Dieses schmale, 1204 geschriebene »Exerzitien-Handbuch« skizziert eine frühe Sufi-Form des Großen Werkes; spannend in der Bandbreite, doch karg an Verfahrensweisen.

Ignatius of Loyola: *Personal Writings*. Penguin Classics, London 1996
Loyolas spirituelle Übungen bedienen sich einer abenteuerlichen Methode: Sie führen den Adepten (mutmaßlich katholisch) in ein vierwöchiges Rund-um-die-Uhr-Ausbildungslager in Sachen Alchimie. Nur der Gedanke, dass Christus der Prototyp eines Alchimisten war, mag Ihnen dabei helfen, die Atmosphäre mittelalterlicher Frömmigkeit, die mit diesen Übungen verbunden ist, zu überstehen. Doch auch wenn

Sie nicht im Entferntesten daran denken, so etwas auf sich zu nehmen, lohnt sich die Lektüre allein wegen der Genialität der Verfahrensweisen.

Anm. d. Übers.: Diese Übungen machen nur einen Teil des englischen Titels aus; im Deutschen sind sie unter dem Titel »Geistliche Übungen« in verschiedenen Verlagen erschienen.

Tomberg, Valentin: *Anthroposophische Betrachtungen über das Neue Testament und die Apokalypse.* **Achamoth, Schönach 1991**

Viele christliche Methoden basieren auf dem Gedanken, dass Christus der Prototyp eines Alchimisten war und dass sein Leben auf Erden als eine Art Verfahrensleitfaden beim Großen Werk gilt. Siebenstufige Modelle gehen häufig vom Evangelium des Johannes aus, in dem sieben große Wunder und sieben »Ich-bin«-Aussagen vorkommen (Das »Ich« soll sich hier auf den individuellen menschlichen Geist beziehen, nicht nur auf die Person des Jesus.) Tombergs Weg basiert auf den sieben Stationen der Passion Christi.

Calcinatio

Chödrön, Pema: *Wenn alles zusammenbricht.* **Goldmann, München 2001**

Chödrön vollbringt etwas wirklich Magisches: Sie bringt es irgendwie fertig, das Feuer der Calcinatio zu schüren, und gleichzeitig die Wunden des Leidenden zu behandeln. Weise, lustig und durch und durch Trost spendend.

Wilde, Oscar: *De profundis.* **Diogenes, Zürich 1987**

Dieser lange Brief, den Wilde während seiner Gefangenschaft schrieb, beschreibt eine qualvolle Calcinatio-Episode und wie er den wahren Weinstock fand.

Dissolutio
Lewis, C. S.: *Überrascht von Freude*. Brunnen, Gießen/Basel 2004
Als kleiner Junge hatte Lewis nie etwas vom volatilen Eros gehört. Als ihn dann dieses geheimnisvolle Gefühl überkam, nannte er es »Freude«. Im mittleren Alter machte er es zum Thema seiner spirituellen Lebensrückschau. Einige Jahre nach Veröffentlichung dieses Buches verliebte sich Lewis, mittlerweile hoch in den Fünfzigern, und heiratete zum ersten Mal. Raten Sie mal, wie er seine Frau nannte.

Spangler, David: *Everyday Miracles*. Bantam, New York 1996
ders.: *Manifestation*. The Lorian Association, Issaquah, Washington 2004
»Manifestieren« ist Spanglers Begriff dafür, das zu bekommen, was wir uns mittels Magie wünschen. Auf alchimistischen Prinzipien fußend laden seine Übungen Sie ein, in das Wesen Ihrer Wünsche einzutauchen – in das Wesen der damit verbundenen Ziele und der Qualität des Dazwischen. Das Problem ist, dass Sie das Gewünschte angesichts der in diesen Techniken steckenden Macht wahrscheinlich schon lange bekommen, bevor Sie zum Ende der Meditation vorgedrungen sind! Spanglers zweites Buch, das ich hier anführe, ist mit tollen Spielkarten als praktische Übungshilfe ausgestattet. Sie können sie unter www.lorian.org. bestellen. (Wenn Sie schon einmal im Netz sind, informieren Sie sich auch über die Online-Kurse. Sie sind sehr gut.)

Fermentatio
St. John of the Cross: *The Dark Night of the* Soul. Übersetzt von E. Allison Peers. Doubleday, New York 1959
Mit dem das ganze Buch füllenden Kommentar zu seinem eigenen Gedicht stellt uns Johannes einen unentbehrlichen Wegweiser in das Leiden und die Belohnungen der *fermentatio* vor.

Anm. d. Übers.: Im Deutschen sind die Gedichte des Johannes vom Kreuz unter dem Titel »Die dunkle Nacht« in verschiedenen Verlagen erschienen.

Sublimatio

Fortune, Dion: Selbstverteidigung mit PSI, Ansata-Verlag, Interlaken 1979

Dion Fortune ist das Julia-Kind der zeremoniellen Magie: gelehrt, jedoch zugänglich, nicht hochgestochen und manchmal überaus vergnüglich. Dieses Werk ist ein praktischer Führer in die mannigfaltigen Auseinandersetzungen, die in der Astralwelt vorkommen können. Sollten Sie versehentlich einen Werwolf herbeigerufen haben, zeigt Ihnen Fortune, wie Sie ihn wieder loswerden.

Wachsen und sich wandeln

Michael Dawson, 21736
Der Weg der Vergebung

Marianne Williamson, 21744
Das Geschenk der Wandlung

M. Scott Peck, 21666
Der wunderbare Weg

Jack Allanach, 21733
Der Feind in deinem Kopf

GOLDMANN
ARKANA

Gesund leben und essen

Irene Dalichow,   21790
Die Gewürzapotheke

Galina Schatalova,   21745
Heilkräftige Ernährung

Nobuo Shioya,   21743
Die Kraft strahlender Gesundheit

Otfried D. Weise,   14188
Entschlackung

GOLDMANN
ARKANA